BERICHTE ZUR BERUFLICHEN BILDUNG

Agnes Dietzen | Reinhold Nickolaus | Beatrice Rammstedt | Reinhold Weiß (Hrsg.)

Kompetenzorientierung

Berufliche Kompetenzen entwickeln, messen und anerkennen

Bibliografische Information der Deutschen Nationalbibliothek
Die Deutsche Nationalbibliothek verzeichnet diese Publikation in der Deutschen Nationalbibliografie; detaillierte bibliografische Daten sind im Internet über http://dnb.ddb.de abrufbar.

© 2016 by Bundesinstitut für Berufsbildung, Bonn

Herausgeber:
Bundesinstitut für Berufsbildung, 53142 Bonn
Internet: www.bibb.de
E-Mail: zentrale@bibb.de

Publikationsmanagement Arbeitsbereich 1.4

Umschlag: CD Werbeagentur Troisdorf
Satz: Christiane Zay, Potsdam
Druck und Verlag: W. Bertelsmann Verlag, Bielefeld

W. Bertelsmann Verlag GmbH & Co. KG
Postfach 10 06 33
33506 Bielefeld
Internet: wbv.de
E-Mail: service@wbv.de
Telefon: (05 21) 9 11 01-11
Telefax: (05 21) 9 11 01-19
Bestell-Nr.: 111.082

Printed in Germany

ISBN 978-3-7639-1185-1 Print
ISBN 978-3-7639-5698-2 E-Book

Inhalt

Vorwort 5

Reinhold Nickolaus, Felix Walker
Kompetenzorientierung in der beruflichen Bildung 7

Beatrice Rammstedt, Débora B. Maehler, Anja Perry
Indikatoren geringer Lesekompetenz in Deutschland 29

Kompetenzorientierung und Curriculumentwicklung 47

Tade Tramm, Nicole Naeve-Stoß
Lernfeldübergreifende Kompetenzentwicklung als curriculare Planungsperspektive im Kontext einer kooperativen Curriculumentwicklung in der kaufmännischen Berufsbildung 49

Bernd Remmele, Thomas Retzmann, Günther Seeber
Zur Differenzierung der Kompetenzbereiche ökonomischer Bildung 71

Josef Aff, Gerhard Geissler
Kritisch-konstruktive Umsetzung kompetenzorientierter Standards
Plädoyer für eine didaktische Wendung in der wirtschaftspädagogischen Forschung 85

Ansätze der Modellierung und Messung berufsspezifischer Kompetenzen 97

Agnes Dietzen, Moana Monnier, Christian Srbeny, Tanja Tschöpe, Janne Kleinhans
Entwicklung eines berufsspezifischen Ansatzes zur Modellierung und Messung sozial-kommunikativer Kompetenzen bei Medizinischen Fachangestellten 99

Ottmar Döring, Ulrike Weyland, Eveline Wittmann, Annette Nauerth, Johannes Hartig, Roman Kaspar, Michaela Möllers, Simone Rechenbach, Julia Simon, Iberé Worofka, Kristina Kraus
Technologiebasierte Messung beruflicher Handlungskompetenz in der Pflege älterer Menschen: Kompetenzmodellierung und Testverfahrensentwicklung 117

Marc Egloffstein, Steffen Brandt, Rebecca Eigenmann, Kristina Kögler, Jan Küster, Thomas Martens, Andreas Rausch, Thomas Schley, Jürgen Seifried, Detlef Sembill, Christin Siegfried, Julia Warwas, Karsten Wolf, Eveline Wuttke
Modellierung und Erfassung domänenspezifischer Problemlösekompetenz von Industriekaufleuten – Produkte und Entwicklungsperspektiven des Projekts DomPL-IK 133

Christoph Helm
Berufsbildungsstandards und Kompetenzmodellierung im Fach Rechnungswesen. Analysen zu den berufsbildenden mittleren und höheren Schulen (BMHS) in Österreich 149

Viola Katharina Klotz, Esther Winther
Kompetenzorientierte Assessments in der beruflichen Bildung – Zur Grundlegung eines kompetenzorientierten Prüfungswesens 173

Alexander Nitzschke, Reinhold Nickolaus, Stefanie Velten, Annette Maier, Annalisa Schnitzler, Agnes Dietzen
Kompetenzstrukturen im Ausbildungsberuf Fachinformatiker/-in 189

Bildungsbereichsübergreifende Ansätze der Beschreibung, Anerkennung und Anrechnung von Kompetenzen **209**

Kim-Maureen Wiesner
Anerkennung und Anrechnung beruflicher Kompetenzen auf Hochschulstudiengänge – Eine Sisyphus-Aufgabe? 211

Karl Wilbers
Beschreibung von Lernergebniseinheiten aus Bildungsbereichen mit unterschiedlichen Handlungsregimen 227

Norbert Lachmayr
Reflexion neuer hochschulischer Anrechnungspotenziale durch österreichische Bildungsstandards an Berufsbildenden Höheren Schulen 241

Autorinnen und Autoren **255**

Vorwort

Die Einführung von Bildungsstandards zielt auf eine veränderte output-orientierte Steuerung der Bildungssysteme und soll die Qualität von Bildungsprozessen verbessern. Bildungsstandards ziehen einen grundlegenden Wandel in der Formulierung von Lernzielen nach sich: Statt wie bisher rein fächerbezogen sollen Lernziele stärker inhaltsübergreifend fundiert und funktional auf die Anforderungen der Lebens- und Arbeitswelt bezogen werden. Curricula und Lehrpläne sollen auf diese Weise an Kompetenzen ausgerichtet werden, die zentral für die Orientierung in einer sich stetig verändernden Arbeits- und Lebenswelt angesehen werden und zu deren Mitgestaltung befähigen. Die erreichten Kompetenzen der Lernenden bilden zugleich zentrale Indikatoren für die Qualität der Bildungssysteme.

Im allgemeinbildenden Bereich hat die Kultusministerkonferenz 2003 die ersten Vereinbarungen über Bildungsstandards für den mittleren Schulabschluss getroffen. Seither haben Fachdidaktiker/-innen und Schulpraktiker/-innen Standards für den Primarbereich, den Hauptschulabschluss, den mittleren Schulabschluss und die allgemeine Hochschulreife entwickelt. In den sogenannten Kernfächern liegen weitgehend abschlussbezogene Standards für das gesamte allgemeinbildende Schulsystem in Deutschland vor, bei deren Erarbeitung auf Ergebnisse der Unterrichtsforschung zurückgegriffen werden konnte.

Gemessen an formalen Vorgaben ist auch die Umsetzung kompetenzorientierter Standards in Bachelor- und Masterstudiengängen im hochschulischen Bereich relativ weit fortgeschritten. Seit 2005 werden die Abschlüsse hinsichtlich der Kategorien „Wissen und Verstehen", „Können" und formaler Aspekte lernergebnisorientiert beschrieben. Eine empirische Fundierung von Standards steht in diesem Segment des Bildungssystems jedoch aus.

Im Berufsbildungsbereich werden seit den 1980er-Jahren für die betriebliche Seite Ausbildungsmethoden und später auch Ordnungsmittel an „vollständigen Handlungen" orientiert; auf der berufsschulischen Seite wurde der Kompetenzbegriff mit Einführung des Lernfeldkonzepts 1996 in den Rahmenlehrplänen verankert und damit das „Fächerprinzip" der Berufsschule zugunsten der Orientierung an beruflichen Aufgaben- und Problemstellungen aufgegeben. Bei der Novellierung des Berufsbildungsgesetzes 2005 wurde der Erwerb der beruflichen Handlungsfähigkeit als Leitziel der Berufsausbildung festgeschrieben. Damit existieren wesentliche rechtliche Voraussetzungen für die Formulierung kompetenzorientierter Standards; empirische Fundierungen sind in diesem Feld in Teilsegmenten verfügbar.

Mit der Einführung der Kompetenzorientierung verbindet sich die Hoffnung, dass die Bildungsprozesse und Lernergebnisse in den verschiedenen Segmenten des Bildungssystems transparenter werden und die Durchlässigkeit innerhalb des Bildungssystems erhöht wird. Lernleistungen aus verschiedenen Bildungswegen wie auch aus der Berufs- und Erwerbstätigkeit sollen durch die Ausrichtung auf Kompetenzen stärker aufeinander bezogen und wechselseitig anerkennungsfähig werden. Inwieweit der allgemeinschulische/hochschulische und der berufliche Bildungsbereich auf Anforderungen des Erwerbssystems in einer Outcome-Perspektive in gleichwertiger Form vorbereiten und woran diese Gleichwertigkeit gegebenenfalls festzustellen ist, stellt dabei eine substantielle Herausforderung dar.

Der Deutsche Qualifikationsrahmen bildet hierzu eine gemeinsame bildungspolitische Grundlage. Er ist auf Handlungskompetenz ausgerichtet und bildungsbereichsübergreifend angelegt. Bildungsstandards und kompetenzorientierte Ausbildungsordnungen stellen normative Konstrukte zur Steuerung von Bildungsprozessen dar. Um die Bildungsqualität in der Praxis zu verbessern, sind weitere Elemente unverzichtbar: eine regelmäßige Erfassung der Lernergebnisse bzw. der Kompetenzen, die Bereitstellung von belastbaren Aussagen zu den Effekten pädagogischer Handlungsprogramme und den Prädiktoren der Kompetenzentwicklung sowie die Umsetzung praktischer Maßnahmen zur Verbesserung der Bildungsprozesse. Diese Schritte müssen durch grundlagen- und anwendungsorientierte (Berufs-)Bildungsforschung begleitet werden.

In diesem Band werden Forschungsleistungen aus der Curriculum- und Lehr-/Lernforschung, aus der Kompetenzdiagnostik sowie aus bildungsbereichsübergreifenden Analysen und Konzepten zur Beschreibung, Anerkennung und Anrechnung von Kompetenzen vorgestellt und in kritischer Absicht diskutiert.

Die Beiträge schließen an das Sonderforum „Bildungsstandards und Kompetenzorientierung – Herausforderung und Perspektiven der Bildungs- und Berufsbildungsforschung" des BIBB-Berufsbildungskongresses „Berufsbildung attraktiver gestalten – mehr Durchlässigkeit ermöglichen" im September 2014 in Berlin an. Das Sonderforum bot den Rahmen für eine anschließende Veröffentlichung von forschungsbasierten Beiträgen aus der allgemeinen und beruflichen Kompetenzforschung. Die Beiträge dieses Bandes wurden in einem doppel-blind begutachteten Verfahren ausgewählt. Die Autorinnen und Autoren beleuchten die Strukturvoraussetzungen zur Realisierung der Kompetenzorientierung und zeigen Perspektiven für die Realisierung einer wechselseitigen Durchlässigkeit zwischen den Bildungsbereichen auf.

Reinhold Weiß

Reinhold Nickolaus, Felix Walker

Kompetenzorientierung in der beruflichen Bildung

In diesem Beitrag skizzieren wir Auslöser der Kompetenzorientierung in der beruflichen Bildung, geben Einblicke in deren bildungspolitische und bildungspraktische Implikationen und stellen ausgewählte Ergebnisse der Kompetenzforschung in der Berufsbildung dar. Dabei werden Akzentsetzungen notwendig, da diese Thematik inzwischen einen Umfang erreicht hat, der in einem Beitrag nur ausschnittweise einzufangen ist. Ein Schwerpunkt des Beitrags liegt im Bereich der Kompetenzmodellierung (Kompetenzstrukturen, Kompetenzniveaus) und Erklärungsmodellen zur Kompetenzentwicklung. Auf dieser Basis werden auch praktische Implikationen der Forschungsergebnisse sichtbar, wie z. B. die Notwendigkeit, in Prüfungszuschnitten und der Ordnungsarbeit Erkenntnisse zur Kompetenzstruktur zu berücksichtigen.

Schlagworte: Kompetenzmessung, Kompetenzniveau, Fachkompetenz, Problemlösekompetenz, berufliche Bildung

1. Perspektiven für die Annäherung an die Thematik

Gegenwärtig ist die Entwicklung beruflicher Handlungskompetenz sowohl in der Berufsbildungspraxis als auch der Berufsbildungsforschung die zentrale Leitlinie der Gestaltungs- und Forschungsprozesse (vgl. KLIEME 2010; NICKOLAUS/PÄTZOLD/REINISCH/ TRAMM 2010). Wechselseitige Impulse aus den Handlungsfeldern werden mehr oder weniger bedeutsam für die jeweiligen Aktivitäten, wobei unterstellt werden kann, dass die zentralen bildungspolitischen und bildungspraktischen Entwicklungsprozesse in aller Regel vonseiten der Berufsbildungsforschung aufgegriffen werden, die Rezeption wissenschaftlicher Erkenntnisse im bildungspraktischen und bildungspolitischen Feld hingegen eher selektiv erfolgt. In vielen Fällen, in welchen praktische Entscheidungen anstehen, wie z. B. bei der Frage, welche Abschlüsse in unterschiedlichen Ländern zu welchen Kompetenzniveaus führen, sind auch keine belastbaren Erkenntnisse verfügbar. Einordnungen von unterschiedlichen Abschlüssen in den europäischen oder auch den nationalen Qualifikationsrahmen (DQR bzw. EQR) erfolgen unter solchen Bedingungen in einem Abstimmungsprozess der an der Gestaltung beteiligten Akteure, dessen Ergebnisse eher Ausdruck von geteilten bildungspolitischen Zielperspektiven als von belastbaren Vergleichen darstellen[1]. In diesem Beitrag ist es nur bedingt möglich, die Entwicklungen zur Kompetenzorientierung in den verschiedenen Handlungsfeldern zu skizzieren und die zahlreichen Wechselwirkungen zwischen den Handlungsfeldern zu analysieren. Da eine auf ein Handlungsfeld bzw. eine auf die Berufsbildungsforschung eingeschränkte Perspektive zur Kompetenzorientierung die Einordnung der Aussagen erschweren würde, versuchen wir im Weiteren, die Entwicklungen im bildungspraktischen und bildungspolitischen Bereich zumindest kurz zu skizzieren. So werden die schwerpunktmäßig behandelten Entwicklungen zur Kompetenzorientierung im Bereich der Berufsbildungsforschung zumindest auf die Entwicklungen in den praktischen Handlungsfeldern beziehbar und potentielle Orientierungspotentiale der Berufsbildungsforschung für die Bildungspraxis und Bildungspolitik abschätzbar.

2. Entwicklungen zur Kompetenzorientierung in der Berufsbildungspraxis und Berufsbildungspolitik

Als zentrale Ausgangspunkte für die Ausrichtung der Berufsbildung an anzustrebenden Kompetenzen erachten wir (in Deutschland) die in den 80er-Jahren beobachtbaren arbeitsorganisatorischen Entwicklungen und die dazu vorgelegten Studien, in welchen über verschiedene Arbeitsfelder hinweg neben einer zunehmenden Entwicklungsdynamik der Anforderungen zugleich ein Anstieg der Anforderungsniveaus, eine Ausweitung der Handlungsspielräume und neben den fachlichen Anforderungen eine zunehmende Bedeutung sozialer Fähigkeiten, insbesondere der Team- und Kooperationsfähigkeit konstatiert wurden (z. B. KERN/SCHUHMANN 1985; BAETHGE/OVERBECK 1986). Obgleich die in den 80er-Jahren in Gang gesetzten arbeitsorganisatorischen Entwicklungen in Richtung einer Rückführung kleinschrittiger Arbeitsteilung bereits in den 90er-Jahren relativiert und partiell die Rückkehr zu eher tailoristischen Arbeitsorganisationsformen in Teilsegmenten industrieller Fertigung dokumentiert wurden (vgl. BAETHGE 2004), entfalteten die auch technologisch induzierten Anforderungsänderungen in den 90er-Jahren im Berufsbildungssystem nach wie vor nachhaltige Wirkungen. Markante und im Weiteren stark ausstrahlende Neuerungen stellten die im Rahmen der 1987 vollzogenen Neuordnung der Metall- und Elektroberufe erstmals eingebrachten Zielorientierungen der selbstständigen Planung, Durchführung und Kontrolle berufsfachlicher Arbeit dar (vgl. GRÜNEWALD u. a. 1989).

Flankiert wurden diese Entwicklungen in der Ordnungsarbeit durch die zunächst in den (groß-)betrieblichen Kontexten einsetzende didaktische Wende, die durch selbstgesteuerte Erarbeitungsformen und Handlungsorientierung gekennzeichnet waren (vgl. BADER 1990). Parallel setzten in der Didaktik beruflicher Bildung Konzeptentwicklungen ein, die teilweise durch Modellversuchsprogramme flankiert wurden. Verwiesen sei in diesem Kontext insbesondere auf das Konzept der Handlungsorientierung (z. B. DÖRIG 2003), die Gestaltungsorientierte Didaktik Rauners (1986, 1996) und das dazu in Beziehung stehende Lernfeldkonzept (vgl. BADER/SCHÄFER

---

1 Zur Konstruktion des DQR siehe z. B. Sloane (2008).

1998; BADER/SLOANE 2000; REINISCH 2003; TRAMM 2011), das im schulischen Bereich u. a. etabliert wurde, um die zunächst zögerliche Umsetzung handlungsorientierten Unterrichts an den beruflichen Schulen zu befördern. Getragen wurden diese neuen Konzepte von der Erwartung, dass auf deren Basis gestaltete Lehr-Lernprozesse weit besser als traditionale Lehr-Lernverfahren geeignet seien, um berufliche Kompetenzen zu entwickeln (z. B. RIEDL 2010; SEIFRIED/SEMBILL 2010), und daraus zugleich motivationale Vorteile resultieren würden. In all diesen (neuen) didaktischen Konzepten beruflicher Bildung fungiert die berufliche Handlungskompetenz als Leitorientierung, die im Anschluss an die Kompetenzdefinition von Heinrich Roth (1971) in der beruflichen Bildung häufig als dreidimensionales Konstrukt (Fachkompetenz, Soziale Kompetenz, Personale Kompetenz) modelliert wird (im Überblick z. B. NICKOLAUS/SEEBER 2013). Im bildungspraktischen Kontext dürfte die Unschärfe des Konstrukts und vor allem die unbestimmte Gewichtung der einzelnen Kompetenzfacetten die Basis für die Konsensfähigkeit[2] der Zielorientierung beruflicher Handlungskompetenz darstellen, da diese Unbestimmtheit den Akteuren vielfältige Möglichkeiten eröffnet, mit dem Konstrukt je eigene Projektionen zu verbinden.

Da die Entwicklungsdynamik der Anforderungsänderungen zugleich die Hinwendung zu offener Curricula begünstigte, bzw. die permanente Aktualisierung geschlossener Curricula keine aussichtsreiche Option darstellte, bestand auch keine Notwendigkeit, im bildungspolitischen Kontext eine Konkretisierung zu betreiben. Statt einer inhaltsbezogenen Steuerung setzte man auf Vorgaben zur methodischen Gestaltung, in der Annahme, damit wünschenswerte Effekte auf der Outputebene erzeugen zu können. Die empirischen Befundlagen zu eher bescheidenen differentiellen Effekten methodischer Entscheidungen und partiell erwartungswidrigen Ergebnisse blieben dabei unreflektiert (s. u.). In der Bildungspraxis setzten teilweise begleitet durch wissenschaftliche Akteure Konkretisierungsbemühungen zum Kompetenzkonstrukt ein, die z. T. in relativ ausdifferenzierten Kompetenzrastern mündeten (z. B. HEYSE/ERPENBECK/MAX 2004). In der betrieblichen Praxis finden diese Kompetenzraster als Werkzeuge des Kompetenzmanagements Verwendung, ohne dass im Vorfeld geklärt werden konnte, ob die unterstellten Kompetenzdimensionen je eigene Konstrukte darstellen und die praktizierten Erfassungsformen in Form von Selbst- und Fremdzuschreibungen zu tragfähigen Ergebnissen führen.

Flankiert wurden die curricularen Reformprozesse im Ausbildungsbereich durch einschlägige Reformprozesse in der Prüfungspraxis, da vor allem die theoretischen Prüfungen als wenig kompetenzorientiert wahrgenommen und als reformhinderlich eingeschätzt wurden (vgl. REETZ/HEWLET 2008; EBBINGHAUS/GÖRMA 2004). Deren Umgestaltung und Anreicherung durch neue Prüfungsformen schien vor diesem Hintergrund ein notwendiger Schritt, um eine zentrale Barriere zur Einlösung der Reformziele zu überwinden, wobei z. T., vor allem bei der Etablierung betrieblicher Aufträge, auch ökonomische (Arbeitgeber) und partizipative Kalküle (Gewerkschaften) eine Rolle spielten.

---

[2] Partiell werden allerdings, vornehmlich von geisteswissenschaftlich orientierten Pädagogen, Bedenken artikuliert, in welchen die Kompetenzorientierung als problematisch ausgewiesen wird, da damit allein das Messbare in den Blick komme, Bildung jedoch nicht messbar sei. Zur kritischen Reflexion dieses Diskurses siehe HEID (2015).

Kompetenzorientiert modifiziert wurden auch die formalen Ausbildungsprogramme für die Lehrkräfte, sowohl im schulischen als auch im betrieblichen Kontext. In der Lehrerausbildung fand dies zunächst in einer starken Betonung selbstgesteuerten und handlungsorientierten Unterrichts Ausdruck, der in der zweiten Ausbildungsphase z. T. als Königsweg ausgewiesen und auch in der Prüfungspraxis systematisch eingefordert wurde und wird. Im Zuge der Bologna-Reformen im Hochschulbereich erfolgte dann auch in der ersten Ausbildungsphase zumindest formal eine Neuausrichtung an zu erwerbenden Kompetenzen, die den Ausgangspunkt für einen wachsenden Stellenwert hochschuldidaktischer Überlegungen darstellen. Flankiert werden diese Neuerungen in Deutschland seit einigen Jahre einerseits durch globale, d. h. die gesamte Hochschulausbildung erfassende Qualitätssicherungsprogramme, und andererseits durch ein Kompetenzforschungsprogramm im Hochschulbereich (KOKO HS), das wie die Qualitätssicherungsprogramme durch das BMBF finanziert wird.

Zu berücksichtigen ist, dass diese kompetenzorientierten Entwicklungsprozesse nicht auf die Berufliche Bildung beschränkt blieben, sondern die Bildungsprogrammatiken auf allen Ebenen und in nahezu allen Ländern[3] erfassten. Dieser Prozess spiegelt sich auch in der internationalen Bildungsforschung, die durch die zahlreichen internationalen Vergleichsstudien zu den erreichten Kompetenzständen wesentliche Entwicklungsimpulse erhielt. Einschlägige Vorbereitungsprozesse für eine internationale Vergleichsstudie sind seit Längerem auch im beruflichen Bereich beobachtbar, beschränken sich bisher allerdings auf Vorstudien und Sondierungen, ohne dass absehbar wäre, ob und wann dergleichen eine Realisierungschance erhält (vgl. BAETHGE/ARENDS 2009).

3. Flankierung der Umgestaltungsprozesse durch Forschung, Zugänge und Themenschwerpunkte

Die Flankierung der Umgestaltungsprozesse durch Forschung erfolgte in zweifacher Weise: a) in Form von Modellversuchsprogrammen und b) durch empirische Studien zur Kompetenzmodellierung und Kompetenzentwicklung. Modellversuche und Modellversuchsprogramme, die einen direkten Bezug zur Kompetenzorientierung aufwiesen, wurden vor allem[4] in drei Segmenten aufgelegt: (1) Für die Einführung handlungsorientierter Lehr-Lernformen, wie zum Beispiel für die Einführung der Leittextmethode in der betrieblichen Ausbildung und die Entwicklung und Erprobung handlungsorientierten Lernens in den beruflichen Schulen (z. B. HOESCH-STAHL AG 1987). (2) Zur Einführung des Lernfeldkonzepts, mit dem die Umsetzung handlungsorientierten

---

3   Das Phänomen der Kompetenzorientierung ist international (vgl. z. B. BERNHOLT/NEUMANN/NENTWIG 2012) und erhielt durch die internationalen Vergleichsstudien (wie z. B. TIMSS, PIRLS, PISA) erheblichen Auftrieb (KÖLLER/PARCHMANN 2012). Das gilt auch für die berufliche Bildung. Zur Kompetenzorientierung im beruflichen Segment Frankreichs siehe z. B. KRICHEVSKY/FROMMBERGER 2014.

4   Daneben wurden auch in anderen Feldern, wie z. B. zur Lernortskooperation (im Überblick EULER 2004) und zur Nachhaltigkeit in der beruflichen Bildung Modellversuche und Modellversuchsprogramme aufgesetzt, die ebenfalls der Leitorientierung beruflicher Handlungskompetenz verpflichtet waren.

Unterrichts begünstigt und eine systematische Rückbindung an die zentralen Handlungsfelder gewährleistet werden sollte (vgl. DEITMER u. a. 2004). (3) Zur Innovation arbeitsprozessorientierter bzw. arbeitsprozessintegrierter Ausbildungsformen wie beispielsweise den Lerninseln, die den Unternehmen die Möglichkeit öffnen, einerseits Ausbildung auch produktiv zu gestalten und andererseits einen Rahmen zu schaffen, der für die Förderung von Eigenständigkeit vorteilhaft schien (z. B. DEHNBOSTEL u. a. 2001; RÜTZEL/SCHAPFEL 1997).

In diesem Kontext wurden auch konzeptionelle Vorstellungen erprobt, wie sie z. B. im Rahmen der Gestaltungsorientierten Didaktik entwickelt wurden. Von erheblichem Gewicht waren auch die in den letzten Dekaden in allen Bundesländern auf betrieblicher und schulischer Ebene verstärkt betriebenen Entwicklungen zur Qualitätssicherung (im Überblick z. B. MÜNK/WEISS 2009), die zunächst z. T. noch stark an Qualitätssicherungssystemen angelehnt waren, die ursprünglich für die Qualitätssicherung betrieblicher Leistungserstellungsprozesse entwickelt wurden und sich nur bedingt als geeignet erwiesen, den Kern pädagogischen Handelns und dessen Effekte zu erfassen (vgl. TENBERG 2009). Typisch für die Modellversuchsarbeit war, dass die eingesetzten Evaluationsverfahren primär geeignet waren, den Entwicklungsprozess konstruktiv zu begleiten, jedoch keine belastbaren Aussagen zu den Effekten der verschiedenen Handlungsprogramme bereitgestellt werden konnten. Gleichwohl fielen die Evaluationsaussagen aus den Modellversuchskontexten überwiegend bestätigend aus, d. h., die Einlösung der Grundannahmen zur Eignung der neuen didaktischen Ansätze wurde bestätigt. Zumindest partiell, wie z. B. im Falle der differentiellen Effekte methodischer Entscheidungen, zeigten später einsetzende Untersuchungen, dass die erwarteten Effekte keineswegs durchgängig und zum Teil auch völlig erwartungswidrig ausfielen (im Überblick NICKOLAUS 2011; SEIFRIED/SEMBILL 2010).

Mit dem Anspruch, die in den Modellversuchsevaluationen bleibenden Lücken (partiell) zu füllen, traten die stärker auf quantitative empirische Verfahren setzenden Forscher an. Entstanden sind in diesem Kontext, teilweise auch durch BMBF-Programme gefördert, vor allem Arbeiten zur Messung, Modellierung und Entwicklung berufsfachlicher Kompetenzen. Diese Beschränkung resultierte aus der Überzeugung, dass für die Bereitstellung belastbarer Aussagen zunächst Analysen in überschaubaren und noch beherrschbaren Zuschnitten notwendig seien und der berufsfachlichen Kompetenz herausragende Bedeutung zukomme. Als zentrale Herausforderung erwiese es sich dabei, zunächst geeignete Instrumente zur Erfassung berufsfachlicher Kompetenzen bereitzustellen, darauf aufbauend Erkenntnisse zu den auch empirisch bestätigbaren Kompetenzstrukturen zu sammeln und auf dieser Basis in längsschnittlichen Analysen Aussagen zur Entwicklung berufsfachlicher Kompetenzen in unterschiedlichen pädagogischen Settings bereitzustellen. Im Zuge der Instrumentenentwicklung waren zur Sicherung inhaltlicher Validität je nach domänenspezifischem Forschungsstand auch Analysen zu den berufsspezifischen Anforderungskontexten erforderlich. Im Folgenden unternehmen wir den Versuch, einen Einblick in die dabei gewonnenen Erkenntnisse zu geben, wobei wir schwerpunktmäßig auf Befundlagen in gewerblich-technischen Domänen zurückgreifen, in welchen der Erkenntnisstand am weitesten fortgeschritten ist.

4. Einblicke in Ergebnisse empirischer Forschung zu(r) Diagnostik, Struktur, Niveaus und Entwicklung berufsfachlicher Kompetenzen am Beispiel gewerblich-technischer Domänen

4.1 Diagnostik berufsfachlicher Kompetenzen

Eine zentrale Herausforderung der Kompetenzdiagnostik besteht darin, dass Kompetenzen nicht direkt beobachtet, sondern nur indirekt über eine hinreichend große Zahl von Leistungen, die in systematisch gestalteten Anforderungskontexten erbracht wurden, erschlossen werden können. Die sich dabei stellenden Objektivitäts-, Reliabilitäts- und Validitätsprobleme gaben Anlass, die Kompetenzmessung als eigene wissenschaftliche Aufgabe anzugehen. Prinzipiell stehen neben Selbsteinschätzungen und Fremdeinschätzungen verschiedene Testformen zur Verfügung, die je nach zu erfassender Kompetenzfacette spezifische Vor- und Nachteile aufweisen. Während sich Papier- und Bleistifttests vor allem für die Erhebung von Fachwissen als vorteilhaft erweisen, jedoch ungeeignet sind, um z. B. manuelle Fertigkeiten zu messen, die über Schreibfähigkeiten hinausgehen, bieten sich Arbeitsproben an, um auch berufsfachliche Fähigkeiten und Fertigkeiten abzuschätzen (vgl. NICKOLAUS/SEEBER 2013). Neben realen Arbeitsproben wurden inzwischen zahlreiche simulative „Arbeitsproben" entwickelt, im Bestreben, damit nicht nur möglichst authentische Anforderungen simulieren zu können, sondern zugleich die Güte der Kompetenzabschätzungen zu erhöhen. Daneben kommen in neuerer Zeit zunehmend Videovignetten zum Einsatz, in welchen authentische berufsfachliche Handlungen dokumentiert sind und Möglichkeiten geschaffen wurden, Handlungen nach fachlichen Kriterien zu beurteilen, Handlungspläne für unterbrochene Handlungsvollzüge fortzuschreiben oder auch direkt handlungsbezogenes deklaratives Wissen zu erfassen (z. B. SCHMIDT u. a. 2014). Im beruflichen Bereich wurden solche Ansätze insbesondere im Rahmen des ASCOT Programms genutzt, um deklaratives und prozedurales Handlungswissen in authentischen Anforderungskontexten zu erfassen. Die Ergebnisse von Schmidt u. a. (2014) deuten darauf hin, dass mit diesem Testformat neben explizitem auch implizites Handlungswissen diagnostiziert werden kann.

Eine zentrale Herausforderung stellt bei der Kompetenzmessung die Einlösung des Anspruchs dar, diese Messung objektiv, reliabel, valide und mit einem vertretbaren Aufwand vorzunehmen. Während die vor allem im Weiterbildungsbereich häufig genutzten Selbsteinschätzungen bereits am ersten Kriterium scheitern und gemessen an Leistungstests in der Regel auch zu keinen zutreffenden Einschätzungen führen[5], sind Fremdeinschätzungen zumindest partiell geeignet, bessere Einschätzungen als über Selbsteinschätzungen zu erzeugen. Zur Güte von Fremdeinschätzungen liegen vor allem bezogen auf Lehrende zahlreiche Untersuchungen

---

5   Die mittleren Korrelationen zwischen Selbsteinschätzungen und Testdaten bzw. Fremdeinschätzungen liegen in der Größenordnung von 0.2 (VOLLMERS/KINDERVATER 2010). D. h., Selbsteinschätzungen bilden letztlich ein anderes Konstrukt ab und genügen auch dem Validitätskriterium nicht.

vor (im Überblick SCHRADER 2011). Mit Güteproblemen ist vor allem dann zu rechnen, wenn von den Beurteilenden Einschätzungen zu komplexen Konstrukten erwartet bzw. vorgenommen werden (vgl. ebd., NICKOLAUS/SEEBER 2013). Als problematisch bei Fremdeinschätzungen erweist sich häufig das auf die jeweiligen Gruppen/Klassen bezogene Bezugssystem. Eine akzeptable Reliabilität und Validität erreichen Lehrerurteile nach Schrader (2011) vor allem dann, wenn spezifische Leistungsaspekte beurteilt werden müssen. In einer aktuellen Untersuchung zur Güte von Ausbilderurteilen, die im Kfz-Bereich durchgeführt wurde (vgl. WEBER u. a. 2015), werden allerdings auch bei Einlösung dieses Kriteriums sehr schwache Korrelationen der Fremdeinschätzungen mit Testdaten und massive Mildeeffekte berichtet.

Als gravierendes Problem erweist sich in dieser Untersuchung auch die mangelnde Differenzierungsfähigkeit der Ausbilder in Kompetenzbereichen, in welchen durch erste Routinebildungen die Varianz etwas eingeschränkt ist. Im Test werden jedoch auch in diesem Kompetenzstadium noch substantielle Varianzen deutlich (vgl. ebd.). Probleme, die Gütekriterien einzulösen, bestehen auch für andere diagnostische Zugänge, wie z. B. Arbeitsproben, simulierte Arbeitsproben oder Papier- und Bleistifttests. Im Gegensatz zu den Selbst- und Fremdeinschätzungen ist es bei diesen Zugängen allerdings gelungen, die Probleme substantiell zu reduzieren (s. u.). Ungelöst ist bisher das Problem, berufliche Handlungskompetenz als Gesamtkonstrukt verlässlich abzuschätzen. Um diesem Ziel näher zu kommen, sind zunächst verlässliche Instrumente zur Abschätzung der Teilkompetenzen erforderlich. Holistische Einschätzungen, wie sie z. B. im „Komet-Ansatz" (RAUNER u. a. 2009) angestrebt werden, sind nicht geeignet, verlässliche Kompetenzabschätzungen zu sichern.[6] Relativ weit sind die Arbeiten zur Erfassung berufsfachlicher Kompetenzen fortgeschritten, wozu nicht zuletzt das BMBF-Forschungsprogramm ASCOT (Technology-based Assessment of Skills an Competencies in VET) beitrug, in dem sowohl für gewerblich-technische, kaufmännische als auch medizinisch/pflegerische Berufe reliable und valide Instrumente zur Erfassung berufsfachlicher und z. T. auch sozialer Kompetenzen entwickelt wurden. Um eine hohe inhaltliche Validität zu sichern, wurde in allen ASCOT Projekten erheblicher Aufwand betrieben, um die Anforderungen beruflicher Arbeit möglichst umfassend abzubilden. Zum Teil konnte dabei auch bereits auf internationale Vorstudien zurückgegriffen werden (vgl. BAETHGE/ARENDS 2009), so dass nicht nur regionale, sondern auch international anzutreffende Anforderungen berücksichtigt werden konnten.

Als eine zentrale Herausforderung hatte sich schon in Vorarbeiten zu ASCOT gezeigt, dass selbst berufsfachliche Kompetenzen relativ heterogene Konstrukte darstellen (s. u.) und bereits die reliable und valide Erfassung einzelner Subdimensionen wie z. B. der Diagnosekompetenz von Kfz-Mechatronikern, an den dafür notwendigen Testzeiten zu scheitern droht (vgl. GSCHWENDTNER/ABELE/NICKOLAUS 2009). Da präzisere Kompetenzabschätzungen nur zu gewinnen sind, wenn von den Testpersonen eine hinreichende Anzahl an Leistungsdaten

---

6   Beim gegenwärtigen Stand der Forschung erweist es sich bereits als Herausforderung, einzelne Subdimensionen berufsfachlicher Kompetenzen verlässlich abzuschätzen, welche sich beim holistischen Zugang potenzieren würden.

in variierenden Anforderungskontexten vorliegen und komplexere Testanforderungen z. B. bei der Fehleranalyse am Kfz häufig Bearbeitungszeiten von bis 30 Minuten erfordern, war zunächst selbst bei vierstündiger Testzeit für ein Konstrukt die Reliabilitätsproblematik nicht völlig befriedigend lösbar[7]. Inzwischen ist es allerdings gelungen, dieses Problem durch die Entwicklung von Teilkompetenzitems zu lösen, die sich zu den umfangreichen Problemlöseitems als konvergent valide erweisen und zugleich die Möglichkeit eröffnen, zielorientiert zu diagnostizieren, an welchen Anforderungen die Auszubildenden scheitern (vgl. ABELE/WALKER/NICKOLAUS 2014). Dieser Weg scheint sich auch in anderen Domänen zu bewähren (vgl. WALKER 2014). Wesentlich erleichtert wird die Erfassung von berufsfachlichen Problemlösekompetenzen auch durch simulative Arbeitsproben, für die inzwischen für verschiedenen Domänen gezeigt werden konnte, dass sie sich als Testumgebungen als konvergent valide zu realen Anforderungskontexten erweisen (vgl. GSCHWENDTNER/ABELE/NICKOLAUS 2009; LINK/GEISSEL 2015; WALKER/ABELE/NICKOLAUS 2014). Konnten Papier- und Bleistifttests analytische Problemlösekompetenzen bislang nicht valide erfassen, scheinen diese durchaus in der Lage, konstruktive Problemlösekompetenzen wie z. B. das Erstellen von Steuerungsprogrammen valide diagnostizieren zu können (vgl. LINK/GEISSEL 2015). Im Bereich des Fachwissens ergeben sich je nach Domäne Ausdifferenzierungen in Subdimensionen, die ebenfalls eine reliable Abschätzung in allen Teilkompetenzen erschweren können. Die dabei auftretenden Probleme können jedoch sowohl über Ausweitungen der Testzeit als auch adaptives Testen gelöst werden.

In Abhängigkeit von der Zielsetzung, die mit der Diagnose verfolgt wird (z. B. qualitative Aussagen über die erreichten Niveaus in den Teilkompetenzen, vergleichende Aussagen zu Ausbildungsgruppen), sind dabei unterschiedliche Strategien denkbar. Bedeutsam wird in diesem Kontext auch der Sachverhalt, dass die Leistungen in den Einzeldimensionen häufig hoch korrelieren[8]. Zum Teil werden jedoch auch niedrigere Korrelationen zwischen einzelnen Subdimensionen berichtet (z. B. NICKOLAUS u. a. 2011), wobei insbesondere Wissensbereiche auffällig werden, in welchen bereits in der Ausbildung Routinebildungen stattzufinden scheinen[9]. Generell ist bei der Messung von berufsfachlichen Kompetenzen im Ausbildungsverlauf zu berücksichtigen, dass sich während der Ausbildung auch strukturelle Veränderungen des Fachwissens ergeben (vgl. GSCHWENDTNER 2008; SCHMIDT u. a. 2014). Das bedeutet, dass für unterschiedliche Entwicklungsstadien der Kompetenzentwicklung unterschiedliche Testzuschnitte erforderlich sind, die zur Abbildung der Entwicklungen in doppeltem Sinne sensitiv sein müssen, um sowohl graduelle als auch strukturelle Änderungen abbilden zu können.

---

7   Erreicht wurden auch bei vierstündiger Testzeit in der Regel lediglich eine Reliabilität von < 0.7.
8   So erreichen z. B. die latenten Korrelationen zwischen den Subdimensionen des Fachwissens (Elektrische Energietechnik, Automatisierungstechnik/SPS, Elektrotechnische Grundlage) Werte zwischen 0.8 und 0.86 (vgl. VAN WAVEREN/NICKOLAUS 2015).
9   Das gilt z. B. für das Fachwissen zur traditionellen Installationstechnik bei Elektronikern für Energie- und Gebäudetechnik, das relativ schwach mit dem Fachwissen zur modernen Steuerungstechnik assoziiert ist (vgl. NICKOLAUS u. a. 2011).

4.2 Strukturen berufsfachlicher Kompetenzen

Im Anschluss an die in allen theoretischen Modellierungen beruflicher Handlungskompetenz ausdifferenzierte Subdimension „Fachkompetenz" entstanden in der letzten Dekade zahlreiche Arbeiten, in welchen der Frage nachgegangen wurde, inwieweit die berufsfachliche Kompetenz selbst ein heterogenes Konstrukt darstellt, das in weitere Subdimensionen ausdifferenziert werden kann. Nach einschlägigen Studien (z. B. Abele 2014; Gschwendtner 2011; Gschwendtner/Abele/Nickolaus 2009; Nickolaus u. a. 2011; Walker/Link/Nickolaus 2015; Seeber 2008; Winther/Achtenhagen 2009) kann dazu festgehalten werden, dass über alle bisher untersuchten Domänen hinweg zumindest das Fachwissen und die Fähigkeit, dieses Wissen in problemhaltigen Situationen anzuwenden, unterschieden werden können (vgl. Nickolaus/Seeber 2013). Bei dieser Ausdifferenzierung in zwei zentrale Subdimensionen berufsfachlicher Kompetenzen ist zu berücksichtigen, dass die Subdimension des Fachwissens nicht nur Dispositionen zur Erbringung von Reproduktionsleistungen abbildet, sondern auch Leistungsdispositionen, die ein Verständnis der Sachverhalte voraussetzen und gegebenenfalls verschiedene Operationen wie z. B. (einfachere) mathematische Modellierungen fachlicher Zusammenhänge oder fachzeichnerische Leistungsdispositionen einschließen. Problemlösekompetenzen wurden bisher im gewerblich-technischen Bereich, auf den wir uns hier auch aus Raumgründen beschränken, im Kern in drei Grundvarianten operationalisiert: (1) als analytische Problemlösekompetenzen in Form der Fehlerdiagnosefähigkeit in technischen Systemen, die in einzelnen Berufssegmenten (z. B. bei Elektronikern für Automatisierungstechnik, Kfz-Mechatronikern oder Servicetechnikern im Maschinen- und Anlagenbau) von zentraler Bedeutung sind (vgl. Becker 2003; Spöttl/Becker/Musekamp 2011; Zinke/Schenk/Kröll 2014; Zinn u. a. 2015). (2) Als konstruktive Problemlösekompetenzen, wie sie beispielsweise bei der Programmierung einer steuerungstechnischen Anlage erforderlich und beispielsweise von Elektronikern für Automatisierungstechnik eingefordert werden (vgl. Link/Geissel 2015; Walker/Link/Nickolaus 2015), und (3) in der bautechnischen Grundbildung als Dispositionen, die die integrative Verarbeitungen unterschiedlicher fachlicher Anforderungen (Fachkunde, Fachrechnen, Fachzeichen) ermöglichen (vgl. Petsch/Norwig/Nickolaus 2014, 2015). Bemerkenswert scheint, dass innerhalb einzelner Domänen diese fachspezifischen Problemlösekompetenzen weiter ausdifferenziert werden. So erweist sich beispielsweise bei den Elektronikern für Automatisierungstechnik die konstruktive und analytische Problemlösekompetenz als je eigene Subdimensionen, deren latente Korrelation bei Kontrolle des Fachwissens und der Intelligenz mit 0.42 relativ schwach ausfällt (vgl. Walker/Link/Nickolaus 2015). Eine ähnliche Ausdifferenzierung berichten Winther/Achtenhagen (2009) auch bei Industriekaufleuten. Deutlich stärkere Ausdifferenzierungen sind in den verschiedenen Studien für das Fachwissen zu konstatieren, wobei in der Regel Ausdifferenzierungen entlang von Inhaltsbereichen und bisher kaum in Orientierung an den in der Wissenspsychologie ausdifferenzierten Wissensformen berichtet werden. Einen Überblick über gegenwärtig vorliegenden Strukturmodellierungen im gewerblich-technischen Bereich gibt Tabelle 1.

Tabelle 1: Strukturen berufsfachlicher Kompetenz in ausgewählten gewerblich-technischen Berufen

Beruf	Subdimensionen berufsfachlicher Kompetenz		Anmerkungen
	Fachwissen	**Problemlösekompetenz/ Wissensanwendungen**	
Fachinformatiker/-in (Ende 3. Ausbildungsjahr)	▶ Einfache IT-Systeme ▶ Anwendungsentwicklung ▶ Netzwerk ▶ Betriebliche Organisation ▶ Betriebswirtschaftslehre	▶ Analytische Problemlösekompetenz (Fehlerdiagnose in virtuellen IT Systemen)	Konstruktive Problemlösekompetenzen wurden bisher nicht operationalisiert. Die Diagnose der Problemlösekompetenz erfolgte computerbasiert.
Mechatroniker/-in (Ende 2. Ausbildungsjahr)	▶ Grundlagen Elektrotechnik ▶ Vertiefung Elektrotechnik ▶ Grundlagen Mechanik ▶ Vertiefung Mechanik	▶ Analytische Problemlösekompetenz (Fehlerdiagnose in steuerungstechnischen Systemen)	Es liegt nahe, auch hier eine zusätzliche konstruktive Subdimension der Problemlösekompetenz zu unterstellen, die bisher jedoch noch nicht operationalisiert wurde. Die Diagnose wurde durch eine noch nicht validierte simulierte Arbeitsprobe vorgenommen.
Elektroniker/-in für Energie- und Gebäudetechnik (Ende 3. Ausbildungsjahr)	▶ Elektrotechnische Grundlagen ▶ Traditionelle Installationstechnik ▶ Steuerungs-/moderne Installationstechnik	▶ Analytische Problemlösekompetenz (Fehlerdiagnose in elektrotechnischen Systemen)	Curriculare Analysen lassen auch hier eine zusätzliche konstruktive Subdimension der Problemlösekompetenz vermuten, welche noch nicht operationalisiert wurde.
Elektroniker/-in für Automatisierungstechnik (Ende 3. Ausbildungsjahr)	▶ Elektrotechnische Grundlagen ▶ Elektrische Energietechnik ▶ Automatisierungstechnik/ SPS	▶ Analytische und konstruktive Problemlösekompetenz (Fehlerdiagnose in steuerungstechnischen Systemen; Programmierung steuerungstechnischer Systeme)	Die Diagnose der analytischen Problemlösekompetenz erfolgte sowohl durch reale als auch valide simulierte Arbeitsproben. Die konstruktive Problemlösekompetenz konnte durch eine Programmiersoftware und einen validen Papier-Bleistifttest erfasst werden.
Kfz-Mechatroniker/-in (Ende 2. Ausbildungsjahr)	▶ Fahrwerk/Service ▶ Motor/Motorsteuerung/ Start-Strom-Beleuchtung	▶ Analytische Problemlösekompetenz (Fehlerdiagnose im Kfz) ▶ Fertigkeiten im Servicebereich	Für das Fachwissen erweist sich ein dreidimensionales Modell ebenfalls als akzeptabel, in dem die zweite Dimension in motortechnische und elektrotechnische Komponenten ausdifferenziert wurde.
Kfz-Mechatroniker/-in (Ende 3. Ausbildungsjahr)	▶ Fahrwerk ▶ Kraftübertragung ▶ Motor ▶ Motorsteuerung, Service ▶ Start-Strom-Beleuchtung ▶ Arbeits- und Umweltschutz	▶ Analytische Problemlösekompetenz (Fehlerdiagnose im Kfz) ▶ Fertigkeiten im Servicebereich ▶ Fertigkeiten im Bereich Reparatur/Instandhaltung	Die Befundlage zum Fachwissen ist nicht völlig einheitlich. Ein siebendimensionales Modell passt nach den aktuellsten Ergebnissen am besten.
Grundausbildung Bau	▶ Fachwissen ▶ Fachrechnen ▶ Fachzeichnen	▶ Fachliches Problemlösen operationalisiert über die integrative Verarbeitung der Wissensdimensionen	In dieser Domäne wurden die Problemlöseleistungen, im Gegensatz zu den anderen Domänen, nicht durch reale oder simulierte Arbeitsproben, sondern durch Papier- und Bleistifttest erfasst.

Ähnliche Strukturierungen finden sich auch in kaufmännischen Domänen (vgl. ROSENDAHL/ STRAKA 2011; SEEBER 2008; WINTHER/ACHTENHAGEN 2009). Von erheblichem Interesse sind auch die Änderungen in den Kompetenzstrukturen, die während der Ausbildung primär durch Ausdifferenzierungsprozesse gekennzeichnet werden können. Inwieweit sich im weiteren Berufsverlauf auch Integrationsprozesse vollziehen, die beispielsweise durch eine Vertiefung und bessere Integration der einzelnen Wissensbasen begünstigt werden könnten, ist bisher nicht untersucht. Es lassen sich allerdings bereits im Ausbildungsverlauf Hinweise auf Routinebildungsprozesse finden, die zu sinkenden Korrelationen zwischen dem tätigkeitsrelevanten Fachwissen und dem Handlungswissen (Handlungspläne, Handlungsbeurteilungen) führen (vgl. SCHMIDT u. a. 2014).

4.3 Erreichte Kompetenzniveaus

In den ersten breiter angelegten Analysen zu den erreichten berufsfachlichen Kompetenzniveaus, die im Rahmen der ULME Studien vorgelegt wurden (vgl. LEHMANN/SEEBER 2007), kamen die Autoren zur domänenübergreifenden Aussage, dass die Auszubildenden am Ende der Ausbildung deutlich hinter den curricular fixierten Zielsetzungen zurückbleiben. Dieser Befund wurde durch die später vorgelegten Arbeiten im Kern nicht nur für das in den ULME Studien untersuchte Fachwissen bestätigt, sondern ebenso für die berufsfachlichen Problemlösekompetenzen. So erreichte in einer ca. 600 Probanden umfassenden Studie z. B. lediglich ein Anteil von knapp einem Sechstel der Kfz-Mechatroniker ein Niveau, das auch die eigenständige Bewältigung komplexerer Fehlerfälle ermöglicht. Circa ein Sechstel war nicht in der Lage, auch einfachste Fehlerfälle mit Unterstützung des Expertensystems zu bewältigen, und ca. ein Drittel kam nicht über das Niveau hinaus, das zwar eine vollständig durch das Expertensystem geleitete Fehlerdiagnose ermöglicht, jedoch noch keine eigenständigen systematischen Eingrenzungsstrategien erlaubt, die in vielen Fällen in der Praxis notwendig werden (vgl. NICKOLAUS u. a. 2012). Zu berücksichtigen ist allerdings, dass das erreichte Leistungsniveau nicht nur innerhalb der einzelnen Berufe erheblich variiert, sondern ebenso innerhalb von Berufsfeldern in Abhängigkeit von der Attraktivität einzelner Berufe und den damit korrespondierender Eingangsvoraussetzungen. Dokumentiert ist dies beispielsweise im Berufsfeld Elektrotechnik in einem Vergleich zwischen Elektronikern für Energie- und Gebäudetechnik (Handwerk) und Elektronikern für Geräte und Systeme (Industrie) (vgl. NICKOLAUS/GSCHWENDTNER/KNÖLL 2006) und das Berufsfeld Bau in einem Vergleich von Fliesenlegern und Stuckateuren einerseits und Zimmerern andererseits (vgl. Abb. 1).

Abbildung 1: **Niveaumodell „Berufsfachliches Problemlösen" am Ende des ersten Ausbildungsjahres** (vgl. PETSCH/NORWIG/NICKOLAUS 2015)

Logits	Niveaus	Niveaubeschreibung	Fl./St.	Z	Gesamt
1,99	Niveau D	Auszubildenden auf Niveau D ($N_{Aufgaben}$ = 0) können mit 65 % Wahrscheinlichkeit berufsfachliche Aufgaben lösen, bei denen *(1) die Problemstellung (mental) visualisiert werden muss, (2) mindestens fünf oder mehr Zusammenhänge mental abgebildet werden müssen, (3) mindestens fünf Lösungsschritte bewältigt werden müssen, (4) zwei oder mehr zum Verständnis notwendige Fachbegriffe vorkommen, (5) eine mathematische Modellierung erforderlich ist und es sich (6) um eine wenig vertraute Problemstellung handelt.*	/	3,5 %	2,6 %
1,33	Niveau C	Auszubildenden auf Niveau C ($N_{Aufgaben}$ = 7) können mit 65 % Wahrscheinlichkeit berufsfachliche Aufgaben lösen, bei denen *(1) die Problemstellung (mental) visualisiert werden muss, (2) mindestens fünf oder mehr Zusammenhänge mental abgebildet werden müssen, (3) mindestens fünf Lösungsschritte bewältigt werden müssen, (4) zwei oder mehr zum Verständnis notwendige Fachbegriffe vorkommen, (5) keine mathematische Modellierung erforderlich ist und es sich (6) um eine relativ vertraute Problemstellung handelt.*	6,3 %	8,8 %	8,2 %
0,68	Niveau B	Auszubildenden auf Niveau B ($N_{Aufgaben}$ = 9) können mit 65 % Wahrscheinlichkeit berufsfachliche Aufgaben lösen, bei denen *(1) die Problemstellung (mental) visualisiert werden muss, (2) mindestens fünf oder mehr Zusammenhänge mental abgebildet werden müssen, (3) weniger als fünf Lösungsschritte bewältigt werden müssen, (4) nur ein zum Verständnis notwendiger Fachbegriff vorkommt, (5) keine mathematische Modellierung erforderlich ist und es sich (6) um eine relativ vertraute Problemstellung handelt.*	7,9 %	21,2 %	17,6 %
-0,30	Niveau A	Auszubildenden auf Niveau A ($N_{Aufgaben}$ = 9) können mit 65 % Wahrscheinlichkeit berufsfachliche Aufgaben lösen, bei denen (1) die Problemstellung visuell veranschaulicht ist, (2) weniger als fünf Zusammenhänge mental abgebildet werden müssen, (3) weniger als fünf Lösungsschritte bewältigt werden müssen, (4) nur ein zum Verständnis notwendiger Fachbegriff vorkommt, (5) keine mathematische Modellierung erforderlich ist und es sich (6) um eine relativ vertraute Problemstellung handelt.	23,8 %	31,8 %	29,6 %
	Unter Niveau A	Die Auszubildenden unter Niveau A ($N_{Aufgaben}$ = 2) sind nicht in der Lage mit hinreichender Sicherheit Aufgaben lösen, wie sie für das Niveau A typisch sind.	61,9 %	34,7 %	42,1 %

Anmerkung: Fl./St.: Fliesenleger/Stuckateure; Z: Zimmerer

Das hier dokumentierte Ergebnis ist relativ ernüchternd, vor allem der Sachverhalt, dass bei den Zimmerern ca. ein Drittel unter Niveau A bleibt, war auch überraschend. Da die Problemlöseaufgaben in enger Abstimmung mit Lehrkräften entwickelt wurden und damit die inhaltliche curriculare Validität gesichert ist, wirft dieser Befund die Frage auf, ob die dem Test zugrunde liegenden fachtheoretischen Anforderungen auch mit einer stark eingeschränkten Leistungsfähigkeit im praktischen Handlungsfeld korrespondieren. Ergebnisse im Kfz-Bereich deuten darauf hin, dass im praktischen Handlungsfeld, bezogen auf Tätigkeiten, die häufiger auszuführen sind und damit ein gewisses Routinepotenzial besitzen, auch Auszubildende, die bei anspruchsvolleren berufsfachlichen Anforderungen scheitern, sowohl objektiv (testbasiert) als auch im Urteil der Ausbilder akzeptable bis gute Leistungen erbringen (vgl. WEBER u. a. 2015). Das legt den Gedanken nahe, dass Problemlöseaufgaben, wie sie dem Test zur Erfassung berufsfachlicher Problemlösekompetenz bei den Bauberufen zugrunde lagen[10], zwar für eine selbstständige Bewältigung anspruchsvoller Aufgaben notwendig sind, solche Aufgaben jedoch zumindest im ersten Ausbildungsjahr nicht hinreichend häufig bewältigt werden müssen, um die notwendigen Fähigkeiten zu entwickeln. Dass dieses Problem im weiteren Ausbildungsverlauf erhalten bleibt, dokumentieren die Ergebnisse zu den erbrachten Leistungen von Zimmerern in der Fachstufe (vgl. WÜLKER 2004). Offen ist die Frage, wie sich die Kompetenzentwicklung im weiteren Verlauf der beruflichen Entwicklung darstellt. Generell machen die dokumentierten Ergebnisse allerdings deutlich, dass die curricularen Neuausrichtungen zur Sicherung eines wünschenswerten Kompetenzerwerbs nicht hinreichen, um bereits im Ausbildungsverlauf auf breiter Ebene jene Niveaus zu sichern, die als wünschenswert erachtet werden, um auch komplexere Anforderungen bewältigen zu können. Von erheblichem bildungspolitischem, aber auch pädagogischem Interesse sind vor diesem Hintergrund die Fragen, welche Prädiktoren für die Kompetenzentwicklung bedeutsam werden und ob pädagogische Handlungsprogramme verfügbar sind, um die Lücke zwischen Anspruch und Wirklichkeit zumindest substantiell zu mildern.

4.4 Erklärungsmodelle für berufsfachliche Kompetenzen

Zur Erklärung schulischer Leistungen liegen inzwischen zahlreiche Metastudien vor. Besondere Aufmerksamkeit erfuhr in neuerer Zeit insbesondere die Studie von Hattie (2009), in der Ergebnisse aus zahlreichen anderen Metastudien aus dem englischsprachigen Raum zusammengefasst wurden. Besonders großer Einfluss wird dort u. a. der Klarheit ($d = 0.75$), dem Feedback ($d = 0.73$), der Förderung metakognitiver Strategien ($d = 0.69$), der Selbstverbalisation ($d = 0.65$), dem problemlösenden Lehren ($d = 0.61$), der direkten Instruktion ($d = 0.59$) und dem Mastery Learning ($d = 0.58$) zugeschrieben. Keine bzw. nur geringe Effekte werden für problembasiertes (selbstgesteuertes) Lernen ($d = 0.15$) und selbstkontrolliertes Lernen ($d = 0.04$) ausgewiesen, die in den kompetenzorientierten Curricula als aussichtsreich erachtet werden, um eine wünschenswerte Kompetenzentwicklung zu stimulieren. In einer etwas älteren Zusammenstellung von Helmke/Weinert (1997), in der auch Ergebnisse deutscher Studien Berücksichtigung fanden, wird insbesondere den kognitiven Eingangsvoraussetzungen der Schülerinnen und Schüler, der Qualität und Quantität des Unterrichts, Bekräftigungslernen und remedialem Lernen[11] prädiktive Kraft für den Lernerfolg zugeschrieben.

Lehrmethoden, die in der beruflichen Bildung in den letzten Dekaden als besonders probate Mittel erachtet wurden, um eine wünschenswerte Kompetenzentwicklung zu sichern, wer-

---

10 Dabei handelt es sich um Aufgaben, die bei der eigenständigen Bewältigung von realen Aufgaben, wie z. B. der fachgerechten Erstellung einer Trennwand, notwendig werden.
11 Damit ist gemeint, dass bei auftretenden Problemen notwendige Unterstützung bereitgestellt wird und auftretende Wissenslücken durch individuelle Unterstützung geschlossen werden.

den in diesen Überblicksstudien von Hattie und Helmke/Weinert als eher schwache Einflussfaktoren ausgewiesen (durchschnittliches r = 0.17; vgl. HELMKE/WEINERT 1997, S. 76). Die in diesen Überblicksstudien präsentierten Ergebnisse beruhen zum größten Teil auf Studien, die an allgemeinbildenden Schulen durchgeführt wurden, womit sich die Frage stellt, inwieweit die Ergebnisse auf die berufliche Bildung übertragen werden können. Bestätigung finden in den vorgelegten Erklärungsmodellen für die berufsfachliche Kompetenz die starken Einflüsse der kognitiven Eingangsvoraussetzungen (vgl. ABELE 2014; ABELE u. a. 2012; LEHMANN/SEEBER 2007; MAIER u. a. 2014; NICKOLAUS u. a. 2008, 2010, 2011, 2012; NITZSCHKE u. a. 2015; PETSCH/NORWIG/NICKOLAUS 2015; WALKER/LINK/NICKOLAUS 2015). Mit deutlich geringerem Gewicht wird in der Regel die Motivation integriert. Qualitätsmerkmale der Lehr-Lernarrangements, die bei Hattie mit deutlichem Gewicht eingehen, werden in den vorliegenden Erklärungsmodellen für berufsfachliche Kompetenzen in aller Regel lediglich moderiert über die Motivation berücksichtigt. Ursächlich dafür ist vermutlich die Erfassung der Qualitätsmerkmale über Zuschreibungen der Auszubildenden, die partiell bei leistungsstarken Auszubildenden besonders kritisch ausfallen (vgl. NICKOLAUS u. a. 2009). Die Befundlage zu den differentiellen Effekten methodischer Entscheidungen ist in der beruflichen Bildung durch widersprüchliche Aussagen gekennzeichnet (im Überblick NICKOLAUS 2011; SEIFRIED/SEMBILL 2010).

Zusammenfassend kann dazu gegenwärtig konstatiert werden, dass die Annahmen zu den Vorteilen selbstgesteuerter und handlungsorientierter Lehr-Lernarrangements, wie sie den curricularen Vorgaben zugrunde liegen, kaum tragfähig sein dürften. In einzelnen Studien, in welchen im ersten Ausbildungsjahr neben dualen Ausbildungsvarianten auch schulische Ausbildungsformen berücksichtigt wurden, sind auch Einflüsse der Ausbildungsform auf die Kompetenzentwicklung dokumentiert. Beispielhaft wiedergegeben ist dazu ein Erklärungsmodell für die berufsfachlichen Kompetenzen von Elektronikern für Energie- und Gebäudetechnik (vgl. Abb. 2).

Einbezogen waren in diesen Untersuchungen im ersten Ausbildungsjahr sowohl duale als auch vollzeitschulische Varianten, wobei die Auszubildenden in der dualen Variante die günstigere Entwicklung im Aufbau des Fachwissens zeigten. Ob die Vorteile, die in dieser Studie für die duale Ausbildungsvariante dokumentiert werden, generalisierbar sind, scheint allerdings zweifelhaft. Ursächlich scheinen für die Vorteile der dualen Variante in diesem Fall u. a. Kompositionseffekte, die durch hohe Anteile an Auszubildenden ohne Anschlussvertrag in der Berufsfachschule verursacht sind, die ihrerseits im zweiten Halbjahr zu erheblichen Motivationsproblemen führten (vgl. NICKOLAUS u. a. 2012). Dafür sprechen auch Ergebnisse einer vorausgegangenen Studie, in der noch Vorteile im Fachwissensaufbau für die Berufsfachschule dokumentiert wurden (vgl. NICKOLAUS 2008). Wichtig scheinen die bisher in nahezu allen Studien dokumentierten engen Assoziationen zwischen dem Fachwissen und den berufsfachlichen Problemlöseleistungen, die in latenten Korrelationen in der Größenordnung von 0.6–0.8 Ausdruck finden (vgl. ABELE 2014; NICKOLAUS u. a. 2011; SCHMIDT u. a. 2014; WALKER/LINK/NICKOLAUS 2015). Allgemeinen Problemlöseheuristiken, wie sie beispielsweise gegenwärtig in den PISA-

Studien erhoben werden, kommt hingegen nur moderiert über das Fachwissen Erklärungskraft für die fachlichen Problemlösekompetenzen zu. Vor diesem Hintergrund wäre zu reflektieren, ob das Fachwissen als zentrale Voraussetzung berufsfachlicher Performanz in den didaktischen Entscheidungen mehr Beachtung finden sollte, als das gegenwärtig z. T. der Fall zu sein scheint.

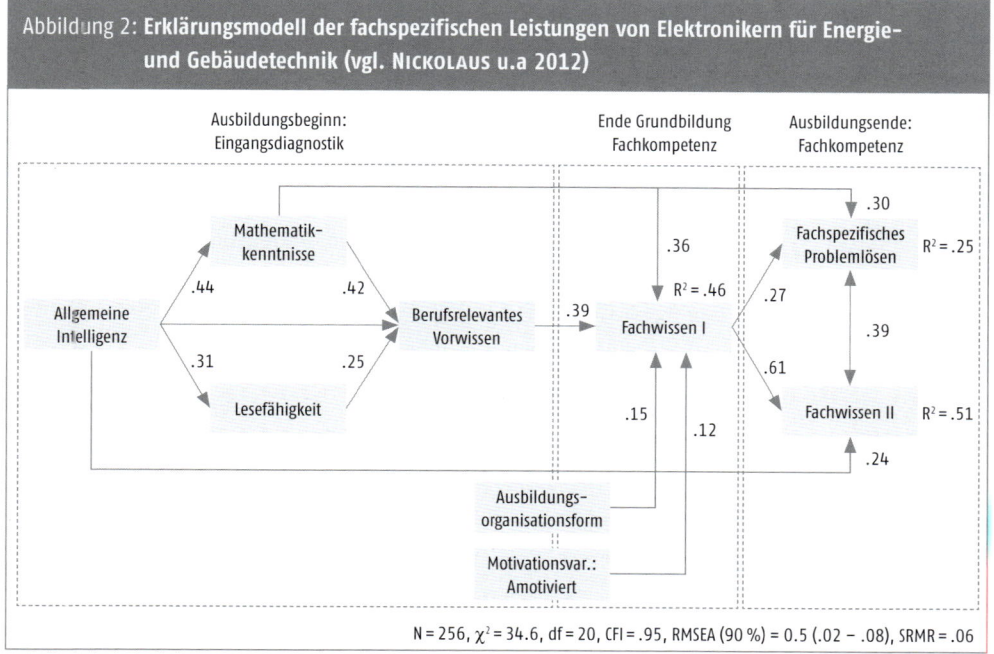

Abbildung 2: **Erklärungsmodell der fachspezifischen Leistungen von Elektronikern für Energie- und Gebäudetechnik (vgl. NICKOLAUS u.a 2012)**

5. Perspektiven

Die eingeschränkte Einlösung der auf den Aufbau von berufsfachlichen Kompetenzen ausgerichteten Zielsetzungen beruflicher Bildung ist u. E. kein Anlass, die Kompetenzorientierung als solche infrage zu stellen. Deutlich wird allerdings, dass die Einlösung der gesteckten Ziele barrierenreicher ist als unterstellt. Orientierungspotenziale bieten die vorgelegten Ergebnisse u. a. für die Ordnungsarbeit und die Prüfungsgestaltungen, bei welchen sowohl die Erkenntnisse zu den Kompetenzstrukturen als auch zu den erreichten Niveaus und den schwierigkeitsbestimmenden Merkmalen von berufsfachlichen Aufgaben hilfreich sein könnten. Mit den bereitgestellten Instrumenten zur Erfassung berufsfachlicher Kompetenzen sind auch gute Voraussetzungen geschaffen, um Interventionsstudien durchzuführen, die darauf gerichtet sind, Aufschlüsse zu Optimierungsmöglichkeiten pädagogischer Handlungsprogramme zu gewinnen. Dass solche Interventionen erfolgreich sein können, zeigen u. a. die Studien in der Grundstufe Bau (vgl. NORWIG/PETSCH/NICKOLAUS 2010; PETSCH/NORWIG/NICKOLAUS 2014) und der Grundausbildung Metall (vgl. ZINN/WYRWAL 2014). Die ernüchternden Ergebnise von Interventionsstudien zur Förderung von Lesekompetenzen in der Berufsvorbereitung (vgl. Gschwendtner 2012; Norwig u. a. 2013), die vor allem bei leistungsschwächeren Jugendlichen leistungskritisch werden, zeigen allerdings auch an, dass Interventionsvarianten, die in anderen Bildungssegmenten vielfach als effektvoll ausgewiesen wurden, keineswegs auch in beruflichen Kontexten erfolgreich sein müssen. Weitere Forschungsanstrengungen und Entwicklungen sind in jenen Kompetenzfeldern vonnöten, die bisher nur begrenzt untersucht wurden. Das gilt für die Messung, Modellierung, Entwicklung und Förderung sozialer Kompetenzen ebenso wie für personale Kompetenzen. Erste Ergebnisse zu den Bezügen zwischen sozialen und fachlichen Kompetenzen sind aus der ASCOT Studie bei den medizinischen Fachangestellten zu erwarten. Wichtig scheinen auch weitere Studien, in welchen der Frage nachgegangen wird, inwieweit in unterschiedlichen institutionellen Kontexten tatsächlich anrechenbare bzw. vergleichbare Kompetenzen erworben werden. Bedeutsam scheint dies nicht nur in einer internationalen Perspektive, sondern auch im Hinblick auf die nationalen Anerkennungsdebatten. Erst eine empirische Fundierung solcher Verfahren wird u. E. geeignet sein, um das notwendige Vertrauen für die Anerkennungsverfahren aufzubauen.

Literatur

Abele, Stephan (2014): Modellierung und Entwicklung berufsfachlicher Kompetenz in der gewerblich-technischen Ausbildung. (Dissertation). Stuttgart

Abele, Stephan; Greiff, Samuel; Gschwendtner, Tobias; Wüstenberg, Sascha; Nickolaus, Reinhold; Nitzschke, Alexander; Funke, Joachim (2012): Dynamische Problemlösekompetenz. Ein bedeutsamer Prädiktor von Problemlöseleistungen in technischen Anforderungskontexten? In: Zeitschrift für Erziehungswissenschaft (ZfE), Jg. 15, Heft 2, S. 36–391

Abele, Stephan; Walker, Felix; Nickolaus, Reinhold (2014): Zeitökonomische und reliable Diagnostik beruflicher Problemlösekompetenzen bei Auszubildenden zum Kfz-Mechatroniker. In: Zeitschrift für Pädagogische Psychologie 28, H. 4, S. 167–179

Baethge, Martin (2004): Ordnung der Arbeit – Ordnung des Wissens: Wandel und Widersprüche im betrieblichen Umgang mit Humanressourcen. In: SOFI. Soziologisches Forschungsinstitut Göttingen. Dezember 2004, Bd. 32, S. 7–21

Baethge, Martin; Oberbeck, Herbert (1986): Die Zukunft der Angestellten. Frankfurt a. M.

Baethge, Martin; Arends, Lena (2009): Feasibility Study VET-LSA. A comparative analysis of occupational profiles and VET programmes in 8 European countries – International report. Vocational Training Reasearch volume 8. Bielefeld

Bader, Reinhard (1990): Entwicklung beruflicher Handlungskompetenz in der Berufsschule. Zum Begriff „berufliche Handlungskompetenz" und zur didaktischen Strukturierung handlungsorientierten Unterrichts. Dortmund

Bader, Reinhard; Schäfer, Bettina (1998): Lernfelder gestalten. In: Die berufsbildende Schule (BbSch), 50. Jg., H. 7–8, S. 229–234

Bader, Reinhard; Sloane, Peter (Hrsg.) (2000): Lernen in Lernfeldern. Theoretische Analysen und Gestaltungsansätze zum Lernfeldkonzept. Markt Schwaben.

BECKER, Matthias (2003): Diagnosearbeit im Kfz-Handwerk als Mensch-Maschine-Problem. Konsequenzen des Einsatzes rechnergestützter Diagnosesysteme für die Facharbeit. Bielefeld

BERNHOLT, Sascha; NEUMANN, Knut; NENTWIG, Peter (Hrsg.) (2012): Making it tangible. Learning outcomes in science education. Münster

DEHNBOSTEL, Peter; HOLZ, Heinz; NOVAK, Hermann; SCHEMME, Dorothea (2001): Mitten im Arbeitsprozess: Lerninseln. Hintergründe -Konzeption – Praxis – Handlungsanleitung. Bielefeld

DEITMER, Ludger u. a. (2004): Neue Lernkonzepte in der dualen Berufsbildung. Bilanz eines Modellversuchsprogramms der BLK. Bielefeld

DÖRIG, Roman (2003): Handlungsorientierter Unterricht: Ansätze, Kritik und Neuorientierung aus bildungstheoretischer, curricularer und instruktionspsychologischer Perspektive. In: Habil.-Schr., Univ. St. Gallen. Stuttgart

EBBINGHAUS, Margit; GÖRMAR, Gunda (2004): Aussagekraft und Validität ausgewählter traditioneller und neuer Prüfungen in der Ausbildung. Bonn

EULER, Dieter (2004) (Hrsg.): Handbuch der Lernortkooperation, Band 1, Bielefeld

GRÜNEWALD, Uwe; DEGEN, Ulrich; DRESBACH, Bernhard; LIERMANN, Hannelore; SEYFRIED, Brigitte (1989): Evaluierung der neugeordneten industriellen Metall- und Elektroberufe. Erste Reaktionen der Ausbildungsbetriebe in der Metall- und Elektroindustrie auf die Neuordnung der Ausbildungsberufe. Berlin und Bonn

GSCHWENDTNER, Tobias (2008): Ein Kompetenzmodell für die kraftfahrzeugtechnische Grundbildung. In: NICKOLAUS, Reinhold; SCHANZ, Heinrich (Hrsg.): Didaktik der gewerblichen Berufsbildung. Konzeptionelle Entwürfe und empirische Befunde. Baltmannsweiler (Diskussion Berufsbildung; Bd. 9), S. 103–119

GSCHWENDTNER, Tobias (2011): Die Ausbildung zum Kraftfahrzeugmechatroniker im Längsschnitt. Analysen zur Struktur von Fachkompetenz am Ende der Ausbildung und Erklärung von Fachkompetenzentwicklungen über die Ausbildungszeit. Zeitschrift für Berufs- und Wirtschaftspädagogik, Beiheft 25, S. 55–76

GSCHWENDTNER, Tobias (2012): Förderung des Leseverständnisses in Benachteiligtenklassen der beruflichen Bildung: Studien zur Implementation und Wirksamkeit von Reciprocal Training. (Dissertation). (Stuttgarter Beiträge zur Berufs- und Wirtschaftspädagogik, Band 31). Aachen

GSCHWENDTNER, Tobias; ABELE, Stephan; NICKOLAUS, Reinhold (2009): Computersimulierte Arbeitsproben: Eine Validierungsstudie am Beispiel der Fehlerdiagnoseleistung von KFZ-Mechatronikern. Zeitschrift für Berufs- und Wirtschaftspädagogik, 105(4), S. 557–578

HATTIE, John (2009): Visible Learning: A synthesis of over 800 meta-analyses relating to achievement. London

HEID, Helmut (2015): Kompetenz statt Bildung? In: Rausch, R.; Warwas, J.; Seifried, J.; Wuttke, E. (Hrsg.): Konzepte und Ergebnisse ausgewählter Forschungsfelder in der beruflichen Bildung - Festschrift für Detlef Sembill, Hohengehren, S. 1–19

HELMKE, Andreas; WEINERT, Franz-Emanuel (1997): Bedingungsfaktoren schulischer Leistung. In: WEINERT, Franz-Emanuel (Hrsg.): Psychologie des Unterrichts und der Schule. S. 71–176. Göttingen u. a.

HEYSE, Volker; ERPENBECK, John; MAX, Horst (Hrsg) (2004): Kompetenzen erkennen, bilanzieren und entwickeln. Münster

HOESCH-STAHL AG (Hrsg.) (1987): Leittexte der betrieblichen Berufsbildung. Ziele – Entwicklungen – Erwartungen. Grundlagen zum Modellversuch „Selbstlernen mit Hilfe des auftragsbezogenen Leittextes – Auftragstypenkonzept". Dortmund

Kern, Horst; Schumann, Michael (1984): Das Ende der Arbeitsteilung? Rationalisierung in der industriellen Produktion. München

Krichewsky, Léna; Frommberger, Dietmar (2014): Zur Bedeutung der Kompetenzorientierung für die Planung und Gestaltung des Unterrichts in der Berufsbildung. Befunde aus Frankreich. In: berufsbildung. Zeitschrift für Praxis und Theorie in Betrieb und Schule, 68. Jg., H. 150, S. 19–26

Köller, Olaf; Parchmann, Ilka (2012): Competencies: The German Notion of Learning Outcomes. In: Bernholt, Sascha; Neumann, Knut; Nentwig, Peter (Hrsg.): Making it tangible. Learning outcomes in science education. Münster, S. 151–171

Klieme, Eckhard (Hrsg.). (2010): Kompetenzmodellierung. Zwischenbilanz des DFG-Schwerpunktprogramms und Perspektiven des Forschungsansatzes (Beiheft, Bd. 56). Weinheim

Lehmann, Rainer; Seeber, Susan (Hrsg.) (2007): ULME 3. Untersuchungen von Leistungen, Motivation und Einstellungen der Schülerinnen und Schüler in den Abschlussklassen der Berufsschulen. Hamburg

Link, Nico; Geissel, Bernd (2015): Konstruktvalidität konstruktiver Problemlösefähigkeit bei Elektroniker/innen für Automatisierungstechnik. Zeitschrift für Berufs- und Wirtschaftspädagogik (ZBW), 111 (2), S. 208–221

Maier, Annette; Nitzschke, Alexander; Nickolaus, Reinhold; Schnitzler, Annalisa; Velten, Stefanie; Dietzen, Agnes (2014, in Druck): Der Einfluss schulischer und betrieblicher Ausbildungsqualität auf die Entwicklung des Fachwissens. In: Stock, Michaela; Schlögl, Peter; Schmid, Kurt; Moser, Daniela (Hrsg.): Kompetent – wofür? Life Skills – Beruflichkeit – Persönlichkeitsbildung – Beiträge zur Berufsbildungsforschung. Innsbruck, Wien, Bozen, S. 225–243

Münk, Hans Dieter; Weiss, Reinhold (Hrsg.) (2009): Qualität in der beruflichen Bildung. Forschungsergebnisse und Desiderata. Berichte zur beruflichen Bildung. Bielefeld

Nickolaus, Reinhold (2008): Vollzeitschulische Ausbildung – Notmaßname oder ebenbürtige Alternative zur dualen Ausbildungsform? In: Bonz, Bernhard; Gidion, Gerd (Hrsg.): Institutionen der beruflichen Bildung. Baltmannsweiler, S. 33–53

Nickolaus, Reinhold (2011): Didaktische Präferenzen in der beruflichen Bildung und ihre Tragfähigkeit. In: Zeitschrift für Berufs- und Wirtschaftspädagogik (ZBW), Beiheft 25, S. 159–176

Nickolaus, Reinhold; Geissel, Bernd; Gschwendtner, Tobias (2009): Betriebliche Ausbildungsqualität und Kompetenzentwicklung. In: Berufs- und Wirtschaftspädagogik online (bwp@ online), Ausgabe Nr. 17, 2009, abrufbar unter: http://www.bwpat.de/content/uploads/media/nickolaus_etal_bwpat17.pdf (29.03.2011)

Nickolaus, Reinhold; Pätzold, Günter; Reinisch, Holger; Tramm, Tade (Hrsg.). (2010): Handbuch Berufs- und Wirtschaftspädagogik (UTB, 8442: Pädagogik, 1. Aufl). Stuttgart

Nickolaus, Reinhold; Abele, Stephan; Albus, Axana (2015): Technisches Vorwissen als Prädiktor für die berufsfachliche Kompetenzentwicklung in gewerblich-technischen Berufen. In: Windelband, Lars; Kruse, Stefan: Technische Bildung, S. 9–29

Nickolaus, Reinhold; Abele, Stephan; Gschwendter; Tobias; Nitzschke, Alexander; Greiff, Samuel (2012): Fachspezifische Problemlösefähigkeit in gewerblich-technischen Ausbildungsberufen – Modellierung, erreichte Niveaus und relevante Einflussfaktoren. In: Zeitschrift für Berufs- und Wirtschaftspädagogik (ZBW), Jg. 108, Heft 2, S. 243–272

NICKOLAUS, Reinhold; GSCHWENDTNER, Tobias; KNÖLL, Bernd (2006): Handlungsorientierte Unterrichtskonzepte als Schlüssel zur bewältigung problemhaltiger Aufgaben: In: MINNAMEIER, Gerhard; WUTTKE, Eveline (Hrsg.) Berufs- und wirtschaftspädagogische Grundlagenforschung. Lehr-Lern-Prozesse und Kompetenzdiagnostik. Festschrift für Klaus Beck. Frankfurt a. M. u. a., S. 209–224

NICKOLAUS, Reinhold; GEISSEL, Bernd; GSCHWENDTNER, Tobias (2008): Entwicklung und Modellierung beruflicher Fachkompetenz in der gewerblich-technischen Grundbildung. In: Zeitschrift für Berufs- und Wirtschaftspädagogik (ZBW), Jg. 104, Heft 1, S. 48–73

NICKOLAUS, Reinhold; ROSENDAHL, Johannes; GSCHWENDTNER, Tobias; GEISSEL, Bernd; STRAKA, Gerald A. (2010): Erklärungsmodelle zur Kompetenz- und Motivationsentwicklung bei Bankkaufleuten, Kfz-Mechatronikern und Elektronikern. Zeitschrift für Berufs- und Wirtschaftspädagogik, Beiheft 23, S. 73–87

NICKOLAUS, Reinhold; GEISSEL, Bernd; ABELE, Stephan; NITZSCHKE, Alexander (2011): Fachkompetenzmodellierung und Fachkompetenzentwicklung bei Elektronikern für Energie- und Gebäudetechnik im Verlauf der Ausbildung – Ausgewählte Ergebnisse einer Längsschnittstudie. In: Zeitschrift für Berufs- und Wirtschaftspädagogik (ZBW), Beiheft 25, S. 7–94

NICKOLAUS, Reinhold; PÄTZOLD, Günter (Hrsg.) (2011): Lehr-Lernforschung in der gewerblich-technischen Berufsbildung. Stuttgart (Zeitschrift für Berufs- und Wirtschaftspädagogik (ZBW); Beiheft 25)

NICKOLAUS, Reinhold; SEEBER, Susan (2013). Berufliche Kompetenzen: Modellierungen und diagnostische Verfahren. In FREY, A.; LISSMANN, U.; SCHWARZ, B. (Hrsg.): Handbuch Berufspädagogische Diagnostik. Weinheim, S. 166–195

NITZSCHKE, Alexander; NICKOLAUS, Reinhold; VELTEN, Stefanie; MAIER, Annette; SCHNITZLER, Annalisa; DIETZEN, Agnes (2015): Kompetenzstrukturen im Ausbildungsberuf Fachinformatiker/-in. In diesem Band

NORWIG, Kerstin; PETSCH, Cordula; NICKOLAUS, Reinhold (2010): Förderung lernschwacher Auszubildender – Effekte des berufsbezogenen Strategietrainings (BEST) auf die Entwicklung der bautechnischen Fachkompetenz. In: Zeitschrift für Berufs- und Wirtschaftspädagogik (ZBW), Jg. 106, Heft 2, S. 220–239

NORWIG, Kerstin; ZIEGLER, Birgit; KUGLER, Gabriela; NICKOLAUS, Reinhold (2013): Förderung der Lesekompetenz mittels Reciprocal Teaching – auch in der beruflichen Bildung ein Erfolg? In ZBW, H1, S. 67–93

PETSCH, Cordula; NORWIG, Kerstin; NICKOLAUS, Reinhold (2014): Kompetenzförderung leistungsschwächerer Jugendlicher in der beruflichen Bildung – Förderansätze und ihre Effekte. In: WINTHER, E.; PRENZEL, M. (Hrsg.): Perspektiven der empirischen Berufsbildungsforschung. (Zeitschrift für Erziehungswissenschaft (ZfE), Jg. 17, Sonderheft 22). Wiesbaden, S. 81–101

PETSCH, Cordula; NORWIG, Kerstin; NICKOLAUS, Reinhold (2015): Berufsfachliche Kompetenzen in der Grundstufe Bautechnik – Strukturen, erreichte Niveaus und relevante Einflussfaktoren. In: RAUSCH, R, WARWAS, J., SEIFRIED, J., WUTTKE, E. (Hrsg.): Konzepte und Ergebnisse ausgewählter Forschungsfelder in der beruflichen Bildung-Festschrift für Detlef Sembill, Hohengehren, S. 1–19

RAUNER, Felix (1986): Elektrotechnik Grundbildung. Überlegungen zur Techniklehre im Schwerpunkt Elektrotechnik der Kollegschule. Soest

RAUNER, Felix (1996): Elektrotechnik-Grundbildung. Zu einer arbeitsorientierten Gestaltung von Lehrplänen im Berufsfeld Elektrotechnik. In: LIPSMEIER, A.; RAUNER, F. (Hrsg.): Beiträge zur Fachdidaktik Elektrotechnik, Stuttgart, S. 86–102

Rauner, Felix; Haasler, Bernd; Heinemann, Lars; Grollmann, Philipp (2009): Messen beruflicher Kompetenzen. Band 1: Grundlagen und Konzeption des KOMET-Projekts. Münster

Reetz, Lothar; Hewlett, Clive: Das Prüfungshandbuch. Eine Handreichung zur Prüfungspraxis in der beruflichen Bildung. Hamburg 2008

Reinisch, Holger (2003): Zu einigen curriculumtheoretischen Implikationen des Lernfeldansatzes. Überlegungen anlässlich der Beiträge von Clement, Kremer, Sloane und Tramm in bwp@ Ausgabe 4. In: bwp@ Berufs- und Wirtschaftspädagogik – online. Ausgabe 4. Online: http://www.bwpat.de/ausgabe4/reinisch_bwpat4.shtml (28-09-2011)

Riedl, Alfred (2010). Grundlagen der Didaktik (Pädagogik, 2., überarb. Aufl.). Stuttgart

Roth, Heinrich (1971). Pädagogische Anthropologie. Band II: Entwicklung und Erziehung. Hannover

Rosendahl, Johannes; Straka, Gerald A. (2011). Kompetenzmodellierungen zur wirtschaftlichen Fachkompetenz angehender Bankkaufleute. Zeitschrift für Berufs- und Wirtschaftspädagogik, 107(2), S. 190–217

Rützel, Josef; Schapfel, Franz (Hrsg.) (1997): Gruppenarbeit und Qualität. Qualifizierungspraxis und Forschung in der betrieblichen Erstausbildung (Modellversuch FLAI). Alsbach (Darmstädter Beiträge zur Berufspädagogik)

Schmidt, Thomas; Nickolaus, Reinhold; Weber, Wolfgang (2014). Modellierung und Entwicklung des fachsystematischen und handlungsbezogenen Fachwissens von Kfz-Mechatronikern. Zeitschrift für Berufs- und Wirtschaftspädagogik, 110(4), S. 549–574

Schrader, Friedrich-Wilhelm (2011). Lehrer als Diagnostiker. In: Terhart, E.; Bennewitz, H.; Rothland, M. (Hrsg.): Handbuch der Forschung zum Lehrerberuf. Münster, S. 683–689

Seeber, Susan (2008). Ansätze zur Modellierung beruflicher Fachkompetenz in kaufmännischen Ausbildungsberufen. Zeitschrift für Berufs- und Wirtschaftspädagogik, 104(1), S. 7–97

Seeber, Susan; Lehmann, Rainer (2011). Determinanten der Fachkompetenz in ausgewählten gewerblich-technischen Berufen. Zeitschrift für Berufs- und Wirtschaftspädagogik, Beiheft 25, S. 95–112

Seifried, Jürgen; Sembill, Detlef (2010): Empirische Erkenntnisse zum handlungsorientierten Lernen in der kaufmännischen Bildung. In: lernen & lehren, 25. Jg. S. 61–67

Sloane, Peter (2008): Zu den Grundlagen eines Deutschen Qualifikationsrahmens (DQR). Konzeptionen, Kategorien, Konstruktionsprinzipien. Berichte zur beruflichen Bildung. Bundesinstitut für Berufsbildung (BIBB). Bielefeld

Spöttl, Georg; Becker, Matthias; Musekamp, Frank (2011): Anforderungen an Kfz-Mechatroniker und Implikationen für die Kompetenzerfassung. In: Nickolaus, Reinhold; Pätzold, Günter (Hrsg.): Lehr- und Lernforschung in der gewerblich-technischen Berufsbildung. Stuttgart (Zeitschrift für Berufs- und Wirtschaftspädagogik (ZBW); Beiheft 25), S. 37–53

Tenberg, Ralf (2009): Organisationsdiagnostik an beruflichen Schulen. In: Münk, H. D.; Weiss, R. (Hrsg.): Qualität in der beruflichen Bildung. Forschungsergebnisse und Desiderata. Berichte zur beruflichen Bildung. Bielefeld (Schriftenreihe des Bundesinstituts für Berufsbildung Bonn), S. 145–155

Tramm, Tade (2011): Ist das Glas nun halbvoll oder halbleer? Ein Beitrag zur berufs- und wirtschaftspädagogischen Diskussion des Lernfeldkonzepts als (späte) Antwort auf eine Fundamentalkritik von Holger Reinisch. In: BWP@ Berufs- und Wirtschaftspädagogik – online, Ausgabe 20 van WAVEREN, Leo; NICKOLAUS, Reinhold (2015): Struktur- und Niveaumodell des Fachwissens bei Elektronikern für Automatisierungstechnik am Ende der Ausbildung. In: Journal of Technical Education (JOTED) 3 (2015)2, S. 62–91, abrufbar unter http://www.journal-of-technical-education.de/index.php/joted/issue/current

VOLLMERS, Burkhard; KINDERVATER, Angela (2010): Sozialkompetenzen in simulierten Berufssituationen von Auszubildenden mit Lernschwierigkeiten: Ein empirischer vergleich von Beobachterurteilen und Selbsteinschätzungen im Modellversuch VAmB. In: Zeitschrift für Berufs- und Wirtschaftspädagogik 106, H4, S. 517–533

WALKER, Felix (2014, November): Analytische Problemlösefähigkeit von Elektroniker/innen der Automatisierungstechnik und deren computerbasierte Erfassung. ZeB-Forschungskolloquium, Zentrum für empirische Bildungsforschung Universität Duisburg-Essen

WALKER, Felix; ABELE, Stephan; NICKOLAUS, Reinhold (2014, März): Validitätsansprüche an die Messung der fachspezifischen Problemlösekompetenz in der Berufsbildung und ihre Einlösung in gewerblich-technischen Anforderungskontexten. 2. Tagung der Gesellschaft für Empirische Bildungsforschung (GEBF), Frankfurt

WALKER, Felix; LINK, Nico; NICKOLAUS, Reinhold: Berufsfachliche Kompetenzstrukturen bei Elektronikern für Automatisierungstechnik am Ende der Berufsausbildung. In: Zeitschrift für Berufs- und Wirtschaftspädagogik (ZBW), 111 (2015) 2, S. 222–241

WEBER, Wolfgang; SCHMIDT, Thomas; ABELE, Stephan; HEILIG, Sebastian; SARNITZ, Anja; NICKOLAUS, Reinhold (2015): Kompetenzzuschreibungen von Ausbildern – Analysen zur Güte von Ausbilderurteilen. In: Zeitschrift für Berufs- und Wirtschaftspädagogik, H1, (im Druck)

WINTHER, Esther; ACHTENHAGEN, Frank (2009). Skalen und Stufen kaufmännischer Kompetenz. Zeitschrift für Berufs- und Wirtschaftspädagogik, 105(4), S. 521–556

WÜLKER, Wilfried (2004): Differenzielle Effekte von Unterrichtskonzeptionsformen in der gewerblichen Erstausbildung in Zimmererklassen – eine empirische Studie. (Stuttgarter Beiträge zur Berufs- und Wirtschaftspädagogik, Band 26). (Dissertationsschrift). Aachen

ZINKE Gert; SCHENK, Harald; KRÖLL, Jan (2014): Ergebnisse einer Online Befragung zur Berufsfeldanalyse der industriellen Elektroberufe. Bonn

ZINN, Bernd; WYRWAL, Matthias (2014). Ein empirisches Erklärungsmodell zum fachspezifischen Wissen von Schülern bei Einmündung in die bautechnische Fachschule. Zeitschrift für Berufs- und Wirtschaftspädagogik (ZBW), 110 (4), 529–548

ZINN, Bernd; NICKOLAUS, Reinhold; DUFFKE, Gerd; GÜZEL, Emre; SAWAZKI, Jakob; WÜRMLIN, Jasmin (2015): Berufliche Anforderungs- und Belastungssituationen im Handlungssegment von Servicetechnikern im Maschinen- und Anlagenbau im Bezugsfeld lebensphasenorientierten Kompetenzmanagements (im Druck)

Beatrice Rammstedt, Débora B. Maehler, Anja Perry

Indikatoren geringer Lesekompetenz in Deutschland[1]

Für eine aktive und erfolgreiche Teilnahme an der Gesellschaft braucht es zentrale Schlüsselkompetenzen wie die Lesekompetenz. In diesem Beitrag wird basierend auf den Daten des Programme for the International Assessment of Adult Competencies (PIAAC) speziell der Anteil der deutschen Bevölkerung untersucht, der lediglich über geringe Lesekompetenzen verfügt. Die Analysen anhand der für die in Deutschland lebende Bevölkerung repräsentativen PIAAC-Befragung zeigen, dass insbesondere ein geringer Bildungsabschluss, vor allem ein Hauptschulabschluss bzw. das Fehlen eines Abschlusses, die Wahrscheinlichkeit erhöht, zur Gruppe mit geringer Lesekompetenz zu gehören. Als Risikofaktoren erwiesen sich ebenfalls der Migrationshintergrund und eine geringe Weiterbildungsbeteiligung.

Schlagworte: Lesekompetenz, Bildung, Risikofaktoren, PIAAC Deutschland

1. Lesekompetenz in PIAAC: eine gesellschaftliche Schlüsselkompetenz

Eine aktive und erfolgreiche Teilnahme am gesellschaftlichen Leben setzt die Verfügbarkeit zentraler Schlüsselkompetenzen wie der Lesekompetenz voraus. So sind zahlreiche essentielle Informationen wie Warnschilder, Anleitungen, Packungsbeilagen von Medikamenten oder Mitteilungen, z. B. von Behörden, ohne grundlegende Lesekompetenzen nicht oder nur fehlerhaft erschließbar. Diese Schlüsselkompetenzen sollten jedoch nicht als binär, also entweder als vorhanden oder nicht vorhanden, angesehen werden. Vielmehr ist die Lesekompetenz (wie auch andere Schlüsselkompetenzen) als ein Kontinuum konzipiert und ihre Ausprägung variiert kontinuierlich in der Bevölkerung.

Um zu untersuchen, wie sich Länder im Durchschnitt in diesen Schlüsselkompetenzen unterscheiden und welche Faktoren bei der Entwicklung und Aufrechterhaltung dieser Kompetenzen eine Rolle spielen, wurde von der OECD das Programme for the International Assessment of Adult Competencies (PIAAC) initiiert. In PIAAC wurde in zahlreichen Ländern die Ausprägung der Schlüsselkompetenzen untersucht und mit zentralen potenziellen Ursachen- und Wirkungsfaktoren in Beziehung gesetzt. Als eine der zentralen Schlüsselkompetenzen untersucht PIAAC

---

[1] Wir bedanken uns bei Herr Dr. Jan P. Heisig (WZB Berlin) für die technisch-methodische Unterstützung und den Austausch bei der Durchführung der STATA Berechnungen.

die grundlegende Lesekompetenz. Unter Lesekompetenz wird das Verstehen, Nutzen und Interpretieren von geschriebenen Texten verstanden. Diese kontinuierlich abgebildete Lesekompetenz wurde zum einfacheren Verständnis in sogenannte Kompetenzstufen, also Abschnitte eines Kontinuums, unterteilt. In Tabelle 1 sind die sechs Stufen der Lesekompetenz und zentrale, damit einhergehende Fertigkeiten dargestellt.

Tabelle 1: Beschreibung der Kompetenzstufen

Kompetenz-stufe	Skalen-werte	Lesekompetenz
Unter I	≤ 175	Personen auf dieser Stufe dürften Schwierigkeiten haben, Aufgaben der Stufe I zu lösen. Sie können aber imstande sein, kurze Texte mit vertrauten Themen zu lesen, mit dem Ziel, eine einzelne spezifische Information aufzufinden. Dabei wird nur ein Basiswortschatz benötigt. Es ist nicht nötig, die Struktur von Sätzen oder ganzen Abschnitten zu verstehen oder sonstige Textmerkmale heranzuziehen. Es finden sich nur selten konkurrierende Informationen im Text und die gesuchte Information erscheint in identischer Form in der Aufgabenstellung. Auch wenn es sich um kontinuierliche Texte handelt, können Informationen ähnlich wie in nichtkontinuierlichen Texten gefunden werden. In Aufgaben unterhalb von Stufe I kommen keine für digitale Texte spezifischen Merkmale vor.
I	176–225	Aufgaben auf dieser Stufe erfordern meistens das Lesen relativ kurzer digitaler oder gedruckter kontinuierlicher, nichtkontinuierlicher oder gemischter Texte, wobei eine einzelne Information im Text aufgefunden werden muss. Diese Information ist entweder identisch oder bedeutungsgleich mit einer Angabe in der Aufgabenstellung. Aufgaben mit nichtkontinuierlichen Texten können es erfordern, Informationen in ein Dokument einzutragen. Wenn überhaupt sind nur wenige konkurrierende Informationen vorhanden. Die Aufgaben können zudem mehrere einfache Bearbeitungsdurchgänge unter Verwendung von mehr als einer Information erfordern. Kenntnis eines Basiswortschatzes, das Verstehen von Sätzen und das Lesen von Abschnitten werden erwartet.
II	226–275	Auf dieser Stufe werden Texte zunehmend komplex. Das Textmedium kann digital oder gedruckt sein und es kann sich um kontinuierliche, nichtkontinuierliche oder gemischte Texte handeln. Aufgaben auf dieser Stufe erfordern es, Informationen auf den Text zu beziehen und können Paraphrasen oder einfache Inferenzen erfordern. Einzelne konkurrierende Informationen können vorhanden sein. Einige Aufgaben können erfordern: ▶ zwei oder mehr Informationen nach vorgegebenen Kriterien mehrfach zu bearbeiten oder zu integrieren, ▶ die in der Aufgabenstellung gesuchten Informationen zu vergleichen, gegenüberzustellen oder zu erörtern, ▶ in digitalen Texten zu navigieren, um an verschiedenen Stellen des Dokuments Informationen zu identifizieren und darauf zuzugreifen.
III	276–325	Texte auf dieser Stufe sind oft von hoher Informationsdichte oder lang. Es kann sich um kontinuierliche, nichtkontinuierliche oder gemischte Texte handeln, die mehrere Seiten umfassen können. Textverständnis und das Erfassen rhetorischer Strukturen ist von zunehmender Bedeutung, insbesondere bei der Navigation durch komplexe digitale Texte. Um Aufgaben auf dieser Stufe zu bearbeiten, müssen eine oder mehrere Informationen aus dem Text identifiziert, interpretiert oder bewertet werden und auf unterschiedlichen Ebenen Inferenzen gezogen werden. Viele Aufgaben erfordern die Konstruktion von Bedeutung über mehrere größere Textteile hinweg oder mehrere Schritte zur Herleitung und Formulierung einer Antwort. Häufig müssen irrelevante und unpassende Textinhalte ignoriert werden. Konkurrierende Informationen sind häufig vorhanden, jedoch nicht auffälliger als die korrekten Informationen.
IV	326–375	Aufgaben auf dieser Stufe erfordern häufig mehrstufige Operationen, um Informationen aus komplexen oder längeren kontinuierlichen, nichtkontinuierlichen, gemischten oder multiplen Texten zu integrieren, zu interpretieren oder zu synthetisieren. Komplexe Inferenzen und die Einbeziehung von Vorwissen können für die erfolgreiche Bearbeitung der Aufgabenstellung notwendig sein. Bei vielen Aufgaben müssen eine oder mehrere spezifische, nicht zentrale Ideen im Text identifiziert und verstanden werden, um subtile Argumente und ihre Begründungen oder Beeinflussungsversuche zu interpretieren oder zu beurteilen. Es muss häufig berücksichtigt werden, unter welchen spezifischen Bedingungen bestimmte Informationen gelten. Konkurrierende Information ist vorhanden und scheint teilweise ähnlich auffällig zu sein wie die korrekte Information.
V	≥ 376	Aufgaben auf dieser Stufe können es erfordern, Informationen mit hoher Informationsdichte aus verschiedenen Texten aufzufinden und zu integrieren, ähnliche oder widersprüchliche Gedanken und Auffassungen zu synthetisieren sowie Argumente und ihre Begründungen zu bewerten. Zur Lösung von Aufgaben kann es nötig sein, die logische und konzeptuelle Struktur der Ideen in einem Text heranzuziehen und zu bewerten. Die Bewertung der Glaubwürdigkeit von Quellen sowie die Auswahl von Schlüsselinformationen ist typischerweise eine zentrale Anforderung. Es kann erforderlich sein, subtile rhetorische Hinweise zu verstehen, komplexe Inferenzen zu ziehen oder spezialisiertes Vorwissen anzuwenden.

Anmerkungen. Aus Zabal et al. (2013, S. 37).

Risikogruppen in der Lesekompetenz

Analog zu den Vorgängerstudien zu PIAAC dem *International Adult Literacy Survey* (IALS; OECD & Statistics Canada 2000) und dem *Adult Literacy and Life Skills Survey* (ALL; Statistics Canada/ OECD 2005), wurde in PIAAC bewusst keine Risikogruppe, also ein Kompetenzniveau, das nicht mehr als hinreichend angesehen wird, definiert (Kirsch/Jungeblut/Jenkins/Kolstad 1993). Dennoch wurden Risikogruppen immer wieder anhand von Large-Scale-Assessments diskutiert (z. B. Heisig/Solga 2015; Strucker/Yamamoto/Kirsch 2007). Eine typische Risikogruppe in diesem Zusammenhang ist der funktionale Analphabetismus. Betrachtet man die in Abbildung 1 veranschaulichten Kompetenzstufen I und Unter-Stufe I, also Personen mit maximal einem Kompetenzniveau von 225 Punkten, lassen sich hier deutliche Ähnlichkeiten zu der Definition des funktionalen Analphabetismus erkennen (z. B. Drecoll 1981; Egloff/Grosche/Hubertus/ Rüsseler 2011; UNESCO 1994). Unter funktionalen Analphabeten werden Personen verstanden, die zwar einzelne Sätze lesen oder schreiben können, nicht jedoch zusammenhängende – auch kürzere – Texte (vgl. Grotlüschen/Riekmann 2012). In PIAAC wird funktionaler Analphabetismus zwar nicht getestet, es liegen jedoch Parallelen hinsichtlich der betrachteten Anforderungen auf den jeweiligen Kompetenzstufen vor. In Analogie hierzu lassen sich Personen mit geringer Lesekompetenz definieren als Personen, die maximal die Lesekompetenzstufe I erreichen (vgl. auch Heisig/Solga 2015). Diese Kompetenzstufe ist dadurch gekennzeichnet, dass einzelne spezifische Informationen aus einfachen Texten aufgefunden werden, konkurrierende Informationen jedoch in der Regel nicht verarbeitet werden können. Personen, die die Lesekompetenzstufe I erreichen, verstehen also ganze Sätze oder Abschnitte, können jedoch nicht mehrere Informationen nach vorgegebenen Kriterien bearbeiten, vergleichen und bewerten. Auch fällt ihnen, im Umgang mit digitalen Texten, die konkurrierende Informationssuche im Dokument schwer. Beiden Konzepten, dem des funktionalen Analphabetismus wie auch der hier vorgenommenen Klassifikation als geringe Lesekompetenz, ist darüber hinaus die Orientierung an der gesellschaftlichen Teilhabe gemeinsam. Die Grenze, an der die Teilhabe in einem bestimmten Ausmaß nicht mehr gegeben ist, wird dabei von den Literalitätsanforderungen der jeweiligen Gesellschaft bestimmt (vgl. Bönisch/Reif 2014).

Zur besseren Veranschaulichung sind im Folgenden zwei exemplarische Aufgaben aus PIAAC umschrieben, nämlich eine vom Schwierigkeitsgrad Unter-Kompetenzstufe I, die also von Personen mit geringen Lesekompetenzen in der Regel gelöst werden kann, und eine der Stufe II, die von dieser Personengruppe in der Regel nicht mehr gelöst werden kann.

a) Beispielaufgabe für Lesekompetenzstufe Unter I
   Bei der Aufgabe „Wahlergebnisse", handelt es sich um einen kurzen Ergebnisbericht über eine Betriebsratswahl. Der Text besteht aus wenigen Absätzen und einer einfachen Tabelle, welche die drei Kandidaten samt den jeweils erzielten Stimmen präsentiert. Die Befragten haben zur Aufgabe, den Kandidat mit den wenigsten Stimmen zu identifizieren und zu kennzeichnen. Das Wort „Stimmen" wird dabei sowohl im Text als auch in der Tabelle im relevanten Zusammenhang nur einmal erwähnt (Quelle: Zabal et al. 2013, S. 40).

b) Beispielaufgabe für Lesekompetenzstufe II
Bei der Aufgabe „Seebacher Volkslauf" werden die Befragten auf eine simulierte Webseite mit Informationen über eine Laufveranstaltung geleitet. Auf der Webseite sind verschiedene Links (z. B. „Kontakt" und „FAQs") dargestellt. Die Befragten haben die Aufgabe, jenen Link auszuwählen, den sie benutzen würden, um eine Telefonnummer der Organisatoren zu finden. Die richtige Lösung stellt hierbei die Wahl des Links „Kontakt" dar. Für Personen, die kaum durch digitalen Text navigieren sowie mit herkömmlichen Webstrukturen nicht vertraut sind, stellt diese Aufgabe eine Herausforderung dar[2] (Quelle: ZABAL et al. 2013, S. 40).

Auf Basis von PIAAC und in Übereinstimmung mit früheren Studien im Bereich des funktionalen Analphabetismus (GROTLÜSCHEN/RIEKMANN 2012) konnte gezeigt werden, dass rund 18 Prozent der in Deutschland lebenden Bevölkerung über geringe Lesekompetenzen (gemäß der Definition maximal Stufe I) verfügen (ZABAL et al. 2013, S. 42). Dieser Anteil in Deutschland liegt leicht über dem internationalen Durchschnitt (16 %).

Die Ergebnisse von PIAAC zeigen also, dass es in Deutschland einen vergleichsweise hohen Anteil von Personen gibt, die nur über geringe Lesekompetenzen verfügen. Geringe Lesekompetenzen stellen sowohl für die Person wie auch gesamtgesellschaftlich ein Risiko dar. So weisen beispielsweise Erwerbslose und Nichterwerbspersonen im Mittel substanziell niedrigere Kompetenzen auf als Erwerbstätige (KLAUKIEN et al. 2013). Befunde basierend auf den österreichischen PIAAC-Daten zeigen darüber hinaus, dass für Erwachsene mit niedriger Lesekompetenz das Risiko erwerbslos zu sein rund 7 Prozent höher ist als für Erwachsene in höheren Kompetenzstufen (vgl. BÖNISCH/REIF 2014). Vor diesem Hintergrund soll im vorliegenden Beitrag der Anteil der deutschen Erwachsenen mit niedrigen Lesekompetenzen näher betrachtet werden. Insbesondere liegt die Frage nahe, inwiefern dieser Bevölkerungsanteil hinsichtlich zentraler soziodemografischer Merkmale von der Gesamtbevölkerung bzw. von der Bevölkerung mit höheren Kompetenzniveaus abweicht. Dieser Vergleich ermöglicht es, zentrale Risikofaktoren für eine geringe Lesekompetenz im Erwachsenenalter zu identifizieren. Auf Basis dessen lassen sich Hinweise für sozialpolitische Maßnahmen ableiten, um zum einen gezielte Angebote für Personen mit geringen Lesekompetenzen zu schaffen und zum anderen diese Risikofaktoren für kommende Generationen nach Möglichkeit zu reduzieren.

---

2 In PIAAC konnten Teilnehmer/-innen zwischen einem papierbasierten und einem computerbasierten Modul wählen. Im Bereich der Lesekompetenz wurde zur Stufe II lediglich die hier dargestellte Beispielaufgabe (computerbasiert) veröffentlicht. Nach Zabal et al. (2013) wird beim technologiebasierten Problemlösen dagegen auf „(...) die Bewältigung alltäglicher Probleme, die typischerweise durch die Nutzung von Informations- und Kommunikationstechnologien gelöst werden oder sich in diesem Zusammenhang erst ergeben können" fokussiert (S. 60 f.). Dies sind zum Beispiel Aktivitäten wie das Versenden von E-Mails oder das Tätigen von Online-Einkäufen.

Korrelate zur Lesekompetenz

Bisherige Forschungsergebnisse basierend auf den internationalen PIAAC-Daten zeigen, dass die Lesekompetenz insbesondere mit Indikatoren wie dem Bildungsabschluss oder dem Migrationshintergrund hoch korreliert. Neben diesen beiden Indikatoren lassen sich Zusammenhänge mit Geburtskohorte bzw. Alter, Erwerbsbeteiligung, Teilnahme an Weiterbildung sowie dem Urbanisierungsgrad der jeweiligen Wohngebiete nachweisen (u. a. OECD 2013; Rammstedt 2013).

1) **Bildung**ssysteme haben die wichtige Aufgabe, grundlegende Kompetenzen zu vermitteln, und bereiten Individuen so auf das gesellschaftliche Leben vor. Die formale Bildung ist insofern ein Schlüsselfaktor für die Kompetenzentwicklung. Daher überrascht es nicht, dass die formale Bildung, also der höchste erreichte Bildungsabschluss, über alle Indikatoren hinweg die stärksten Zusammenhänge mit den unterschiedlichen in PIAAC erfassten Kompetenzen aufweist (Maehler et al. 2013).

2) Der **Geburtsjahrgang** und somit das biologische Alter weist ebenfalls Zusammenhänge mit den untersuchten Kompetenzen auf. Neben den biologischen Alterungseffekten sind insbesondere Effekte von historisch gegebenen Sozialisationsumständen zu berücksichtigen. Es ist davon auszugehen, dass junge Erwachsene durch einen weniger lang zurückliegenden, aber auch von einem länger anhaltenden Schulbesuch einen kognitiven Vorsprung haben (z. B. Desjardins 2003). Personen aus der Nachkriegsgeneration, die zum Untersuchungszeitpunkt beispielsweise 65 Jahre alt waren (Geburtskohorte 1947), unterscheiden sich maßgeblich hinsichtlich des Zugangs zu Bildung wie auch durch die Gesundheitsversorgung oder die Arbeitsmarktsituation von Personen im Alter von 20 Jahren (Geburtskohorte 1992).

3) Existenziell, um am gesellschaftlichen Leben in einem Land teilhaben zu können, ist darüber hinaus die Beherrschung der jeweiligen Landessprache (OECD 2012). In PIAAC wurde die Lesekompetenz der in Deutschland lebenden erwachsenen Bevölkerung erhoben und die Lesekompetenzen in der deutschen Sprache erfasst. Folglich weisen die untersuchten Kompetenzen deutliche Zusammenhänge mit dem **Migration**shintergrund auf (vgl. Maehler/Massing/Rammstedt 2014).

4) Sowohl auf Basis von PIAAC wie auch in früheren international vergleichenden Kompetenzstudien im Erwachsenenalter (OECD 2013; OECD/Statistics Canada 2000; Statistics Canada/OECD 2005) zeigt sich länderübergreifend ein deutlicher Zusammenhang zwischen dem Kompetenzniveau von Erwachsenen und ihrem **Erwerbsstatus**. Personen mit vergleichsweise geringen Kompetenzen haben ein höheres Risiko erwerbslos oder nicht erwerbstätig zu sein (vgl. Klaukien et al. 2013).

5) Um die Teilhabe an der sich rasant entwickelnden Gesellschaft und dem Arbeitsmarkt zu gewährleisten ist ein kontinuierlicher Lernprozess über die Lebensspanne von großer Bedeutung. Erste Untersuchungen konnten zeigen, dass auch die **Weiterbildung**steilnahme mit der Lesekompetenz einhergeht (Maehler et al., 2013). So beteiligen sich Personen mit einem hohen Kompetenzniveau vergleichsweise stärker an Weiterbildungsmaßnahmen als Personen mit einem niedrigen Kompetenzniveau (vgl. Grotlüschen/Riekmann 2012).

6) Befunde basierend auf der LEO-Studie deuten darauf hin, dass Lesekompetenzen mit dem **Urbanisierungsgrad** zusammenhängen. So konnte gezeigt werden, dass in großen Städten der Anteil funktionaler Analphabeten überproportional hoch ist (RIEKMANN 2011). Grotlüschen und Riekmann (2012) nehmen an, dass dieser Wohnorteffekt mit einem (hohen) Anteil an Migranten/Migrantinnen sowie einem (hohen) Anteil an Personen ohne abgeschlossen Schulabschluss einhergeht.

Im nächsten Abschnitt soll nun anhand von PIAAC Daten überprüft werden, inwiefern diese aufgelisteten Faktoren mit einer geringen Lesekompetenz (Stufe I und darunter) einhergehen.

2. Die PIAAC-Studie

Stichprobe und Methode

Das „Programme for the International Assessment of Adult Competencies" (PIAAC) ist eine von der OECD initiierte Studie zum internationalen Vergleich der grundlegenden Kompetenzen von Erwachsenen. In PIAAC wurden drei Kompetenzen – grundlegende Lesekompetenz, alltagsmathematische Kompetenz und technologiebasiertes Problemlösen – gemessen. In jedem Land wurden Zufallsstichproben der Bevölkerung im Alter von 16 bis 65 Jahren erhoben. Um bevölkerungsrepräsentative Aussagen über die entsprechende Population zu ermöglichen, wurden die Daten in einem mehrstufigen Prozess gewichtet. Für die vorliegenden Analysen wurde das finale Anpassungsgewicht verwendet.

Die folgenden Analysen, basierend auf den deutschen PIAAC-Daten[3], beziehen sich ausschließlich auf die Lesekompetenz. Rund fünftausendvierhundert Personen nahmen in Deutschland an PIAAC teil. Eine detaillierte Beschreibung des Stichprobenverfahrens und der Gewichtung findet sich im technischen Bericht zu PIAAC in Deutschland (ZABAL u. a. 2014).

PIAAC wurde als persönliche Befragung durchgeführt. Die Erhebung bestand aus zwei zentralen Teilen, zum einem dem Hintergrundfragebogen (ca. 45 min) und zum anderen der Kompetenzmessung (ca. 60 min). Die Teilnahme an PIAAC war freiwillig und wurde in Deutschland mit 50 € incentiviert.

Operationalisierung der Risikofaktoren

Die in der Analyse herangezogenen Variablen wurden folgendermaßen operationalisiert: Der höchste Bildungsabschluss wurde in PIAAC zum einen durch den höchsten allgemeinbildenden Schulabschluss und zum anderen durch den gegebenenfalls erworbenen höchsten beruflichen bzw. Hochschulabschluss erfasst.

Zur Bestimmung der Geburtskohorten wurden die Geburtsjahre in die fünf Kategorien 1947–1957, 1958–1967, 1968–1977, 1978–1987 und 1988–1997 zusammengefasst.

---

3 Datenquelle: doi:10.4232/1.11865

Der Migrationshintergrund wurde anhand der Muttersprache operationalisiert. Als Muttersprachler wurden Befragte kategorisiert, deren erste Sprache, die sie noch immer verstehen, Deutsch ist.

Der Erwerbsstatus wurde analog zum nationalen PIAAC-Bericht (Rammstedt 2013) nach dem ILO-Konzept (International Labour Organization, 1982) klassifiziert. Als erwerbstätig werden nach ILO Personen klassifiziert, die pro Woche einer bezahlten Tätigkeit von mindestens einer Stunde nachgehen. Befragte, die nicht erwerbstätig sind, allerdings aktiv nach einer bezahlten Tätigkeit suchen, gelten hiernach als erwerbslos. Personen, die weder erwerbstätig noch erwerbslos sind (z. B. Rentner), werden als Nichterwerbspersonen klassifiziert (siehe Klaukien et al. 2013).

Das Konzept der Weiterbildung ist in PIAAC ähnlich wie im Adult Education Survey (AES; Bilger/Gnahs/Hartmann/Kuper 2013) relativ breit definiert und umfasst sowohl Weiterbildungen aus berufsbezogenen als auch aus nicht berufsbezogenen Gründen, wie z. B. Aktivitäten wie Fernunterricht, die Teilnahme an Kursen oder Workshops. Als Maß der Weiterbildungsteilnahme wurde die Anzahl der besuchten Weiterbildungsmaßnahmen in den vergangenen zwölf Monaten erfasst.

Schließlich wurde zur Operationalisierung des Urbanisierungsgrades der BIK (BIK-Aschpurwis+Behrens GmbH 2001) herangezogen. Die BIK-Regionen sind eine räumliche Gliederungssystematik und fassen die Stadt-Umland-Beziehung von Regionen zusammen, die vor allem auf die Pendlerpriorität der sozialversicherungspflichtig Beschäftigten zurückgeht. Dies hat den Vorteil, dass neben der Gemeindegröße auch nach Ballungszentren unterschieden werden kann. Ballungszentren können zwar kleine Gemeinden enthalten, diese bieten jedoch einen verbesserten Zugang, beispielsweise zu Bildungsangeboten, als Gemeinden, die keinem Ballungszentrum angehören. Es werden dabei vier Regionen unterschieden: Ballungsräume, Stadtregionen, Mittelzentrengebiete und Unterzentrengebiete (BIK-Aschpurwis+Behrens GmbH 2001). Stadtregionen sind beispielsweise Verdichtungs- und Verflechtungsbereiche mit mindestens 100.000 Einwohnern und einer Pendlerquote von über 7 Prozent.

3. Wer sind die Erwachsenen mit geringer Lesekompetenz in Deutschland?

In Deutschland verfügt fast jeder fünfte Erwachsene über nur geringe Lesekompetenzen. Um diesen Anteil der Bevölkerung näher zu beleuchten und zu beschreiben, werden zunächst die Ergebnisse deskriptiver Analysen dargestellt. Hierbei wird der Bevölkerungsanteil mit geringerer Lesekompetenz (Stufe I und darunter) der Gesamtbevölkerung sowie der Bevölkerungsgruppe mit höherer Lesekompetenz (Stufe II und darüber) gegenüber gestellt. Im Anschluss soll mittels einer logistischen Regression geprüft werden, welche dieser Indikatoren mit einer höheren Wahrscheinlichkeit, zur Gruppe mit geringer Lesekompetenz zu gehören, einhergehen und insofern ein Risiko darstellen können. Die Analysen wurden mit dem Programm STATA unter Berücksichtigung der zehn plausible values[4] durchgeführt[5].

Wie lassen sich Erwachsene mit geringer Lesekompetenz beschreiben?
Bisherige Ergebnisse konnten zeigen, dass von den möglichen Indikatoren das Bildungsniveau, also der höchste erzielte Bildungsabschluss, in PIAAC den stärksten Zusammenhang mit den Lesekompetenzen im Erwachsenenalter aufweist (MAEHLER et al. 2013). Wie in Abbildung 1 veranschaulicht, unterscheiden sich Personen mit geringen Lesekompetenzen deutlich in ihren höchsten Bildungsabschlüssen von der Gesamtbevölkerung und der Bevölkerung mit vergleichsweise hohen Lesekompetenzen. Mehr als jeder zehnte (13 %) mit geringen Lesekompetenzen hat die Schule ohne Abschluss verlassen. In der Gesamtbevölkerung sind dies lediglich drei Prozent; in der Bevölkerung mit vergleichsweise hohen Lesekompetenzen sind es nicht einmal ein Prozent. Im Umkehrschluss bedeutet dies, dass fast sämtliche Personen, die das Bildungssystem ohne Schulabschluss verlassen, im weiteren Lebensverlauf nur über geringe Lesekompetenzen verfügen.

Ähnliche Unterschiede zeigen sich bei den Hauptschulabsolventen und -absolventinnen mit und ohne eine anschließende berufliche Ausbildung: Mehr als die Hälfte der Personen mit niedrigen Lesekompetenzen verfügt über einen Hauptschulabschluss (55 %)[6]. Dieser Anteil ist rund doppelt so hoch wie in der Gesamtbevölkerung (28 %) bzw. wie in der Bevölkerung mit vergleichsweise hohen Lesekompetenzen (23 %). Rund ein Drittel der Personen mit geringer Lesekompetenz (37 %) verfügt über keine abgeschlossene Berufsausbildung (im Vergleich zu einem Viertel in der Gesamtbevölkerung). In der Umkehrung lässt sich jedoch konstatieren, dass trotz der problematisch geringen Lesekompetenz zwei Drittel der Personen erfolgreich eine Ausbildung absolviert haben.

---

[4] Plausible values beschreiben eine Verteilung von Kompetenzwerten. Diese wurden im Rahmen der Item-Response-Theorie generiert und basierend auf den Ergebnissen des Kompetenztests und den Hintergrundinformationen der Befragten imputiert (VON DAVIER/GONZALES/MISLEVY 2009).
[5] Nicht berücksichtigt wurden dabei Personen, die sich zum Zeitpunkt der Untersuchung noch in Ausbildung befanden.
[6] Es werden hierbei Personen mit bzw. ohne Ausbildung zusammen betrachtet.

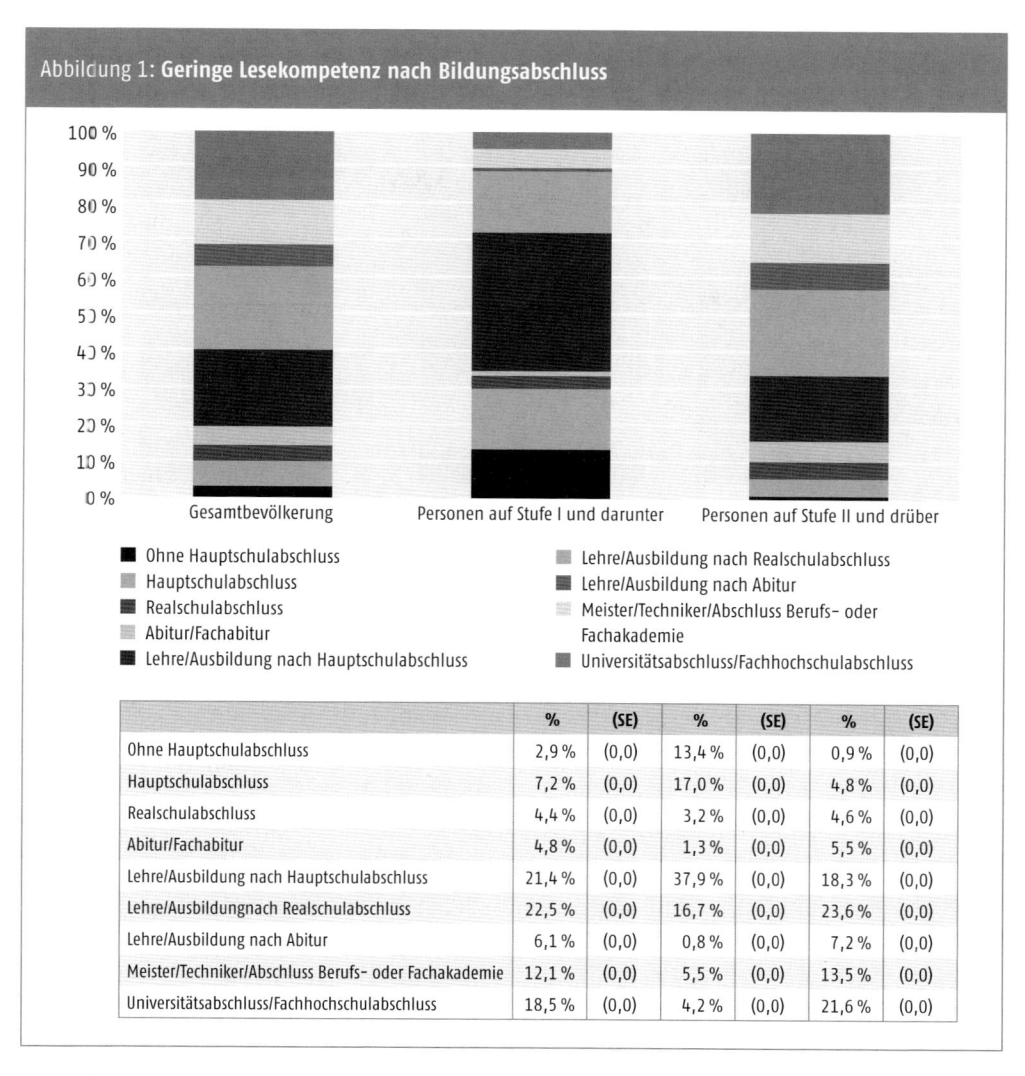

Indikatoren geringer Lesekompetenz in Deutschland

Abbildung 1: Geringe Lesekompetenz nach Bildungsabschluss

- Ohne Hauptschulabschluss
- Hauptschulabschluss
- Realschulabschluss
- Abitur/Fachabitur
- Lehre/Ausbildung nach Hauptschulabschluss
- Lehre/Ausbildung nach Realschulabschluss
- Lehre/Ausbildung nach Abitur
- Meister/Techniker/Abschluss Berufs- oder Fachakademie
- Universitätsabschluss/Fachhochschulabschluss

	%	(SE)	%	(SE)	%	(SE)
Ohne Hauptschulabschluss	2,9 %	(0,0)	13,4 %	(0,0)	0,9 %	(0,0)
Hauptschulabschluss	7,2 %	(0,0)	17,0 %	(0,0)	4,8 %	(0,0)
Realschulabschluss	4,4 %	(0,0)	3,2 %	(0,0)	4,6 %	(0,0)
Abitur/Fachabitur	4,8 %	(0,0)	1,3 %	(0,0)	5,5 %	(0,0)
Lehre/Ausbildung nach Hauptschulabschluss	21,4 %	(0,0)	37,9 %	(0,0)	18,3 %	(0,0)
Lehre/Ausbildung nach Realschulabschluss	22,5 %	(0,0)	16,7 %	(0,0)	23,6 %	(0,0)
Lehre/Ausbildung nach Abitur	6,1 %	(0,0)	0,8 %	(0,0)	7,2 %	(0,0)
Meister/Techniker/Abschluss Berufs- oder Fachakademie	12,1 %	(0,0)	5,5 %	(0,0)	13,5 %	(0,0)
Universitätsabschluss/Fachhochschulabschluss	18,5 %	(0,0)	4,2 %	(0,0)	21,6 %	(0,0)

Weiterhin verdeutlicht Abbildung 2, dass Personen mit geringen Lesekompetenzen im Vergleich zur Gesamtbevölkerung sowie im Vergleich mit Personen mit vergleichsweise hoher Lesekompetenz im Durchschnitt tendenziell älter sind.

Abbildung 2: Geringe Lesekompetenz nach Geburtskohorten

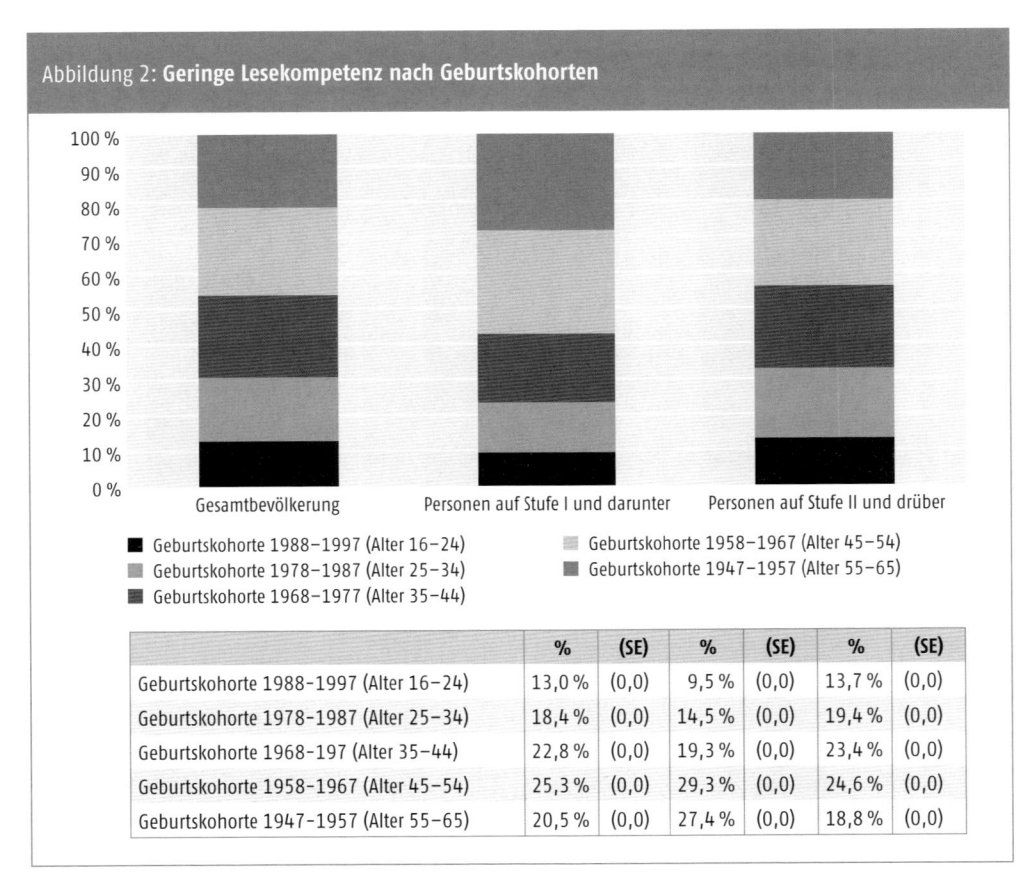

- Geburtskohorte 1988–1997 (Alter 16–24)
- Geburtskohorte 1978–1987 (Alter 25–34)
- Geburtskohorte 1968–1977 (Alter 35–44)
- Geburtskohorte 1958–1967 (Alter 45–54)
- Geburtskohorte 1947–1957 (Alter 55–65)

	Gesamtbevölkerung %	(SE)	Personen auf Stufe I und darunter %	(SE)	Personen auf Stufe II und drüber %	(SE)
Geburtskohorte 1988–1997 (Alter 16–24)	13,0 %	(0,0)	9,5 %	(0,0)	13,7 %	(0,0)
Geburtskohorte 1978–1987 (Alter 25–34)	18,4 %	(0,0)	14,5 %	(0,0)	19,4 %	(0,0)
Geburtskohorte 1968–197 (Alter 35–44)	22,8 %	(0,0)	19,3 %	(0,0)	23,4 %	(0,0)
Geburtskohorte 1958–1967 (Alter 45–54)	25,3 %	(0,0)	29,3 %	(0,0)	24,6 %	(0,0)
Geburtskohorte 1947–1957 (Alter 55–65)	20,5 %	(0,0)	27,4 %	(0,0)	18,8 %	(0,0)

Nicht überraschend ist, dass ein knappes Drittel (28 %) der Personen mit geringen Lesekompetenzen Deutsch und damit die untersuchte Lesekompetenzsprache nicht als Muttersprache spricht (s. Abbildung 3). In der Gesamtbevölkerung ist dieser Anteil weniger als halb so hoch (12 %), in der Gruppe mit vergleichsweise hohen Lesekompetenzen nur ein Drittel so hoch (9 %).

Hinsichtlich des Erwerbsstatus zeigen die Ergebnisse, dass rund zwei Drittel der Personen mit geringer Lesekompetenz (64 %) erwerbstätig sind (vgl. Abb. 4). Dieser Anteil ist mit rund drei Viertel in der Gesamtbevölkerung (77 %) bzw. vier Fünftel in der Bevölkerung mit vergleichsweise hoher Lesekompetenz (80 %) entsprechend etwas höher ausgeprägt. Der Anteil der Erwerbssuchenden ist in der Gruppe der Personen mit geringer Lesekompetenz, verglichen mit der Gesamtbevölkerung, fast doppelt so hoch (7 % vs. 4 %). Auffallend hoch mit knapp einem Drittel (30 %) ist jedoch bei den Personen mit geringer Lesekompetenz der Anteil der inaktiven Personen. Im Vergleich hierzu sind dies nur 18 bzw. 16 Prozent in den beiden Referenzgruppen.

Abbildung 3: Geringe Lesekompetenz nach Muttersprache

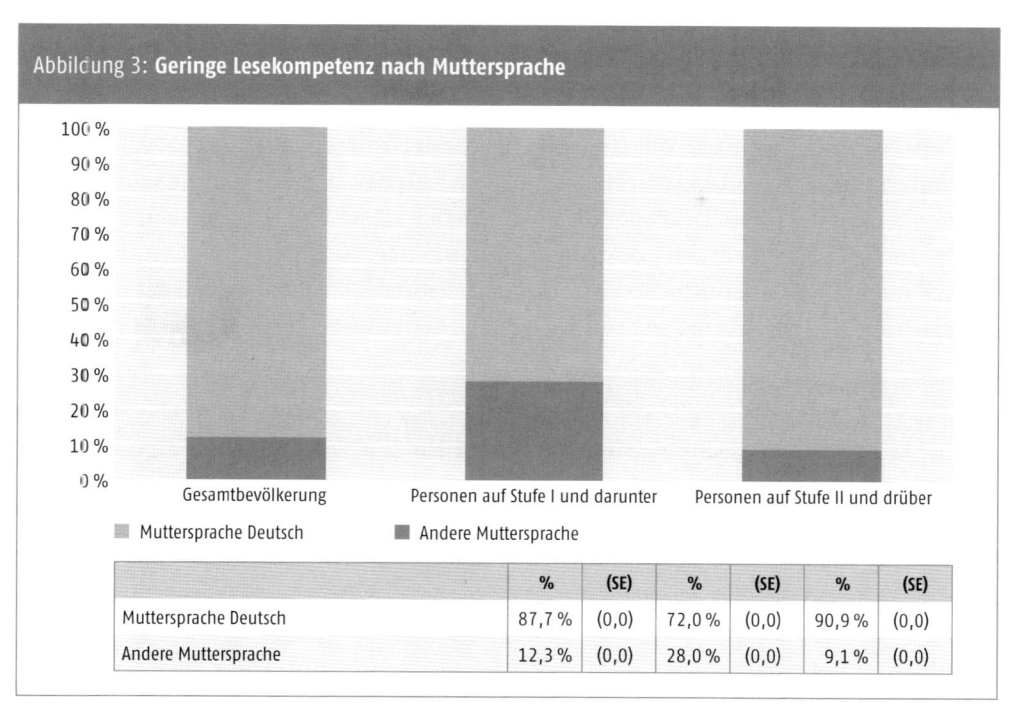

	%	(SE)	%	(SE)	%	(SE)
Muttersprache Deutsch	87,7 %	(0,0)	72,0 %	(0,0)	90,9 %	(0,0)
Andere Muttersprache	12,3 %	(0,0)	28,0 %	(0,0)	9,1 %	(0,0)

Abbildung 4: Geringe Lesekompetenz nach Erwerbsstatus

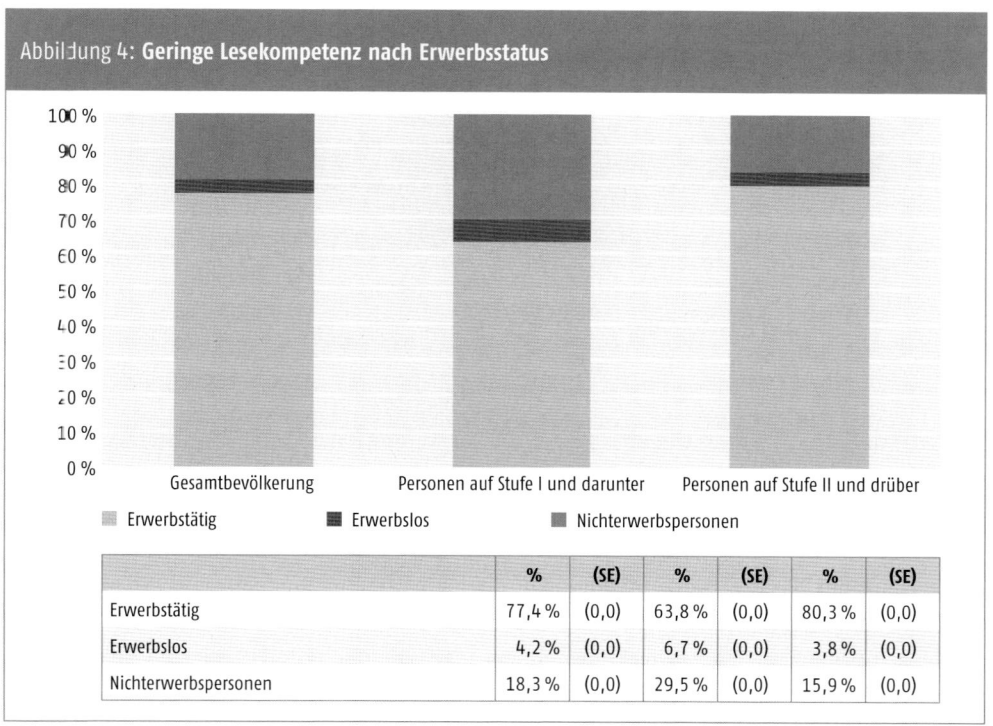

	%	(SE)	%	(SE)	%	(SE)
Erwerbstätig	77,4 %	(0,0)	63,8 %	(0,0)	80,3 %	(0,0)
Erwerbslos	4,2 %	(0,0)	6,7 %	(0,0)	3,8 %	(0,0)
Nichterwerbspersonen	18,3 %	(0,0)	29,5 %	(0,0)	15,9 %	(0,0)

Obwohl sie einen höheren Bedarf an Weiterbildung haben müssten, nehmen Personen mit geringen Kompetenzen weniger häufig an Weiterbildung teil (vgl. MAEHLER u. a. 2013; BILGER 2011). Während in der Gesamtbevölkerung rund jeder Zweite (49 %) berichtete, in den zwölf Monaten vor der Befragung an Weiterbildungsmaßnahmen teilgenommen zu haben, ist dies in der Gruppe mit geringen Lesekompetenzen nur jeder Vierte (25 %). Weiterführende Studien konnten zeigen, dass diese Disproportionalität nicht ausschließlich über Qualifikationsunterschiede zwischen den Gruppen erklärbar ist. Vielmehr zeigt sich unter Konstanthaltung der Bildung weiterhin eine geringere Weiterbildungspartizipation bei Personen mit geringen Lesekompetenzen im Vergleich zu Personen mit höheren Kompetenzen (vgl. MAEHLER u. a. 2013).

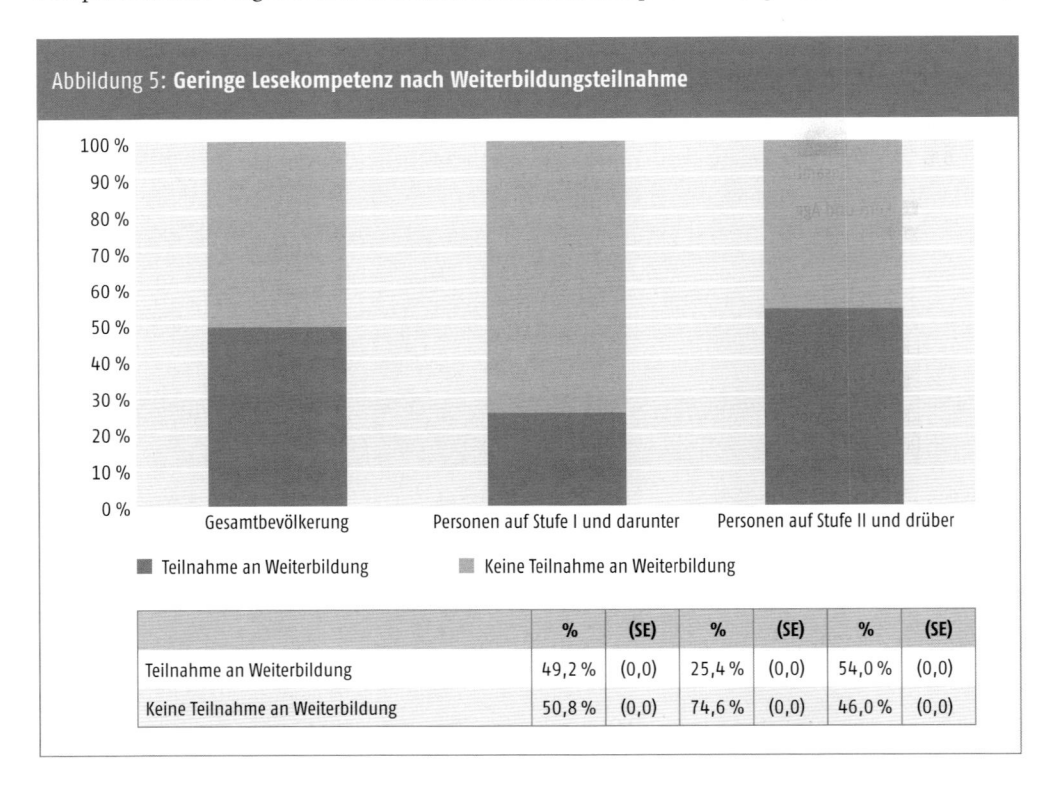

Abbildung 5: **Geringe Lesekompetenz nach Weiterbildungsteilnahme**

	%	(SE)	%	(SE)	%	(SE)
Teilnahme an Weiterbildung	49,2 %	(0,0)	25,4 %	(0,0)	54,0 %	(0,0)
Keine Teilnahme an Weiterbildung	50,8 %	(0,0)	74,6 %	(0,0)	46,0 %	(0,0)

Frühere Studien (vgl. RIEKMANN 2011) legen die Vermutung nahe, dass in städtischen Regionen überproportional häufig Personen nur über geringe Lesekompetenzen verfügen. Wie aus Abbildung 6 ersichtlich, lassen sich diese Befunde basierend auf PIAAC und unter Verwendung des BIK nicht bekräftigen. Es zeigt sich zwar tendenziell, dass Personen mit geringer Lesekompetenz, im Vergleich zur Gesamtbevölkerung und Personen mit höheren Kompetenzen, weniger häufig in Ballungsräumen anzutreffen sind (ca. 10 Prozentpunkte Unterschied). Generell zeigen sich jedoch keine bedeutenden Abweichungen in der regionalen Verteilung zwischen Personen mit geringen und höheren Lesekompetenzen bzw. im Vergleich zur Gesamtbevölkerung.

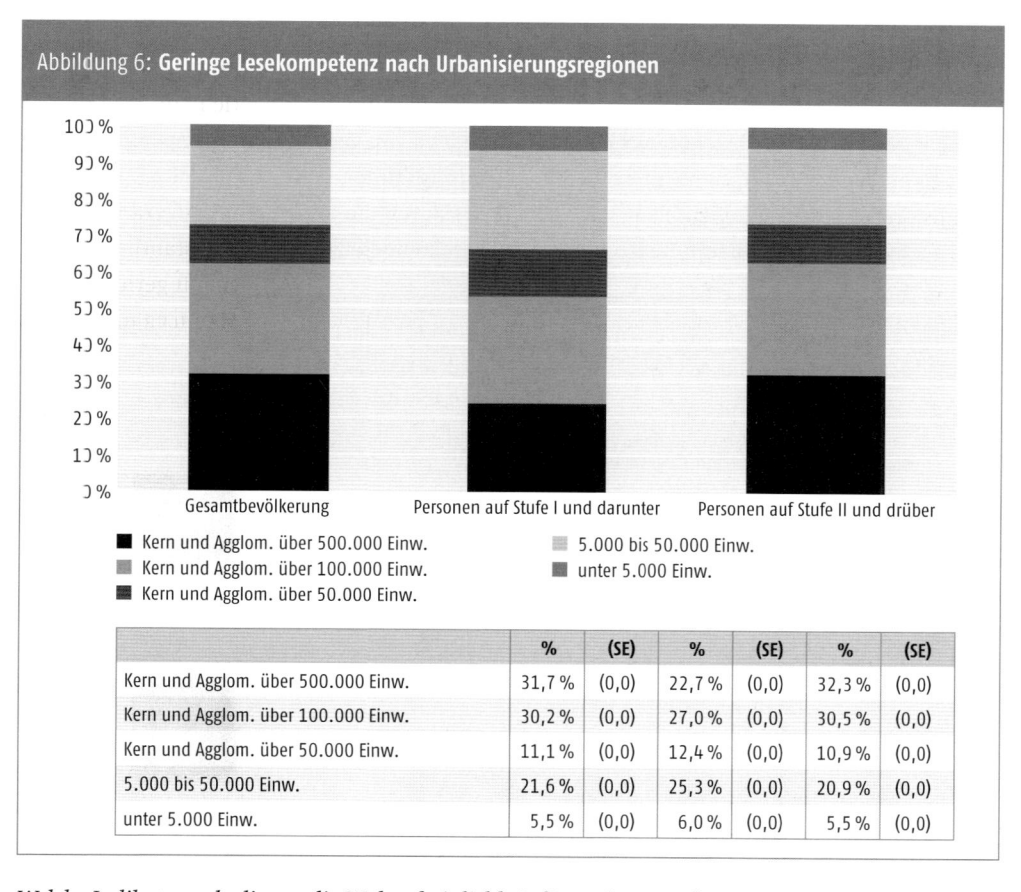

Abbildung 6: Geringe Lesekompetenz nach Urbanisierungsregionen

	%	(SE)	%	(SE)	%	(SE)
Kern und Agglom. über 500.000 Einw.	31,7 %	(0,0)	22,7 %	(0,0)	32,3 %	(0,0)
Kern und Agglom. über 100.000 Einw.	30,2 %	(0,0)	27,0 %	(0,0)	30,5 %	(0,0)
Kern und Agglom. über 50.000 Einw.	11,1 %	(0,0)	12,4 %	(0,0)	10,9 %	(0,0)
5.000 bis 50.000 Einw.	21,6 %	(0,0)	25,3 %	(0,0)	20,9 %	(0,0)
unter 5.000 Einw.	5,5 %	(0,0)	6,0 %	(0,0)	5,5 %	(0,0)

Welche Indikatoren bedingen die Wahrscheinlichkeit für geringe Lesekompetenzen im Erwachsenenalter?

Es ist zu erwarten, dass die hier betrachteten Risikofaktoren in wechselseitiger Beziehung zueinander stehen. Ältere Geburtskohorten verfügen zum Beispiel eher über niedrigere Bildungsabschlüsse als jüngere Geburtskohorten, da sie in unterschiedlichen Sozialisationsumständen aufgewachsen sind und damit unterschiedlichen Bedingungen beim Bildungserwerb ausgesetzt waren (vgl. MAEHLER et al. 2013). Der Zusammenhang zwischen Bildungsniveau und der Lesekompetenz kann also von diesen Alterseffekten (bzw. den unterschiedlichen Geburtskohorten) überlagert sein. Um daher unter paralleler Berücksichtigung aller betrachteten Faktoren das Risiko für eine geringe Lesekompetenz zu bestimmen, wurde eine multivariate binär-logistische Regression mit der Lesekompetenz als abhängiger Variable durchgeführt.

Die regressionsanalytischen Ergebnisse (siehe Tabelle im Anhang) bestätigen weitgehend die zuvor dargestellten bivariaten Analysen: Die Wahrscheinlichkeit, zum Bevölkerungsanteil mit geringer Lesekompetenz zu gehören, steigt mit einem geringen Bildungsabschluss, mit einem Migrationshintergrund, mit einem höheren Alter und keiner Weiterbildungsteilnahme. Auffallend ist, dass entgegen der bivariaten Darstellung oben (vgl. Abbildung 4) der Erwerbstatus unter paralleler Betrachtung der anderen Risikofaktoren keinen substantiellen Zusammenhang mit der Lesekompetenz aufweist. Zu vermuten ist, dass der in den bivariaten Analysen gefundene Effekt einer höheren Präzedenz von geringer Lesekompetenz bei den Nicht-Erwerbspersonen durch Unterschiede im Bildungshintergrund vermittelt ist. Ein hoher Urbanisierungsgrad geht ebenfalls – wie sich bereits durch die bivariaten Analysen vermuten ließ – nicht mit einem höheren Risiko für geringe Lesekompetenz einher.

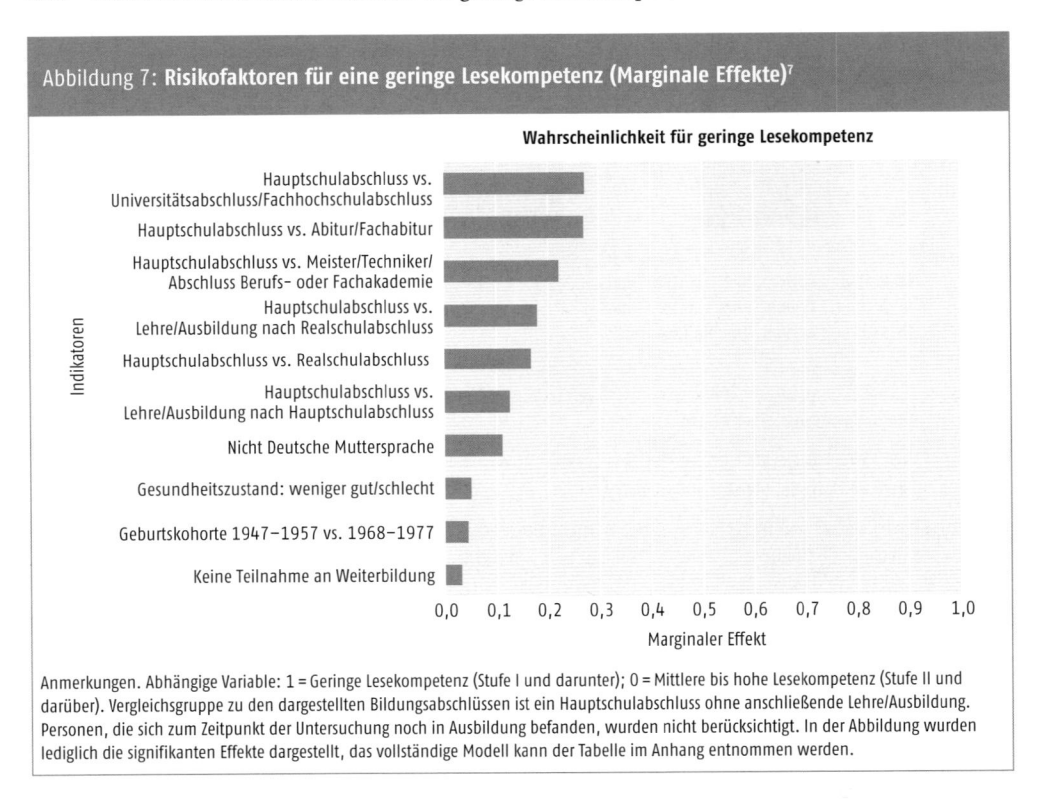

Abbildung 7: Risikofaktoren für eine geringe Lesekompetenz (Marginale Effekte)[7]

Anmerkungen. Abhängige Variable: 1 = Geringe Lesekompetenz (Stufe I und darunter); 0 = Mittlere bis hohe Lesekompetenz (Stufe II und darüber). Vergleichsgruppe zu den dargestellten Bildungsabschlüssen ist ein Hauptschulabschluss ohne anschließende Lehre/Ausbildung. Personen, die sich zum Zeitpunkt der Untersuchung noch in Ausbildung befanden, wurden nicht berücksichtigt. In der Abbildung wurden lediglich die signifikanten Effekte dargestellt, das vollständige Modell kann der Tabelle im Anhang entnommen werden.

Vergleicht man die Vorhersagekraft der einzelnen ermittelten Risikofaktoren (s. Abb. 7), so zeigt sich, dass der Bildungshintergrund den zentralsten Risikofaktor darstellt: die Bezugsgruppe der Personen mit maximal einem Hauptschulabschluss (ohne anschließende berufliche Ausbildung) verfügen mit einer um 13 Prozentpunkte (im Vergleich zu Hauptschulabsolventen mit anschließender beruflicher Ausbildung) bzw. 21 Prozentpunkte (im Vergleich zu Personen mit einer beruflichen Ausbildung nach Abitur) höheren Wahrscheinlichkeit über geringe Lesekompetenzen. Einen weiteren Risikofaktor stellt der Migrationshintergrund dar, wenn dessen

---

[7] Der marginale Effekt zeigt auf, um wie viele Prozentpunkte sich beispielsweise die durchschnittliche Wahrscheinlichkeit, einen hohen Bildungsabschluss zu haben, in der Gruppe mit geringer Lesekompetenzen von der Wahrscheinlichkeit in der Gruppe der höheren Lesekompetenz unterscheidet.

Bedeutung auch deutlich niedriger ausfällt. Die Wahrscheinlichkeit, zur Bevölkerungsgruppe mit geringen Lesekompetenzen zu gehören, steigt um 11 Prozentpunkte, wenn Deutsch nicht die Muttersprache ist. Vergleichsweise geringen Einfluss haben die Indikatoren keine Weiterbildungsteilnahme (3 %) sowie das Alter (0,1 %).

4. Zusammenfassung und Diskussion

Für eine aktive und erfolgreiche Teilnahme an modernen Gesellschaften braucht es zentrale Schlüsselkompetenzen wie die Lesekompetenz. Im Rahmen dieses Beitrages wurde auf Basis der deutschen PIAAC-Daten, analog zum Modell des funktionalen Analphabetismus, eine Risikogruppe definiert, die nur über extrem geringe Lesekompetenzen verfügt (maximal Kompetenzstufe I). Mit rund 18 Prozent gehört in Deutschland ein, im internationalen Vergleich, hoher Anteil der erwachsenen Bevölkerung dieser Risikogruppe an. Es wurden verschiedene Risikofaktoren untersucht, von denen auf Basis bisheriger Befunde vermutet werden kann, dass sie mit einer geringeren Lesekompetenz im Zusammenhang stehen. Die Ergebnisse zeigen in aller Deutlichkeit, dass insbesondere ein geringer Bildungsabschluss, vor allem ein Hauptschulabschluss bzw. das Fehlen eines Abschlusses, die Wahrscheinlichkeit erhöht, zu der definierten Risikogruppe mit geringer Lesekompetenz zu gehören. Zwei Drittel der Personen mit geringer Lesekompetenz haben die Schule gar nicht oder mit einem Hauptschulabschluss beendet. Als weitere, jedoch im Vergleich zur Bildung deutlich schwächere Risikofaktoren erwiesen sich der Migrationshintergrund (operationalisiert über eine nicht deutsche Muttersprache) und eine geringe Weiterbildungsbeteiligung. Der Geburtsjahrgang bzw. das Alter weist nur einen zwar statistisch signifikanten, jedoch empirisch marginalen Zusammenhang mit geringer Lesekompetenz auf. Dies zeigt, dass der in Deutschland vergleichsweise hohe Anteil an Personen mit geringer Lesekompetenz nicht durch den demografischen Wandel und eine Überalterung der Gesellschaft erklärt werden kann. Vielmehr besteht die Problematik in gleicher Weise in älteren wie in jüngeren Generationen. Es ist also kein „aussterbendes" Phänomen, sondern vielmehr eine konstante Problematik, der es gilt mit geeigneten Maßnahmen aktiv zu begegnen, um für zukünftige Generationen das Risiko einer geringen Lesekompetenz verbunden mit den einhergehenden gesellschaftlichen Problematiken zu verringern.

Auf Basis der querschnittlichen PIAAC-Daten kann dabei jedoch nicht die Richtung des Zusammenhangs zwischen Bildungsabschluss und Lesekompetenzen bestimmt werden. So ist zwar zu vermuten, dass die geringe schulische Bildung eine geringe Lesekompetenz zur Folge hat. Umgekehrt ließe sich aber auch überlegen, dass Personen mit geringer Lesekompetenz nicht das Potenzial für einen hohen Bildungsabschluss haben. Noch unklarer ist der Wirkmechanismus im Bereich der Weiterbildungsteilnahme: Verfügen Personen aufgrund fehlender Weiterbildungen nur über geringe Lesekompetenzen oder haben umgekehrt Personen mit geringen Lesekompetenzen, vielleicht gerade deswegen, kein Interesse an Weiterbildungsmaßnahmen, z. B. aus Scham oder aus Angst zu versagen?

Die Ergebnisse des Beitrags weisen also nicht nur darauf hin, dass es in Deutschland eine vergleichsweise große Gruppe von Personen mit geringen Lesekompetenzen gibt, sondern zeigen auch Risikofaktoren für bzw. Korrelate mit dem Nicht-Erwerb von Lesekompetenzen auf. Diese ermöglichen erste Hinweise, mit welchen Maßnahmen zum einen das Risiko für zukünftige Generationen reduziert werden kann. Zum anderen sollte überlegt werden, ob mit geeigneten Schulungsangeboten der aktuellen Situation in der heutigen Gesellschaft begegnet werden kann. In diesem Zusammenhang ist jedoch zunächst eine Analyse der existierenden Weiterbildungsangebote, deren Nutzung (insbesondere auch durch Personen der hier definierten Risikogruppe) und deren Wirkung wichtig. Es hat sich jedoch als sehr schwierig herausgestellt, das Weiterbildungsangebot umfassend und einheitlich zu erfassen (SCHMIEDEL/SCHNEIDER/VOLLMAR 2013). Allerdings weisen Studien immer wieder auch darauf hin, dass nicht ausschließlich die Angebotsseite von auf den Bedarf der erwachsenen Bevölkerung zugeschnitten Weiterbildungen betrachtet werden darf, sondern dass vielmehr für die Teilnahme an solchen Veranstaltungen auch motivationale Faktoren aufseiten der Betroffenen eine zentrale Rolle spielen (vgl. GORGES/MAEHLER/KOCH/OFFERHAUS 2016). Auch hier gilt es, mit entsprechenden Maßnahmen anzusetzen.

Literatur

BIK – ASCHPURWIS + BEHRENS GMBH (2001). BIK – Regionen. Ballungsräume, Stadtregionen Mittel-/Unterzentrengebiete. Methodenbeschreibung zur Aktualisierung 2000. Hamburg

BILGER, F. (2011). (Weiter-)Bildungsbeteiligung funktionaler Analphabet/inn/en – Gemeinsame Analyse der Daten des Adult Education Survey (AES) und der leo. – Level-One-Studie 2010. In GROTLÜSCHEN, A. & RIEKMANN, W. (Hrsg.), Funktionaler Analphabetismus in Deutschland: Ergebnisse der ersten leo. – Level-One-Studie (S. 166–186). Münster

BILGER, F., GNAHS, D., HARTMANN, J., KUPER, H. (Hrsg.) (2013). Weiterbildungsverhalten in Deutschland. Resultate des Adult Education Survey 2012. DOI: 10.3278/14/1120w

BÖNISCH, M. & REIF, M. (2014). Niedrige Lesekompetenz in Österreich. In STATISTIK AUSTRIA (Hrsg.), Schlüsselkompetenzen von Erwachsenen. Vertiefende Analysen der PIAAC-Erhebung 2011/12. Wien: Statistik Austria

DESJARDINS, R. (2003). Determinants of literacy proficiency: A lifelong-lifewide learning perspective. International Journal of Educational Research, 39(3), p. 205–245

DRECOLL, F. (1981). Funktionaler Analphabetismus – Begriff, Erscheinungsbild, psychosoziale Folgen und Bildungsinteressen. In F. DRECOLL (Hrsg.), Für ein Recht auf Lesen. Analphabetismus in der Bundesrepublik Deutschland (S. 29–40). Frankfurt am Main

EGLOFF, B., GROSCHE, M., HUBERTUS, P. & RÜSSELER, J. (2011). Funktionaler Analphabetismus im Erwachsenenalter: eine Definition. In MEESE, A. (Hrsg.), Zielgruppen in Alphabetisierung und Grundbildung Erwachsener (S. 11–31). München, Bielefeld

GORGES, J., MAEHLER, D. B., KOCH, T. & OFFERHAUS, J. (2016). Who likes to learn new things: Measuring adult motivation to learn with PIAAC data from 21 countries. Large-scale Assessments in Education, 4, DOI: 10.1186/s40536-016-0024-4

GROTLÜSCHEN, A. & RIEKMANN, W. (2012). Funktionaler Analphabetismus in Deutschland: Ergebnisse der ersten leo. – Level-One Studie (Bd. 10). Münster

HEISIG, J. P. & SOLGA, H. (2015). Ohne Abschluss keine Chance. Höhere Kompetenzen zahlen sich für gering qualifizierte Männer kaum aus. WZBrief Arbeit 19. Wissenschaftszentrum Berlin für Sozialforschung (WZB): Berlin. Erschienen am 19.01.2015, Verfügbar unter http://www.wzb.eu/sites/default/files/publikationen/wzbrief/wzbriefarbeit192014heisigsolga.pdf

INTERNATIONAL LABOUR ORGANIZATION (1982). Resolution concerning statistics of the economically active population, employment, unemployment and underemployment, adopted by the Thirteenth International Conference of Labour Statisticians. Genf: International Labour Organization

KIRSCH, I., JUNGEBLUT, A., JENKINS, L. & KOLSTAD, A. (1993). Adult literacy in America – A first look at the findings of the National Adult Literacy Survey. Washington, D.C.: NCES

KLAUKIEN, A., ACKERMANN, D., HELMSCHROTT, S., RAMMSTEDT, B., SOLGA, H. & WÖSSMANN, L. (2013). Grundlegende Kompetenzen auf dem Arbeitsmarkt. In B. RAMMSTEDT (Hrsg.), Grundlegende Kompetenzen Erwachsener im internationalen Vergleich. Ergebnisse von PIAAC 2012 (S. 127–165). Münster

MAEHLER, D. B., MASSING, N., HELMSCHROTT, S., RAMMSTEDT, B., STAUDINGER, U. M. & WOLF, C. (2013). Grundlegende Kompetenzen in verschiedenen Bevölkerungsgruppen. In B. RAMMSTEDT (Hrsg.), Grundlegende Kompetenzen Erwachsener im internationalen Vergleich. Ergebnisse von PIAAC 2012 (S. 77–124). Münster.

MAEHLER, D. B., MASSING, N. & RAMMSTEDT, B. (2014). Grundlegende Kompetenzen Erwachsener mit Migrationshintergrund im internationalen Vergleich: PIAAC 2012. Münster

OECD (2012). Settling in: OECD indicators of immigrant integration 2012. Paris: OECD

OECD (2013). OECD Skills Outlook 2013: First Results from the Survey of Adult Skills. Paris: OECD Publishing

OECD & Statistics Canada (2000). Literacy in the information age: Final report of the International Adult Literacy Survey. Paris: OECD

RAMMSTEDT, B. (2013). Grundlegende Kompetenzen Erwachsener im internationalen Vergleich – Ergebnisse von PIAAC 2012. Münster

RIEKMANN, W. (2011). Literalität und Lebenssituation. In GROTLÜSCHEN, A. & RIEKMANN, W. (Hrsg.), Funktionaler Analphabetismus in Deutschland: Ergebnisse der ersten leo. – Level-One-Studie (S. 166–186). Münster

SCHMIEDEL, S., SCHNEIDER, C. & VOLLMAR, M. (2013). Erhebung zu Weiterbildungseinrichtungen in Deutschland. Wiesbaden: Statistisches Bundesamt

STATISTICS CANADA & OECD (2005). Learning a living. First results of the Adult Literacy and Life Skills Survey. Paris: OECD Publishing

STRUCKER, J., YAMAMOTO, K. & KIRSCH, I. (2007). The relationship of the component skills of reading to IALS performance: Tipping points and five classes of adult literacy learners. NCSALL Reports No. 29. Cambridge, MA: NCSALL

UNESCO (1994). Statement oft the International Comittee of Experts on Literacy. In UNESCO (Hrsg.), Erwachsenenanalphabetismus und wirtschaftliche Leistungsfähigkeit. Ein OECD-CERI Bericht. Frankfurt

VON DAVIER, M., GONZALEZ, E. J., & MISLEVY, R. J. (2009). What are plausible values and why are they useful? IERI monograph series: Issues and methodologies in large-scale assessments, 2, p. 9–36

ZABAL, A., MARTIN, S., KLAUKIEN, A., RAMMSTEDT, B., BAUMERT, J. & KLIEME, E. (2013). Grundlegende Kompetenzen der erwachsenen Bevölkerung in Deutschland im internationalen Vergleich. In B. RAMMSTEDT (Hrsg.), Grundlegende Kompetenzen Erwachsener im internationalen Vergleich – Ergebnisse von PIAAC 2012 (S. 31–76). Münster

ZABAL, A., MARTIN, S., MASSING, N., ACKERMANN, D., HELMSCHROTT, S. BARKOW, I. & RAMMSTEDT, B. (2014). PIAAC Germany 2012: Technical report. Münster

Anhang

Tabelle: **Marginale Effekte der Faktoren auf die Wahrscheinlichkeit der Gruppe mit geringen Lesekompetenzen anzugehören (Logistische Regression)**		
Indikator	**Koeffizient**	**SE**
Hauptschulabschluss ohne berufl. Abschluss vs. ohne Hauptschulabschluss	0.078	0.04
Hauptschulabschluss ohne berufl. Abschluss vs. Realschulabschluss	0.088***	0.03
Hauptschulabschluss ohne berufl. Abschluss vs. Abitur/Fachabitur	0.189***	0.04
Hauptschulabschluss ohne berufl. Abschluss vs. Lehre/Ausbildung nach Hauptschulabschluss	0.131***	0.03
Hauptschulabschluss ohne berufl. Abschluss vs. Lehre/Ausbildung nach Realschulabschluss	0.109***	0.02
Hauptschulabschluss ohne berufl. Abschluss vs. Lehre/Ausbildung nach Abitur	0.208***	0.04
Hauptschulabschluss ohne berufl. Abschluss vs. Meister/Techniker/Abschluss Berufs- oder Fachakademie	0.151***	0.03
Hauptschulabschluss ohne berufl. Abschluss vs. Universitätsabschluss/Fachhochschulabschluss	0.204***	0.03
Alter (kontinuierlich)	0.001**	0.00
Muttersprache nicht Deutsch vs. Muttersprache Deutsch	0.108***	0.01
Unter 5.000 Einw. vs. Kern und Agglom. über 500.000 Einw.	0.009	0.03
Unter 5.000 Einw. vs. Kern und Agglom. über 100.000 Einw.	0.013	0.03
Unter 5.000 Einw. vs. Kern und Agglom. über 50.000 Einw.	0.011	0.03
Unter 5.000 Einw. vs. 5.000 bis 50.000 Einw.	0.020	0.03
Erwerbsstatus (Berufstätig vs. Nicht-Berufstätig)	0.019	0.01
Weiterbildungsteilnahme (nein vs. ja)	0.033**	0.01
Computer-Nutzung in Freizeit (Index)	−0.043***	0.01
N	4.237	
Pseudo-R^2	0.228	
F	14.37***	

Anmerkungen. Abhängige Variable: 1 = Geringe Lesekompetenz (Stufe I und darunter); 0 = Mittlere bis hohe Lesekompetenz (Stufe II und darüber). Personen, die sich zum Zeitpunkt der Untersuchung noch in Ausbildung befanden, wurden nicht berücksichtigt. Es wurde darüber hinaus für Computer-Nutzung in der Freizeit kontrolliert (vgl. MAEHLER u. a. 2013). * = $p < .05$, ** = $p < .01$, *** = $p < .001$.

Kompetenzorientierung und Curriculumentwicklung

Tade Tramm, Nicole Naeve-Stoß

Lernfeldübergreifende Kompetenzentwicklung als curriculare Planungsperspektive im Kontext einer kooperativen Curriculumentwicklung in der kaufmännischen Berufsbildung

Der Beitrag thematisiert die Perspektive einer lernfeldübergreifenden Kompetenzentwicklung für den schulischen Teil der beruflichen Ausbildung. Hierzu wird auf pragmatischer Ebene eine Strategie kooperativer Curriculumentwicklung skizziert, die am Institut für Berufs- und Wirtschaftspädagogik der Universität Hamburg entwickelt worden ist. Im Mittelpunkt dieser steht die iterative Verknüpfung lernfeldbezogener curricularer Analyse- und Planungsaktivitäten mit einer lernfeldübergreifenden Modellierung der beruflichen Entwicklung in spezifischen Kompetenzdimensionen.

Aus einer forschungsorientierten Perspektive ist von Interesse, die Instrumente und Argumentationsgrundlagen der curricularen Entwicklungsprozesse systematisch und nach wissenschaftlichen Kriterien weiterzuentwickeln. Im Kontext dieses Beitrages wird die wissenschaftliche Fundierung von Kompetenzdimensionen exemplarisch für den Kaufmann für Büromanagement angesprochen.

Schlagworte: Lernfeld, Curriculumentwicklung, lernfeldübergreifende Kompetenzentwicklung

1. Problemstellung

Die Einführung des Lernfeldkonzepts als curricularer Ordnungsrahmen für den Berufsschulunterricht hat zu einer Verlagerung wesentlicher und anspruchsvoller curricularer Planungsaufgaben an die Kollegien der Beruflichen Schulen geführt (vgl. z. B. TRAMM/KRILLE 2013; BUSCHFELD/KREMER 2010; SLOANE 2003; TRAMM 2003). Lernfelder als intentional-thematische Einheiten sind an beruflichen Aufgabenstellungen und Handlungsabläufen orientiert. Mit einem lernfeldorientierten Curriculum verbindet sich das Ziel, die Stofforientierung zugunsten einer Orientierung an Kompetenzen und damit an den Ergebnissen von Lernprozessen aufzugeben. Zudem zielt die Lernfeldorientierung darauf, die vielfach kritisierte Fragmentierung des Gegenstandszuganges durch die Aufteilung auf relativ willkürlich gesetzte Fächer und weithin unverbundene Themenfolgen zu überwinden. Die mit dieser Neukonzeption auf curricularer Ebene verbundene Herausforderung für die Lehrkräfte ist umso größer, als einerseits die Ordnungsmittel immer noch erhebliche Unschärfen und Widersprüche in der Beschreibung der curricularen Vorgaben aufweisen und andererseits die Unterstützung für die schulische Planung und Umsetzung der Lernfelder durch Bildungsadministration, Lehrerfortbildung und Wissenschaft unzureichend scheint (vgl. z. B. TRAMM/REETZ 2010). Demzufolge haben sich an den beruflichen Schulen für die notwendige curriculare Arbeit vor Ort sehr heterogene Planungs- und Umsetzungsstrategien entwickelt.

Eine wesentliche Schwierigkeit im Rahmen der curricularen Arbeit im Lernfeldzusammenhang liegt in der Umsetzung des hierfür zentralen Anspruches der Kompetenzorientierung in Verbindung mit dem Prinzip, den Bildungsgang nicht über Fächer zu strukturieren, die sich über die gesamte Ausbildungszeit erstrecken, sondern über eine Sequenz fächerintegrierender Lernfelder. Im Rahmenlehrplan finden sich auf den Bildungsgang als Ganzes bezogen nur sehr vage und abstrakte curriculare Zielvorgaben in den Ausführungen zum Bildungsauftrag der Berufsschule, zu den „Didaktischen Grundsätzen" und in den „Berufsbezogenen Vorbemerkungen". Konkretere Zielvorgaben sind allein auf der Ebene einzelner Lernfelder formuliert, wobei sie dort jeweils, der Logik des Lernfeldkonzepts folgend, stark auf konkrete berufliche Prozesse und Anforderungssituationen bezogen sind. Der Fokus im Rahmenlehrplan ist damit darauf ausgerichtet, den horizontalen Transfer von den Lernfeldern auf berufliche Situationen zu gewährleisten. In diesem Sinne sollen auch die angestrebten Kompetenzen in den jeweiligen Lernfeldern als „Endkompetenzen" beschrieben werden, was allerdings erkennbar der curricularen Entwicklungsidee des Spiralcurriculums widerspricht, dem das lernfeldorientierte Curriculum zu folgen vorgibt (vgl. bspw. KMK 2013a).

Hieran wird deutlich, dass eine Perspektive der Entwicklung spezifischer Kompetenzen über die Lernfelder hinweg weder konzeptionell noch in der konkreten Ausgestaltung der berufsschulischen Curricula bisher angemessen berücksichtigt worden ist. Ebenso liegt das Hauptaugenmerk der schulischen Curriculumarbeit der Lehrkräfte überwiegend darauf, die Lernfelder bezüglich ihrer Inhalte und Ziele zu konkretisieren, die Lern- und Entwicklungsprozesse der Schüler/-innen innerhalb der Lernfelder zu sequenzieren und auf dieser Grundlage konkrete Unterrichtseinheiten und -materialien zu entwickeln (siehe z. B. APREA 2010; EMMERMANN/FASTENRATH/WONTKE 2014), so dass auch hier die lernfeldübergreifende Kompetenzentwicklung nicht systematisch ausgearbeitet wird. Unseres Erachtens stellt gerade diese Perspektive der Curriculumarbeit eine besondere Herausforderung für Lehrkräfte dar, da sie für viele von ihnen eine vollkommen neue Anforderung bedeutet, mit der sie sich vor der Einführung lernfeldorientierter Rahmenlehrpläne nicht konfrontiert sahen.

Vor dem Hintergrund dieser Problemstellung ist in den vergangenen Jahren im Zuge unterschiedlicher Projekte am Institut für Berufs- und Wirtschaftspädagogik der Universität Hamburg (IBW) eine Strategie kooperativer schulischer und schulübergreifender Curriculumentwicklung entwickelt worden. In deren Mittelpunkt steht die iterative Verknüpfung lernfeldbezogener curricularer Analyse- und Planungsaktivitäten mit einer lernfeldübergreifenden Modellierung und Planung des Kompetenzentwicklungsprozesses über die gesamte Ausbildung hinweg. Im Folgenden wird diese Strategie fokussiert und die Perspektive der lernfeldübergreifenden Kompetenzentwicklung dargestellt. Den pragmatischen Bezugspunkt stellt dabei das Projekt „Netzwerk der Berliner Oberstufenzentren zur curricularen Entwicklung des Berufs Kauffrau/-mann für Büromanagement (KaBueNet)" dar, das die schulübergreifende kooperative Entwicklung eines kompetenzorientierten Curriculums für den neugeordneten Ausbildungsberuf zum Gegenstand hat.

2. Zu den Herausforderungen der Entwicklung eines kompetenzorientierten Lernfeldcurriculums am Beispiel der Kaufleute für Büromanagement

2.1 Ausgangslage

Spätestens zum Sommer 2013 sahen sich sieben berufliche Schulen bzw. Oberstufenzentren in Berlin mit der Situation konfrontiert, zum August 2014 im neugeordneten Ausbildungsberuf Kauffrau/-mann für Büromangement (KfBM) auszubilden. Dieser Beruf stellt das Ergebnis des Neuordnungsprozesses dar, in dem die drei zuvor vorhandenen bürowirtschaftlichen Ausbildungsberufe aufgehen (vgl. ELSNER/KAISER 2013).

Der lernfeldorientierte Rahmenlehrplan, der die Grundlage für den schulischen Teil der Ausbildung bildet, ist von der Kultusministerkonferenz (KMK) am 27.09.2013 beschlossen worden; dieser umfasst neben dem Bildungsauftrag der Berufsschule, den didaktischen Grundsätzen und den berufsbezogenen Vorbemerkungen eine Übersicht über die 13 Lernfelder sowie eine Konkretisierung dieser auf jeweils ein bis zwei Seiten (vgl. KMK 2013a). Insgesamt verbindet sich mit dem Ordnungsmittel der Anspruch auf einen kompetenzorientierten Unterricht, womit die Forderung nach einem handlungs- und problemorientiert gestalteten und an Arbeits- und Geschäftsprozessen ausgerichteten Unterricht einhergeht.

Vonseiten der Schulen war von Beginn an der Wille vorhanden, die schulische Umsetzung im Sinne der Rahmenkonzeption eines lernfeldorientierten Berufsschulunterrichts zu realisieren, so dass die Notwendigkeit, ein kompetenzorientiertes Curriculum für den neugestalteten Ausbildungsberuf zu entwickeln, nicht infrage gestellt wurde. Allerdings bestanden erhebliche Unklarheiten hinsichtlich der genauen Anforderungen, die sich damit verbinden, und bezüglich der konkreten Konsequenzen für die Planung und Ausgestaltung des Unterrichts. Vor diesem Hintergrund existierte an den jeweiligen Schulen ein hoher Bedarf an Begleitung und Unterstützung des curricularen Entwicklungs- und Umsetzungsprozesses, die über die Bildung eines Curriculumentwicklungsnetzwerkes unter der wissenschaftlichen Begleitung des Instituts für Berufs- und Wirtschaftspädagogik der Universität Hamburg ermöglicht wurde (s. dazu www.kabuenet.de). Ziel dieses Netzwerkes ist, dass die sieben beruflichen Schulen die curriculare Planungsarbeit in einem kooperativen Prozess gemeinsam bewältigen und sich dabei an einer theoretisch begründeten und praktisch erprobten curricularen Strategie orientieren, die am Lehrstuhl in einer Reihe von Projekten für andere Bildungsgänge (Einzelhandelskaufleute, Kaufleute für Büromanagement, Medizinische Fachangestellte) entwickelt und erprobt worden ist (vgl. z. B. Tramm 2005; Tramm 2009a; Tramm/Krille 2013).

2.2 Zur Kritik am Rahmenlehrplan und zur Notwendigkeit der curricularen Planungsarbeit unter zwei Perspektiven

Der Rahmenlehrplan für den Ausbildungsberuf Kaufmann für Büromanagement und Kauffrau für Büromanagement (KMK 2013a) bildet den curricularen Ausgangspunkt für die curricularen Planungsaktivitäten an den Berliner Schulen. Dieser ist wie alle Lehrpläne seit Mitte der 1990er-Jahre nach Lernfeldern strukturiert. Hinsichtlich der lernfeldorientierten Lehrplanformulierungen wird immer wieder kritisch auf deren Offenheit hingewiesen, insbesondere auf die vagen und z. T. abstrakten Zielformulierungen sowie die vagen Inhaltsangaben. Die Lehrkräfte an beruflichen Schulen müssen demzufolge vor der Entwicklung und Sequenzierung der Lernsituationen sowie der Erarbeitung der Unterrichtsmaterialien die curricularen Vorgaben in einem ersten Schritt interpretieren und umfassend konkretisieren (vgl. z. B. Sloane 2003; Tramm 2003; Buschfeld/Kremer 2010; Tramm/Krille 2013).

Die Notwendigkeit der Konkretisierung ist unmittelbar erkennbar, wenn man sich beispielsweise die Vorgaben zu den „Didaktischen Grundsätzen" im Rahmenlehrplan für die Kaufleute für Büromanagement ansieht, in denen darauf hingewiesen wird, dass Situationen, „die für die Berufsausübung bedeutsam sind", bei der Planung und Umsetzung eines handlungsorientierten Unterrichts in Lernsituationen die didaktischen Bezugspunkte darstellen (KMK 2013a, S. 5). Beruflich relevante Situationen werden zwar über die Lernfelder angesprochen, dies erfolgt jedoch aus einer eher technisch-funktionalen Perspektive, eine konkrete Vorstellung über den beruflichen Anforderungsgehalt der jeweiligen Situation und das Kompetenzniveau, auf dem diese bewältigt oder weitergehend gestaltet werden soll, erhalten Lehrkräfte über die dort vorhandenen Formulierungen aber nicht. So findet sich beispielsweise im Lernfeld 3 „Aufträge bearbeiten" folgende Formulierung im Rahmenlehrplan für die Kaufleute für Büromanagement:

„Die Schülerinnen und Schüler besitzen die Kompetenz, Anfragen zu beantworten, Angebote zu erstellen und Aufträge anzunehmen sowie störungsfreie Prozesse fachgerecht auszuführen.

Die Schülerinnen und Schüler *analysieren* den Geschäftsprozess der Auftragsbearbeitung und ihren Verantwortungsbereich sowie ihre Befugnisse in diesem Prozess. Sie *sind bereit,* mit anderen *zusammenzuarbeiten* und *nehmen* Kunden als wichtige Partner *wahr*. Sie *erschließen* sich die Struktur von büroüblichen Applikationen.

Die Schülerinnen und Schüler *sondieren* die betrieblichen Rahmenbedingungen für die Erstellung von Angeboten. Sie *informieren* sich über die Formulierung und normgerechte Gestaltung von Texten des internen und externen Schriftverkehrs.

Die Schülerinnen und Schüler *organisieren* eine fachgerechte und kundenorientierte Abwicklung von Aufträgen. Sie *berücksichtigen* dabei die Interessen des Betriebes, unterschiedliche Bedürfnisse der Kunden und Gesichtspunkte der Nachhaltigkeit." (KMK 2013a, S. 12, kursive Hervorh. TT/NNS)

Bezüglich der Formulierungen ist weiterhin kritisch anzumerken, dass in diesen aus einem problematischen Kompetenzverständnis heraus entweder Aussagen zur beruflichen Performanz (berufliche Prozesse auf der Verhaltensebene) oder gar zu Lernhandlungen in den Mittelpunkt gestellt und somit streng genommen keine Kompetenzen formuliert werden.

Zusammenfassend ist hinsichtlich der Zielformulierungen in den Lernfeldern zu kritisieren, dass
▶ nicht nur offen bleibt, auf welchem Niveau die Prozesse/Situationen beherrscht und gestaltet werden sollen, sondern dass auch nicht geklärt wird, auf welchen mentalen Leistungen und auf welcher Wissensgrundlage sie beruhen,
▶ Aspekte des Verstehens, Beurteilens und auch Gesichtspunkte von Motivation sowie Volition weithin nicht berücksichtigt werden,
▶ es sich teilweise um sehr ambitionierte Zielformulierungen handelt, wodurch der Eindruck entsteht, die Kompetenzen wären in einzelnen Lernfeldern vollständig zu entwickeln, was der curricularen Entwicklungsidee des Spiralcurriculums und somit der Entwicklung von Kompetenzen über die Lernfelder hinweg widerspricht,
▶ der besondere Beitrag der Berufsschule im Verhältnis zur betrieblichen Ausbildung kaum erkennbar ist.

Angesichts der skizzierten Offenheit sowie der angeführten Kritikpunkte haben wir mit Interesse zur Kenntnis genommen, dass offensichtlich auch die KMK die Notwendigkeit einer Konkretisierung der Vorgaben sieht, zumindest wurde im September 2013 von einer Arbeitsgruppe der KMK eine sog. curriculare Analyse zum Rahmenlehrplan Kaufmann für Büromanagement und Kauffrau für Büromanagement vorgelegt. Diese Handreichung soll dazu dienen, „die Lehrkräfte bei der Erstellung der Lernsituationen für den handlungsorientierten Unterricht in Lernfeldern und bei der didaktischen Jahresplanung (zu) unterstützen. Sie stellt eine Konkretisierung der im Rahmenlehrplan festgelegten Endkompetenzen dar. Gleichzeitig werden die Inhalte des Rahmenlehrplanes präzisiert" (KMK 2013b, Vorwort).

Die curriculare Analyse bezieht sich auf alle 13 Lernfelder für den Ausbildungsberuf, wobei für jedes Lernfeld eine tabellarische Aufstellung vorgenommen wurde, in der
- die erste Spalte die Kompetenzbeschreibungen aus dem Rahmenlehrplan enthält,
- in der zweiten Spalte betriebliche Handlungen aus der beruflichen Praxis beschrieben werden. Zusätzlich werden in dieser Spalte Inhalte aufgeführt, über die eine Konkretisierung der betrieblichen Handlungen vorgenommen wird und
- in der dritten Spalte eine Zuordnung der Kompetenzbeschreibung zu einer der drei Dimensionen Fach-, Selbst- oder Sozialkompetenz vorgenommen wird, in die sich die berufliche Handlungskompetenz lt. Rahmenlehrplan entfaltet.

Dieses Dokument erfüllt die aus unserer Sicht erforderlichen Konkretisierungen nicht und gibt daher wenig Orientierung, weil mit der vorgelegten curricularen Analyse allein der Versuch unternommen wird, die einzelnen Lernfelder zu konkretisieren, und dies insbesondere darüber, dass in durchaus problematischer Weise ein „Geschäftsprozess"[1] dargestellt wird und zu diesem betriebliche Handlungen aufgeführt werden. Es bleibt festzuhalten, dass auch anhand dieses Dokuments keine unmittelbare Umsetzung der Lernfelder in eine Sequenz von Lernsituationen möglich ist.

Wie bereits angedeutet wurde, greift zudem eine curriculare Arbeit, die isoliert auf der Lernfeldebene ansetzt, zu kurz, weil über diese Fokussierung der angestrebte Kompetenzentwicklungsprozess aufseiten der Auszubildenden über die Lernfelder hinweg aus dem Blick gerät und somit unklar bleibt,
- welche Kompetenzen über alle Lernfelder hinweg insgesamt in der Ausbildung angestrebt werden sollen,
- welches Niveau dieser Kompetenzen erreicht werden soll,
- wie sich diese Kompetenzen im Laufe der Ausbildung entfalten und entwickeln und
- welches schließlich der spezifische Beitrag des jeweiligen Lernfeldes zum Erreichen dieser Kompetenzen ist.

Ebenfalls wird über die alleinige Planung auf der Ebene der Lernfelder nicht klar, auf welche bereits zuvor erworbenen Kompetenzen das jeweilige Lernfeld aufsetzt und welche Kompetenzen bis zu welchem Niveau weiterentwickelt werden sollen. Darüber hinaus ist nur schwer zu beurteilen, in welcher Weise das in einem Lernfeld Erreichte in späteren Lernfeldern nochmals aufgegriffen und vertieft werden soll.

---

1 Im Grunde handelt es sich in dem Papier bezüglich der einzelnen Lernfelder nicht um eine Darstellung komplexer Geschäftsprozesse, in der eben nicht allein Arbeitsprozessschritte auf einer Sachbearbeiterebene beschrieben, sondern „Geschäftsprozesse als Dimensionen der betrieblichen Leistungserstellung" (TRAMM 2009a) modelliert werden sollten (vgl. vertiefend zu den Konstrukten der Arbeits- und Geschäftsprozesse TRAMM 2009a). Siehe hierzu zum Beispiel den sogenannten Geschäftsprozess im Lernfeld 3 zur Auftragsbearbeitung, in dem allein auf einer abstrakten Begriffsebene einzelne Schritte eines Arbeitsprozesses angegeben werden, wie bspw. „Kundenanfrage", „Angebot", „Kundenauftrag". Oder aber die Modellierung der Prozesse für das Lernfeld 2, bei dem ganzheitliche Prozesse als einzelne Prozessschritte angegeben werden (z. B. „Arbeitsplatz und Arbeitsraum gestalten").

Auch bezüglich dieser Unklarheiten liefert die curriculare Analyse der KMK keine Orientierungen. So wird anhand dieses Dokuments in keiner Weise deutlich,

- welche spezifische Funktion und welchen Stellenwert das jeweilige Lernfeld im Gesamtcurriculum einnimmt,
- welche Kompetenzen schwerpunktmäßig im Lernfeld angesprochen werden und was im Zentrum eines jeden Lernfeldes steht,
- welchen Beitrag ein jedes Lernfeld zur Kompetenzentwicklung in bestimmten Bereichen leistet und
- inwiefern Bezüge zu vorangegangenen und nachfolgenden Lernfeldern vorhanden sind.

Hinzu kommt, dass die dort vorgenommene Differenzierung der beruflichen Handlungskompetenz in die drei Dimensionen „Fach, Selbst- und Sozialkompetenz" zu unspezifisch ist. Es bedarf einer berufsspezifischen Konkretisierung dieser drei Dimensionen, um für eine bessere Orientierung eine konkretere Vorstellung davon zu bekommen, in welche Subdimensionen wiederum die Fach-, Selbst- und Sozialkompetenz ausdifferenziert werden können.

Und auch die alleinige Zuordnung von einzelnen Kompetenzformulierungen aus den Lernfeldern zu einer der drei Dimensionen ist schlichtweg unzureichend, um eine Vorstellung vom Entwicklungsprozess innerhalb einer Kompetenzdimension über die Zeit der Ausbildung hinweg zu bekommen. Zwar ist es unmittelbar plausibel, dass sich Fähigkeiten, Fertigkeiten und Bereitschaften bei den Lernenden über den gesamten Bildungsgang hinweg und damit lernfeldübergreifend entwickeln (sollen). Und dennoch gibt es im Rahmenlehrplan oder in der curricularen Analyse der KMK keine Anhaltspunkte dafür, diese zum Ende der Ausbildung angestrebten Kompetenzen hinreichend konkret zu beschreiben, geschweige denn Überlegungen dazu, wie sich die Lehrplanautoren den Erwerb solcher Fähigkeiten, Fertigkeiten, Erkenntnisse und Haltungen über den gesamten Bildungsgang hinweg vorstellen.

Es besteht daher ein dringender Bedarf nach einer über die einzelnen Lernfelder hinausweisenden kompetenzbezogenen Planungsperspektive (vertikale Planungsperspektive). Pragmatisch gesehen bietet es sich an, Aussagen über die in der Ausbildung angestrebten Kompetenzen analytisch so zu strukturieren, dass es möglich wird, unterscheidbare Entwicklungsstränge über die gesamte Ausbildung hinweg zu planen bzw. zu verfolgen. In diesem Sinne sind die Kompetenzdimensionen ein heuristisches Werkzeug zur Beschreibung, Konkretisierung, Erweiterung und Verknüpfung von Inhalten und Zielsetzungen eines Bildungsganges zum Zwecke der diskursiven Verständigung über Bildungsabsichten und zur pragmatischen Orientierung im konkreten Planungshandeln.

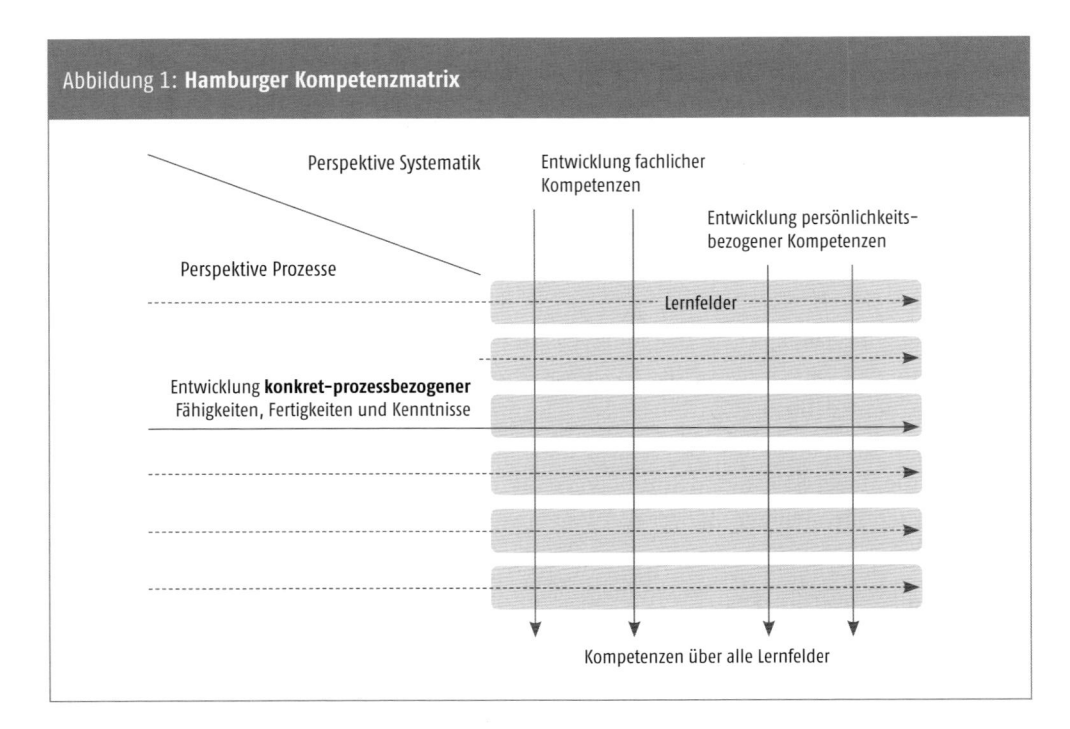

Abbildung 1 verdeutlicht noch einmal die beiden curricularen Planungsperspektiven.

Abbildung 1: Hamburger Kompetenzmatrix

- Perspektive Systematik
- Perspektive Prozesse
- Entwicklung **konkret-prozessbezogener** Fähigkeiten, Fertigkeiten und Kenntnisse
- Entwicklung fachlicher Kompetenzen
- Entwicklung persönlichkeitsbezogener Kompetenzen
- Lernfelder
- Kompetenzen über alle Lernfelder

3. Kooperative Curriculumentwicklung am Beispiel des Projekts KaBueNet

Die skizzierten notwendig komplexen curricularen Analyse- und Planungsarbeiten sind realistisch nur durch eine kollegiale Zusammenarbeit auf Schulebene oder schulübergreifend zu bewältigten (siehe exemplarisch SLOANE 2003; TRAMM/KRILLE 2013). Sie erfordern von den Lehrenden u. a. eine Verständigung auf gemeinsame Ziele, ein abgestimmtes Vorgehen, gemeinsame verbindliche Vereinbarungen bezüglich der zu erstellenden curricularen Produkte sowie die Bereitschaft, sich an den notwendigen Planungs- und Abstimmungsprozessen zu beteiligen. Um die Prozesse zu koordinieren und die Qualität der Ergebnisse zu gewährleisten, ist im Zuge verschiedener Hamburger Lernfeldprojekte für unterschiedliche Bildungsgänge (Einzelhandelskaufleute, Kaufleute für Büromanagement, Medizinische Fachangestellte) eine curriculare Entwicklungsstrategie entwickelt und erprobt worden (vgl. z. B. TRAMM 2005; TRAMM 2009a; TRAMM/KRILLE 2013). In dieser geht es um die iterative Verknüpfung lernfeldbezogener curricularer Analyse- und Planungsaktivitäten mit einer lernfeldübergreifenden Modellierung und Planung der beruflichen Entwicklung in spezifischen Kompetenzdimensionen über die gesamte Ausbildung hinweg. Charakteristisch für die Planungsstrategie ist die Betonung eines gemeinsamen curricularen Aufklärungs- und Verständigungsprozesses der Beteiligten, der durch wissenschaftliche Expertise strukturiert und auch angeregt wird, der jedoch nicht einer Research-and-Development-Logik folgt, sondern Orientierung und Handlungsfähigkeit im pragmatischen Kontext anstrebt. Dieses Vorgehen basiert auf dem Ansatz einer evaluativ-konstruktiven Curriculumforschung, womit sich eine Variante mittelfristig-fachdidaktischer Curriculumforschung in der Tradition der Münsteraner (BLANKERTZ 1971) und vor allem der Göttinger Schule (ACHTENHAGEN et al. 1992) verbindet. Im Unterschied zu den „großen Würfen" geht es hierbei um einen bewusst pragmatisch angelegten Curriculumentwicklungsansatz, der seinen zentralen Bezugspunkt in der Identifikation und Weiterentwicklung zukunftsweisender innovativer Konzepte der pädagogischen Praxis hat. Der Prozess der Weiterentwicklung ist dabei durch ein iteratives Zusammenspiel evaluativer und konstruktiver Prozesse geprägt (vgl. ausführlich TRAMM 1996; 2009c).

Die horizontale, lernfeldbezogene Planung wird im Folgenden nicht weiter thematisiert (siehe dazu z. B. TRAMM 2009a; TRAMM/KRILLE 2013). Der Fokus liegt stattdessen auf der vertikalen, lernfeldübergreifenden Planungsperspektive.

3.1 Funktion und Struktur von Kompetenzdimensionen

Die Aufgabe der Berufsschule besteht gemäß KMK darin, die Schüler/-innen beim Erwerb berufsbezogener und berufsübergreifender Handlungskompetenz pädagogisch zu unterstützen, sowie darin, diesen Entwicklungsprozess über die Lernfelder hinweg sinnvoll zu sequenzieren und didaktisch zu gestalten. Dafür ist es in einem ersten Schritt geboten, diese abstrakten sowie vagen und zudem berufsunspezifischen Zielformulierungen zu konkretisieren. Die von der KMK verwendete Ausdifferenzierung von Handlungskompetenz in die Dimensionen Fach-, Selbst- und Sozialkompetenz ist für eine berufsspezifische Konkretisierung weder unter einer systematischen noch unter einer pragmatischen Perspektive hinreichend, weil Lehrkräfte selbst über eine Zuordnung der Zielformulierungen aus den einzelnen Lernfeldern zu diesen Dimensionen keine Vorstellung von den angestrebten Endkompetenzen in diesen Bereichen erhalten. Es entsteht bei einer derartigen Zuordnung viel eher der Eindruck, dass die Zielformulierungen einer gewissen Beliebigkeit entspringen und von Lernfeld zu Lernfeld keinen systematischen Bezug zueinander aufweisen.

Im Zuge der Planungsstrategie haben sich für die Analyse und Planung des Kompetenzentwicklungsprozesses über die Lernfelder hinweg Kompetenzdimensionen als ein sinnvolles Instrument erwiesen. Diese gehen, in Anlehnung an die pädagogische Anthropologie von ROTH (1971), auch von der Trias von Sach-, Sozial- und Humankompetenz aus, differenzieren diese Grunddimensionen jedoch insbesondere im Hinblick auf die angestrebte Sachkompetenz erheblich weiter aus. Kompetenzdimensionen spiegeln dabei spezifische Anforderungsbereiche beruflichen Handelns wider, für die in der Ausbildung qualifiziert werden soll. Mit ihnen wird auf eine bestimmte Dimension oder Perspektive der Berufstätigkeit des auszubildenden Berufes fokussiert und damit auf das dafür erforderliche Können, Verstehen und Wollen sowie auf das diesen zugrunde liegende systematische Wissen. Kompetenzdimensionen sind thematisch abgegrenzte Dimensionen im Zielhorizont des Lernfeldcurriculums, die in den für sie jeweils relevanten Lernfeldern aus deren je spezifischem Problem- und Prozesszusammenhang heraus anzustreben sind. Damit eröffnet sich die Möglichkeit, die Entwicklung von Kompetenzen und ihrer systematischen Wissensbasis im Prozess der Lernplanung ganzheitlich in den Blick zu nehmen und sie über die Lernfelder hinweg zielgerichtet und koordiniert zu verfolgen (vgl. Tramm 2009a, S. 14).

Für die fachdidaktische Differenzierung von Kompetenzdimensionen hat es sich als sinnvoll erwiesen, auch innerhalb dieser weiter zu differenzieren und Kompetenz*sub*dimensionen auszuarbeiten. Eine solche pragmatische Ausdifferenzierung von Kompetenzen dient hauptsächlich der Komplexitätsreduktion durch eine Strukturierung des curricularen Planungshorizonts. Die Differenzierung erfüllt damit im Planungszusammenhang eine ähnliche Funktion wie die traditionelle Fächerung des Unterrichts (vgl. dazu Tenorth 1999). Im Gegensatz dazu beruht diese Ausdifferenzierung aber nicht auf Tradition, Analogien zu akademischen Disziplinen oder administrativer Setzung (wie bei vielen Berufsschulfächern), sondern basiert auf einer Analyse der auszubildenden Fähigkeiten, Einsichten und Einstellungen, der zugrunde liegenden mentalen Leistungen und der damit verbundenen Wissensbasis. Die Ausdifferenzierung ist ein Resultat originär curricular-didaktischer Überlegungen (vgl. Tramm 2009a, S. 11 f.). Kompetenzdimensionen haben im Zuge der curricularen Entwicklungsarbeit einen vorläufigen Charakter, weil es sich um eine im pragmatischen Kontext definierte Verständigungsgrundlage für kooperative curriculare Entwicklungsarbeit handelt und nicht um eine abgeschlossene wissenschaftlich gesicherte Arbeitsbasis (vgl. Tramm 2009a, S. 20 f.).

3.2 Bestimmung der finalen Kompetenzen des Bildungsganges in den Kompetenzdimensionen

Der KMK-Rahmenlehrplan der Kaufleute für Büromanagement ist durch das gleiche Paradoxon geprägt, das alle Rahmenlehrpläne seit der Umstellung auf das Lernfeldkonzept auszeichnet. Es handelt sich um ein dem Anspruch nach outputorientiertes Curriculum ohne hinreichend präzise Bestimmung des Outputs, also der mit dem Bildungsgang angestrebten Kompetenzen.

Wer mit diesem Lehrplan arbeiten und den Anspruch der Kompetenzorientierung ernst nehmen will, kommt nicht umhin selbst zu klären und in substanzieller und strukturierter Weise zu manifestieren und zu kommunizieren, welche Kompetenzen am Ende des Bildungsganges erreicht sein sollen. Die Kompetenzdimensionen bieten hier die Chance, den Zielkomplex in begründeter und transparenter Weise zu strukturieren, dabei auf die Rahmenlehrplanvorgaben Bezug zu nehmen, aber doch auch dessen Aporien und Unzulänglichkeiten durch eigene theoretische Analysen und praktische Diskurse zu mindern.

Die Kompetenzziele in den einzelnen Dimensionen und Subdimensionen sollten grundsätzlich als komplexe Dispositionen in den jeweiligen Kompetenzbereichen formuliert werden, demzufolge als sprachliche Aussagen über ein intendiertes Können, Verstehen, Kennen, Werten oder Wollen. Dabei sollte die funktionale Bindung dieser Dispositionen im curricularen Sinne deutlich werden, also wozu diese Kompetenzen dienen bzw. in welchen situativen Kontexten sie wirksam werden sollen. Auf der Bildungsgangebene und nicht bei den einzelnen Lernfeldern ist es sinnvoll, einen solchen Bezug zu den curricularen Relevanzprinzipien Situation, Wissenschaft und Person, zum Leitbild des Berufes und zum berufsschulischen Bildungsauftrag herzustellen.

Eine besondere Herausforderung der curricularen Analyse auf der Ebene der Kompetenzdimensionen im Bildungsgang besteht schließlich darin, auch die Wissensbasis der angestrebten Kompetenzen soweit zu identifizieren, dass darauf bezogen curriculare und didaktische Planungsüberlegungen stattfinden können. Mit Wissensbasis ist nicht etwa ein Vorwissen gemeint, das propädeutisch dem „eigentlichen" Kompetenzerwerb vorangeht. Gemeint ist vielmehr, das den Kompetenzen immanente Wissen, aus dem heraus die mentalen Leistungen generiert werden, die den konkreten Handlungen zugrunde liegen.

Im Projekt KaBueNet wurden die Kompetenzdimensionen in einem diskursiven Entwicklungsprozess mit Vertretern der beteiligten sieben Schulen entwickelt. Der Prozess war heuristisch angelegt und erfolgte mit Blick auf das Kompetenzmodell von Roth (1971), auf das Handlungsebenenmodell von Resch (1988) sowie auf der Grundlage einer systemtheoretischen Konzeption der Betriebswirtschaftslehre in Anlehnung an das St. Gallener Managementkonzept von Ulrich (1987) (siehe hierzu ausführlicher Tramm 2009a, S. 21; Tramm 2009b, S. 97). Den Ausgangspunkt bildete eine Ausdifferenzierung von Kompetenz- und -subdimensionen für den Ausbildungsberuf der Bürokaufleute, die im Rahmen eines Vorlaufprojekts mit dem Berliner Oberstufenzentrum Elinor-Ostrom-Schule entwickelt worden war. Weiterhin waren die Ergebnisse der Projekte Lerne*MFA, EvaNet-EH und EARA wichtige Bezugspunkte bei der Modellierung der Kompetenzdimensionen.

Die Entwicklung der Kompetenz- und -subdimensionen erfolgte im Projektverlauf iterativ zwischen der Zielperspektive der Kompetenzdimensionen mit Blick auf die gesamte Ausbildung und mit dem Blick auf die Zielebene der einzelnen Lernfelder.

Abbildung 2 zeigt das im Projekt KaBueNet entwickelte Kompetenzstrukturmodell für die Kaufleute für Büromanagement. Es wurden acht Kompetenzdimensionen und 36 Kompetenzsubdimensionen differenziert.

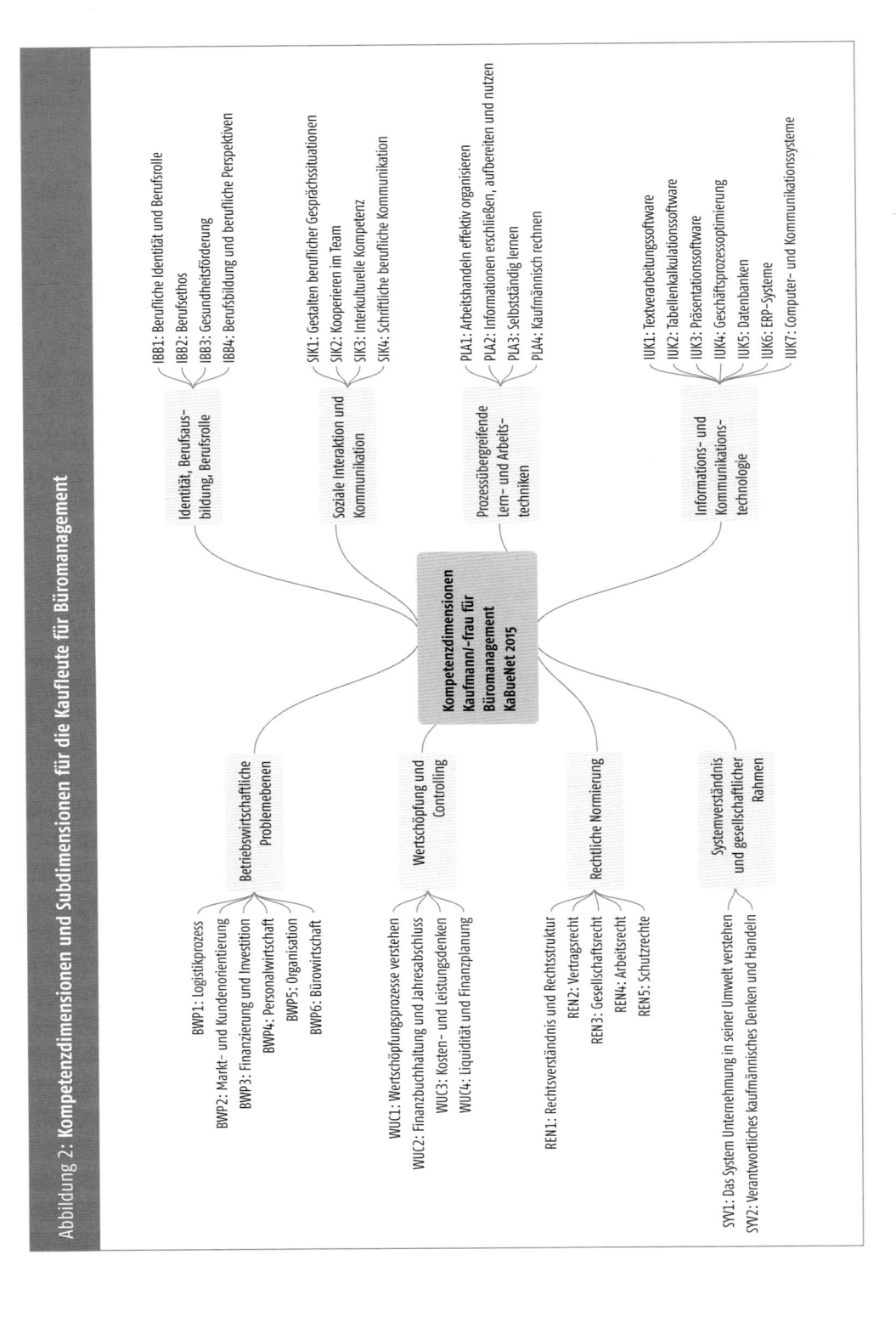

Abbildung 2: **Kompetenzdimensionen und Subdimensionen für die Kaufleute für Büromanagement**

Kompetenzdimensionen Kaufmann/-frau für Büromanagement KaBueNet 2015

Identität, Berufsausbildung, Berufsrolle
- IBB1: Berufliche Identität und Berufsrolle
- IBB2: Berufsethos
- IBB3: Gesundheitsförderung
- IBB4: Berufsbildung und berufliche Perspektiven

Soziale Interaktion und Kommunikation
- SIK1: Gestalten beruflicher Gesprächssituationen
- SIK2: Kooperieren im Team
- SIK3: Interkulturelle Kompetenz
- SIK4: Schriftliche berufliche Kommunikation

Prozessübergreifende Lern- und Arbeitstechniken
- PLA1: Arbeitshandeln effektiv organisieren
- PLA2: Informationen erschließen, aufbereiten und nutzen
- PLA3: Selbstständig lernen
- PLA4: Kaufmännisch rechnen

Informations- und Kommunikationstechnologie
- IUK1: Textverarbeitungssoftware
- IUK2: Tabellenkalkulationssoftware
- IUK3: Präsentationssoftware
- IUK4: Geschäftsprozessoptimierung
- IUK5: Datenbanken
- IUK6: ERP-Systeme
- IUK7: Computer- und Kommunikationssysteme

Betriebswirtschaftliche Problemebenen
- BWP1: Logistikprozess
- BWP2: Markt- und Kundenorientierung
- BWP3: Finanzierung und Investition
- BWP4: Personalwirtschaft
- BWP5: Organisation
- BWP6: Bürowirtschaft

Wertschöpfung und Controlling
- WUC1: Wertschöpfungsprozesse verstehen
- WUC2: Finanzbuchhaltung und Jahresabschluss
- WUC3: Kosten- und Leistungsdenken
- WUC4: Liquidität und Finanzplanung

Rechtliche Normierung
- REN1: Rechtsverständnis und Rechtsstruktur
- REN2: Vertragsrecht
- REN3: Gesellschaftsrecht
- REN4: Arbeitsrecht
- REN5: Schutzrechte

Systemverständnis und gesellschaftlicher Rahmen
- SV1: Das System Unternehmung in seiner Umwelt verstehen
- SV2: Verantwortliches kaufmännisches Denken und Handeln

Die konkrete Entwicklungsarbeit erfolgte anhand der nachfolgend beschriebenen Schritte und wurde von einer Arbeitsgruppe vorgenommen, in der je ein bis zwei Kollegen/-innen aus den beteiligten Schulen mit der Wissenschaftlichen Begleitung zusammengearbeitet haben:
- Ausgehend vom Entwurf der Kompetenzdimensionen und Subdimensionen der Elinor-Ostrom-Schule und damit einer vorläufigen Definition möglicher Kompetenzdimensionen wurden die Zielformulierungen der einzelnen Lernfelder im KMK-Rahmenlehrplan den Subdimensionen zugeordnet.
- Parallel dazu wurden die bereits vorhandenen kompetenzbezogenen Aussagen der einzelnen Lernfeldteams aus den curricularen Analysen ebenfalls den Kompetenzdimensionen zugeordnet.
- In einer ersten Inhaltsanalyse konnte das System der Kompetenzdimensionen insgesamt konsolidiert werden. Zugleich wurde deutlich, dass sich in den einzelnen Subdimensionen aus der Summe der Aussagen aus dem KMK-Rahmenlehrplan weder ein klares Bild über die angestrebte Gesamtkompetenz ergab noch eine auch nur näherungsweise trennscharfe Definition des Beitrages der einzelnen Lernfelder zur Entfaltung dieser Kompetenz, noch gar die Vorstellung einer entwicklungslogischen Sequenz von Lernerfahrungen ergab.
- Daher erfolgte in einem nächsten Schritt die Konkretisierung der jeweiligen Kompetenzdimensionen, indem
  - für die einzelnen Kompetenzdimensionen eine sorgfältige curriculare Analyse durchgeführt wurde, über die der Zielhorizont jeweils mit Blick auf die einschlägigen betrieblichen Prozesse, die damit verbundenen kategorialen Probleme und Begriffe und die normative Ausrichtung dieses Ausbildungsberufs im Spannungsfeld von beruflicher Tüchtigkeit und beruflicher Mündigkeit konkretisiert wurde,
  - auf dieser Grundlage die Ausdifferenzierung in die Subdimensionen überprüft und ggf. überarbeitet wurde und schließlich
  - für die jeweiligen Dimensionen und Subdimensionen formuliert wurde, über welche Kompetenzen die Lernenden am Ende ihrer Ausbildung verfügen sollen.

Innerhalb der Kompetenzdimensionen und Subdimensionen können Kompetenzen unterschiedlicher Art angestrebt werden:
- pragmatische Kompetenzen, die das Handeln betreffen und auf ein „Können" abzielen,
- epistemische Kompetenzen, die auf „Kennen", „Erkennen" oder „kognitive Bewertungen" abzielen, ohne im Zusammenhang spezifischer Handlungsabsichten zu stehen,
- emotionale Kompetenzen, die auf Einstellungen bzw. auf die gefühlsmäßige Bewertung gerichtet sind und
- volitional-motivationale Kompetenzen, die Absichten sowie Bereitschaften ansprechen.

Die nachfolgende Tabelle zeigt exemplarisch die Formulierung für die Kompetenzdimension „Rechtliche Normierung", die sich in die fünf Subdimensionen „Rechtsverständnis und Rechtsstruktur", „Vertragsrecht", „Gesellschaftsrecht", „Arbeitsrecht" und „Schutzrechte" ausdifferenziert, wobei hier nur zwei der fünf Subdimensionen aufgeführt sind (die gesamte Kompetenzdimension kann unter www.kabuenet.de eingesehen werden).

Kompetenzdimension Rechtliche Normierung

Die SuS haben ein Verständnis für die Rechtsordnung, in der sie leben und arbeiten. Sie wissen und verstehen, dass wirtschaftliches Handeln in weiten Bereichen durch ein komplexes System rechtlicher Regelungen normiert und im Konfliktfall geregelt wird. Sie verstehen, dass mit der Rechtsordnung versucht wird, durch Handlungsnormen (Ge- und Verbote) das Miteinander der Menschen in der staatlichen Gemeinschaft so zu regeln, dass die Balance zwischen freier Entfaltung des Einzelnen einerseits und der Durchsetzung einer allgemeinen Moralauffassung der Gesellschaft hergestellt werden kann, so dass ein friedliches und dem allgemeinen Wohlstand förderliches Zusammenleben und Zusammenwirken ermöglicht wird.

Sie kennen den grundlegenden rechtlichen Rahmen, in dem Wirtschaftssubjekte in der Rechtsordnung agieren können. Sie kennen die für kaufmännisches Handeln zentralen rechtlichen Regelungen und können sie als Mitarbeiter eines Unternehmens anwenden. Sie kennen auch rechtliche Regelungen, die für sie als Privatperson, insbesondere als Arbeitnehmer und Konsument im Alltag wichtig sind.

Sie kennen als Weg, um „Recht zu bekommen", die Möglichkeit, juristische Schritte/Verfahren einzuleiten. Sie wissen aber auch, dass es schwierig sein kann, die rechtliche Situation im Einzelfall zu bewerten und die eigene Position durchzusetzen. Sie verstehen, dass und weshalb in der kaufmännischen Praxis zur Regelung von Interessenkonflikten in der Regel außergerichtliche Verständigungen bevorzugt werden und zu bevorzugen sind.

Subdimension 1: Rechtsverständnis und Rechtsstruktur

Die SuS haben erkannt, dass geschriebenes Recht (neben Sitten und Gebräuchen, Usancen und Gewohnheitsrecht) Teil eines komplexen Rechtssystems ist, das in einer Gesellschaft spezifische Funktionen erfüllt: Dies sind insbesondere die Konfliktvermeidung und Konfliktlösung, die Erhaltung des gesellschaftlichen und sozialen Friedens, der Schutz bestehender Rechtsgüter (insbesondere der körperlichen Unversehrtheit, des sozialen Ansehens und des Eigentums), die Gewährleistung von Verlässlichkeit und Rechtssicherheit sowie schließlich die Orientierung und Erziehung der Menschen zu normkonformem und sozialverträglichem Verhalten. Die SuS verstehen, dass eine Rechtsordnung Grundlage für ein funktionierendes Wirtschaftssystem ist. Die Schüler verstehen, dass das geschriebene Recht sich an den Ideen von Gerechtigkeit und Billigkeit orientiert, dass es auf legitime Weise zustande gekommen sein und dem Gerechtigkeitsempfinden der Bürger Rechnung tragen muss. Sie erkennen aber auch, dass im Einzelfall rechtliche Würdigung und Gerechtigkeitsempfinden auseinanderfallen können. Sie haben ihr eigenes Rechtsverständnis ergründet und ihre grundlegenden Vorstellungen von Moral, Werten und Normen hinterfragt. Sie setzen ihr alltägliches Rechtsbewusstsein in Relation zur Gesetzgebung und der Rechtsprechung.

Die SuS kennen und verstehen die Grundprinzipien eines Rechtsstaates, insbesondere die Grundrechtsgarantie, die Gewaltenteilung, die Gleichbehandlung durch das Gesetz, den Gesetzesvorbehalt, Rechtssicherheit und Vertrauensschutz, die Rechtsschutzgarantie und das Prinzip der Verhältnismäßigkeit. Sie verstehen sich als Bürger eines Rechtsstaats und erkennen die damit verbundenen Vorzüge und Verpflichtungen. Sie erkennen als wesentliches Rechtsprinzip die staatliche Garantie der Freiheit und Gleichheit im privaten Rechtsverkehr und verstehen in diesem Zusammenhang die Prinzipien der Privatautonomie, der Gewährleistung von Treu und Glauben und des Vertrauensschutzes.

Die SuS können sich innerhalb der Rechtsordnung orientieren und verschiedene Situationen den Teilbereichen des Rechts zuordnen. Sie kennen verschiedene Rechtsquellen wie Gesetze, Erlasse und Verordnungen. Sie wissen, dass im Einzelfall verschiedene Rechtsnormen relevant sein können und dass darüber hinaus geltendes Recht durch Urteile von Gerichten ausdifferenziert und fortgeschrieben wird. Zudem kennen sie im Überblick die verschiedenen Bereiche und Instanzen der Rechtsprechung, deren Zuständigkeiten und Hierarchie.

Die SuS können Gesetzestexte lesen und interpretieren und sind sich der Anforderungen der Rechtsanwendung bewusst. Sie können unter Nutzung von Rechtsquellen und Sekundärtexten (z. B. Ratgeberliteratur) kaufmännisch relevante Situationen rechtlich deuten, deren idealtypischen Verlauf beschreiben und typische Konfliktsituationen beschreiben und erkennen. Bezogen auf typische kaufmännische Konfliktsituationen kennen sie die Rechtslage und können diese in Form exemplarischer Fälle auf den eigenen beruflichen Tätigkeitsbereich übertragen. Die SuS erkennen Leitideen und Prinzipien, denen kaufmännisch relevante Rechtsnormen folgen und sehen damit das Rechtsprinzip hinter dem Gesetz. Auch ohne die konkreten Gesetzestexte können sie sich so begründete Hypothesen für die rechtlichen Lösungen charakteristischer kaufmännischer Konfliktsituationen ableiten, bleiben sich allerdings der Vorläufigkeit solcher Einschätzungen bewusst.

Die SuS versuchen, Konflikte im Geschäftsleben und im Privatleben durch klare Regelungen und Absprachen zu vermeiden, dabei nutzen sie in Kenntnis der einschlägigen gesetzlichen Regelungen ihren Handlungsspielraum bei der Gestaltung kaufmännischer Transaktionen. Sie sind in Konfliktfällen grundsätzlich bestrebt, im Sinne guter Geschäftsbeziehungen zur außergerichtlichen, einvernehmlichen Verständigung zu kommen und können dabei gesetzliche Normen als Orientierungshilfe nutzen. Im Falle strittiger Auseinandersetzungen kennen sie bezogen auf zentrale kaufmännische Konfliktbereiche die gegebenen Handlungsmöglichkeiten und sind in der Lage, diese umzusetzen und/oder zielführend mit den eigenen Rechtsvertretern zu kooperieren.

> **Subdimension 2: Vertragsrecht**
>
> Die SuS haben am Beispiel des Kaufvertrages ein Bewusstsein für die Bedeutung und Notwendigkeit von Verträgen zur Sicherung von Klarheit und Verlässlichkeit im privaten Rechtsverkehr erlangt. Sie können beurteilen, in welchen Fällen sie rechtskräftige Verträge abschließen, für welche Person oder Institution sie das tun und welche Folgen ihr Handeln hat. Sie verstehen, dass das Vertragsrecht auf den Prinzipien der Vertragsfreiheit, Treu und Glauben, der Bindung an das gegebene Wort und der Verantwortlichkeit für das eigene Tun beruht.
>
> Die SuS durchdringen die juristische Struktur eines Kaufvertrages (Verpflichtungs- und Erfüllungsgeschäft) und können das Zustandekommen und den Ablauf eines Kaufvertrages beschreiben. Sie erkennen die Grundstruktur eines Rechtsgeschäfts und können diese auch auf andere Vertragsarten wie bspw. den Mietvertrag oder Werkvertrag übertragen.
>
> Die SuS verstehen, dass die Regelung des BGBs den Privatleuten Rechtssicherheit bei Geschäften geben und ihre Position gegenüber gewerblichen Verkäufern stärken soll. Sie können nachvollziehen, dass die Schutzvorschriften des BGBs bei Geschäften unter Kaufleuten eingeschränkt werden. Sie können diese Vereinfachung des HGBs zudem aus einer ökonomischen Perspektive begründen (Transaktionskosten).
>
> Die SuS können Störungen des Vertragsverhältnisses im Bereich des Verpflichtungsgeschäfts identifizieren. Sie können typische Rechtsgeschäfte (insbesondere Kaufverträge) in Hinblick auf deren Gültigkeit beurteilen. Hierfür können sie vor allem die Befugnisse der Vertragspartner beurteilen, rechtskräftig Willenserklärungen (Prokura, Vollmacht, Gesellschaftsvertrag) abzugeben.
>
> Die SuS leiten Ansprüche aus Vertragsverhältnissen ab und können darin das Prinzip von Leistung und Gegenleistung rekonstruieren. Bei Störungen der Erfüllung können sie rechtliche Konsequenzen formal und inhaltlich korrekt anzeigen und angemessene kaufmännische und/oder rechtliche Schritte einleiten.

3.3 Modellierung des idealtypischen Entwicklungsganges in den Kompetenzdimensionen

Zum jetzigen Zeitpunkt (April 2015) liegt als gemeinsame Planungsgrundlage die Differenzierung der Kompetenzdimensionen sowie der Subdimensionen vor. Darüber hinaus ist für jede Dimension und Subdimension beschrieben, welche Gesamtkompetenz am Ende der Ausbildung von den Lernenden erworben sein soll, womit die Zielperspektive in den jeweiligen Bereichen geklärt ist. In einem nächsten Schritt gilt es zu klären, wie sich der Prozess der Kompetenzentwicklung über die Lernfelder hinweg vollzieht und wie dieser systematisch unterrichtlich gefördert und unterstützt werden kann. Damit geraten die folgenden Fragen in den Blick:

▶ Nach welcher Entwicklungslogik vollzieht sich idealtypisch der Prozess der Kompetenzentwicklung in den jeweiligen Kompetenzdimensionen und welche theoretischen Bezugspunkte können für die Modellierung herangezogen werden?
▶ Welche Lernfelder leisten welchen Beitrag zur Kompetenzentwicklung in den unterschiedlichen thematischen Bereichen?
▶ Über welche beruflichen Entwicklungsaufgaben kann der Prozess der Kompetenzentwicklung angeregt und unterstützt werden?
▶ Welchen Lernfeldern wären diese Entwicklungsaufgaben sinnvoll zuzuordnen?

Hinsichtlich der Modellierung des Kompetenzentwicklungsprozesses erscheint es zunächst notwendig, theoretische Entwicklungsmodelle zu sichten und deren Nützlichkeit für die Modellierung des Entwicklungsprozesses zu prüfen. Die Forschergruppe um Felix RAUNER schlägt mit dem Konzept der „entwicklungslogischen Strukturierung von Lehrinhalten" eine Orientierung bei der „zeitlichen Anordnung der Lehr- und Lerninhalte an der Entwicklung vom Neuling zur reflektierten Meisterschaft" (RAUNER 1999, S. 430) in Anlehnung an das Modell der Entwicklung vom Neuling zum Experten von DREYFUS und DREYFUS (1987) vor. Dem Konzept zufolge vollziehe sich der Prozess der Entwicklung von (beruflicher) Handlungskompetenz in vier aufeinander aufbauenden Stufen, denen jeweils Lernbereiche zugeordnet werden können, in denen folgende Fragen im Fokus stehen:

- Stufe 1: Orientierungs- und Überblickswissen – Worum es im Beruf in der Hauptsache geht.
- Stufe 2: Zusammenhangswissen – Wie und warum die Dinge so und nicht anders zusammenhängen.
- Stufe 3: Detail- und Funktionswissen – Worauf es in der Facharbeit im Einzelnen ankommt und wie die Dinge funktionieren.
- Stufe 4: Erfahrungsbasiertes, fachsystematisches Vertiefungswissen – Wie sich die Dinge fachsystematisch erklären und Probleme situativ lösen lassen.

Unserer Ansicht nach handelt es sich beim Experten-Novizen-Modell um ein mögliches Modell, um Entwicklungsprozesse idealtypisch zu beschreiben, das allerdings nicht für die Entwicklung in allen Kompetenzdimensionen zugrunde gelegt werden kann. Es ist vielmehr davon auszugehen, dass sich die Kompetenzentwicklung in unterschiedlichen Bereichen verschieden vollzieht. Auch KRILLE et al. (2014) nehmen an, dass Schüler/-innen beispielsweise bereits über Kompetenzen verfügen, die sich auf die soziale Interaktion und Kommunikation beziehen. Zudem zeichnen sich diese Dimensionen dadurch aus, dass sie als sehr erfahrungsbezogen gekennzeichnet werden können. Die Kompetenzentwicklung wäre in diesem Bereich so anzulegen, dass sich die Lernenden ihrer Kompetenzen bewusst werden, dass sie diese reflektieren und weiterentwickeln. Anders verhält es sich vermutlich bei den Subdimensionen der Kompetenzdimension „Rechtliche Normierung". Hier ist anzunehmen, dass die Lernenden zu Beginn der Ausbildung über keine oder nur sehr geringe Kompetenzen in diesem Bereich verfügen. Zudem handelt es sich um einen Kompetenzbereich, der als hochgradig wissensbasiert zu charakterisieren ist. Entsprechend wäre der Kompetenzentwicklungsprozess in diesem Bereich anders zu modellieren als im Bereich der sozialen Interaktion und Kommunikation. Demzufolge wären unterschiedliche theoretische Referenzmodelle bei der Modellierung der idealtypischen Entwicklungsverläufe heranzuziehen. Die nachfolgende tabellarische Übersicht spiegelt unsere derzeitigen Überlegungen hinsichtlich der Zuordnung von Entwicklungsmodellen zu Kompetenzdimensionen wider:

Kompetenzdimension am Beispiel der Kaufleute für Büromanagement	Entwicklungsmodell
Identität, Berufsausbildung, Berufsrolle	Konzept der Entwicklungsaufgaben nach HAVIGHURST (1953)
Soziale Interaktion und Kommunikation	Entwicklungsaufgaben, Subjektive Theorien (GROEBEN et al. 1988); Experten-Novizen-Paradigma nach DREYFUS/DREYFUS (1987)
Prozessübergreifende Lern- und Arbeitstechniken	Subjektive Theorien (GROEBEN et al. 1988)
Informations- und Kommunikationstechnologie	Experten-Novizen-Paradigma nach DREYFUS/DREYFUS (1987)
Betriebswirtschaftliche Problemebenen	Spiralcurriculum (BRUNER 1960)
Wertschöpfung und Controlling	Fachdidaktische Modelle, insbesondere das Konzept des Wirtschaftsinstrumentellen Rechnungswesens (PREISS/TRAMM 1996)
Rechtliche Normierung	Spiralcurriculum (BRUNER 1960), Elaborationstheorie nach REIGELUTH (REIGELUTH/STEIN 1983)
Systemverständnis und gesellschaftlicher Rahmen	Spiralcurriculum (BRUNER 1960) Elaborationstheorie nach REIGELUTH (REIGELUTH/STEIN 1983)

3.4 Identifikation von Entwicklungsschritten/Entwicklungsaufgabe und Zuordnung zu Lernfeldern

Die beiden Klärungsbereiche der vertikalen Curriculumentwicklung, also die der Klärung der Zielperspektive in den einzelnen Kompetenzdimensionen und -subdimensionen und die Modellierung des Kompetenzentwicklungsprozesses, werden systematisch über eine Kompetenzmatrix zusammengeführt. Anhand dieser Matrixdarstellung erhalten die Lehrkräfte einerseits einen Überblick über die Kompetenzdimensionen und Subdimensionen sowie andererseits über die Kompetenzentwicklung innerhalb dieser Dimensionen über die Lernfelder hinweg. Anhand der Avatare, die in der Abbildung 3 in einzelnen Zeilen dargestellt sind, wird visualisiert, dass sich die Kompetenzentwicklung grundsätzlich über die Lernfelder hinweg vollzieht und dass diese in den einzelnen Lernfeldern in je spezifischer Weise angeregt, gefördert und unterstützt wird. Dabei ist ersichtlich, dass es Lernfelder mit besonderen Affinitäten zu bestimmten Kompetenzdimensionen gibt, und ebenso, dass es Lernfelder gibt, in denen eine spezifische Kompetenzdimension keine besondere Beachtung findet.

Abbildung 3: Kompetenzmatrix KaBueNet

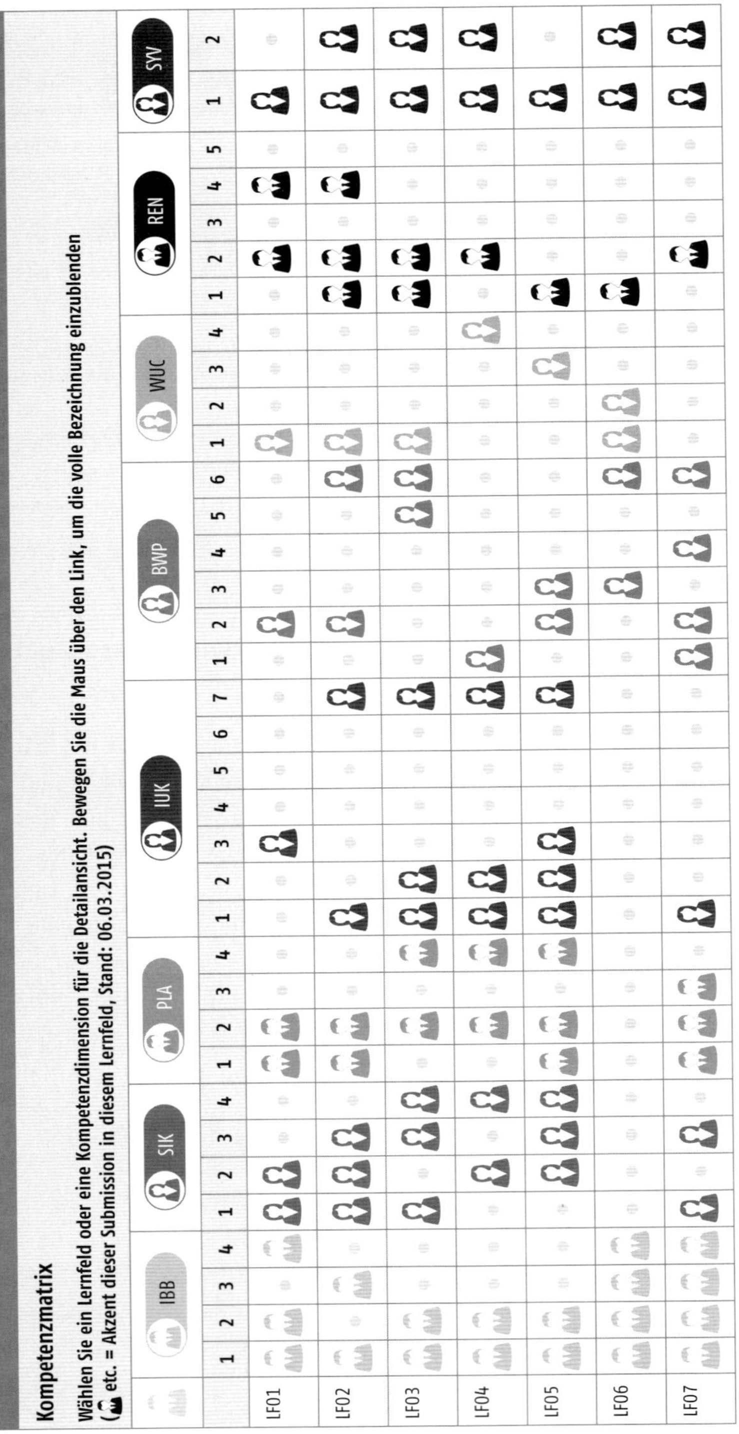
Kompetenzmatrix
Wählen Sie ein Lernfeld oder eine Kompetenzdimension für die Detailansicht. Bewegen Sie die Maus über den Link, um die volle Bezeichnung einzublenden
(etc. = Akzent dieser Submission in diesem Lernfeld, Stand: 06.03.2015)
IBB
SIK
PLA
IUK
BWP
WUC
REN
SYV
LF01
LF02
LF03
LF04
LF05
LF06
LF07

Systematisch treffen auf dieser Stufe zwei analytische Perspektiven aufeinander. Einerseits, in Abhängigkeit von der Modellierung des dimensionsspezifischen Kompetenzentwicklungsprozesses, die Frage nach den spezifischen Lern- oder Entwicklungsaufgaben, die diesen Prozess sinnvoll interpunktieren. Und andererseits die Frage nach dem Anregungs- und Problempotenzial der einzelnen Lernfelder, deren Beantwortung es erlaubt, geeignete Gelegenheiten zur Förderung des Entwicklungsprozesses in den einzelnen Lernfeldern zu identifizieren. Die Verknüpfung beider Analyserichtungen scheint uns nur in einem heuristischen Vorgehen möglich und sinnvoll. Sie führt zu pragmatischen Konzepten im Sinne technologischer Hypothesen, die im praktischen Diskurs vereinbart, dann erprobt, evaluiert und ggf. modifiziert oder auch revidiert werden müssen.

4. Schlussbetrachtung

Die Arbeit in den verschiedenen Projekten zur kooperativen Umsetzung des Lernfeldkonzepts hat gezeigt, dass die vertikale Perspektive im curricularen Planungszusammenhang des Lernfeldansatzes unverzichtbar ist und dass ihre Vernachlässigung einen schwerwiegenden Architekturmangel in den Lernfeldvorgaben der KMK darstellt. Die Versuche, dieses Orientierungsdefizit durch detailliertere Vorgaben auf der Ebene der Lernfelder zu kompensieren, haben im Hinblick auf die curriculare Zielklarheit für die Bildungsgänge keine Fortschritte gebracht, allerdings durch handwerkliche Schwächen dazu geführt, dass die didaktischen Gestaltungsfreiräume der Schulen unnötig eingeengt und durch die Hintertür wieder Elemente der Stofforientierung des Curriculums rehabilitiert werden.

Eine Behebung dieses verordnungsseitigen Architekturmangels durch die Klärung der Zielkompetenzen des Bildungsganges scheint einerseits unverzichtbar, wenn man den Anspruch der Kompetenzorientierung nicht aufgeben will. Nach unserer Einschätzung liefert das Konzept der vertikalen Planungsperspektive entlang der Kompetenzdimensionen dafür einen tragfähigen und mittlerweile auch bewährten Rahmen. Andererseits ist es im Grunde inakzeptabel, die Schulen mit dieser zentralen curricularen Klärungsaufgabe allein zu lassen, oder anders gewendet, diese grundlegende normative Ausrichtung des Berufsschulunterrichts in das Belieben der Schulen zu stellen.

In dieser Konstellation besteht ein wesentlicher Impuls unserer Projekte zur kooperativen Curriculumentwicklung darin, an den Schulen eine Kultur des curricularen Diskurses zu fördern und zugleich über die beteiligten Schulen hinaus einen solchen – auch wissenschaftlich zu begleitenden und zu fundierenden – Diskurs über die Kompetenzziele des Berufsschulunterrichts anzuregen.

Literatur

ACHTENHAGEN, Frank u. a.: Lernhandeln in komplexen Situationen. Neue Konzepte der betriebswirtschaftlichen Ausbildung. Wiesbaden 1992

APREA, Carmela: Ausgestaltung lernfeldstrukturierter Curricula als Aufgabe für die Lehrerbildung. In: bwp@ Berufs- und Wirtschaftspädagogik – online, Ausgabe 20 (2011), S. 1–21 – URL: www.bwpat.de/ausgabe20/aprea_bwpat20.pdf (Stand: 10.03.2015)

BRUNER, Jérôme Seymour: The process of education. New York 1960

BUSCHFELD, Detlef: Qualitätskriterien für lernfeldstrukturierte Lehrpläne – Anschubser eines Nachzüglers. In: BADER, Reinhard; SLOANE, Peter F. E. (Hrsg.): Lernen in Lernfeldern. Theoretische Analysen und Gestaltungsansätze zum Lernfeldkonzept. Markt Schwaben 2000, S. 167–179

BUSCHFELD, Detlef; KREMER, H.-Hugo: Implementation von Curricula am Beispiel der Lernfeldinnovation. In: NICKOLAUS, Reinhold u. a. (Hrsg.): Handbuch Berufs- und Wirtschaftspädagogik. Bad Heilbrunn 2010, S. 242–247

DREYFUS, Stuart E.; DREYFUS, Hubert L.: Künstliche Intelligenz. Von den Grenzen der Denkmaschine und dem Wert der Intuition. Reinbek bei Hamburg 1987

ELSNER, Martin; KAISER, Franz: Interessen, Strukturen, Abläufe und Ergebnisse am Beispiel der Entwicklung des neuen kaufmännischen Allrounders – „Kauffrau/-mann für Büromanagement". In: bwp@ Berufs- und Wirtschaftspädagogik – online, Ausgabe 25 (2013), S. 1–16 – URL: http://www.bwpat.de/ausgabe25/elsner_kaiser_bwpat25.pdf (Stand: 10.03.2015)

EMMERMANN, Ralf; FASTENRATH, Silke; WONTKE, Erwin: Umsetzung der Neuordnung des Ausbildungsberufs Kaufmann/Kauffrau für Büromanagement in einem landesweiten kooperativen Curriculumentwicklungsprojekt – Erfahrungen aus Niedersachsen. In: Wirtschaft und Erziehung, 66. (2014) 6, S. 207–215

GROEBEN, Norbert u. a.: Das Forschungsprogramm Subjektive Theorien. Eine Einführung in die Psychologie des reflexiven Subjekts. Tübingen 1988

HAVIGHURST, Robert J.: Human development and education. London 1953

HEID, Helmut: Der Verwendungsgesichtspunkt im Kontext berufspädagogischer Lernfeldorientierung. In: LIPSMEIER, Antonius; PÄTZOLD, Günter (Hrsg.): Lernfeldorientierung in Theorie und Praxis. Beiheft 15 zur ZBW, Stuttgart 2000, S. 33–37

KREMER, H.-Hugo; SLOANE, Peter F. E.: Lernfeldkonzept – erste Umsetzungserfahrungen und Konsequenzen für die Implementation. In: BADER, Reinhold; SLOANE, Peter F. E. (Hrsg.): Lernen in Lernfeldern. Theoretische Analysen und Gestaltungsansätze zum Lernfeldkonzept. Markt Schwaben 2000, S. 71–83

KRILLE, Frank; BEFELDT, Stefan; RAUH, Anne-Kathrin: Kompetenzentwicklung curricular modellieren – Ansätze aus dem Schulversuch EARA. In: bwp@ Berufs- und Wirtschaftspädagogik – online, Profil 3 (2014), S. 1–22 – URL: http://www.bwpat.de/profil3/krille_etal_profil3.pdf (Stand: 10.03.2015)

PÄTZOLD, Günter: Lernfeldorientierung – berufliches Lernen zwischen Handlungs- und Fachsystematik. In: BADER, Reinhold; SLOANE, Peter F. E. (Hrsg.): Lernen in Lernfeldern. Theoretische Analysen und Gestaltungsansätze zum Lernfeldkonzept. Markt Schwaben 2000, S. 123–139

RAUNER, Felix: Entwicklungslogisch strukturierte berufliche Curricula: vom Neuling zur reflektierten Meisterschaft. In: Zeitschrift für Berufs- und Wirtschaftspädagogik, 95 (1999) 3, S. 424–446

REIGELUTH, Charles M.; STEIN, Faith S.: The Elaboration Theory of instruction. In: REIGELUTH, C. M. (Hrsg.): Instructional-design theories and models: An overview of their current status. Hillsdale, New York u. a. 1983, pp. 335–381

RESCH, Marianne: Die Handlungsregulation geistiger Arbeit. Bern 1988

ROTH, Heinrich: Pädagogische Anthropologie. Band II. Hannover u. a. 1971

SEKRETARIAT DER KULTUSMINISTERKONFERENZ (KMK): Handreichung für die Erarbeitung von Rahmenlehrplänen der Kultusministerkonferenz für den berufsbezogenen Unterricht in der Berufsschule und ihre Abstimmung mit Ausbildungsordnungen des Bundes für anerkannte Ausbildungsberufe 2011 – URL: http://www.kmk.org/fileadmin/veroeffentlichungen_beschluesse/2011/2011_09_23_GEP-Handreichung.pdf (Stand: 10.03.2015)

SEKRETARIAT DER KULTUSMINISTERKONFERENZ (KMK): Rahmenlehrplan für den Ausbildungsberuf Kaufmann für Büromanagement und Kauffrau für Büromanagement. Beschluss der Kultusministerkonferenz vom 27.09.2013. 2013a

SEKRETARIAT DER KULTUSMINISTERKONFERENZ (KMK): Curriculare Analyse zum Rahmenlehrplan Kaufmann für Büromanagement und Kauffrau für Büromanagement. 2013b

SLOANE, Peter F. E.: Schulnahe Curriculumentwicklung. In: bwp@ Berufs- und Wirtschaftspädagogik – online, Ausgabe 4 (2003), S. 1–23 – URL: http://www.bwpat.de/ausgabe4/sloane_bwpat4.pdf (10.03.2015)

TENORTH, Heinz-Elmar: Unterrichtsfächer – Möglichkeit, Rahmen und Grenze. In: GOODSON, Ivor F.; HOPMANN, Stefan; RIQUARTS, Kurt (Hrsg.): Das Schulfach als Handlungsrahmen. Köln 1999, S. 191–207

TRAMM, Tade: Lernprozesse in der Übungsfirma. Rekonstruktion und Weiterentwicklung schulischer Übungsfirmenarbeit als Anwendungsfall einer evaluativ-konstruktiven und handlungsorientierten Curriculumstrategie. Habilitationsschrift Göttingen 1992

TRAMM, Tade: Prozess, System und Systematik als Schlüsselkategorien lernfeldorientierter Curriculumentwicklung. In: bwp@ Berufs- und Wirtschaftspädagogik – online, Ausgabe 4 (2003), S. 1–28 – URL: http://www.bwpat.de/ausgabe4/tramm_bwpat4.pdf (Stand: 10.03.2015)

TRAMM, Tade: Strategie der curricularen Entwicklungsarbeiten in CULIK. Hamburg 2005 – URL: http://www.ibw.uni-hamburg.de/tramm/tramm_2005_culikbericht.pdf (Stand: 10.03.2015)

TRAMM, Tade: Berufliche Kompetenzentwicklung im Kontext kaufmännischer Arbeits- und Geschäftsprozesse. In: BRÖTZ, Rainer; SCHAPFEL-KAISER, Franz (Hrsg.): Anforderungen an kaufmännisch-betriebswirtschaftliche Berufe aus berufspädagogischer und soziologischer Sicht. Bielefeld 2009a, S. 65–88

TRAMM, Tade: Von der Geschäftsprozess- zur Lernprozessperspektive. Das Zusammenspiel von Prozessorientierung, systemischer Perspektive und prozessübergreifender Kompetenzentwicklung im lernfeldstrukturierten Berufsschulunterricht. In: PONGRATZ, Horst; TRAMM, Tade; WILBERS, Karl (Hrsg.): Prozessorientierte Wirtschaftsdidaktik und Einsatz von ERP-Systemen im kaufmännischen Unterricht. Nürnberg 2009b, S. 77–101

TRAMM, Tade: Vom geduldigen Bohren dicker Bretter – Antworten und Überlegungen eines „beglückten" Kollegen zum Praxisbezug der Wirtschaftspädagogik. In: bwp@ Berufs- und Wirtschaftspädagogik – online, Profil 2 (2009c), S. 1–22 – URL: http://www.bwpat.de/profil2/tramm_profil2.pdf (Stand: 10.03.2015)

Tramm, Tade; Krille, Frank: Planung des Lernfeldunterrichtes im Spannungsfeld von Geschäftsprozessorientierung und lernfeldübergreifender Kompetenzentwicklung – Das Hamburger Konzept kooperativer curricularer Entwicklungsarbeit. In: bwp@ Berufs- und Wirtschaftspädagogik – online, Ausgabe 24 (2013), S. 1–24 – URL: http://www.bwpat.de/ausgabe24/tramm_krille_bwpat24.pdf (Stand: 10.03.2015)

Tramm, Tade; Reetz, Lothar: Berufliche Curriculumentwicklung zwischen Persönlichkeits-, Situations- und Wissenschaftsbezug. In: Nickolaus, Reinhold u. a. (Hrsg.): Handbuch Berufs- und Wirtschaftspädagogik. Bad Heilbrunn 2010, S. 220–226

Ulrich, Hans: Unternehmungspolitik. 2. Aufl. Bern, Stuttgart 1987

Bernd Remmele, Thomas Retzmann, Günther Seeber

Zur Differenzierung der Kompetenzbereiche ökonomischer Bildung

Kompetenzmodelle sollen sich an domänenspezifischen kumulativen Aufbauprozessen orientieren. Sie müssen daher die lerntheoretischen Bedingungen dieser Aufbauprozesse reflektieren. Auch die Differenzierung von Kompetenzbereichen innerhalb einer Domäne ist damit lerntheoretisch an divergente Ausgangspunkte und/oder Entwicklungsprozesse verwiesen. Der im Artikel geleistete differentielle Aufbau des Kompetenzmodells der ökonomischen Domäne in je einen individuellen, relationalen und systemischen Bereich erfüllt diesen Anspruch, indem er über zwei analytisch und empirisch begründete Unterscheidungen erfolgt. Vor diesem Hintergrund lassen sich Kompetenzen der ökonomischen Bildung über Schulstufen und -arten hinweg so entwickeln, dass die kumulative Kompetenzentwicklung gelingen kann.

Schlagworte: ökonomische Bildung, ökonomische Kompetenzen, Intersubjektivität, systemisches Denken

1. Konsequenzen der Kumulativitätsforderung

Die Kultusministerkonferenz (KMK) hat seit 2003 für eine zunehmende Zahl von Schulfächern und -abschlüssen „nationale" Bildungsstandards festgelegt. Diesem bildungspolitischen Akt liegen bestimmte Annahmen über die individuelle Kompetenzentwicklung zugrunde, insbesondere, dass Kompetenz eine sehr starke fachliche Bindung aufweist: Die Entwicklung fächerübergreifender Kompetenzen könne nur auf der Grundlage bereits entwickelter fachbezogener Kompetenzen gelingen, weshalb „Methoden-, Sozial- und Personalkompetenz" als eigenständige Zieldimensionen schulischer Bildung keinesfalls ausreichend seien (vgl. KLIEME et al. 2003, S. 75). Sowohl die *Kompetenzorientierung des Unterrichts* als auch die *Standardisierung von Bildung* wurden seitens der pädagogischen Wissenschaften zwar kritisiert, haben sich in der Schul- und Bildungspolitik aber gleichwohl durchgesetzt. Die curricularen Vorgaben der Bundesländer unterstehen inzwischen – auch jenseits der Fächer, die die KMK bundesweit normiert hat – durchgängig dem Anspruch „kompetenzorientiert" zu sein und die gewünschten „learning outcomes" zu bestimmen. Auch von und in den verschiedenen Fachdidaktiken wurden Vorschläge entwickelt, wie der Kern des jeweiligen Faches kompetenztheoretisch rekonstruiert werden kann und sich darin von anderen Schulfächern unterscheidet.

Die *formalen und materialen Anforderungen* an Kompetenzmodelle und Bildungsstandards wurden im sogenannten Klieme-Gutachten begründet und exemplarisch ausgeführt. Für den hier interessierenden Zusammenhang ist die Anforderung hervorzuheben, dass sie sich lerntheoretisch an *domänenspezifischen kumulativen* Aufbauprozessen orientieren müssen (Klieme et al. 2003, S. 23). Diese Forderung wird erhoben vor dem Hintergrund einer Reihe von Kompetenzmodellen, die sich eher auf der Basis von generischen Kompetenzen sowie von fachwissenschaftlichen, bildungskategorialen oder anforderungsorientierten Ansätzen differenzieren und damit die subjektseitigen lerntheoretischen Bedingungen nur unzureichend reflektieren können. Nimmt man diese Anforderung bei der Differenzierung von Kompetenzbereichen einer Domäne ernst, so sollten sich diese durch verschiedene lerntheoretisch relevante Ausgangspunkte und/oder Entwicklungsprozesse unterscheiden.

Als Reaktion auf die Politik der KMK legten eine Reihe von Fachdidaktiken Entwürfe zur Systematisierung der Kompetenzen ihrer Domäne vor. Diese ersten Modelle – auch der Wirtschaftsdidaktik – zeigen die oben genannten Schwächen (z. B. DeGöB 2004; Kaminski et al. 2008). Demgegenüber versuchen die von den Autoren zusammen mit Hans-Carl Jongebloed entwickelten Bildungsstandards (vgl. Retzmann et al. 2010, Seeber et al. 2012) der Forderung nach domänenspezifischen Aufbauprozessen gerecht zu werden. Im Folgenden soll zunächst die ökonomische Domäne in einem engen Sinne begrenzt werden. Dann wird der differentielle Aufbau des Kompetenzstrukturmodells dieser Domäne analytisch begründet und durch empirische Befunde gestützt. Anschließend wird dargelegt, welche domänenspezifischen Kompetenzen die ökonomische Bildung über Schulstufen und -arten hinweg entwickeln sollte, damit die kumulative Kompetenzentwicklung von Schülern/Schülerinnen tatsächlich gelingt.

2. Bestimmung der ökonomischen Domäne

Mithilfe von Bildungsstandards soll – so die KMK 2003 ganz grundlegend – die Erreichung fachlicher und fachübergreifender „Basisqualifikationen" gesichert werden, „die für die weitere schulische und berufliche Ausbildung von Bedeutung sind und die anschlussfähiges Lernen ermöglichen". Ökonomische Allgemeinbildung sollte die von der KMK geforderte „Weltorientierung" ermöglichen, „die sich aus der Begegnung mit zentralen Gegenständen unserer Kultur" ergibt. Ohne den Kultursachbereich „Wirtschaft" idealistisch zu verklären, darf dessen überragende Bedeutung in der Gegenwartsgesellschaft sicherlich unterstellt werden. Allein aus der „Begegnung" mit wirtschaftlichen Kontexten folgt jedoch noch keine Orientierung, vielmehr ruft sie den *Orientierungsbedarf* gerade erst hervor. Dementsprechend kann die Domäne der ökonomischen Bildung nicht durch einen abgrenzbaren Gegenstandsbereich definiert werden. Um die geforderte Orientierung zu leisten, muss die Domäne vielmehr durch eine bestimmte *Perspektive auf diese Welt* konstituiert werden, die durch die *domänentypischen Denkschemata und Erkenntnismethoden* eingenommen werden kann (Retzmann 2008). Daraus resultiert der Vorschlag, die ökonomische Domäne in einem ersten Schritt über den Begriff der *Effizienz* zu bestimmen. Analog stellt beispielsweise die Geographie die Kategorie *Raum* für ihre Domäne als „zentral" und für das Leben sogar als „existenziell" heraus und erklärt deshalb die „räumliche Orientierung" zum Ziel des Faches (DGfG 2014, S. 5 ff.). *Effizienz* ist der zentrale, wenn auch nicht der alleinige ökonomische Beurteilungsmaßstab für alternative Handlungen, Pläne, Interaktionen, Beziehungsgefüge, Institutionen, Systeme, Ordnungen und Regulierungen – im Sinne einer *Zweck-Mittel-Optimalität*. Das spezifische Erkenntnisinteresse ist die vernunftgeleitete Verbesserung der (wirtschaftlichen) Situation von Individuen, sozialen Gruppen, der Gesellschaft oder der Menschheit vor dem Hintergrund der Knappheit von Ressourcen in Hinsicht auf ein Ziel. Weil dieses Ziel durch die vorgeschlagene Perspektive nicht schon vorgeben ist, besteht neben der *Zweckrationalität* auch Bedarf und Raum für die *Wertrationalität* (WEBER) des Urteilens und Handelns. Das Effizienzkriterium ist damit insbesondere ethischen Fragen nicht entgegengesetzt, sondern diesen vielmehr bei- bzw. untergeordnet (RETZMANN et al. 2010, S. 72 ff.). Häufig genug ist die Verschwendung knapper Mittel, also ihre ineffiziente Nutzung, Gegenstand moralisch motivierter Kritik. Da die effiziente Mittelverwendung nicht an den Intentionen bemessen wird, steht die ökonomische Perspektive insbesondere nicht einer Verantwortungsethik entgegen, die ihrerseits nicht schon den guten Willen für hinreichend hält, sondern die moralische Qualität von Handlungen und Institutionen an ihren tatsächlichen Folgen festmacht.

Akzeptiert man diese grundlegende Bestimmung der Domäne, muss es in der ökonomischen Bildung um die Entwicklung von Kompetenzen gehen, die das urteilende und handelnde Individuum befähigen, mit knappen Mitteln sowie deren Austausch und Verteilung bestimmenden Regeln besser, respektive effizient, im Hinblick auf relevante Ziele umzugehen. Je nachdem können diese Ziele subjektiv gesetzt (autonom oder advokatorisch), intersubjektiv vereinbart oder allgemeingültig sein. Dementsprechend lässt sich das Effizienzkriterium auf drei Ebenen anlegen, die mit unseren lerntheoretischen Differenzierungen eng korrespondieren.

Auf der Ebene des *individuellen wirtschaftlichen Handelns* bedeutet effizienter Mitteleinsatz, dass das Individuum das ökonomische Prinzip beachtet: Das Individuum strebt an, seine gegebenen Ziele mit minimalem Aufwand zu erreichen bzw. die ihm zur Verfügung stehenden Mittel so einsetzen, dass daraus ein maximaler Zielerreichungsgrad resultiert. Es geht darum, die Verschwendung knapper Mittel zu vermeiden, weil diese dann dem Einzelnen nicht mehr zur Erreichung anderer, ihm bzw. ihr wichtiger Ziele zur Verfügung stehen. Oder anders formuliert: Es gilt zu vermeiden, dass das Individuum durch seine eigenen Entscheidungen hinter seinen Möglichkeiten zurückbleibt, die ohnehin stets mehr oder weniger beschränkt sind. Aufgrund der politischen Freiheitsrechte des Individuums und der gebotenen Offenheit der Gesellschaft gegenüber vielfältigen Lebensentwürfen können diese Ziele nicht objektiv bestimmt und dürfen dem Individuum auch nicht von Lehrern/Lehrerinnen vorgegeben werden. In der Schule darf und sollte man den Schülern/Schülerinnen allerdings dabei behilflich sein, ihre eigenen Ziele zu klären und autonom zu setzen.

Auf der Ebene *wirtschaftlicher Austauschbeziehungen* geht es darum, auch die ökonomische Perspektive von Handlungspartnern systematisch in die eigenen Überlegungen einzubeziehen.

Der eigene wirtschaftliche Erfolg kann mit dem wirtschaftlichen Erfolg oder aber Misserfolg Anderer einhergehen. Die Effizienz wirtschaftlicher Transaktionen und Beziehungen kann dahingehend beurteilt werden, ob und inwieweit für alle Beteiligten (und darüber hinaus für die davon Betroffenen) eine Win-Win-Situation resultiert, mit anderen Worten: ob – und in der welchem Ausmaß – alle davon profitieren, oder ob es sich um ein sogenanntes Nullsummenspiel handelt. Bei letztgenanntem stünde dem wirtschaftlichen Vorteil der einen Vertragspartei ein gleich hoher wirtschaftlicher Nachteil der anderen Vertragspartei gegenüber, so dass in der Summe keine Besserstellung durch das Miteinander des Tauschs stattfindet. Als erstrebenswert gilt gemeinhin jedoch die gleichzeitige Besserstellung der Vertragsparteien durch einen wechselseitigen Vorteilstausch. Nicht zuletzt deshalb wird das Geschäftsmodell des Betrügers moralisch verurteilt, weil es nämlich den eigenen Vorteil ganz systematisch zulasten des Anderen zu erzielen sucht. Über die punktuell oder dauerhaft gemeinsam verfolgten wirtschaftlichen Ziele können die Beteiligten nur intersubjektiv Einigkeit erzielen.

Auf der *systemischen Ebene* rückt die gesamtwirtschaftliche Effizienz der Ressourcenallokation in den Blick, wobei diese für eine Volkswirtschaft, einen Binnenmarkt oder die Weltwirtschaft untersucht werden kann. Märkte, Systeme, Ordnungen und politische (De-)Regulierungen können an ihrem Beitrag zum Allgemeinwohl gemessen werden: Wenn Märkte und Staaten bei der Güterversorgung ganz oder teilweise versagen, werden wirtschaftliche Werte entweder nicht geschaffen oder gar zerstört. Es wird daher – durchaus über die wirtschaftlichen Werte hinausgehend – allseits gefordert, dass die Marktwirtschaft dem Menschen dienlich sein müsse – und nicht umgekehrt. Auch dieser Forderung, die hier nicht hinsichtlich ihres Informationsgehalts problematisiert werden soll, liegt die Vorstellung eines ganz bestimmten Zweck-Mittel-Zusammenhangs zugrunde, die die Frage aufwirft, ob alternative Mittel (vereinfacht ausgedrückt: „mehr Staat" oder „mehr Markt") nicht besser geeignet wären, den Zwecken der Menschen einer Nation oder Union oder gar der gesamten Menschheit zu dienen. Die bloße Effizienz der Ressourcenallokation ist damit nicht alleiniger Maßstab bei der Gestaltung der wirtschaftlichen Rahmenordnung und bei wirtschaftspolitischen Interventionen. Vielmehr muss diese im Konfliktfall hinter höherrangige politische und ethische Grundwerte und Prinzipien wie Freiheit und Gerechtigkeit zurücktreten. Selbst wenn also die Sklavenwirtschaft volkswirtschaftlich effizient sein sollte, so dürfte sie ob der Missachtung der Freiheitsrechte gar nicht erst in Erwägung gezogen werden. Eine universalistische Ethik verbietet es auch, die Menschenwürde und -rechte dem ökonomischen Kalkül zu unterwerfen und damit ihre Geltung von kontingenten Umständen abhängig zu machen. Ökonomische Bildung kann und sollte dementsprechend auch dazu beitragen zu erkennen, ob und wann solche Wertkonflikte vorliegen. Auch wenn eine einseitige Ausrichtung der ökonomischen Bildung an solchen Fällen der Kollision von Werten keinesfalls empfohlen werden kann, weil dies ein schiefes Bild der Wirklichkeit vermitteln würde, so kann und sollte ökonomische Bildung in diesen Fällen darüber aufklären, welcher wirtschaftliche Preis dafür hinzunehmen ist, dass diese höheren Werte gelebte Realität werden. Nicht selten offenbart die Einnahme der ökonomischen Perspektive dann allerdings, dass die wirtschaftlichen Effekte auf kurze Sicht anders ausfallen denn auf lange Sicht. Durch ökonomische Bildung können die Fern- und Nebenwirkungen den unmittelbaren Wirkungen kontrastierend gegenübergestellt werden, was die Rationalität nicht nur des ökonomischen, sondern auch des ethischen Urteils über Märkte, Systeme, Ordnungen und Regulierungen fördert.

3. Kompetenzbereichsdifferenzierung innerhalb der ökonomischen Domäne

Dieser Ebenendifferenzierung korrespondierend ist für die ökonomische Domäne die Unterscheidung von drei Kompetenzbereichen nötig:
▶ Entscheidung und Rationalität (des Einzelnen) – die individuelle Ebene,
▶ Beziehung und Interaktion (mit Anderen) – die relationale Ebene,
▶ Ordnung und System (das Ganze) – die systemische Ebene.

Die Differenzierung der drei Bereiche ökonomischer Kompetenzentwicklung (individuell, relational und systemisch) ergeben sich aus *zwei lernprozessrelevanten Grundunterscheidungen*, die im Folgenden ausgeführt werden sollen: zum einen instrumentell-strategisches Handeln versus intersubjektive Verständigung sowie zum anderen anschaulich-erfahrungsbasiertes versus theoretisch-systembezogenes Lernen.

3.1 Das sozialwissenschaftliche Spezifikum: strategisch-intersubjektiv

Soziales Verhalten pendelt zwischen instrumentell-strategischer und Verständigungsorientierung (HABERMAS 1981). So werden unter bestimmten Bedingungen prosoziale Einstellungen wirksam; unteren anderen finden sich dagegen eigennützige Strategien (z. B. FEHR/SCHMIDT 2005; WARNEKEN/TOMASELLO 2009). Es ist eine interessante Zuschreibungsfrage, in welchem Maße man den Wechsel zwischen den beiden Orientierungen der Situation bzw. dem Subjekt selbst zuschreibt. Die Ausgestaltung dieser Polarität ist unter anderem vom sozialen Kontext abhängig. So zeigen sich etwa kulturvergleichend erhebliche Unterschiede im Verhalten bei entsprechenden verhaltensökonomischen Experimenten (HENRICH et al. 2004). Umgekehrt zeigt das bekannte Diktator-Spiel häufig innerhalb desselben Settings zwei konträre Verhaltensformen: Teilen und Nicht-Teilen.

Entscheidend ist in dem hier interessierenden Zusammenhang aber, ob das Subjekt für beide Formen gerüstet ist oder ob intersubjektives Verstehen auch nur ein Ergebnis von strategischer Handlungsoptimierung ist. Die Antwort auf diese Frage hängt davon ab, wie dem ‚Einzelnen' der ‚Andere' eigentlich präsent ist: als Gegenstand, dem in der Folge auch noch Bewusstsein etc. zugesprochen wird oder in einer spezifischen Form als Du bzw. Alter Ego (vgl. REMMELE 2011; RETZMANN 2006, S. 55, 141).

Für die vorgenommene Unterscheidung der Kompetenzbereiche A und B lassen sich aktuelle empirische, insbesondere auch neurowissenschaftliche Befunde anführen. Forschungen zu Spiegelneuronen (z. B. Iacoboni 2011) deuten darauf hin, dass uns der ‚Andere' auch auf physiologischer Basis primär nicht in einer vom Objektschema abgeleiteten Form präsent ist, sondern uns von vornherein in einer *spezifischen Form der intersubjektiven Kopräsenz* gegenübertritt. Spiegelneuronen sind Hirnregionen, die in derselben Weise ‚feuern', wenn eine bestimmte Handlung selbst durchgeführt wird oder wenn diese bei einem Anderen beobachtet wird (Rizzolatti/Craighero 2004). Auf neuronaler Ebene sind der Andere und sein Handeln damit in ähnlicher Weise ‚präsent', wie man es für sich selbst ist. Es handelt sich somit um eine nicht über ein allgemeines Gegenstandsschema entwickelte Form der Empathie zwischen Menschen.

Der Andere ist somit keine abgeleitete Kategorie und nur indirekt verständlich, sondern in einem spezifischen Sinne unmittelbar. Auch wenn im Mainstream des modernen Denkens das monologische Subjekt im Vordergrund stand – paradigmatisch gründet Descartes die gesamte Welt auf das ‚ich denke' –, so finden sich immer wieder Ansätze einer Erweiterung in Hinsicht auf eine dialogische bzw. intersubjektive Grundlegung. Dass sich Menschen einander nicht nur strategisch und rein kognitiv begegnen, ist daher nicht neu.

Es finden sich schon sehr viel früher geisteswissenschaftlich-philosophische Ansätze, die auf diesem Verhältnis gründen. Schon Adam Smith führt am Beginn seiner ‚Theorie der ethischen Gefühle' in das Phänomen des Mitgefühls und dessen spezifische Vorstellungskraft ein. Demgemäß nehmen wir nicht nur analytisch die Position eines Anderen ein, sondern treten in einer geradezu physischen Form an dessen Stelle: „Wenn wir zusehen, wie ... jemand gegen das Bein oder den Arm eines anderen zum Schlage ausholt und dieser Schlag eben auf den anderen niedersausen soll, dann zucken wir unwillkürlich zusammen und ziehen unser eigenes Bein oder unseren eigenen Arm zurück ..." (Smith 1759, S. 6 f.) Smith betont, dass Menschen dies natürlicherweise und unwillkürlich (‚unwittingly') tun.

Auch im 20. Jahrhundert finden sich Ansätze, die Fundamentalität der Intersubjektivität deutlich zu machen. Martin Buber hebt z. B. die Unmittelbarkeit der Beziehung zwischen Ich und Du und die fundamentale Differenz dieser Beziehung zum Verhältnis von Ich und Es hervor: „Denn die eigentliche Grenze, freilich eine schwebende, schwingende, führt weder zwischen Erfahrung und Nicht-Erfahrung, noch zwischen Gegebenem und Ungegebenem, noch zwischen Seinswelt und Wertwelt hin, sondern quer durch alle Bezirke zwischen Du und Es: zwischen Gegenwart und Gegenstand" (Buber 1977, S. 19).

Weitere empirische Forschungen der letzten Jahrzehnte bestätigen die von Smith angedachte grundlegende Form der geradezu physischen Perspektivenübernahme. Insofern sich bereits bei Neugeborenen und Kleinkindern motorische bzw. ‚e-motionale' Verbindungen zu einer Bezugsperson zeigen, liegt die Vermutung nahe, dass es sich um eine in ihren Ansätzen angeborene Fähigkeit der ‚alter-zentrischen' Beteiligung an bestimmten (Inter-)Aktionen handelt. Bereits als klassisch lässt sich hierbei die Entdeckung der Fähigkeit von Neugeborenen bezeichnen, eine Reihe verschiedener mimischer Gesten (z. B. Herausstrecken der Zunge) differenziert nachzuahmen, und zwar ohne dass sie zuvor je ihr eigenes Gesicht im Spiegel gesehen hätten (MELTZOFF 1993; zu aktueller Kritik an diesen Ergebnissen OOSTENBROEK u. a. 2016). Weitere Forschungen zum Sozialverhalten von Neugeborenen und Kleinkindern haben zur Postulation eines eingeborenen ‚virtuellen Anderen' geführt: „a virtual-other mechanism which complements the infant's bodily self-feeling" (BRATEN 1998, S. 375). In analoger Weise zeigen die vielfältigen im Bereich der evolutionären Anthropologie angesiedelten Forschungen, insbesondere der Gruppe um MICHAEL TOMASELLO, dass bestimmte intersubjektive Fähigkeiten, die unter anderem die wechselseitige intentionale Abstimmung von Handlungsplänen erlauben, die evolutionäre Nische des Menschen prägen.

Der Andere ist somit von Anfang an fundamentaler Teil unserer Wirklichkeit bzw. Wirklichkeitskonstruktion. Angesichts dieser grundlegenden intersubjektiven Strukturen kann man also nicht von einem ontogenetischen Primat der in sich geschlossenen Subjektivität gegenüber der intersubjektiven Kopräsenz ausgehen. Der Einzelne ist von vornherein – auch – auf eine spezifische soziale Integration eingestellt.

Vor diesem Hintergrund sollte man auch in der ökonomischen Bildung von einer je eigenständigen konzeptuellen Entwicklung im Anschluss an die divergenten kognitiven Grundlagen in Hinsicht auf instrumentell strategische Handlungskalküle einerseits und intersubjektive Orientierungen andererseits ausgehen. Dies führt entsprechend zu der Unterscheidung der Kompetenzbereiche A) Entscheidung und Rationalität sowie B) Beziehung und Interaktion.

3.2 Das weitgehend ökonomische Spezifikum: erfahrungsbasiert-systemisch

Sowohl die instrumentell-strategische als auch die intersubjektive Orientierung in der ökonomisch geprägten Lebens- und Arbeitswelt sind aus einer *erfahrungsbasierten Teilnehmerperspektive* zugänglich. Die wirtschaftlich guten oder schlechten Folgen eigener Entscheidungen und Handlungen bekommt man zu spüren, ihre Verknüpfung kann man daher durch Erfahrung lernen, durch wiederholte Erfahrung stabilisieren bzw. durch gegenteilige Erfahrung erschüttern. Durch die von Piaget beschriebenen Anpassungsprozesse der Akkommodation und Assimilation differenzieren sich die kognitiven Strukturen aus und integrieren neue Erfahrungen (STEINEBACH 2000, S. 100). Obgleich es angenehmer ist, in seinen Entscheidungen durch Erfahrung positiv bestärkt zu werden, kann man auch aus den eigenen Irrtümern lernen. Informelle Lernprozesse sind im Bereich des Ökonomischen also möglich, wenngleich in Einzelfällen hochriskant, weil Fehlentscheidungen auch sehr gravierende, nicht reversible Folgen für das wirtschaftliche Wohlergehen haben können. Erfahrungsbasiertes Lernen ist auch infolge der widerfahrenen guten oder schlechten Folgen kooperativen Handelns für die Beteiligten möglich. Man lernt auf diese Weise zum Beispiel, welchem Gegenüber man erfahrungsgemäß vertrauen darf und wem man warum besser misstrauen sollte. Im Hinblick auf höhere Ebenen sozialer Aggregation wie Märkte und ganze Volkswirtschaften ist erfahrungsbasiertes Lernen jedoch zumindest unwahrscheinlich. Das ergibt sich zum einen schon allein daraus, dass viele Zusammenhänge kontraintuitiv sind. Dass beispielsweise politische Regulierungen schon eine Wirkung im ökonomischen System erzeugen, bevor sie überhaupt in Kraft sind, fordert das von den Naturwissenschaften geprägte mentale Modell der Kausalität heraus, wonach die Ursache zeitlich vor der Wirkung eintritt. Zum anderen scheitert Erfahrungslernen an der Erklärung des Verhaltens von Aggregaten, das nicht den in sie eingeflossen Einzelwerten entspricht. Wenn beispielsweise der Preis eines Gutes sinkt, steigt im Allgemeinen die nachgefragte Menge. Wenn dagegen das allgemeine Preisniveau sinkt, stimuliert dies nicht unbedingt die gesamtwirtschaftliche Nachfrage, sondern kann in einer Deflationsspirale münden. In lerntheoretischer Hinsicht kann daraus die Notwendigkeit einer weiteren Differenzierung von systemischen Konzepten des Kompetenzbereichs C gefolgert werden, die nur über theoretisch geleitete Bildungsanstrengungen zugänglich sind. Das Individuum muss dazu eine *aus dem Handlungs- und Interaktionszusammenhang heraustretende Beobachterposition* einnehmen, die selbst dann vom persönlichen Involviertsein absieht, wenn man tatsächlich involviert ist.

Kein anderer gesellschaftlicher Bereich hat sich so weit als System ausgeprägt wie die Ökonomie. Dies ist insbesondere eine Folge des ubiquitären Vorhandenseines eines spezifischen ‚generalisierten Kommunikationsmediums' für dieses System: Geld (vgl. HABERMAS 1981 Bd. 2, S. 400 ff. oder SCHIMANK 2008). Die Systematizität und die daraus folgende Abstraktheit der Ökonomie, d. h. einer Sphäre jenseits der Anschaulichkeit der individuellen und intersubjektiven Handlungssphäre, stellt damit eine weitgehend spezifisch wirtschaftsdidaktische Herausforderung dar.

Empirische Befunde stützen die Unterscheidung in Akteurs- und Beobachterperspektive innerhalb der domänenspezifischen Kompetenzentwicklung. Dieses für die ökonomische Domäne konstitutive Kernproblem (z. B. FEND 1991, S. 141), die Differenz zwischen individueller Handlungsebene und systemischer Ebene wird am deutlichsten in der Unterscheidung von konkreten Märkten, die man wie z. B. Flohmärkte aufsuchen kann, und dem ökonomischen Konzept ‚Markt'. Während man auf den ersten Blick hin denken könnte, dass sich die Beobachterperspektive als *Dezentrierung, Generalisierung oder Abstraktion* (siehe z. B. die Zusammenfassung von FELDMANN 2002 oder die Studie von LEISER/HALACHMI 2006) von der bzw. den Teilnehmerperspektiven ergibt, und somit ein gängiger Lernpfad vorliegt, zeigt sich bei genauer Analyse ein anderes Bild. Die allgemeine soziale Koordinationsleistung von Märkten – da als solche gerade nicht intendiert und bewusst – erscheint in der jeweiligen marktbezogenen Handlung in der Teilnehmerperspektive überhaupt nicht; d. h., auch durch didaktisch angeleitete Generalisierung oder Abstraktion von dieser ist für die Klärung der Beobachterperspektive nicht direkt etwas abzuleiten.

Dass es sich bei dieser Differenz um einen wesentlichen Aspekt der domänenspezifischen konzeptuellen Entwicklung handelt, zeigt sich auch daran, dass diese für die Unterscheidung von Experten- und Laienverständnis zentral ist. So geht das Verständnis der systemischen Interdependenz über das Verständnis einer konkreten einzelnen Interaktion nicht nur vom Umfang, sondern auch hinsichtlich der Struktur hinaus, denn die systemische Strukturbildung ist von komplexen Rückkoppelungseffekten geprägt. Es erfordert ein entwickeltes operationales Niveau sowie die weitgehende *Lösung von anschaulichen Urteilsformen* (REMMELE 2010; zur Diskussion entsprechender entwicklungspsychologischer Befunde im „post-formalen" Bereich z. B. KRAMER/KAHLBAUGH/GOLDSTON 1992).

Es handelt sich um kognitive Entwicklungen, die erhebliche Bildungsanstrengungen erfordern. Empirische Studien aus dem Feld der behavioral economics belegen, dass Experten entsprechende Konzepte anwenden, die ökonomischen Laien nicht ohne Anstrengungen zugänglich sind. Laien haben ganz andere Vorstellungen davon, ‚wie Wirtschaft funktioniert' (z. B. ENSTE et al. 2009, S. 74). Ihre abweichenden mentalen Modelle von Wirtschaft sind der tieferliegende Grund dafür, dass sie systematisch zu abweichenden ökonomischen Urteilen bezüglich der Wirkung politischer Maßnahmen im ökonomischen System kommen. Für entsprechende Konzepte, wie etwa das der Opportunitätskosten, lassen sich die betreffenden Schwellen vom Laienzum Expertenkonzept und ihre typische Überwindung in der Oberstufe oder im tertiären Bildungsbereich nachzeichnen (zu solchen ökonomischen „threshold concepts" vgl. DAVIES 2006).

Aus didaktisch-methodischer Sicht stellt es ein nicht-triviales Problem für das Lehren und das Lernen dar, dass das systemische Denken nicht auf der individuellen Erfahrung aufbaut bzw. nur mit beträchtlichem methodischem Aufwand dort angeschlossen werden kann, da ein Anschluss an das durch Alltagspraxis geprägte Vorwissen der Schüler kaum möglich ist. Bereits WYGOTSKI (1934, S. 255 ff.) hat darauf hingewiesen, dass theoretische Begriffe auch theoretisch unterrichtet werden sollten bzw. teilweise müssen, da sie eben mit den ‚spontanen Begriffen' nicht sinnvoll verbunden werden können. Übertragen in die Sprache des conceptual-change-Ansatzes geht es in einem solchen Fall um ein „top-down replacement" (CHI/OHLSSON 2005). Ein solches replacement geschieht über die Vermittlung eines Konzeptes als Alternative zum Gegebenen (Spontanen), ohne dieses als Input für das Neue zu nutzen. (Es wird sich dann zeigen, welches Konzept sich unter den jeweiligen Anforderungen, seien es lebenspraktische Problemstellungen oder Klausuren, bewährt.)

Vor diesem Hintergrund kann man von einer weitgehend eigenständigen Entwicklung abstraktiv an handlungsnahe (strategisch und intersubjektiv) und anschauliche Zusammenhänge anschließender Konzepte einerseits und an nur durch theoretische Anleitung zugängliche systemische Konzepte andererseits ausgehen. Dies führt entsprechend zur Unterscheidung der Kompetenzbereiche A) Entscheidung und Rationalität und B) Beziehung und Interaktion einerseits sowie C) Ordnung und System andererseits.

Anzumerken ist allerdings, dass die drei Bereiche nicht vollständig trennscharf zu definieren sind. So mögen die Bereiche A und B ebenfalls in einigen Fällen komplexe Modellierungsleistungen abverlangen. Die Struktur ist aber hinreichend differenzierungsfähig und sie ist lerntheoretisch fundiert. Sie erlaubt in der Konsequenz die Spezifizierung von Teilkompetenzen, was gemäß den Forderungen der KMK notwendig ist. Zudem konvergieren die Kompetenzbereiche mit der bildungstheoretischen, normativen Fixierung eines Bildungsauftrags von Schulen. Bildung wird hier verstanden als die Fähigkeit zur Verantwortungsübernahme gegenüber sich selbst, gegenüber anderen, gegenüber dem Ganzen und gegenüber der Sache (ausführlich zu dieser Komponente der Bereichsunterscheidung: SEEBER et al. 2012).

4. Ausdifferenzierung der Kompetenzbereiche durch Teilkompetenzen

Für die skizzierte Differenzierung der Kompetenzbereiche in der ökonomischen Domäne spricht nicht zuletzt, dass sich grundlegende Stränge sozialwissenschaftlicher Theoriebildung daran anschließen lassen, d. h. handlungstheoretische, interaktionistische und systemtheoretische Ansätze. Die drei Kompetenzbereiche sind damit in ihrer Unterschiedlichkeit und Notwendigkeit begründet, müssen jedoch für pädagogisch-didaktische Zwecke der Förderung der Kompetenzentwicklung weiter ausdifferenziert werden. Dies geschieht innerhalb von Kompetenzstrukturmodellen zunächst durch die Angabe von analytisch unterscheidbaren Teilkompetenzen, die hier allerdings nicht mehr einer so strengen lerntheoretischen Differenzierung wie der eben dargestellten unterliegen. Als Grundlage für die Standardisierung von Kompetenzzielen ist ihr präskriptiver Charakter unvermeidbar, weil sie sonst die ihnen zugeschriebene Funktion nicht erfüllen könnten. Was erreicht werden soll, lässt sich jedoch lerntheoretisch stützen und aus der Domänenspezifität (Perspektive, Modelle, Methoden, Termini etc.) herleiten, bleibt aber – und das gilt für alle Schulfächer – eine Vorgabe.

Insgesamt bleibt im Hinblick auf das Kompetenzmodell einzuräumen, dass eine empirische Validierung der Spezifizität der drei Kompetenzbereiche und ihrer Entwicklungsverläufe und ihrer weiteren Differenzierung noch aussteht. Aus den allgemeinen Beschreibungen der Kompetenzbereiche, die den folgenden Tabellen jeweils vorangehen, werden die in den Tabellen niedergeschriebenen Konkretisierungen abgeleitet. Sie orientieren sich an den wirtschaftlichen Anforderungen an strategisches (A), intersubjektives (B) und systemisches (C) Denken, Handeln und Urteilen.

A) Entscheidung und Rationalität (des Einzelnen)

Die Schüler/-innen sollen über die Kompetenz verfügen, in ökonomisch geprägten Lebenssituationen eine rationale Auswahl unter Handlungsalternativen zu treffen und bei dieser Entscheidung die Handlungsrestriktionen zu beachten. Dies beinhaltet folgende Fähigkeiten: In der konkreten ökonomischen (Entscheidungs-)Situation können sie die gegebenen Handlungsmöglichkeiten identifizieren, die gesetzten Handlungsgrenzen ermitteln und beachten, die voraussichtlichen Handlungsfolgen antizipieren und anhand ihrer Präferenzen bewerten sowie die subjektiv beste Alternative auswählen. Auf lange Sicht können sie ihre Handlungsmöglichkeiten erweitern. Die zur Beschreibung der Teilkompetenzen verwendeten Konzepte, insbesondere „Ziele, Optionen, Restriktionen, Folgen, Präferenzen und Auswahl" finden sich – dem Bereich entsprechend – nebst anderen sowohl in der deskriptiven, psychologischen als auch in der normativen, ökonomischen Entscheidungstheorie wieder.

Tabelle 1: Teilkompetenzen im Kompetenzbereich A

A Entscheidung und Rationalität	Kompetenzanforderungen
A 1 Situationen analysieren	Die Schüler/-innen identifizieren situationsspezifisch die Ziele wirtschaftlich Handelnder (Personen und Organisationen) und ermitteln deren Handlungsalternativen. Sie analysieren die Faktoren, die den Handlungsspielraum beschränken (Restriktionen).
A 2 Handlungsalternativen bewerten	Die Schüler/-innen antizipieren die Folgen alternativer Handlungen und berücksichtigen dabei auch die Wahrscheinlichkeit ihres Eintretens. Sie bewerten die (objektiven) Folgen anhand subjektiver Wertmaßstäbe (Präferenzen) und wählen die – unter den gegebenen Bedingungen – beste Handlungsalternative aus.
A 3 Handlungsmöglichkeiten gestalten	Die Schüler/-innen analysieren die Veränderbarkeit von Handlungsrestriktionen und die Erweiterbarkeit der eigenen Handlungsspielräume und Entscheidungsfähigkeit.

B) Beziehung und Interaktion (mit Anderen)

Die Schüler/-innen sollen wirtschaftliche Beziehungen im Hinblick auf divergierende und konvergierende Interessenkonstellationen beschreiben und bewerten. Sie können die Bedeutung kooperativer und konfliktärer Beziehungen im Wirtschaftsprozess erkennen und beurteilen. Dies beinhaltet folgende Fähigkeiten: In konkreten und typisierten sozialen Zusammenhängen können die Schüler/-innen die Divergenz oder Konvergenz von Interessen analysieren sowie die Formen und Probleme kooperativer Interaktionen analysieren und gestalten. Sie können Institutionen als Verfestigung von Verhaltenserwartungen analysieren und ihre Entstehung nachvollziehen.

Tabelle 2: Teilkompetenzen im Kompetenzbereich B

B Beziehung und Interaktion	Kompetenzanforderungen
B 1 Interessenkonstellationen analysieren	Die Schüler/-innen beschreiben wirtschaftliche Beziehungen als Austausch von Leistungen zum gegenseitigen Nutzen. Sie identifizieren die Interessen der Betroffenen und analysieren, ob es sich um gleichlaufende oder gegensätzliche Interessen handelt. Sie führen die Handlungen der Interaktionspartner auf deren Interessen zurück und bewerten die Handlungskonsequenzen für die Betroffenen.
B 2 Kooperationen analysieren, bewerten und gestalten	Die Schüler/-innen identifizieren über den Tausch hinausgehende Kooperationen als Möglichkeiten zur Realisierung gemeinsamer Interessen und erkennen und begründen daraus folgende Vorteile. Sie benennen Ursachen von Kooperationsproblemen und zeigen Lösungsmöglichkeiten auf, die sie unter Berücksichtigung der unterschiedlichen Interessen begründen.
B 3 Beziehungsgefüge analysieren	Die Schüler/-innen analysieren Wirtschaftsbeziehungen im Hinblick auf die sie prägenden formellen und informellen Regeln und deren Anreizwirkungen. Sie analysieren die Funktion und den historischen Wandel von (beispielhaften) Institutionen als Regeln bzw. Verhaltenserwartungen.

C) Ordnung und System (das Ganze)

Die Schüler/-innen sollen wirtschaftliche Zusammenhänge als systemische Effekte erkennen. Sie bewerten staatliches Handeln in einer marktwirtschaftlichen Ordnung und dessen Konsequenzen für Individuen, verschiedene Gruppen und die Gesellschaft auf der Basis ökonomischer Kenntnisse und mit Blick für vernetzte Effekte. Dies beinhaltet folgende Fähigkeiten: Sie können Aspekte des Marktsystems analysieren. Sie können das Marktsystem, insbesondere die Soziale Marktwirtschaft, im Hinblick auf verschiedene Kriterien und Leitideen (z. B. Freiheit, sozialer Ausgleich) beurteilen und bewerten. Sie können die Rolle des Staates in Marktprozessen analysieren und individuelle politische Handlungsmöglichkeiten analysieren und gestalten.

Dieser Teilbereich ist lerntheoretisch komplexer als die beiden anderen und erfordert insbesondere die Fähigkeit, eine übergeordnete Beobachterperspektive einzunehmen, d. h. die Betrachtung ökonomischer Phänomene hebt die Reflexion auf Akteursebene auf die höhere Ordnungs- und Systemebene.

Tabelle 3: Teilkompetenzen im Kompetenzbereich C

C Ordnung und System	Kompetenzanforderungen
C 1 Märkte analysieren	Die Schüler/-innen erklären das Zustandekommen des Preises für unterschiedliche Märkte.
	Sie analysieren Bedingungen für effiziente Märkte und deren Grenzen.
	Sie ordnen das Handeln der Wirtschaftssubjekte auf Märkten auf einer volkswirtschaftlichen Ebene ein und beschreiben die ökonomischen Konsequenzen von Verteilungen über Märkte für die Wirtschaftssubjekte.
C 2 Wirtschaftssysteme und Ordnungen analysieren	Die Schüler/-innen analysieren die wichtigsten Leitideen und Ordnungsmittel von Wirtschaftssystemen und Ordnungen – vorrangig der Sozialen Marktwirtschaft – und das damit gegebene Verhältnis von Markt und Staat.
	Sie stellen Verbindungen zwischen ökonomischen, sozialen und ökologischen Wirkungen staatlichen Handelns in der Sozialen Marktwirtschaft her.
C 3 Politik ökonomisch beurteilen und gestalten	Die Schüler/-innen analysieren die voraussichtlichen Folgen politischer Maßnahmen im ökonomischen System und die Erreichbarkeit wirtschafts- und sozialpolitischer Ziele.
	Sie analysieren ihre individuellen Handlungsmöglichkeiten als Wirtschaftsbürger und bewerten sie ökonomisch und im Hinblick auf die Leitideen der Sozialen Marktwirtschaft.

5. Zum Ziel ökonomischer Bildung

Ökonomische Bildung findet in (öffentlichen) Schulen statt und muss sich daher auch an den normativen Maßstäben einer freien bzw. einer an ‚realer Freiheit' orientierten Gesellschaft messen lassen. Das gilt besonders auch, weil sie einen originären Beitrag zur politischen Bildung leistet, was nicht nur für den Kompetenzbereich C der Fall ist, denn in unserem Gemeinwesen stehen das wirtschaftende Individuum und das Gemeinwesen in einem wechselseitigen Abhängigkeitsverhältnis. „Eine Verfassung der Freiheit muss darauf vertrauen, dass möglichst alle Bürger des Landes zur Selbstverantwortung fähig sind, sonst wäre Zusammenhalt in Freiheit nicht möglich. Das Grundgesetz hält an diesem Ideal fest ohne naiv zu sein. Wer nicht für sich sorgen kann, wird aufgefangen durch ein Netz sozialer Leistungen, auf die er einen Rechtsanspruch hat" (DI FABIO 2010). Mit der parallelen Kompetenzentwicklung im individuellen, relationalen und systemischen Bereich soll ökonomische Bildung die Menschen somit befähigen, ihr Leben in wirtschaftlicher Hinsicht selbstverantwortlich zu gestalten und im interpersonellen Umgang sozialverantwortlich zu wirtschaften bzw. auf systemischer Ebene eine institutionalisierte Form der Solidarität zur Geltung zu bringen. Ein solcherart formulierter Bildungsauftrag für ökonomische Bildung ist letztlich normativ. Er basiert aber auf einem breiten Konsens in der Fachdidaktik, der Freiheit und die Voraussetzungen für deren Nutzung in den Mittelpunkt rückt.

Literatur

BRATEN, Stein: Intersubjective communion and understanding: development and perturbation. In: BRATEN, Stein: Intersubjective Communication and Emotion in Early Ontogeny. Cambridge 1998

BUBER, Martin: Ich und Du. Heidelberg 1977

CHI, Michelene; OHLSSON, Stellan: Complex Declarative Learning. In: Cambridge Handbook of Thinking and Reasoning, HOLYOAK, Keith and MORRISON, Robert. Cambridge 2005, S. 371–399

DAVIES, Peter: Threshold Concepts: How can we recognise them? In: MEYER, Jan; LAND, Ray (Hrsg.): Overcoming Barriers to Student Understanding: Threshold concepts and troublesome knowledge. London 2006, S. 70–84

DEGÖB – DEUTSCHE GESELLSCHAFT FÜR ÖKONOMISCHE BILDUNG: Kompetenzen der ökonomischen Bildung für allgemein bildende Schulen und Bildungsstandards für den mittleren Schulabschluss. Köln 2004

DGfG – DEUTSCHE GESELLSCHAFT FÜR GEOGRAPHIE: Bildungsstandards im Fach Geographie für den Mittleren Schulabschluss – mit Aufgabenbeispielen. 8. Aufl., Bonn 2014

DI FABIO, Udo: Wachsende Wirtschaft und steuernder Staat. Berlin 2010

ENSTE, Dominik; HAFERKAMP, Alexandra; FETCHENHAUER, Detlef: Unterschiede im Denken zwischen Ökonomen und Laien. Erklärungsansätze zur Verbesserung der wirtschaftspolitischen Beratung. In: Perspektiven der Wirtschaftspolitik 10 (2009) 1, S. 60–78

FEHR, Ernst; SCHMIDT, Klaus: The Economics of Fairness, Reciprocity and Altruism – Experimental Evidence and New Theories. Münchener Wirtschaftswissenschaftliche Beiträge 2005-20

FELDMANN, Klaus: Die Entwicklung des ökonomischen Bewusstseins von Kindern und Jugendlichen. Universität Hannover 2002

FEND, Helmut: Identitätsentwicklung in der Adoleszenz. Lebensentwürfe, Selbstfindung und Weltaneignung in beruflichen, familiären und politisch-weltanschaulichen Bereichen. Bern 1991

HABERMAS, Jürgen: Theorie des Kommunikativen Handelns. Frankfurt/Main 1981

HALLPIKE, Christopher: The evolution of moral understanding. Alton 2004

HENRICH, Joseph: Foundations of human sociality. New York 2004

IACOBONI, Marco: Woher wir wissen, was andere denken und fühlen. Das Geheimnis der Spiegelneuronen. München 2011

KAMINSKI, Hans; ECKERT, Katrin; BURKARD, Karl-Josef: Konzeption für die ökonomische Bildung als Allgemeinbildung von der Primarstufe bis zur Sekundarstufe II. Berlin 2008

Kramer, Deirdre; Kahlbaugh, Patricia; Goldston, Ruth: A Measure of Paradigm Beliefs About the Social World. In: Journal of Gerontology 47 (1992) 3, S. 180–189

Klieme, Eckhard; Avenarius, H.; Blum, W.; Döbrich, P.; Gruber, H.; Prenzel, Manfred (2003): Zur Entwicklung nationaler Bildungsstandards. Eine Expertise. BMBF 2003

Leiser, David; Halachmi, Reut Beth: Children's Understanding of Market Forces. In: Journal of Economic Psychology. Vol. 27 (2006), S. 6–19

Meltzoff, Andrew: Molyneux's babies: Cross-modal perception, imitation and the mind of the preverbal infant. In: Eilan, Naomi et al.: Spatial Representation. Problems in Philosophy and Psychology. Oxford/Cambridge Ma. 1993, S. 219–235

Oostenbroek, J., u. a.: Comprehensive Longitudinal Study Challenges the Existence of Neonatal Imitation in Humans. Current Biology (2016)

Remmele, Bernd: Die Entstehung des Maschinenparadigmas. Technologischer Hintergrund und kategoriale Voraussetzungen. Opladen 2003

Remmele, Bernd: Two Peculiarities of Economic Education. In: Journal of Social Science Education 9 (2010) 4, S. 26–44

Remmele, Bernd: The intersubjective turn and its consequences for economics education. In: Citizenship, Social and Economics Education 10 (2011) 2&3, S. 129–139

Retzmann, Thomas: Didaktik der berufsmoralischen Bildung in Wirtschaft und Verwaltung. Norderstedt 2006

Retzmann, Thomas: Von der Wirtschaftskunde zur ökonomischen Bildung. In: Kaminski, Hans; Krol, Gerd-Jan (Hrsg.): Ökonomische Bildung: legitimiert, etabliert, zukunftsfähig? Bad Heilbrunn/Obb. 2008, S. 71–90

Retzmann, Thomas; Seeber, Günther; Remmele, Bernd; Jongebloed, Hans-Carl: Ökonomische Bildung an allgemeinbildenden Schulen: Bildungsstandards – Standards für die Lehrerbildung. Essen, Lahr, Kiel 2010

Rizzolatti, Giacomo; Craighero, Laila: The Mirror-neuron System. In: Annual Review of Neuroscience 27 (2004), S. 169–192

Schimank, Uwe: Kapitalistische Gesellschaft – differenzierungstheoretisch konzipiert. Fernuniversität Hagen 2008

Seeber, Günther: Wirtschaftskategorien erschließen die ökonomische Perspektive: Grundlagen und unterrichtspraktische Relevanz. In: Weisseno, Georg (Hrsg.): Politik und Wirtschaft unterrichten. Bonn 2006, S. 174–186

Seeber, Günther; Retzmann, Thomas; Remmele, Bernd; Jongebloed, Hans-Carl: Bildungsstandards der ökonomischen Allgemeinbildung. Kompetenzmodell, Aufgaben, Handlungsempfehlungen. Schwalbach/Ts. 2012

Sekretariat der ständigen Konferenz der Kultusminister der Länder in der Bundesrepublik Deutschland: Vereinbarung über Bildungsstandards für den Mittleren Schulabschluss (Jahrgangsstufe 10). Beschluss der Kultusministerkonferenz vom 04.12.2003

Smith, Adam: Theorie der ethischen Gefühle. Hamburg 1759/2010

Steinebach, Christoph: Entwicklungspsychologie. Stuttgart 2000

Tomasello, Michael: The Cultural Origins of Human Cognition, Cambridge/London 1999

Warneken, Felix; Tomasello, Michael: Varieties of altruism in children and chimpanzees. In: Trends in Cognitive Science 13 (2009), S. 397–402

Wygotski, Lew: Denken und Sprechen. Frankfurt am Main 1934/1977

Josef Aff, Gerhard Geissler

Kritisch-konstruktive Umsetzung kompetenzorientierter Standards

Plädoyer für eine didaktische Wendung in der wirtschaftspädagogischen Forschung

Auch die Entwicklungspfade der Wirtschaftspädagogik sind durch Kontinuitäten und Brüche gekennzeichnet. In diesem Beitrag wird zunächst aufgezeigt, dass die Wirtschaftspädagogik mit ihrer aktuellen wissenschaftlichen Schwerpunktsetzung auf das Themenfeld „Kompetenz" Gefahr läuft, ihrer Rolle als Reflexionssystem von Schule nicht gerecht werden zu können. In weiterer Folge wird, auf der Basis einer im Modus der immanenten Kritik entwickelten Position zu dieser Einseitigkeit, eine „didaktische Wendung" im Sinne der kritisch-konstruktiven Didaktik Wolfgang Klafkis für den Wirtschaftsunterricht mit der Perspektive gefordert, die Kompetenzforschung an jener Stelle zu ergänzen, wo sie an ihre Grenzen stößt.

Schlagworte: Immanente Kritik, Kompetenzforschung, kritisch-konstruktive Didaktik

Am 21. Juli 1962 hielt Heinrich ROTH seine Antrittsvorlesung an der Göttinger Georg-August-Universität mit dem Titel „Die realistische Wendung in der Pädagogischen Forschung". Darin kritisierte er die Dominanz der geisteswissenschaftlichen Pädagogik und forderte eine radikale Perspektivenerweiterung, um „die herkömmlichen methodischen Verfahren der wissenschaftlichen Pädagogik, insbesondere die hermeneutischen, textanalytischen Methoden durch Methoden empirischer Forschung zu ergänzen" (KLAFKI 1971, S. 370).

Auf der Basis einer im Modus der Ideologiekritik (JAEGGI 2013, S. 266 ff.) verfassten Auseinandersetzung mit der gegenwärtigen Hegemonie der empirischen Bildungsforschung und ihren Beiträgen zur Kompetenzforschung in der Berufs- und Wirtschaftspädagogik wird für die Frage nach ergänzenden Maßnahmen zur Umsetzung kompetenzorientierter Standards am Beispiel des vollzeitschulischen Bildungswesens in Österreich, und konkret für den Schultyp der Handelsakademie, erneut eine Perspektivenerweiterung gefordert. Dafür könnte eine anspruchsvolle bildungstheoretische Konzeption, wie sie beispielsweise von Wolfgang KLAFKI (KLAFKI 1974) für die Allgemeinbildung als Grundlage für eine kritisch-konstruktive Didaktik ausgearbeitet und von Josef AFF (AFF 2015) für die Wirtschaftspädagogik nutzbar gemacht worden ist, herangezogen werden, um die aktuell vorliegenden Kompetenzmodellierungen kongenial zu ergänzen.

1. Die österreichische Handelsakademie

Die Handelsakademie ist eine berufsbildende höhere Schule für 14- bis 19-jährige Schüler/-innen. Dieser Schultyp dient dem Erwerb höherer kaufmännischer Bildung für alle Zweige der Wirtschaft. Die Ausbildung integriert Allgemeinbildung und kaufmännische Bildung, umfasst fünf Schulstufen und endet mit einer Diplom- und Reifeprüfung.

Nach einem mehr als drei Jahre dauernden Entwicklungsprozess wurde mit dem Schuljahr 2014/15 ein neuer kompetenzorientierter Lehrplan eingeführt. Dieser Lehrplan orientiert sich in seinem Bildungsziel gleichermaßen am Ziel der Beschäftigungsfähigkeit wie am Ziel der Studierfähigkeit. Außerdem sollen die Absolventen/-innen in der Lage sein, in verschiedenen Rollen – Unternehmer/-in, Arbeitnehmer/-in, Konsument/-in – „aktiv und verantwortungsbewusst zu agieren und damit Wirtschaft und Gesellschaft mit zu gestalten" (Lehrplan der Handelsakademie 2014, Allgemeines Bildungsziel, www.ris.bka.gv.at).

Dieses Absolventen/-innen-Bild geht davon aus, dass sowohl die Erledigung von Routineaufgaben als auch die Fähigkeit zur Reflexion über ökonomische Zusammenhänge für eine ökonomische Bildung unverzichtbar sind. Trotz bereits umfassend vorliegender illustrierender Beispiele, ist die Umsetzung dieser Bildungsidee, allerdings nur durch einen enormen „hermeneutischen Interpretationsaufwand" realisierbar (Aff 2006, S. 13) und wesentlich davon abhängig, wie der Unterricht gestaltet wird.

2. Ideologiekritik an der Praxis der Kompetenzforschung

Die im gebotenen Rahmen kurz gehaltene Ideologiekritik an der gegenwärtigen Kompetenzforschung ist inspiriert vom Verfahren immanenter Kritik, das durch Rahel Jaeggi (Jaeggi 2014) kürzlich ertragreich vorangetrieben wurde. Dieser Modus der Kritik – in Abgrenzung von externer bzw. interner Kritik – setzt bei den in den Ansprüchen und Bedingungen gelegenen sozialen Praktiken, die auch deren institutionelle Manifestationen und Materialisierungen umfassen, an. Soziale Praktiken sind als komplex strukturierte Problemlösungsstrategien darauf ausgerichtet, historisch kontextualisierte und normativ verfasste Probleme zu lösen (Jaeggi 2014, S. 58). Immanente Kritik ist als Verfahren an „einer durch die immanenten Probleme und Widersprüche einer bestimmten sozialen Konstellation beförderten Transformation des Bestehenden orientiert" (Jaeggi 2013, S. 286).

Die Komplexität des Themenbereichs erfordert von einer im Modus immanenter Kritik durchgeführten Analyse, auf mehreren Ebenen anzusetzen: Getragen von der Annahme einer grundsätzlich widersprüchlichen Verfasstheit der Ansprüche und Bedingungen der Moderne, verknüpft diese kritische Analyse der sozialen Praxis der Kompetenzforschung die gesellschaftliche Position des Subjekts als „Träger von Kompetenz" mit der Funktion von Schule als Stätte der „Arbeit am Subjekt" und der Rolle der Berufs- und Wirtschaftspädagogik als Reflexionssystem der berufsbildenden Schule, auf der Basis einer Denkfigur der Moderne, um vor diesem Hintergrund eine Perspektive für die Forderung nach einer „didaktische Wendung" im Wirtschaftsunterricht geltend machen zu können.

In der Moderne hat sich das Phänomen des Subjekts aus einem Akt der Freisetzung seines Ichs gegen und in Absetzung von Gesellschaft hervorgebracht und gleichzeitig den Ansprüchen von Gesellschaft unterworfen. Seither mutet die Gesellschaft der Moderne dem Subjekt die Bewältigung fundamentaler Widersprüche zwischen Autonomie und Fremdbestimmung, Freiheit und Verpflichtung, Selbst- und Gemeinsinn zu. Zwar akzeptiert die Idee der Moderne die „innere Unendlichkeit des Individuums als Motivgrund für seine Handlungen ...", gleichzeitig beinhaltet sie aber die Bedingung, dass sich der Mensch „selbst in den Dienst einer erhaltenden Ordnung stellt" (Nassehi 2006, S. 69). Auf diese Weise produzieren und reproduzieren Subjekte in kontinuierlichen Handlungen gesellschaftliche Verhältnisse, die ihnen als „objektive" Realität und Ordnung entgegentreten und gleichzeitig deren Subjektivität bedrohen (Mörth/ Ziegler 1990, S. 88).

Im Diskurs- und Spannungsfeld zwischen Subjektbildung und Qualifizierung bzw. allgemeiner Menschenbildung und beruflicher Ausbildung spiegelt sich diese antinomistische gesellschaftliche Konstitutionslogik der Moderne, auch in der grundsätzlichen, strukturell nicht aufzuhebenden Widersprüchlichkeit der gesellschaftlichen Institution Schule.

Schule versucht gleichermaßen personenbezogene wie gesellschaftliche Funktionen zu erfüllen, denn sie erhebt für sich den Anspruch und zieht ihre Legitimation daraus, sowohl die Entfaltung der individuellen Potenziale des Einzelnen zu fördern wie auch das einzelne Individuum zu einem handlungsfähigen und gesellschaftlich akzeptierten Subjekt zu entwickeln. Dabei steht sie im Brennpunkt unterschiedlicher gesellschaftlicher Erwartungen. Sie muss differente Qualifikationsanforderungen der Wirtschaft, verschiedene politische Steuerungsmaßnahmen und unterschiedliche Impulse aus ihrem Reflexionssystem in ihren Leitideen und Aktivitäten adaptieren. Dieses Verhältnis von Schule und ihrem Umfeld stellte Helmut Fend in einer Doppelfunktion des Bildungswesens dar, wobei er, unter Rekurs auf Talcott Parsons' AGIL-Schema, gesellschaftliche Reproduktions- und Innovationsaufgaben in Kultur, Wirtschaft, Sozialstruktur und Politik gleichzeitig mit individuellen Handlungs- und Entwicklungschancen in diesen Bereichen durch die Herstellung von Handlungsfähigkeit durch Qualifikationserwerb, Lebensplanung, sozialer Orientierung und Identifikationsbildung in den Blick nahm (Fend 2006, S. 53). Damit positionierte Fend die Schule als Problemlösungsinstanz der Gesellschaft für die Frage nach den Bedingungen und Mechanismen gesellschaftlicher Reproduktion bzw. dauerhafter sozialer Ordnung, unter dem Postulat, dass Systemerhaltung nur möglich ist, wenn ein Konsens über gemeinsame Wertorientierungen in der Gesellschaft institutionalisiert und im Subjekt internalisiert werden. In der Schule erfolgt die Vermittlung von gesellschaftlichen Werten an Subjekte durch den Unterricht. Da sich gesellschaftliche Verhältnisse und Wertorientierungen im Laufe der Zeit ändern, ist die Vorstellung von angemessener Gestaltung von Unterricht sowohl mit den variablen epochenspezifischen Formen gesellschaftlich-struktureller Erscheinungen als auch mit dem wissenschaftlichen Fortschritt im Reflexionssystem von Schule – für die kaufmännische Bildung also die Entwicklungen in der Berufs- und Wirtschaftspädagogik – gekoppelt. Wie somit das Verhältnis von Autonomie der Person, als zentrales Versprechen der Moderne, und gesellschaftlicher Funktionalität, als unbedingte Erwartung der Moderne (Nassehi 2006, S. 162), in der kaufmännischen Schule modelliert wird, ist dem historisch-gesellschaftlichen-wissenschaftlichen Wandel ausgesetzt.

Für eine kritische Analyse dieses Wandels in der Moderne kann ein „Modell Neuzeit" als bestimmende Figuration des Denkens über Gesellschaft herangezogen werden. Es weist darauf hin, dass „der naturwissenschaftlich-technisch-ökonomisch-rationale und auf Kalkül bezogene Wirkungskreis im Rahmen der Gesellschaft primär zum Tragen kommt" (Heintel 1998, S. 20). Quantität, Messbarkeit, logische Rationalität, Widerspruchsfreiheit oder lineare Kausalität sind jene Grundkategorien, auf denen die dominanten Systeme der neuzeitlichen Entwicklung beruhen. Dieses „Modell Neuzeit" erfasst zwar nur einen Teil der gesamten Wirklichkeit des Menschen und der Natur, zeigt allerdings die Tendenz, sich auf der Ebene des Bewusstseins aller Wirklichkeitsbereiche zu bemächtigen. Im Rahmen des Hegemonialstrebens des bloß einen Teil der Wirklichkeit verabsolutierenden Modells kommt es dabei zu einer Entwertung von allem nicht Berechenbaren. Die Dominanz dieses Systems hat „zu Bevorzugungen des ihm zugehörigen Bereichs geführt und zu einer Auszeichnung seiner Kategorien (Messen, Rechnen, Machen Eingreifen, Verändern, Ordnen …); andere Bereiche wurden entwertet und in Subsysteme verwiesen" (Heintel 1993, S. 60).

Ausgelöst durch einen Boom empirischer Bildungsforschung, ist längst auch die moderne Pädagogik untrennbar mit Modernisierung als wissenschaftlich-technische Weltbemächtigung und rationalistisch-sozialdisziplinierter Lebensführung verbunden (Binder/Boser 2011, S. 34). Dies zeigt sich gegenwärtig vor allem in der Omnipräsenz (Lederer 2014, S. 243; Liessmann 2014) und in den Praktiken der Kompetenzforschung der Berufs- und Wirtschaftspädagogik.

Ursprünglich war der Kompetenzbegriff im Rahmen eines umfassenden Persönlichkeits- und Gesellschaftsbilds gedacht. Heinrich Roth sprach im zweiten Band seiner Schrift zur „Pädagogischen Anthropologie" (1971) von Sach-, Selbst- und Sozialkompetenz als grundlegenden menschlichen Fähigkeiten und verband diese mit der Idee der Mündigkeit: „Die menschliche Handlungsfähigkeit ist für uns der notwendige und zugleich beherrschende Bezugspunkt, da in ihr das Zusammenwirken aller menschlichen Kräfte und Fähigkeiten zum Ausdruck und zur Erfüllung kommt. Beim handelnden Menschen treten die unterschiedlichen Systeme von Kräften und Fähigkeiten nicht getrennt in Erscheinung, sondern in ihrer Kooperation" (Roth 1971, S. 381). Roth erhob damit explizit einen emanzipatorischen Anspruch, denn Mündigkeit beschreibt vor allem die Verfassung des Subjekts, dessen Fremdbestimmung durch die Gesellschaft so weit als möglich durch Autonomie abgelöst ist.

Dieses Verständnis von Kompetenz wurde in der Folge vor allem in der beruflichen Bildung rezipiert, allerdings ist im Laufe der Zeit von dieser ursprünglichen, pädagogischen Begriffsfassung wenig geblieben. Im Kompetenzdiskurs wurde dieses Verständnis weitgehend abgelöst durch die psychologische Begriffsfassung von Franz E. Weinert. Diese Kompetenzbeschreibung betont Dispositionen und Bereitschaften des Individuums, um die sich kognitive Fähigkeiten gruppieren und diese „im Vollzug von Problemlösungen zur Entfaltung bringen" (KLIEME/HARTIG 2007, S. 17). Kompetenz ist in diesem Sinne als lebenspraktisch ausgerichtete Leistung des Subjekts zu verstehen, die es erbringt, um Situationen unterschiedlicher Komplexität und Schwierigkeitsgrade zu bewältigen. Bei WEINERT geht es allerdings nicht mehr um die Bedingungen der Möglichkeit von Autonomie oder um die Orientierung an individueller Entwicklung, sondern um Anpassungsleistungen an die Herausforderungen der Gesellschaft und vor allem ihrem Teilbereich der Ökonomie. Zweifellos ist es auch aus einer kritisch-erziehungswissenschaftlichen Sicht begrüßenswert, dass in einer ökonomisierten Welt, in der die gesellschaftliche Inklusion an die Erwerbsarbeitsverhältnisse geknüpft ist, die Entwicklung solcher Dispositionen gefördert werden (BOLDER 2009, S. 822), allerdings besteht die Gefahr, dass die Förderung der wirtschaftlichen Funktionalität des Subjekts dominant wird und somit die Möglichkeit „das Subjekt als solches zu instrumentalisieren" (WINKLER 2006, S. 4).

Für die gegenwärtige Kompetenzforschung in der Berufs- und Wirtschaftspädagogik kann man sich „demzufolge des Eindrucks nicht erwehren, dass unmittelbare Utilitätsorientierungen im betrieblichen Rahmen den Horizont des Denkens bei der Begriffsübernahme abgesteckt haben" (LISOP 2009, S. 10).

Nun hat sich also das „Modell Neuzeit" im Denken der Gesellschaft, der Schule und der Wissenschaft der Berufs- und Wirtschaftspädagogik fest verankert. Das klassische Bildungsverständnis wurde mangels empirischer Messbarkeit seiner Bildungsergebnisse, geringer Zuverlässigkeit der Aussagekraft von Bildungszertifikaten und nicht zuletzt aufgrund der als desaströs wahrgenommenen Ergebnisse internationaler Testungen wie PISA oder TIMSS, die große Diskrepanzen zwischen Zielen und Ansprüchen des Bildungssystems und den erreichten Kompetenzen sichtbar gemacht haben, zugunsten intra- und interindividuell vergleichbarer Lernergebnisse verabschiedet, um die Bildungsprozesse zu optimieren und das Bildungswesen insgesamt zu verbessern.

Allerdings wird den Ergebnissen der aktuellen Kompetenzforschung in der Öffentlichkeit oder in der (Bildungs-)Politik eine Wahrheit zugesprochen, die sie nicht bietet, weil sie diese Wahrheit nicht bieten kann. Vielmehr besteht der Verdacht, dass den messtechnischen Verfahren aufgrund der Vielzahl von möglichen Variablen und Wirkungszusammenhängen in Bildungsprozessen enge Grenzen der Aussagekraft gesteckt sind. Daher weist die Kompetenzforschung, beispielsweise im Bereich der Berufs- und Wirtschaftspädagogik derzeit – noch – „erhebliche Forschungslücken" (SEEBER 2014, S. 31) vor allem bei der Modellierung abstrakterer Anwendungsniveaus auf. Unter anderem ist dies darauf zurückzuführen, dass die für das kaufmännische Tun relevante Kategorie der Handlungskompetenz in ihrer „Idealtypik plausibel und auch sorgfältig pädagogisch-anthropologisch sowie didaktisch begründet ist, es zugleich aber äußerst schwierig, wenn nicht unmöglich scheint, die einzelnen Bereiche bei dem gegenwärtigen Forschungsstand angemessen zu operationalisieren" (WINTHER 2010, S. 198). Kompetenztestungen zeigen daher die Tendenz, sich an der Erledigung von beruflichen Vollzügen zu orientieren, normative Fragestellungen kommen hingegen bei den Bemühungen um Kompetenzentwicklung zu kurz (ARNOLD 1997, S. 289).

Dieser Befund über die aktuelle Situation der Kompetenzforschung in der Berufs- und Wirtschaftspädagogik bringt drei ineinander übergehende Überlegungen hervor, die eine Legitimation für die Forderung nach einer Perspektivenerweiterung um eine theoriebasierte kritische-konstruktive Wirtschaftsdidaktik zur Umsetzung kompetenzorientierter Standards liefern:

- Die gegenwärtige Kompetenzorientierung ist das Resultat einer bildungspolitischen Entscheidung zur Steuerung des Bildungssystems. Obwohl das Konstrukt der „Wirtschaftskompetenz" derzeit bloß als Partialmodell valide verfügbar ist, erfährt die Kompetenzforschung eine enorme Aufmerksamkeitszuteilung, die nicht zuletzt auf die Sanktionsmöglichkeit und Wirkmächtigkeit dieses bildungspolitischen Steuerungsimpetus zurückzuführen ist. Die Wirkmächtigkeit der Kompetenzorientierung im Kontext der österreichischen Berufsbildung wird an allen Schultypen der Berufsbildenden Mittleren und Höheren Schulen Österreichs auf vier Ebenen dokumentiert:
  - durch die Implementierung von kompetenzorientierten Lehrplänen (sowie infolge von kompetenzorientierten Lehrbüchern),
  - durch die Modularisierung der Sekundarstufe II, wobei die Module kompetenzorientiert operationalisiert werden,
  - durch die Einführung von kompetenzorientierten Prüfungsformaten, die unter anderem zu komplexen Kompetenzlisten führen, die Lehrer/-innen für jeden Schüler/jede Schülerin zu führen haben und daher zu einer erheblichen Veränderung der Prüfungspraxis führen werden,
  - die Diplom- und Reifeprüfungen, die teilweise zentral und teilweise regional bzw. schulspezifisch erstellt werden, werden ebenfalls kompetenzorientiert ausgerichtet.

Diese Entscheidung der österreichischen Bildungspolitik, Kompetenzorientierung als zentralen Reformimpuls zu positionieren, impliziert die Gefahr, dass im Wirtschaftsunterricht die Orientierung an der bildungstheoretisch begründeten Leitidee der Mündigkeit des Subjekts im Medium der Wirtschaft auf bloße Tüchtigkeit verkürzt wird, um den Anforderungen der Kompetenzmessung zu genügen. Vor allem aber besteht die Gefahr, dass diese Herangehensweise an den Wirtschaftsunterricht zu einem unreflektierten „Common Sense" gerinnt, der gekennzeichnet ist durch ein plausibel erscheinendes Weltbild, das nicht mehr argumentiert wird (WITTGENSTEIN 2006, Nr. 94 und 95).

- Eine solche eher auf korrekten Vollzug denn auf bewusstes Gestalten setzende Ausrichtung kompetenzorientierten Wirtschaftsunterrichts wirkt affirmativ, weil damit der Status quo einer Wirtschaftsverfassung akzeptiert und dem auf diese Weise „kompetent" gemachten Subjekt die Möglichkeit zur aktiven Beteiligung an einer diskursiv verfassten Ökonomie genommen wird (WULLWEBER 2009).

▶ Reduziert die Berufs- und Wirtschaftspädagogik ihre Rolle als Reflexionssystem der berufsbildenden Schule auf die Kompetenzforschung, so ignoriert sie aber das weitreichende Möglichkeitsspektrum, das mit der Idee der Moderne einhergeht. Schließlich beinhaltet diese auch die Idee der Beteiligung, die es dem Subjekt ermöglicht, die in der Gesellschaft aufgebauten Spannungsverhältnisse durch Teilhabe an gesellschaftlichen Praktiken kritisch zu behandeln. Das bedeutet aber, dass die Entwicklung von Handlungsfähigkeit des Subjekts im Unterricht die Perspektive der Reflexivität einschließen muss. Definiert sich die Berufs- und Wirtschaftspädagogik als Wirtschaft und Gesellschaft gestaltende, politische Wissenschaft, die nicht nur einen Beitrag zur Reproduktion von Gesellschaft leistet, sondern auch Voraussetzungen zur Hervorbringung alternativer Gesellschaften entwickelt, ist sie gefordert, sich kritisch-konstruktiv mit dem historisch-gesellschaftlichen Ensemble auseinanderzusetzen – auch wenn dies nicht unmittelbar messbar ist (AFF/GEISSLER 2014).

3. Die kritisch-konstruktive Umsetzung kompetenzorientierter Standards – eine Möglichkeit

Es wird die These vertreten, dass das Theorieverständnis der kritisch-konstruktiven Didaktik Wolfgang KLAFKIS sich in besonderem Maße für ökonomische Fragestellungen bzw. für einen professionellen ökonomischen Unterricht eignet (KLAFKI 1977, S. 14). Diese Konzeption ermöglicht es, im ökonomischen Unterricht Inhalte und Kompetenzen nicht nur auf instrumentelle Fertigkeiten auszurichten, sondern mit Inhalten auch die Förderung von Reflexionsfähigkeit über Normen sowie Kritikfähigkeit über ökonomische Inhalte und Zusammenhänge zu verknüpfen. Dadurch können Schüler/-innen nicht nur zu tüchtigen, sondern auch zu mündigen Wirtschaftsbürgern/-innen erzogen werden – es gilt, die bildungspolitisch motivierte kompetenzorientierte Zielvorstellung des „Bourgeois" um jene des bildungstheoretischen „Citoyen" zu ergänzen.

Aus fachdidaktischer Perspektive könnte das unter anderem bedeuten, sich nicht nur auf die im Rahmen eines Wertpapierspiels erworbenen instrumentellen Fertigkeiten im Spektrum zwischen „Kenntnis von Aktien, Anleihen etc." und „Analyse von Börsenkursen zur Optimierung des Portfolios" zu beschränken, also auf die „Bourgeois-Perspektive". Orientiert man sich an der Zielvorstellung einer wirtschaftlichen Bildung und nicht bloß einer wirtschaftsberuflichen Ausbildung, also an einer „Citoyen-Perspektive", dann müsste im Unterricht über Wertpapiere neben dem handlungsorientierten Lehr-Lern-Arrangement „Wertpapierspiel" (auch) die normative Frage thematisiert werden, ob es aus ethischen, ökologischen oder demokratiepolitischen Aspekten einen Grund gibt, beispielsweise eine Aktie mit großem Kurspotenzial nicht zu kaufen.

Für eine reflektierte Unterrichtsgestaltung sind Gestaltungsheuristiken, wie sie in den 70er-Jahren des letzten Jahrhunderts von KLAFKI, HEIMANN, SCHULZ etc. entwickelt wurden, auch heute von größter Aktualität. Wenn man, wie die Autoren, die Umsetzung eines Kompetenzverständnisses im Unterricht befürwortet, das Tüchtigkeit mit Mündigkeit verknüpft, ist die kritisch-konstruktive erziehungswissenschaftliche und didaktische Position KLAFKIS gerade in Zeiten, in denen Kompetenzorientierung für Modernität steht und die Auseinandersetzung mit didaktischen Modellen als eher rückwärtsgewandt und nicht mainstreamorientiert, eine höchst aktuelle didaktische und bildungspolitische Herausforderung. Vor allem, wenn sich diese Auseinandersetzung an der Fragestellung orientiert, wie man kritisch-konstruktive Inhalte und kompetenzorientierte Standards verknüpfen und in der schulischen Realität umsetzen kann.

Wenn von Kompetenz im Sinne WEINERTS gesprochen wird, geht es im Kern darum, dass Individuen ihre kognitiven Fähigkeiten und Fertigkeiten zur variablen Problemlösung in unterschiedlichen berufsrelevanten Situationen nutzen, einschließlich der dafür notwendigen motivationalen, volitionalen und sozialen Voraussetzungen (WEINERT 1999, 2001). Anhand der aktuellen Diskussion über die Steuerpraktiken großer Konzerne kann die Problematik des Kompetenzverständnisses lt. WEINERT exemplarisch illustriert werden, weil eine instrumentell orientierte Problemlösungsfähigkeit zu kurz greift. Ohne Zweifel verfügen die Mitarbeiter/-innen der international renommierten Unternehmensberatung Pricewaterhouse Coopers über all jene Fähigkeiten, die WEINERT fordert, wenn sie mit komplizierten Steuersparmodellen, die ein hohes Maß an fachlicher Kompetenz erfordern, die Steuerleistungen großer Unternehmen unterschiedlichster Branchen und Länder im Spektrum zwischen Amazon, Pepsi Cola, Ikea, Gazprom und dem chinesischen Ölunternehmen Sinopec in Luxemburg bei einer offiziellen Unternehmenssteuer von 29 % auf ein Minimum bis zu 0,1 % herunterrechnen (WIENER ZEITUNG 2014). Diese Steuerexperten/-innen sind in der Lage, maßgeschneiderte Lösungen für diverse Konzerne anzubieten, sie kennen demnach nicht nur die internationalen Steuergesetze (fachliche Kompetenz), sondern sind hoch motiviert, „kreative" Lösungen zu entwickeln (motivationale und volitionale Bereitschaft), und sind in der Lage, mit den staatlichen Autoritäten professionell zu kommunizieren, um – wie beispielsweise in Belgien – konzernspezifische Steuersparmodelle mit den jeweiligen staatlichen Autoritäten zu verhandeln (soziale Kompetenz). Selbstverständlich handeln diese Steuerexperten/-innen in Übereinstimmung mit lokalen europäischen und internationalen Steuergesetzen. Die von ihnen entwickelten Steuersparmodelle sind legal, wenn auch aus moralischer Perspektive höchst problematisch. Das im Kompetenzbegriff verankerte primäre Verständnis einer instrumentellen Problemlösungsfähigkeit verdeutlicht die Grenzen eines kompetenzorientierten Unterrichts, der sich einer bildungstheoretischen Reflexionskultur weitgehend entledigt.

Aus bildungstheoretischer Perspektive wäre unter anderem in Anlehnung an KANT nicht nur die Frage zu stellen, was wir tun können, sondern auch was wir tun sollen – diese moralische Reflexionskultur bleibt im aktuellen vorherrschenden Kompetenzverständnis in Anlehnung an WEINERT weitgehend ausgeklammert. Eine Unterrichtsgestaltung zum Thema „kreative Steuergestaltung und/oder Steuerhinterziehung" würde daher – neben dem „kompetenzorientierten Inhalt" wie man beispielsweise eine Arbeitnehmerveranlagung ausfüllt – (auch) aufzeigen, wie im persönlichen Bereich (Schwarzarbeit, „Brauchen's eine Rechnung-Mentalität") Steuerersparnis mit Steuerhinterziehung verwechselt wird. Ebenso würde ein Unterricht, der ökonomische

Ausbildung mit ökonomischer Bildung verknüpft und damit Kompetenzorientierung mit Mündigkeit, aufzeigen, welche öffentlichen Leistungen im Spektrum zwischen kostenlosem Schulbesuch, Schüler/-innen-Freifahrten und öffentlicher Gesundheitsvorsorge aus Steuergeldern finanziert werden, er würde die einseitige Belastung des Faktors Arbeit in der österreichischen Steuergesetzgebung kritisch beleuchten, ebenso die vielfach vorherrschende Mentalität, wonach Steuerhinterziehung ein Kavaliersdelikt darstellt, und konstruktive Problemlösungswege vorstellen, wie man kompetent eine Einkommenssteuererklärung ausfüllt und die legalen Möglichkeiten der Steuerersparnis ausschöpft. Er würde jedoch nicht nur die bestehende Steuerwirklichkeit beschreiben, sondern im Sinne der kritisch-konstruktiven Didaktik „Möglichkeitsspektren" einer anderen Steuerpolitik aufzeigen, beispielsweise wie man verstärkt soziale und ökologische Aspekte nach dem Motto „Steuer kommt von Steuern" in das österreichische Steuersystem integrieren kann.

Ein ökonomischer Unterricht, der sich nicht nur auf instrumentelle „kompetenzorientierte" Problemlösungsfertigkeiten auf der Ebene „Wie kann ich mithilfe von Excel die Einkommenssteuerbemessungsgrundlage ermitteln" beschränkt, sondern den Mündigkeitsaspekt in alle ökonomische Fragestellungen integriert – durch eine kritisch-konstruktive Herangehensweise im Sinne KLAFKIS – erfordert Lehrer/-innen, die selbst über eine fachliche Metakognition und Reflexionskompetenz verfügen und deren Fachkompetenz sich nicht auf ein elaboriertes Lehrbuchwissen bzw. auf diverse Praxiserfahrungen beschränkt. Zur Identifizierung relevanter Inhalte und Kompetenzen im Spektrum zwischen Tüchtigkeit und Mündigkeit zum Thema Steuergestaltung sind die Analysefragen KLAFKIS für die Unterrichtsvorbereitung hilfreich, weil sie Lehrer/-innen zur kritisch-konstruktiven Auseinandersetzung mit der Thematik anregen.

So schlägt KLAFKI vor zu fragen, unter welcher Perspektive das Thema bearbeitet werden soll. Die Auseinandersetzung mit dieser Fragestellung macht deutlich, dass beispielsweise die Perspektive der Konzerne eine andere ist als jene der Mitgliedstaaten der EU, sofern sie nicht wie Luxemburg oder Irland die Steuertricks der Konzerne erst ermöglichen. Der Hinweis KLAFKIS, dass bei jeder Thematik deren Oberflächen- und Tiefenstruktur zu reflektieren ist, begünstigt einen sehr reflektierten Umgang mit dem ökonomischen Inhalt, wie in unserem Beispiel der Steuergestaltung großer Konzerne. Orientiert man sich an der Oberflächenstruktur, dann würde man unter anderem im Unterricht Maßnahmen der EU-Mitgliedstaaten bzw. der EU insgesamt vorstellen, wie das weltweit nicht steuerlich deklarierte Finanzvermögen von rund 4.700 Milliarden Euro reduziert werden kann/soll (ZUCMAN 2014). Ein Blick auf die Tiefenstruktur könnte unter anderem offenlegen, dass die aggressive Steuervermeidungspolitik der Konzerne und sonstiger Großanleger zu einer Aufblähung des Finanzmarktes beiträgt, weil die weitgehend steuerfrei generierten Vermögen möglichst renditeträchtig angelegt und dadurch hochriskante Derivate und Anlagestrategien gefördert werden.

Wenn Lehrer/-innen nicht thematisch über den Tellerrand blicken, also selbst über keinen kritisch-konstruktiven Zugang zu den ökonomischen Inhalten verfügen, dann wird der Unterricht metaphorisch gesprochen im kompetenzorientierten Flussbett instrumentellen Wissens verbleiben und kritische Überlegungen, die beispielsweise durch Reflexion der Tiefenstrukturen offengelegt werden, im regulierten Flussbett kompetenzorientierten Unterrichts keinen Platz finden. Die Aspekte Tüchtigkeit und Mündigkeit im ökonomischen Unterricht können an Hand der Erklärung von „Derivaten" pointiert wie folgt verdeutlicht werden.

- ▶ Lt. Gabler Wirtschaftslexikon werden Derivate als Termingeschäfte definiert, unter die Swap-Geschäfte, Devisentermingeschäfte etc. fallen. Im Sinne von Tüchtigkeit geht es im kompetenzorientierten Unterricht darum, die vielen Varianten von Derivaten zu kennen und kompetent als Geldanlageinstrument einzusetzen.
- ▶ Unter dem Aspekt der Mündigkeit würde ein viel kritischerer Zugang zur Erklärung von Derivaten gewählt werden, beispielsweise jener von Andreas Beck, der Derivate wie folgt beschreibt: „Jemand, der eine Ware nicht hat, sie weder erwartet noch haben will, verkauft diese Ware an jemanden, der diese ebenso wenig erwartet oder haben will und auch tatsächlich nicht bekommt" (Beck 2013, S. 60).

Da aus der Sicht der Autoren Tüchtigkeit und Mündigkeit für einen professionellen berufsrelevanten ökonomischen Unterricht unverzichtbar sind, geht es nicht um eine „entweder-oder Philosophie", sondern darum, wie sowohl berufsrelevantes Wissen und Fertigkeiten in einem kompetenzorientierten Unterricht mit einer normativen Reflexionskultur in der Tradition der bildungstheoretischen bzw. kritisch-konstruktiven Didaktik verknüpft werden können. Es gilt, Schülern/-innen oder Studierenden Derivate – um nochmals auf das obige Beispiel zurückzukommen – professionell zu erklären und die vielfältigen Möglichkeiten von Derivaten als Instrument einer spekulativen Geldanlage möglichst handlungsorientiert erlebbar zu machen, also Finanzanlagekompetenz zu fördern und darüber hinaus Risiken und Gefahren sowohl für die persönliche Veranlagung des Vermögens wie auch global aufzuzeigen und dadurch eine kritische Reflexionskultur zu fördern.

4. Zusammenfassung

Die Autoren arbeiten im Rahmen von EU Tempus Projekten in Russland und Zentralasien zur Förderung der ökonomischen Bildung unter besonderer Berücksichtigung der Entrepreneurship-Erziehung. Dabei stellen sie fest, dass es nicht nur eine Globalisierung bei den Waren- und Datenströmen gibt, sondern ebenso in der Pädagogik, weil in keinem Gespräch mit einem örtlichen Bildungsminister der Hinweis fehlte, dass die zu erarbeitenden Lehrpläne, Studienordnungen oder Lehrbücher kompetenzorientiert zu erfolgen haben. Kompetenzorientierung ist zu einem globalen Synonym für pädagogischen Fortschritt geworden. In der Disziplin der Berufs- und Wirtschaftspädagogik gibt es eine Tradition, vorherrschende pädagogische Orientierungen geradezu fundamentalistisch abzuhandeln, man denke nur an die Diskussion über Schlüsselqualifikationen in den 80er-Jahren des letzten Jahrhunderts und die daran anschließende Dominanz der Handlungsorientierung. Ohne die Vorzüge eines kompetenzorientierten Unterrichts kleinzureden, sollte jedoch beachtet werden, dass die im Kompetenzansatz enthaltene Transferproblematik in der Berufsbildung nicht neu ist, weil schon im Rahmen der Schlüsselqualifikations-Debatte es letztlich darum ging, einen Schlüssel zur Lösung des Transferproblems zu generieren. Wenngleich sich die Begrifflichkeiten geändert haben, so bleibt das Problem der validen Messbarkeit von beruflichen Fertigkeiten und Fähigkeiten. In der Kompetenzdiskussion bleibt weitgehend ausgeblendet, ob und in welchem Umfang überhaupt Schulen und Universitäten in der Lage sind, Kompetenz im Sinne von Weinert zu fördern und zu evaluieren. Es steht außer Zweifel, dass für beruflichen Erfolg ganz entscheidend ist, flexibel kognitive, motivationale, soziale und volationale Fähigkeiten zur Lösung unterschiedlicher Problemstellungen so zu kombinieren, dass die berufliche Problemsituation optimal gelöst wird. Eine ganz andere Frage ist, ob Schulen und Universitäten über die Prüfungsformate verfügen, dieses anspruchsvolle Bündel an unterschiedlichen Fähigkeiten und Fertigkeiten angemessen zu evaluieren und wie im Schonraum Schule oder Universität dieses Bündel unterschiedlicher Fähigkeiten, das zur beruflichen Handlungskompetenz gerinnt, vermittelt werden kann. Angesichts so vieler „Baustellen" wäre im Rahmen der Kompetenzdiskussion eine Portion mehr Bescheidenheit angemessen.

Literatur

Aff, Josef: Bildungsstandards versus Leistungsstandards in der beruflichen Bildung. In: Wissenplus. 24 (2006) 5-05/06, S. 9-18

Aff, Josef: Impulse allgemeindidaktischer Modelle für einen professionellen ökonomischen Unterricht. Exemplarische Veranschaulichung der Potenziale der kritisch-konstruktiven Didaktik (Klafki) für eine ökonomische Fachdidaktik anhand der Themenstellung „Finanzmarktkrise". In: Wegner, Anke (Hrsg.): Allgemeine Didaktik: Praxis, Positionen, Perspektiven. Leverkusen 2015

Aff, Josef; Geissler, Gerhard: Entrepreneurship Education: A Gramscian Approach. In: Weber, Susanne u. a. (Hrsg.): Becoming an Entrepreneur. Rotterdam, S. 17-34

Arnold, Rolf: Von der Weiterbildung zur Kompetenzentwicklung. Neue Denkmodelle und Gestaltungsansätze in einem sich verändernden Handlungsfeld. In: Arbeitsgemeinschaft Qualifikations-Entwicklungs-Management (Hrsg.): Kompetenzentwicklung `97. Berufliche Weiterbildung in der Transformation – Fakten und Visionen. Münster u. a., S. 253-310

Beck, Andreas: Wir und die Finanzmärkte. In: Heuser, Uwe Jean; Priddat, Birger P.: Die Zeit erklärt die Wirtschaft, Hamburg 2013, S. 57-61

Binder, Ulrich; Boser, Lukas: Die Metrisierung der Pädagogik und die Pädagogisierung des Meters. Wie Pädagogik modernisiert wird. In: Zeitschrift für Pädagogik 57 (2013), S. 19-36

Bolder, Axel: Arbeit, Qualifikation und Kompetenzen. In: Tippelt, Rudolf; Schmidt, Bernhard (Hrsg.): Handbuch Bildungsforschung. 2. überarbeitete und erweiterte Auflage. Wiesbaden 2009, S. 813-843

Fend, Helmut: Neue Theorie der Schule. Einführung in das Verstehen von Bildungssystemen. Wiesbaden 2006

Heintel, Peter: Alternative Modellbildung in der Ökonomie. In: Berger, Wilhelm; Pellert, Ada (Hrsg.): Der verlorene Glanz der Ökonomie. Kritik und Orientierung. Wien 1993, S. 17-72

Heintel, Peter: Systemtranszendenz als neue Sicherheit. Peter Heintel im Gespräch mit Roland Fischer. In: Kitzmüller, Erich; Paul-Horn, Ina (Hrsg.): Alternative Ökonomie. Wien, New York 1998, S. 20-28

Jaeggi, Rahel: Was ist Ideologiekritik? In: Jaeggi, Rahel; Wesche, Tilo (Hrsg.): Was ist Kritik? Frankfurt 2013, S. 266–295

Jaeggi, Rahel: Kritik von Lebensformen. Frankfurt 2014

Klafi, Wolfgang: Erziehungswissenschaft als kritisch-konstruktive Theorie: Hermeneutik – Empirie – Ideologiekritik. In: Zeitschrift für Pädagogik 17 (1971) 3, S. 351–388

Klafi, Wolfgang: Zum Verhältnis von Didaktik und Methodik. In: Klafki, Wolfgang; Otto, Gunter; Schulz, Wolfgang (Hrsg.): Didaktik und Praxis. Weinheim und Basel 1977, S. 13–39

Klafki, Wolfgang: Curriculum-Didaktik. In: Wulf, Christoph (Hrsg.): Wörterbuch der Erziehung. München 1984, S. 117–128

Klieme, Eckart; Hartig, Johannes: Kompetenzkonzepte in den Sozialwissenschaften und im erziehungswissenschaftlichen Denken. In: Zeitschrift für Erziehungswissenschaft, Sonderheft 8 (2007), S. 11–29

Lederer, Bernd: Kompetenz oder Bildung. Eine Analyse jüngerer Konnotationsverschiebungen des Bildungsbegriffs und Plädoyer für eine Rück- und Neubesinnung auf ein transinstrumentelles Bildungsverständnis. Innsbruck 2014

Liessmann, Konrad Paul: Geisterstunde. Die Praxis der Unbildung. Eine Streitschrift. Wien 2014

Lisop, Ingrid: Identität und Krisenanfälligkeit der Berufs- und Wirtschaftspädagogik im Spiegel der Kategorien Kompetenz und Employability. Hamburg 2009 – URL: www.bwpat.de/ausgabe16/lisop_bwpat16.pdf (Stand: 11.02.2015)

Mörth, Ingo; Ziegler, Meinrad: Die Kategorie des „Alltags", Pendelbewegung oder Brückenschlag zwischen Mikro- und Makro-Ufer der Soziologie? In: Österreichische Zeitschrift für Soziologie 15 (1990) 3, S. 88–111

Nassehi, Armin: Der soziologische Diskurs der Moderne. Frankfurt 2006

Roth, Heinrich: Pädagogische Anthropologie. Band II: Entwicklung und Erziehung. Hannover 1971

Seeber, Susan: Interview mit Frau Prof. Dr. Susan Seeber, Georg August Universität Göttingen. In: Berufsbildung 146 (2014), S. 29–33

Weinert, Franz E.: Konzepte der Kompetenz. Paris 1999

Weinert, Franz E.: Leistungsmessung in Schulen – Eine umstrittene Selbstverständlichkeit. In: Weinert, Franz E.: (Hrsg.): Leistungsmessung in Schulen. Weinheim u. Basel 2001

Wiener Zeitung: Amazon, FedEx, Procter & Gamble – die lange Liste der Steuervermeider, 7. November 2014, S. 4

Winkler, Michael: Möglichkeiten und Grenzen der Kompetenzforschung. Vortrag auf den 14. Hochschultagen Berufliche Bildung. Bremen 2006

Winther, Esther: Kompetenzmessung in der beruflichen Bildung. Bielefeld 2010

Wittgenstein, Ludwig: Über Gewißheit. Frankfurt 2006

Wullweber, Joscha: Die Diskursive Verfasstheit der Ökonomie – ein diskurstheoretische Perspektive. Vortrag im Rahmen der gemeinsamen Tagung der Sektion „Politik und Ökonomie" der Deutschen Vereinigung für Politische Wissenschaft und der Österreichischen Gesellschaft für Politikwissenschaft, 24. April 2009, Institut für Höhere Studien. Wien 2009

Zucman, Gabriel: Steueroasen – Wo der Wohlstand der Nationen versteckt wird. Berlin 2014

Ansätze der Modellierung und Messung berufsspezifischer Kompetenzen

Agnes Dietzen, Moana Monnier, Christian Srbeny, Tanja Tschöpe, Janne Kleinhans

Entwicklung eines berufsspezifischen Ansatzes zur Modellierung und Messung sozial-kommunikativer Kompetenzen bei Medizinischen Fachangestellten

Die Einführung des Konzepts der beruflichen Handlungskompetenz als normative Grundlage einer Persönlichkeitsentwicklung und Berufsfähigkeit hat insgesamt dazu beigetragen, soziale Kompetenzen in der beruflichen Bildung stärker in den Fokus des Interesses zu rücken. Im Beruf der Medizinischen Fachangestellten gelten diese Kompetenzen aufgrund der Mittlerrolle zwischen Patienten/-innen und Praxis als besonders wichtig, wodurch der Bedarf entsteht, diese zu identifizieren und abzubilden. Im vorliegenden Beitrag wird ein durch Empirie und Theorie hergeleitetes berufsspezifisches Kompetenzmodell und dessen Übersetzung in ein an Situational Judgment Tests angelehntes Testinstrument vorgestellt. Neben dem Vorgehen zur Entwicklung wird u. a. auf Methoden zur Qualitätssicherung und technische Umsetzungsmöglichkeiten eingegangen.

Schlagworte: Sozialkompetenzen, Kompetenzmodell, Situational Judgment Test, Medizinische Fachangestellte

1. Soziale Kompetenzen in der beruflichen Kompetenzdiagnostik

Die Entwicklung und empirische Fundierung berufsbezogener Kompetenzmodelle ist in der Kompetenzforschung und -diagnostik in der Berufsbildung in den letzten Jahren vorangeschritten. Für viele Berufe im gewerblich-technischen und kaufmännischen Bereich (vgl. Nickolaus 2011; Abele 2014) liegen empirisch bestätigte Strukturmodellierungen insbesondere für die fachbezogenen Kompetenzen vor. Für die sozialen Kompetenzen in beruflichen Anforderungskontexten existieren bislang jedoch nur sehr wenige Kompetenzmodelle, die zudem meist kaum oder gar nicht empirisch validiert sind.

Diesem Defizit liegen verschiedene Ursachen zugrunde, die zum Teil bereits 1995 als entscheidende „Stolpersteine" auf dem Weg zur Messung sozialer Kompetenzen beschrieben wurden (Seyfried 1995) und auch heute noch weitgehend Geltung besitzen. Diese Stolpersteine können den beiden Kategorien (1) Unklarheiten des begrifflichen Konstrukts „Sozialkompetenz" und (2) unzureichendes Methodenrepertoire zugeordnet werden.

Bezüglich der Stolpersteine der ersten Kategorie (1) – der Unklarheit des begrifflichen Konstrukts „Sozialkompetenz" – weist KANNING (2003) darauf hin, dass in der psychologischen Forschung eine Vielzahl unterschiedlicher Definitionsversuche und Systematisierungen existieren, die weitgehend auf Plausibilitätsannahmen beruhen und bislang keine oder nur ungenügende empirische Begründungen aufweisen. An anderer Stelle stellt er die einzelnen Definitionsversuche in den unmittelbaren Zusammenhang zu den jeweiligen theoretischen Zugängen in der psychologischen Forschung. So betonten entwicklungspsychologische Zugänge eher Anpassungsleistungen der sozialen Kompetenzen an soziale Normen und Regeln, während klinisch-psychologische Definitionen häufiger den Aspekt der Durchsetzung eigener Interessen hervorheben (vgl. KANNING 2005).

In der psychologischen Forschung existieren darüber hinaus eine Reihe verwandter Konzepte wie z. B. „Emotionale Intelligenz", „Soziale Fertigkeiten" und „Soziale Intelligenz", die eine sinnvolle Abgrenzung zum Konzept der sozialen Kompetenz erschweren (MONNIER 2015). Kanning selbst ordnet diese in einen breiteren begrifflichen Rahmen mit der sozialen Kompetenz als Oberbegriff ein (KANNING 2005). Er schlägt eine umfassende Definition vor, die beide Aspekte der Anpassung und Durchsetzung verbindet und einen Kompromiss zwischen Ansprüchen der Anderen und den eigenen Interessen und Bedürfnissen einer Person ermöglicht. Demnach definiert er sozial kompetentes Verhalten als „Verhalten einer Person, das in einer spezifischen Situation dazu beiträgt, die eigenen Ziele zu verwirklichen, wobei gleichzeitig die soziale Akzeptanz des Verhaltens gewahrt wird" (ebda., S. 4).

Auch in der Berufsbildungsforschung wird eine unklare Begrifflichkeit und eine Beliebigkeit in der Verwendung des Konzeptes der Sozialkompetenzen kritisiert (vgl. EULER/BAUER-KLEBL 2008; EULER 2012; NICKOLAUS/SEEBER 2013). An sozialwissenschaftliche Interaktions- und Handlungstheorien anknüpfend betonen EULER/BAUER-KLEBL (2008) in ihrem Verständnis von Sozialkompetenzen besonders die Aspekte sozialer Interaktivität im Sinne einer Handlungskoordination von zwei oder mehreren Individuen. Wesentlich sei dabei, „dass der andere als ein Subjekt mit eigenen Zielen, Interessen, Erfahrungen, Gefühlen, etc. wahrgenommen und akzeptiert wird" (ebda., S. 19). Entsprechend definiert EULER Sozialkompetenzen „als Disposition zur zielgerichteten Interaktion mit anderen Menschen über sachliche, soziale und persönliche Themen in spezifischen Typen von Situationen" (EULER 2012, S. 185).

Jenseits verschiedener inner- und transdisziplinärer Definitionen besteht Einigkeit in der wissenschaftlichen Analyse darin, dass soziale Kompetenz durch ein Zusammenspiel mehrerer Kompetenzen determiniert ist und es sich folglich um ein multidimensionales Konzept handelt (vgl. SCHULER/BARTHELME 1995; KANNING 2005; EULER/BAUER-KLEBL 2008).

Genau die Bestimmung dieser Kompetenzen im Einzelnen stellt ein weiteres grundlegendes Hindernis dar, da eine klare begriffliche Verwendung der einzelnen Kompetenzen ebenfalls nicht verfügbar ist. Stattdessen existieren je nach Kontext Auflistungen mit einer unterschiedlich umfangreichen Auswahl aus den Begriffen Kommunikationsfähigkeit, Teamfähigkeit, Konfliktfähigkeit, Kritikfähigkeit, Durchsetzungsstärke, Einfühlungsvermögen, Selbstvertrauen, Takt, Verantwortungsbewusstsein und vielen weiteren Begriffen. KANNING (2005) kommt in einer Auflistung häufig zitierter Kataloge auf mehr als 100 Inhalte, die er faktorenanalytisch auf fünf zentrale Faktoren reduziert: soziale Wahrnehmung, Verhaltenskontrolle, Durchsetzungsfähigkeit, soziale Orientierung und Kommunikationsfähigkeit. Er weist darauf hin, dass diese Kompetenzen bislang nur hypothetische Konstrukte seien, deren Bedeutung für die Steuerung sozialen Verhaltens nur in ausgewiesenen Situationen und Kontexten empirisch bestimmt werden könne (ebda.).

Diese Position teilt auch EULER (2012). Beide heben hervor, dass kontext-, situations- und akteursabhängig unter sozial kompetentem Verhalten sehr Unterschiedliches verstanden werden kann: Was in einem Feld als durchsetzungsstark gilt, kann in einem anderen Bereich unkooperativ oder sogar grenzüberschreitend wirken. Zugleich können einzelne Facetten von sozialer Kompetenz für manche Kontexte oder Berufe nebensächlich sein, während sie für andere zentral sind.

Zudem ist die Einschätzung sozialen Verhaltens immer von Werten und Einstellungen der individuellen Personen und den eine berufliche Praxis prägenden Regeln, Normen und professionellen Verhaltenserwartungen abhängig. Soziale Kompetenzen sind dabei meist positiv assoziiert, aber eine solche Bewertung kann vor dem Hintergrund unterschiedlicher und möglicherweise nicht miteinander vereinbarer Werte und Normen sehr divergent ausfallen (KANNING 2005).

Beschreibende und bewertende Aussagen zu sozialen Kompetenzen lassen sich daher nur in definierten Bereichen und Situationen mit klarem Bezug auf Werte und Normen, die sozial angemessenes Verhalten von einem nicht sozial angemessenen Verhalten unterscheiden, treffen und empirisch konkretisieren. Aus diesem Grund müssen die Erfassung und Messung sowie die gezielte Förderung sozialer Kompetenzen über einen berufs- bzw. kontext- und situationsspezifischen Ansatz erfolgen.

Stolpersteine der zweiten Kategorie (2) beziehen sich auf das bislang unbefriedigende Methodenrepertoire zur Messung beruflicher Sozialkompetenzen. Mit den vorhandenen Verfahren (vgl. Überblicke bei KANNING 2005; NANGLE/HANSEN/ERDLEY/NORTON 2010) wird zum Teil versucht, allgemeine Sozialkompetenz zu erfassen. Es existieren einige etablierte Instrumente auf der Basis von Selbsteinschätzungen mit zufriedenstellenden Gütekriterien. Ein Beispiel stellt das Inventar sozialer Kompetenzen (ISK) von KANNING (2009b) dar. Der als Selbsteinschätzungsfragebogen konzipierte Test misst mit 107 Items vier Primärskalen und 17 Sekundärskalen der Sozialkompetenz. Darin werden Testteilnehmende zum Beispiel im Item 103 zur Skala Selbstdarstellung gebeten, die Aussage zu bewerten, ob sie es für wichtig halten, sich manchmal vor anderen zu verstellen. Selbst eine im Privatleben sehr authentische Person würde aus der beruflichen Rolle in einem Dienstleistungsverhältnis, wie es z. B. der später beschriebene Beruf der Medizinischen Fachangestellten (MFA) darstellt, dieser Aussage vermutlich entschieden zustimmen, da MFAs z. B. bei unfreundlichen Patienten ihren eigenen Ärger nicht ungefiltert zeigen sollten. Für eine Kompetenzmessung im Berufskontext sind daher Items, die auf den jeweiligen Beruf angepasst sind, einer allgemeineren Messung vorzuziehen, da die unterschiedlichen Anforderungen an soziale Kompetenzen in verschiedenen Kontexten ansonsten unbeachtet bleiben. Selbsteinschätzungen weisen außerdem in Leistungskontexten häufig nur relativ geringe

Korrelationen zu Fremdeinschätzungen und testbasierten Daten auf (vgl. NICKOLAUS/SEEBER 2013). Aufgrund ihrer Möglichkeiten zur Verfälschung werden sie in der Kompetenzmessung für eine valide Diagnostik als nicht geeignet angesehen (BÜHNER 2011).

In der eignungsdiagnostischen Praxis kommen auch simulationsorientierte Tests zum Einsatz, in denen Personen ihr fiktives Verhalten in bestimmten berufstypischen Situationen beschreiben sollen (sog. Situational Judgment Tests (SJT), vgl. hierzu bspw. PLOYHART/MACKENZIE 2011). Sie werden zumeist in der Auswahl von Führungskräften eingesetzt und passgenau für konkrete berufliche Positionen entwickelt, weshalb für jeden Anforderungskontext eigene Verfahren entwickelt werden müssen. Der Einsatz vorhandener Tests bei MFA ist deswegen nicht möglich.

Zusammengefasst steht die Forschung zur berufsbezogenen Diagnostik der Sozialkompetenz immer noch am Anfang und kann sich nur auf wenige Vorarbeiten stützen. Inzwischen gibt es jedoch einzelne neuere Ansätze, die sich auf Sozialkompetenzen in einem bestimmten Beruf konzentrieren, beispielsweise zu Lehrern und Ärzten oder Bankkaufleuten (vgl. GARTMEIER/BAUER/FISCHER/KARSTEN/PRENZEL 2011; TSCHÖPE 2012, 2015).

Im Folgenden werden die Forschungsarbeiten im Projekt CoSMed vorgestellt, bei denen Wege gesucht wurden, die beiden Stolpersteine für den Beruf der Medizinischen Fachangestellten zu überwinden, indem (1) das Konstrukt der sozial-kommunikativen Kompetenzen für diesen Beruf definiert und in einem Modell dargestellt wurde und (2) ein Messverfahren für diese Kompetenzen entwickelt wurde.

2. Soziale Kompetenzen im Beruf der Medizinischen Fachangestellten (MFA): Das Projekt CoSMed

Das Projekt CoSMed (Competence Measurement based on Simulations and adaptive Testing in Medical Settings, zu Deutsch: Kompetenzdiagnostik durch Simulation und adaptives Testen für Medizinische Fachberufe) entwickelt arbeitsteilig computergestützte Testverfahren für die Messung beruflicher Kompetenzen von Medizinischen Fachangestellten. CoSMed ist ein Teilvorhaben im Rahmen eines Forschungsverbundes mit der Universität Göttingen, der über die Forschungsinitiative „Technologieorientierte Kompetenzmessung in der Berufsbildung" (ASCOT) durch das Bundesministerium für Bildung und Forschung (BMBF) gefördert wird (vgl. ASCOT 2012). Im Rahmen von CoSMed widmet sich die Universität Göttingen den medizinisch-gesundheitsbezogenen und administrativ-kaufmännischen Kompetenzen des Berufes und der Umsetzung der Tests in eine computergestützte Testumgebung. Die Forschungsgruppe im Bundesinstitut für Berufsbildung (BIBB) konzentriert sich auf die Modellierung und Messung sozial-kommunikativer Kompetenzen. Alle geförderten Testentwicklungen in der ASCOT-Initiative sind als Leistungstests konzipiert, die für den Einsatz in Large Scale Assessments geeignet sein sollten.

Für die Messungen der Sozialkompetenzen und der Fachkompetenzen wurden jeweils videogestützte Tests entwickelt, die Fachkompetenzen werden zusätzlich durch einen adaptiven Test gemessen. Der vorliegende Beitrag stellt die Entwicklung eines berufsspezifischen Situational Judgement Tests für die sozial-kommunikativen Kompetenzen Medizinischer Fachangestellter vor. Konzeptionell knüpfen diese Forschungsarbeiten an einen von Tschöpe (2012, 2015) entwickelten SJT für die Messung von Beratungskompetenzen bei Bankkaufleuten an.

Ausgehend von den theoretisch-konzeptionellen Grundlagen eines SJ-Testformats werden die einzelnen Arbeitsschritte von der Anforderungsanalyse, der Erarbeitung des Kompetenzmodells, der Generierung von Testsituationen und Items, der Bewertung der Antworten bis zur technischen Realisierung des Tests in einer Testumgebung erörtert. Die Darstellung konzentriert sich hierbei insbesondere auf Maßnahmen zur Gewährleistung einer hohen Realität. Abschließend wird reflektiert, welche Vorzüge SJT besitzen und in welcher Weise sie als vielversprechender Forschungsansatz für die berufsspezifische empirische Modellierung und Messung sozialer Kompetenzen tragfähig sind.

2.1 Situational Judgment Tests (SJT) als Methode der Kompetenzmessung im Projekt CoSMed

Als ein geeignetes Testverfahren für die Modellierung berufsbezogener sozialer Kompetenzen wurde im Projekt CoSMed der Situational Judgment Test-Ansatz (SJT) zugrunde gelegt. Das Testformat gehört zur Gruppe der simulationsorientierten Verfahren (Kanning/Schuler 2014), deren gemeinsamer Grundgedanke darin besteht, dass Verhalten ein valider Prädiktor für zukünftiges Verhalten ist (Havighurst/Fields/Fields 2003).

SJT haben in den vergangenen 20 Jahren stark an Popularität gewonnen, u. a. weil die Aufgaben einen hohen Realitätsbezug aufweisen. Insbesondere auch zur Messung sozialer und emotionaler Kompetenzen wurden SJT als Methode eingesetzt (Lievens/Chan 2010). Der erste SJT, der Untertest *Judgment in Social Situations* des *George Washington Social Intelligence Test* war als Test zur Messung sozialer Intelligenz konzipiert und wurde schon 1928 von Hunt veröffentlicht. SJT gehen von verschiedenen berufstypischen Situationen aus, zu denen Probanden ihr fiktives Verhalten einschätzen oder Verhaltensoptionen hinsichtlich ihrer Güte bewerten. Die Situationen können auf verschiedenen Wegen präsentiert werden (z. B. schriftlich, Audioaufnahme, Video). Sie sollen möglichst passgenau zum Berufsfeld und den Positionen ausgewählt werden, für die der Test konzipiert ist.

Damit waren einige wichtige Voraussetzungen gegeben, diesen Testansatz für die Modellierung und Messung berufsspezifischer sozialer Kompetenzen im Projekt CoSMed zugrunde zu legen. Im Folgenden werden daher die zentralen Schritte in der Genese des Kompetenzmodells und seiner Umsetzung in ein Testformat erörtert.

2.2 Berufliche Domänen- und Anforderungsanalyse

Grundlage eines SJT sollte immer eine Anforderungsanalyse sein, in der die Arbeitsaufgaben, Interaktionen, Arbeitsmittel usw. der Positionen ermittelt werden, für die der Test konzipiert wird. Häufig kommt hierbei die „Critical Incident Technique" (FLANAGAN 1954) zum Einsatz. Die Methode ist besonders geeignet, um erfolgskritische Situationen zu ermitteln, da hierbei Experten zu herausfordernden beruflichen Situationen befragt werden, in denen besonders große Unterschiede zwischen kompetenten und weniger kompetenten Mitarbeitern/Mitarbeiterinnen sichtbar werden. Darüber hinaus kann erfragt werden, welche Verhaltensweisen kompetente und weniger kompetente Mitarbeiter/-innen in den jeweiligen Situationen zeigen könnten. Die auf diese Weise ermittelten Situationen und Verhaltensweisen dienen als Grundlage für die Situationsschilderungen und Antwortalternativen des SJT.

Entsprechend wurde auch im Projekt CoSMed vorgegangen. Zur Analyse der beruflichen Anforderungen fand zunächst eine qualitative Studie statt. Sie basierte neben einer umfassenden Dokumentenanalyse von Ausbildungsordnung, Rahmenlehrplan, Prüfungsordnung, Ausbildungsmaterial usw. vor allem auf Gruppendiskussionen mit Praxisexperten/-expertinnen und Auszubildenden zum/zur Medizinischen Fachangestellten (MFA) im dritten Ausbildungsjahr sowie auf halbstandardisierten Einzelinterviews mit Ärzten/Ärztinnen, berufserfahrenen MFA und Auszubildenden (n = 13). Nach dem Vorbild der Critical Incident Technique wurden hierbei in der Datenerhebung besonders herausfordernde interaktions- und verständigungsrelevante Situationen sowie als günstig und weniger günstig eingeschätztes Verhalten in diesen Situationen identifiziert. Diese Situationen und Verhaltensweisen stellen die Grundlage der Testkonstruktion dar. Zudem wurde mit den Befragten herausgearbeitet, welche sozialen Kompetenzen ihrer Ansicht nach generell für den Beruf der MFA wichtig seien und worin diese sich zeigten.

Für die Arbeits- und Anforderungsanalyse wurde eine doppelte Herangehensweise gewählt (vgl. KRUMM/MERTIN/DRIES 2012). Nach einem „Bottom-up"-Vorgehen wurden die Befragten zu Beschreibungen eines konkreten günstigen und weniger günstigen Verhaltens in bestimmten Situationen aufgefordert und in der Auswertung dann auf die dahinter liegenden Kompetenzen geschlossen. Umgekehrt wurde „top-down" erfragt, welche sozialen Kompetenzen der MFA für ihre Aufgaben bedeutsam sind, um diese Kompetenzen dann auf konkrete Situationen und Verhaltensweisen zu beziehen. Durch die Kombination beider Vorgehensweisen entstand ein umfassendes Bild der arbeitsbezogenen Anforderungen zu den Sozialkompetenzen von MFA.

Diese Studie wurde ergänzt durch eine explorative Analyse von ca. 1.800 Stellenanzeigen für MFA (ehemals Arzthelfer/-in). Sie verdeutlichte, welche Anforderungen an sozial-kommunikative Kompetenzen von MFA aus Sicht der Personalverantwortlichen in Kliniken, Praxen in unterschiedlichen fachärztlichen Einsatzgebieten bestehen.

2.3 Herleitung des Kompetenzmodells aus empirischer und theoretischer Analyse

Im folgenden Kapitel werden die einzelnen Schritte zur Herleitung des Kompetenzmodells im Projekt CoSMed dargestellt.

2.3.1 Systematisierung authentischer Situationen

Die Daten und Ergebnisse der empirischen Exploration wurden für die Herleitung von prototypischen Situationen mit Differenzierungen von Interaktionspartnern/-partnerinnen, situativen Bezügen und Konfliktarten ausgewertet. Dabei wurde wie folgt vorgegangen: Aus den empirischen Vorarbeiten wurde eine Vielzahl von Situationen gesammelt und typisiert zusammengefasst, die besondere Herausforderungen an sozial-kommunikative Fähigkeiten stellen. Es wurde darauf geachtet, dass diese für die beruflichen Einsatzfelder von MFA typische Interaktions- und Verständigungssituationen darstellen, um die Authentizität zu gewährleisten. Sechs Situationstypen konnten ausgearbeitet werden, wobei zwischen Konfliktarten, räumlichen und personenbezogenen Einflüssen unterschieden wurde. Bei den Konfliktarten fand eine Differenzierung in äußere und innere Konflikte (THEUERKAUF 2005) statt. Äußere Konflikte bezeichnen Situationen, welche eine tatsächliche Auseinandersetzung mit einer anderen Person beinhalten, z. B. die Beschwerde eines Patienten. Zum anderen werden innere Konflikte dargestellt, welche Situationen beschreiben, in denen die MFA „mit sich selbst" einen Konflikt hat, z. B. wenn sie zwischen mehreren dringenden Aufgaben abwägen muss und dadurch verunsichert wird. Der räumliche Einfluss wird durch die Verteilung der Szenen auf drei Hauptbereiche abgebildet, die sich in der Domänenanalyse als zentral für soziale Situationen erwiesen haben und an denen die MFA unterschiedlichen interaktiven Anforderungen gegenübersteht: der Empfangsbereich, das Behandlungszimmer und der Pausenraum des Praxisteams. Bezüglich der Interaktionspartner wird zwischen Patienten/Patientinnen, Angehörigen und Teammitgliedern differenziert. Die nachfolgende Tabelle beschreibt die für den späteren Verlauf genutzten prototypischen kritischen Situationen.

Tabelle 1: Prototypische kritische Situationen im Projekt CoSMed

Konflikt	Wo/Mit wem?	Prototypische Szene 1. Beispiel	Prototypische Szene 2. Beispiel
Innerer Konflikt	Am Empfang mit Patient/-in oder Angehörigen	Patientin muss nach schlimmer Diagnose beruhigt werden	Patientin mit Sprachproblemen kann sich nicht verständigen
Innerer Konflikt	Im Behandlungszimmer mit Patient/-in oder Angehörigen	Patientin, deren Mann vor Kurzem verstorben ist, kommt in die Praxis, um zu reden und beginnt zu weinen	Ältere, adipöse Patientin muss sich für die Untersuchung ausziehen, dies scheint ihr unangenehm
Innerer Konflikt	Im Pausenraum/allgemein in der Praxis mit Teamkollegin	Kollegin beklagt sich über einen aggressiven Patienten und wirkt sehr mitgenommen, MFA muss jedoch gehen	MFA soll mit einer Praktikantin sprechen, die öfter ungepflegt/unpassend gekleidet ist
Äußerer Konflikt	Am Empfang mit Patient/-in oder Angehörigen	Patient beschwert sich über lange Wartezeit wegen Notfall	Patientin möchte Laborwerte eines anderen Patienten (Ehemann) erfahren
Äußerer Konflikt	Im Behandlungszimmer mit Patient/-in oder Angehörigen	MFA soll Daten aufnehmen, Patient möchte nur mit dem Arzt sprechen	Patient beschwert sich bei der Untersuchung über jeden Handgriff der MFA
Äußerer Konflikt	Im Pausenraum/allgemein in der Praxis mit Teamkollegin	MFA wird von der erfahrenen MFA gemobbt – Akten versteckt	Konflikt mit Kollegin wegen Kollision der Urlaubszeiten

2.3.2 Systematisierung der sozial-kommunikativen Kompetenzdimensionen

Die von den Befragten genannten sozial-kommunikativen Verhaltensweisen und Fähigkeiten zum erfolgreichen Bewältigen der oben genannten kritischen Situationen wurden systematisiert, typisiert und in voneinander abgrenzbare Kompetenzbegriffe/-konzepte „übersetzt". Dies erwies sich als besondere Schwierigkeit, da in der Regel von den Befragten Persönlichkeitseigenschaften, Fähigkeiten/Fertigkeiten oder Sozialisationsvoraussetzungen unterschiedslos unter dem Begriff der sozial-kommunikativen Kompetenzen subsumiert wurden. Die kategorisierten Informationen wurden schließlich erneut „top-down" und „bottom-up" analysiert, bearbeitet und ergänzt und die als Gesamtergebnis für den Beruf der MFA entscheidenden Kompetenzbereiche über ein Rating-Verfahren durch Psychologen/Psychologinnen und Soziologen/Soziologinnen bestimmt.

Für die endgültige Ausarbeitung des berufsspezifischen Modells der sozial-kommunikativen Kompetenzen der MFA wurden im nächsten Schritt psychologische, pädagogische, arbeitssoziologische und kommunikationswissenschaftliche Theorien und Modelle herangezogen und in die empirisch herausgearbeiteten Kompetenzdimensionen integriert, um die einzelnen Sub-Dimensionen der Sozialkompetenz inhaltlich und diagnostisch trennscharf voneinander abzugrenzen. Insbesondere die theoretischen Ansätze zu den Anforderungen dialogisch-interaktiver Tätigkeiten (vgl. u. a. GREENE/BURLESON 2003; HACKER 2009; HARGIE 2009; NERDINGER 2011) dienten der theoretischen Fundierung und wurden in das Kompetenzmodell überführt.

Der Rückbezug auf theoretisch fundierte Konzepte diente darüber hinaus zur Ableitung von Kriterien für die Abstufung von Testantworten. Zu diesem Zweck wurden in den Theorien enthaltene normative Aspekte zur Unterscheidung von günstigem und weniger günstigem Verhalten extrahiert und mit Ergebnissen des Diskurses mit Praxis- und Diagnostikexperten/-expertinnen verglichen und ergänzt. Auf dieser Basis konnte schließlich ein Kompetenzmodell der sozial-kommunikativen Kompetenzen für Medizinische Fachangestellte hergeleitet werden, das in Abbildung 1 grafisch dargestellt ist.

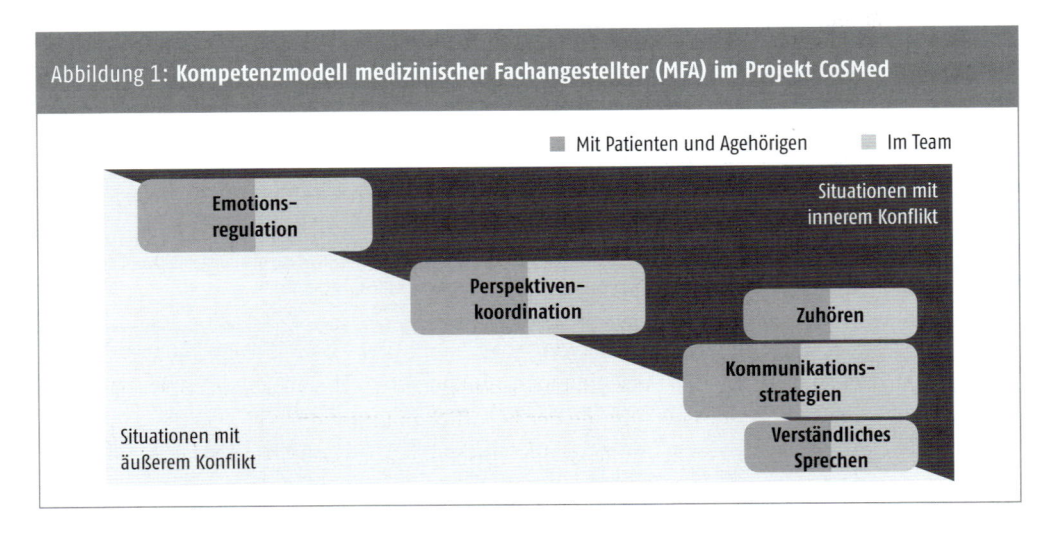

Abbildung 1: Kompetenzmodell medizinischer Fachangestellter (MFA) im Projekt CoSMed

■ Mit Patienten und Agehörigen   ■ Im Team

- Emotionsregulation
- Perspektivenkoordination
- Zuhören
- Kommunikationsstrategien
- Verständliches Sprechen

Situationen mit äußerem Konflikt — Situationen mit innerem Konflikt

Die erste zentrale Kompetenz einer MFA ist die *Emotionsregulation*. Sie besteht darin, auch in schwierigen sozialen Situationen die eigenen Emotionen innerlich zu kontrollieren und dabei nach außen angemessen reagieren zu können. *Perspektivenkoordination* beschreibt die zweite zentrale Kompetenz. Um diese adäquat umzusetzen, muss der/die MFA auch in schwierigen sozialen Situationen die Perspektive, Emotionen und Bedürfnisse des Gegenübers nachvollziehen, dabei die eigene Perspektive bzw. die Anforderungen der Praxis im Blick behalten und beide Seiten möglichst konstruktiv in Beziehung zueinander setzen. Als dritte zentrale Kompetenz fließen *Kommunikationsstrategien* in das Modell ein. Kompetente Kommunikationsstrategien äußern sich darin, dass MFA auch in schwierigen Gesprächssituationen die Kommunikation auf eine für beide Seiten gute Lösung hinsteuern und dem Gegenüber das Gefühl geben, ernst genommen und verstanden zu werden. Die beiden Subdimensionen des *Zuhörens* und des *verständlichen Sprechens* wurden zwar ebenfalls als bedeutsame sozial-kommunikative Kompetenzen einer MFA identifiziert, aufgrund fehlender Operationalisierungsmöglichkeiten in einem schriftlichen Format jedoch nicht in den Test aufgenommen.

Die im Modell sichtbare Teilung der Kompetenzen in einen hellgrauen und einen dunkelgrauen Bereich symbolisiert die Unterscheidung von Situationen mit *inneren oder äußeren Konflikten*. Zusätzlich wird jede Kompetenz zur Hälfte in Weiß und Schwarz dargestellt. Dahinter steht die aus der Empirie gewonnene Annahme, dass sich Unterschiede im Verhalten gegenüber *Patienten/Patientinnen und Angehörigen* einerseits und *Teammitgliedern* auf der anderen Seite zeigen. Patienten/Patientinnen und deren Angehörigen muss stärker aus einer professionellen Rolle heraus begegnet werden, während das Verhältnis zu Teammitgliedern meist vertrauter ist, aufgrund von Hierarchieunterschieden und möglichen Interessenskollisionen jedoch Konfliktpotenzial bergen kann (näheres zu den Kompetenzdimensionen in CoSMed vgl. Srbeny/Monnier/Dietzen/Tschöpe 2015).

2.4 Testformat und Itemkonstruktion bei SJT und in CoSMed

Nach der Anforderungsanalyse und der Entwicklung des Kompetenzmodells stellt die Entwicklung des eigentlichen Tests mit den Situationsbeschreibungen, Fragen und Antwortmöglichkeiten sowie den Auswertungsregeln für die Antworten den nächsten Entwicklungsschritt dar. Bei der Auswahl und Festlegung eines geeigneten Formats für einen SJT gilt der möglichst hohe Realitätsbezug als zentrales Kriterium, der sowohl in Stimuli und Situationsbeschreibungen als auch in Fragen und Antwortmöglichkeiten identifizierbar sein muss. Im Projekt CoSMed wurden Adaptationen am klassischen Messdesign von SJT vorgenommen, um die gemessenen Konstrukte transparenter zu machen. Das Ziel der Testkonstruktion bestand nicht nur darin, einen Gesamttestwert für die sozialen Kompetenzen der Personen zu ermitteln, sondern gezielt Aussagen zu den oben genannten verschiedenen Teilkompetenzen aus dem Kompetenzmodell treffen zu können, die bei der Bewältigung der beruflichen Situationen eine Rolle spielen. Im Folgenden werden deshalb immer zunächst die typischen Merkmale eines SJT vorgestellt und anschließend die Änderungen beim CoSMed-Test erläutert und begründet.

Situationsbeschreibung im SJT
In einem SJT können die Situationen auf verschiedenen Wegen präsentiert werden, z. B. schriftlich, per Audioaufnahme oder mit Videos. Motowidlo/Dunnette/Carter (1990) untersuchten verschiedene Formate und stellten erhebliche Variationen fest. Demnach weist der Realitätsbezug („fidelity") bei Arbeitsproben unter den simulationsorientierten Verfahren den höchsten Realitätsbezug auf. Hinsichtlich der verwendeten Stimulusvarianten eines SJT kommen Videoaufnahmen der Realität näher als Audioaufnahmen oder schriftliche Varianten. Auch Bildmaterial in schriftlichen Tests erhöht den Realitätsbezug im Vergleich zu rein sprachlichen Varianten.

Situationsbeschreibung in CoSMed
Der computergestützte Test bei CoSMed beginnt mit einem Einführungsvideo, in dem eine Arztpraxis mit allen Mitarbeitern/-innen vorgestellt wird. Es folgen zwölf Videosequenzen (siehe Beispiele in Tabelle 1), in denen kritische soziale Interaktionen dargestellt sind. Um den Realitätsbezug weiter zu erhöhen und die Identifikation mit der handelnden Person zu erleichtern, wurden alle Szenen aus der Ich-Perspektive gedreht. Hierdurch entsteht der Eindruck, die jeweilige Person spreche direkt mit dem Testteilnehmenden, womit eine größere eigene Identifikation mit der Szene intendiert ist. Hinzu kommt, dass man sich im Allgemeinen von sich selbst ähnlichen Personen angezogener fühlt. So stützen sich Personen dabei u. a. auf Auswahlkriterien wie das ähnliche Aussehen bis hin zum Knochenbau (Folkes 1982). Eine Identifikation von Testteilnehmenden mit einer MFA im Video, deren Ähnlichkeit nur auf dem gemeinsamen Beruf basiert, könnte somit im Gegensatz zu Testteilnehmenden mit großer Ähnlichkeit zur MFA im Video zu Messfehlern führen, welche durch die Ich-Perspektive vermieden werden.

Fragen und Antwortmöglichkeiten im SJT
Typischerweise wird in einem SJT nach dem eigenen oder dem optimalen Verhalten in der beschriebenen Situation gefragt („would" vs. „should"-Frage, z. B. „Was würden Sie in dieser Situation am ehesten tun?" vs. „Wie sollte man sich in dieser Situation verhalten?"; zu den Implikationen beider Varianten vgl. Ployhart/Ehrhart 2003).

Häufig werden im Multiple-Choice-Format verschiedene geschlossene Antwortmöglichkeiten angeboten, unter denen das eigene bzw. das optimale und/oder das schlechteste Verhalten ausgewählt werden sollen oder Rangreihenfolgen der Antwortalternativen zu bilden sind. Möglich sind jedoch auch offene Antwortformate. Auch die Antwortformate unterscheiden sich hinsichtlich des Realitätsbezugs, wobei offene Antworten die Reaktionen eines Probanden realitätsnäher abbilden als Multiple-Choice-Formate (Kanning/Schuler 2014).

Fragen und Antwortmöglichkeiten in CoSMed
Im CoSMed-Testverfahren erscheinen im Anschluss an jede Szene auf dem Bildschirm Fragen zur Erfassung aller Kompetenzen des Kompetenzmodells, die bei zwei Kompetenzen im

offenen Format, bei einer Kompetenz im geschlossenen Format (Multiple-Choice) zu beantworten sind.

Anstelle der klassischen „should"- und „would"-Fragen zielen die Fragen des CoSMed-Tests direkt auf die Messung der Dimensionen des Kompetenzmodells ab. Die Fähigkeit zur Emotionsregulation wird im Anschluss an die Videoszene durch Fragen nach den gefühlten und gezeigten Emotionen in der Situation erhoben. Für die Kompetenzdimension der Perspektivenkoordination werden die Probanden und Probandinnen nach einer Problembeschreibung aus der eigenen Sichtweise in eigenen Worten gefragt. Die Messung der Kommunikationskompetenz erfolgt durch Fragen nach der eigenen Antwort in der Situation und hat damit noch die größte Ähnlichkeit zu Fragen in klassischen SJT.

Die Wahl dieses Mischformats aus offenen und geschlossenen Antworten beruht auf den Erfahrungen eines zunächst eingesetzten geschlossenen Antwortformates bei allen Kompetenzdimensionen, das sich in der Pilotierung im Frühjahr 2013 an N = 236 bei den Kompetenzdimensionen *Perspektivenkoordination und -übernahme* und *Kommunikationsstrategien* als problematisch erwiesen hatte. Als Kontrolle wurden in der Pilotierung Elemente zum sprachlichen Denken des Wilde Intelligenztests 2 (KERSTING/ALTHOFF/JÄGER 2008) erhoben, welche im Vergleich zur Altersnorm unterdurchschnittlich ausfielen. Tendenziell zeigte sich, dass Probanden/-innen mit Abitur (und Deutsch als Muttersprache) weniger Mühe hatten, die einzelnen Testelemente zu bearbeiten. Dies führte zu Verzerrungen bei den Testergebnissen, weshalb die geschlossenen Antwortformate für diese beiden Kompetenzdimensionen durch offene ersetzt wurden.

Auswertung der Antworten eines SJT
Für die Bewertung von Antworten werden in klassischen SJT zumeist Konsensentscheidungen von Expertenteams für die Einstufung der Antworten herangezogen. Selten dienen auch empirische Kriterien, wie beispielsweise die Korrelation des Verhaltens mit beruflichem Erfolg als Beurteilungsgrundlage (PLOYHART/MACKENZIE 2011).

Auswertung der Antworten in CoSMed
Im CoSMed-Projekt wird für die Bewertung der Antworten nicht ausschließlich eine Experten- oder Praktikereinschätzung des besten Verhaltens bzw. der besten und schlechtesten Antworten zugrunde gelegt. Zwar wurden zur Validierung auch Experten/Expertinnen und Praktiker/-innen zur Qualität von Antworten befragt, die Einstufung der Antworten geschieht jedoch maßgeblich auf Basis der den Kompetenzdimensionen zugrunde liegenden Theorien. Die Kriterienkataloge zur Bewertung der offenen Antworten basieren beispielsweise auf Theorien der Emotionsregulation nach GROSS (2009), zur Perspektivenkoordination nach SELMAN (2003) sowie den deutschen Adaptionen von MISCHO (2003, 2004) und im Bereich der Kommunikationsstrategien auf theoretischen Ansätzen z. B. von SCHULZ VON THUN (2004), welche in Auswertungsraster zur Bewertung der offenen Antworten überführt wurden. Diese sind

ein Ergebnis einer wiederholten Triangulation der zugrunde gelegten Theorieansätze mit dem empirischen Material der Probanden und Probandinnen. Im Prozess der Erstellung der Auswertungsraster wurden nach und nach theoriebasierte Kriterien weiter ausdifferenziert und verfeinert und regelmäßig auf Anwendbarkeit und Auswerterunabhängigkeit geprüft. So ergibt sich beispielsweise für das Raster der Perspektivenkoordination eine sehr zufriedenstellende Interrater-Reliabilität von $r = .8 - .9$.

Insgesamt erzeugt die Ausdifferenzierung der Messung in verschiedene Kompetenzdimensionen und die theoretische Fundierung der Bewertungskriterien eine größere Klarheit über die gemessenen Konstrukte. Darüber hinaus verhindert dieses Vorgehen, dass in der Praxis eingeschliffene Verhaltensweisen oder implizite Normen einzelner Unternehmen unkritisch zur Bewertung herangezogen werden, ohne hierbei klarzustellen, was genau an diesem Verhalten überhaupt positiv oder negativ ist.

3. Technische Umsetzung in CoSMed

Für die Umsetzung des Tests in einer computergestützten Testumgebung ergaben sich Kriterien aus der inhaltlichen Gestaltung (1), dem potenziellen Einsatz als Prüfungswerkzeug (2) und aus den infrastrukturellen Rahmenbedingungen (3).

Wie oben beschrieben, war auf inhaltlicher Ebene (1) die umfangreiche Verfügbarkeit multimedialer Elemente sowie offener und geschlossener Aufgabenformate zur Konstruktion des Sozialkompetenztests erforderlich, um einen hohen Realitätsbezug der Aufgaben sicherzustellen. Zur parallelen zeitökonomischen Erhebung der Fachkompetenzen in einem adaptiven Testabschnitt musste eine entsprechende Testkomponente bereitgestellt werden. Adaptive Tests berücksichtigen zum Zeitpunkt der Testdurchführung individuell das Niveau des jeweiligen Teilnehmers in der Fragenauswahl (KUBINGER 2009). Aus dem Einsatzfeld des medizinischen Kontexts ergab sich die Anforderung einer hohen Nutzerfreundlichkeit, da keine hohe IT-Affinität der Teilnehmer vorausgesetzt werden konnte.

Für die potenzielle, spätere Anwendung als summatives Prüfungswerkzeug (2) waren eine Zuordenbarkeit der Testergebnisse zur Testperson sowie umfangreiche Auswertungsfunktionalitäten notwendig. Zudem war eine größtmögliche Ausfallsicherheit zu gewährleisten. Für den möglichen Einsatz im Rahmen von Prüfungen mit großen Teilnehmerzahlen musste eine hohe Skalierbarkeit gegeben sein.

Auf infrastruktureller Seite (3) war zu berücksichtigen, dass der Einsatz dezentral in den jeweiligen Berufsschulen erfolgen sollte. Die Testsoftware musste daher unter sehr heterogenen Bedingungen nutzbar sein. Durch die verteilten Testungen war es von besonderer Bedeutung, die einzelnen Testergebnisse in konsistenter Form zu erfassen.

Um eine geeignete Testsoftware zu identifizieren, wurde eine Marktanalyse über 136 Softwarelösungen durchgeführt. Es zeigte sich, dass keine der Lösungen alle Kriterien erfüllen konnte. Daher wurde entschieden, ein Open-Source-Werkzeug mit hoher Grundfunktionalität weiterzuentwickeln. Die Wahl fiel auf die Testkomponente des Lernmanagementsystems ILIAS, die mit Ausnahme der adaptiven Testkomponente sämtliche Anforderungen erfüllte.

In ILIAS sind elf verschiedene Fragetypen (8 geschlossene, 3 offene) verfügbar, die individuell mit multimedialen Elementen kombiniert werden können. ILIAS ist webbasiert und verfügt über ein „Frontend" und „Backend" mit graphischen Eingabemasken für den Testteilnehmer und -ersteller. Die Open-Source-Struktur ermöglichte die Integration der adaptiven Testkomponente unter Nutzung der Standardmasken, so dass die Oberfläche der einzelnen Testteile einheitlich gestaltet werden konnte. Die inhaltlichen Anforderungen sowie die Anforderungen an die Nutzerfreundlichkeit waren damit erfüllt.

ILIAS verfügt über umfangreiche Auswertungsfunktionalitäten auf Test- und Nutzerebene. Die erfassten Daten werden in einer zentralen Datenbank gespeichert. Die Client-Server-Struktur von ILIAS gewährleistet, dass Daten selbst nach einem Totalausfall des Clients weiter verfügbar sind und der Test an gleicher Stelle wieder aufgenommen werden kann. Eine eindeutige Zuordenbarkeit der Testergebnisse zu einem Teilnehmer ist gegeben. Eine umfangreiche Nutzerverwaltung und die simultane Anwendung über mehrere hundert Teilnehmer ermöglichen die großzahlige Nutzung. Damit waren alle Kriterien aus dem Einsatz als summatives Prüfungswerkzeug, sowie für den potenziellen Einsatz im Rahmen der Abschlussprüfung zur MFA erfüllt.

Die plattformunabhängige Gestaltung ermöglicht eine Nutzung von ILIAS unter sehr heterogenen Einsatzbedingungen. Die Client-Server-Struktur stellt eine zentrale Datenhaltung sicher, so dass alle Ergebnisse stets konsistent zur Verfügung stehen. Damit wurden die infrastrukturellen Rahmenbedingungen erfüllt.

Zusammengefasst wurde mit ILIAS ein Testwerkzeug bereitgestellt, das die Anforderungen des sozial-kommunikativen Tests mit den Anforderungen für den kaufmännisch-verwaltenden Testabschnitt verbindet und vielfältige multimediale Gestaltungsoptionen, den Einsatz zahlreicher Fragetypen und umfangreiche Auswertungsmöglichkeiten ermöglicht. Gleichzeitig ist die geschaffene Lösung für den Einsatz im Rahmen einer großzahligen Prüfung wie auch für den dezentralen Einsatz in den Berufsschulen geeignet.

4. Zusammenfassung und Bewertung der Erfahrungen mit einem SJT im Projekt CoSMed

Ziel des Projekts CoSMed war die Entwicklung eines Kompetenzmodells und eines Messverfahrens für die sozial-kommunikativen Kompetenzen medizinischer Fachangestellter. Im Beitrag wurde das methodische Vorgehen bei der Entwicklung des Modells und eines darauf basierenden Situational Judgment Tests aufgezeigt. Messansätze auf der Basis von Situational Judgment Tests sind in der beruflichen Diagnostik bislang noch ein recht neuer Forschungsansatz, der sich für die Messung sozialer und emotionaler Kompetenzen jedoch als sehr vielversprechend erweist.

Die Rückmeldung von Auszubildenden, ausbildenden Fachkräften und Berufsfeldexperten/-expertinnen zum Kompetenzmodell und zum Testverfahren in CoSMed bestätigen einen hohen Realitätsbezug zum beruflichen Alltag einer/eines MFA und somit eine hohe Augenscheinvalidität. Auch die Akzeptanz bei den Probanden und Probandinnen ist sehr groß, was durch Rückmeldungen aus der Pilotierung wie: „Es war sehr spannend. Endlich konnte ich mal sehen, dass in den anderen Praxen auch so was passiert." oder „Ich fand, der Test war sehr gut aufgebaut. Zudem wurden genau die Themen getroffen, die in der Praxis tatsächlich Sache sind." bestärkt wird. Mithilfe eines Onlinefragebogens wurden zusätzlich 28 Praxisexperten und -expertinnen nach der Authentizität und Realitätsnähe der Szenen sowie der Häufigkeit ihres Auftretens befragt. Diese wurden umfassend als sehr hoch gewertet.

Ein ganz entscheidender inhaltlicher Vorteil der Messmethode in CoSMed besteht in der konsequenten theoretischen Fundierung zusätzlich zur üblichen empirischen Herleitung. Diese theoretische Fundierung gleicht eine der zentralen Schwächen von klassischen SJT aus. In den traditionellen Verfahren sind die internen Konsistenzen üblicherweise eher gering (Kanning/Schuler 2014). Als Kriterium der Reliabilitätsabsicherung werden deshalb Retest-Reliabilitäten empfohlen, um zufriedenstellende Werte für hinreichend lange Tests zu erreichen (Lievens/Peeters/Schollaert 2008). Die geringen internen Konsistenzen und auch Ergebnisse aus Faktorenanalysen deuten auf die Mehrdimensionalität der in klassischen SJT gemessenen Konstrukte hin (Lievens/Peeters/Schollaert 2008). Bei der Entscheidung für die Auswahl oder Bewertung von Verhaltensalternativen können zwischen und auch innerhalb von Situationen sehr verschiedene Kompetenzen die Qualität der Antworten beeinflussen. Auch Ployhart/MacKenzie (2011) tragen offene Fragen für die zukünftige Forschung zu SJT zusammen und weisen hierbei auf das Fehlen von Messmethoden für homogene Konstrukte hin. Die Ergebnisse von SJT scheinen Vorhersagekraft für Verhalten in beruflichen Situationen zu haben, ohne dass klar wäre, was die Tests genau messen. Standards der American Educational Research Association in Zusammenarbeit mit der American Psychological Association und dem National Council on Measurement in Education (1999) fordern hingegen Klarheit über die gemessenen Konstrukte (1999). Diese Klarheit wurde im Projekt CoSMed hergestellt. Das Testverfahren der sozial-kommunikativen Kompetenzen im Projekt CoSMed basiert nicht bloß auf Expertenbefragungen zu kritischen Situationen und Verhaltensweisen. Grundlage ist ein Kompetenzmodell, welches theoretisch und empirisch fundierte Aussagen sowohl zu den erforderlichen Kompetenzen als auch zu den Niveaustufen dieser Kompetenzen beinhaltet. Auf dieser Grundlage ist es möglich, exakt anzugeben, was das Verfahren misst. Die Testleistung in den einzelnen Dimensionen sollte auf die definierten Kompetenzen zurückzuführen sein und Unterschiede in den Leistungen zwischen den Probanden/-innen auf Unterschiede in den Kompetenzausprägungen, womit das Kriterium der Messung homogener Konstrukte erfüllt und ein großer Schritt in Richtung Transparenz von SJT gegangen ist.

Literatur

ABELE, Stephan: Modellierung und Entwicklung berufsfachlicher Kompetenz in der gewerblich-technischen Ausbildung. Empirische Berufsbildungsforschung, Band 1. Stuttgart 2014

AMERICAN EDUCATIONAL RESEARCH ASSOCIATION; AMERICAN PSYCHOLOGICAL ASSOCIATION; NATIONAL COUNCIL ON MEASUREMENT IN EDUCATION: Standards for educational and psychological testing. Washington DC 1999

ASCOT: Vocational skills and competencies made visible. The ASCOT research initiative. – URL: http://www.ascot-vet.net/_media/ascot__MASTER_Broschuere_Projekte_EN_V06.pdf (Stand: 30.03.2015)

BÜHNER, Markus: Einführung in die Test- und Fragebogenkonstruktion. München 2011

CHRISTIAN, Michael S.; EDWARDS, Bryan D.; BRADLEY, Jill C.: Situational judgment tests: Constructs assessed and a meta-analysis of their criterion-related validities. In: Personnel Psychology 63 (2010) 1, S. 83–117

EULER, Dieter; BAUER-KLEBL, Anette: Bestimmung und Präzisierung von Sozialkompetenzen. Theoretische Fundierung und Anwendung für die Curriculumsentwicklung. In: Zeitschrift für Berufs- und Wirtschaftspädagogik 104 (2008) 1, S. 16–47

EULER, Dieter: Von der programmatischen Formel zum didaktischen Konzept: Sozialkompetenzen präzisieren, fördern und beurteilen. In: NIEDERMAIR, Gerhard (Hrsg.): Kompetenzen, entwickeln, messen und bewerten. Linz 2012, S. 183–199

FLANAGAN, John C.: The critical incident technique. In: Psychological bulletin 51 (1954) 4, S. 327–358

FOLKES, Valerie S.: Forming relationships and the matching hypothesis. In: Personality and Social Psychology Bulletin 8 (1982) 4, S. 631–636

GARTMEIER, Martin u. a.: Modellierung und Assessment professioneller Gesprächsführungskompetenz von Lehrpersonen im Lehrer-Elterngespräch. In: ZLATKIN-TROITSCHANSKAIA, Olga (Hrsg.): Stationen Empirischer Bildungsforschung. Traditionslinien und Perspektiven, Wiesbaden 2011, S. 412–426

GREENE, John O.; BURLESON, Brant R.: Handbook of communication and social interaction skills. Mahwah 2003

GROSS, James J. (Hrsg.): Handbook of emotion regulation. New York 2007

HACKER, Winfried: Arbeitsgegenstand Mensch: Psychologie dialogisch-interaktiver Erwerbsarbeit. Lengerich 2009

HARGIE, Owen; DICKSON, David: Skilled interpersonal communication: Research, theory and practice. New York 2009

HAVIGHURST, Lauren C., FIELDS, Laura E.; FIELDS, Cassi L.: High versus low fidelity simulations: does the type of format affect candidates performance or perceptions. In: Proceedings from the 27th annual IPMAAC conference on personnel assessment, Baltimore 2003

HUNT, Thelma: The measurement of social intelligence. In: Journal of Applied Psychology 12 (1928), S. 317–334

KANNING, Uwe Peter; SCHULER, Heinz: Simulationsorientierte Verfahren der Personalauswahl. In: SCHULER, Heinz; KANNING, Uwe Peter (Hrsg.): Lehrbuch der Personalpsychologie (3. Aufl.). Göttingen 2014, S. 215–256

KANNING, Uwe Peter: Diagnostik sozialer Kompetenzen. Göttingen 2003

KANNING, Uwe Peter: Soziale Kompetenzen. Entstehung, Diagnose und Förderung. Göttingen 2005

KANNING, Uwe Peter: Inventar sozialer Kompetenzen (ISK). Manual. Göttingen 2009

KERSTING, Martin; ALTHOFF, Klaus; JÄGER, Adolf Otto: Der WILDE Intelligenztest 2 (WIT-2). Göttingen 2008

KUBINGER, Klaus D.: Adaptives Testen. In: KUBINGER, Klaus D.: Psychologische Diagnostik. Göttingen 2009

LIEVENS, Filip; CHAN, David: Practical Intelligence, Emotional Intelligence, and Social Intelligence. In: FARR, James L.; TIPPINS, Nancy T. (Hrsg.): Handbook of Employee Selection. New York 2010, S. 339–359

Lievens, Filip; Peeters, Helga; Schollaert, Eveline: Situational judgment tests: A review of recent research. In: Personnel Review 37 (2008) 4, S. 426–441

McDaniel, Michael A. u. a.: Situational judgment tests, response instructions, and validity: A meta-analysis. In: Personnel psychology 60 (2007) 1, S. 63–91

McDaniel, Michael A. u. a.: Situational judgment tests, response instructions and validity: a meta-analysis. In: Burke, Michael J. (Hrsg.): Personnel psychology 60 (2007) 1, S. 63–91

Mischo, Christoph: Wie valide sind Selbsteinschätzungen der Empathie? Gruppendynamik und Organisationsberatung, 34 (2003) 2, S. 187–203

Mischo, Christoph: *Fördert Gruppendiskussion die Perspektiven-Koordination?* Zeitschrift für Entwicklungspsychologie und Pädagogische Psychologie, 36 (2004), S. 30–37

Monnier, Moana: Difficulties in defining Social-Emotional Intelligence, Competences and Skills and the subsequent uncertainties of the application in educational curricula – A theoretical approach and suggestion. In: International Journal for Research in Vocational Education and Training 1 2015, Vol. 2/1, S. 59-84

Motowidlo, Stephen. J.; Dunnette, Marvin D.; Carter, Gary W.: An alternative selection procedure: The low-fidelity simulation. In: Journal of Applied Psychology 75 (1990) 6, S. 640–647

Nangle, Douglas W. u. a.: Practitioner's Guide to Empirically based measures of Social Skills. New York 2010

Nerdinger, Friedemann W.: Psychologie der Dienstleistung. Göttingen 2011

Nickolaus, Reinhold: Die Erfassung fachlicher Kompetenzen und ihrer Entwicklungen in der beruflichen Bildung – Forschungsstand und Perspektiven. In: Zlatkin-Troitschankskaja, Olga (Hrsg.): Stationen empirischer Bildungsforschung: Traditionslinien und Perspektiven. Wiesbaden 2011, S. 331–351

Nickolaus, Reinhold; Seeber, Susan: Berufliche Kompetenzen: Modellierungen und diagnostische Verfahren. In: Frey, Andreas; Lissmann, Urban; Schwarz, Bernd (Hrsg.): Handbuch berufspädagogischer Diagnostik. Weinheim und Basel 2013, S. 166–195

Ployhart, Robert E.; Ehrhart, Mark G.: Be careful what you ask for: Effects of response instructions on the construct validity and reliability of situational judgment tests. In: International Journal of Selection and Assessment 11 (2003) 1, S. 1–16

Ployhart, Robert E.; MacKenzie Jr., William I.: Situational Judgment Tests: A Critical Review and Agenda for the Future. In: Zedeck, Sheldon (Hrsg): APA handbook of industrial and organizational psychology, Vol 2: Selecting and developing members for the organization. Washington DC 2011, S. 237–252

Selman, Robert L.: The promotion of social awareness: Powerful lessons from the partnership of developmental theory and classroom practice. New York 2003

Seyfried, Brigitte (Hrsg.): „Stolperstein" Sozialkompetenz. Was macht es so schwierig, sie zu erfassen, zu fördern und zu beurteilen? Bielefeld 1995

Srbeny, Christian; Monnier, Moana; Dietzen, Agnes; Tschöpe, Tanja: Soziale Kompetenzen von Medizinischen Fachangestellten: Ein berufsspezifisches Kompetenzmodell. In: Stock, Michaela: Schlögl, Peter; Schmid, Kurt; Moser, Daniela (Hrsg.): Kompetent - wofür? Life Skills - Beruflichkeit - Persönlichkeitsbildung. Beiträge zur Berufsbildungsforschung (S. 177–190). Innsbruck, Wien, Bozen 2015

Theuerkauf, Klaus: Konfliktmanagement in Kooperationsverträgen der Wirtschaft – Spielregeln für eine konstruktive Kommunikation und Konfliktbehandlung in Eigentätigkeit. Bad Homburg 2005

TSCHÖPE, Tanja: Wissen und Sozialkompetenz aus Sicht der kognitiven Psychologie. In: POWELL, Justin J.W.; DIETZEN, Agnes; BAHL, Anke; LASSNIGG, Lorenz (Hrsg.): Soziale Inwertsetzung von Wissen, Erfahrung und Kompetenz in der Berufsbildung. Bildungssoziologische Beiträge der Sektion Bildung und Erziehung der Deutschen Gesellschaft für Soziologie. Weinheim, Basel 2015, S. 89–102

TSCHÖPE, Tanja: Zwischenstand des Promotionsprojekts „Kompetenzdiagnostik in der beruflichen Bildung: Modellierung und Entwicklung eines Diagnoseinstruments für die Beratungskompetenz im Ausbildungsberuf Bankkaufmann/-frau". Dokumentation für das 5. Fachtreffen im Rahmenprogramm zur Förderung der empirischen Bildungsforschung. Bundesinstitut für Berufsbildung. Bonn 2012

Ottmar Döring, Ulrike Weyland, Eveline Wittmann, Annette Nauerth,
Johannes Hartig, Roman Kaspar, Michaela Möllers, Simone Rechenbach,
Julia Simon, Iberé Worofka, Kristina Kraus

Technologiebasierte Messung beruflicher Handlungskompetenz in der Pflege älterer Menschen: Kompetenzmodellierung und Testverfahrensentwicklung

Inwieweit Berufsbildung für die Arbeitswelt verwertbare Handlungskompetenzen vermittelt, ist ein wichtiger Indikator der Qualität von Bildungsprozessen. Mithin rücken Bestrebungen um eine standardisierte Messung beruflicher Handlungskompetenz in den Fokus der Berufsbildungsforschung. In diesem Beitrag wird die Entwicklung eines diagnostischen Verfahrens zur Kompetenzerfassung am Beispiel der dreijährigen Altenpflegausbildung beschrieben. Die im Verbundprojekt TEMA vorgenommene Kompetenzmodellierung sowie die darauf aufbauende Situations- und Aufgabenmodellierung werden dargestellt und die Umsetzung in ein computerbasiertes Testverfahren erläutert. Neben Befunden zur Eignung des Tests zur Messung beruflicher Handlungskompetenz werden Optionen des Transfers auf andere Pflegeberufe beschrieben.

Schlagworte: Kompetenzmessung, Berufsbildung, Altenpflege, Kompetenzmodell, computerbasiertes Testverfahren

1. Zielsetzung des Projektes TEMA

Das Ziel der beruflichen Ausbildung im Allgemeinen ist die Vermittlung einer für die Arbeitswelt verwertbaren beruflichen Handlungskompetenz. Im berufsbildenden Bereich fehlt es bislang an Verfahren, welche das Ergebnis – die berufliche Handlungskompetenz – verlässlich messen. Auch angesichts des erwarteten gravierenden Fachkräftemangels (vgl. BUNDESMINISTERIUM FÜR FAMILIE, SENIOREN, FRAUEN UND JUGEND (BMFSFJ) 2014, S. 8) in der Pflegebranche bedarf es insbesondere für die Pflegeberufe einer verlässlichen Kompetenzmessung, die zur Erhöhung der Durchlässigkeit innerhalb des Systems der Pflegebildung beiträgt. Im Verbundprojekt „Entwicklung und Erprobung von technologieorientierten Messinstrumenten zur Feststellung der beruflichen Handlungskompetenz in der Pflege älterer Menschen (TEMA)" der Forschungsinitiative „Technologie-orientierte Kompetenzmessung in der beruflichen Bildung (ASCOT)" des Bundesministeriums für Bildung und Forschung (BMBF) wurden Grundlagen für eine standardisierte und repräsentative Messung beruflicher Handlungskompetenz zum Ende der Berufsausbildung in der Altenpflege geschaffen. Dabei wurde ein technologiebasiertes, valides Erhebungsinstrument zur Kompetenzmessung für diesen Bereich konstruiert und auch die Transferfähigkeit des entwickelten Testverfahrens auf andere Pflegeberufe untersucht. Das Projekt wurde von 1. Dezember 2011 bis 30. November 2014 von den Verbundpartnern Forschungsinstitut Betriebliche Bildung (f-bb), Otto-Friedrich-Universität Bamberg, Deutsches Institut für Internationale Pädagogische Forschung (DIPF) und Fachhochschule Bielefeld durchgeführt.

Für die Domäne der Pflege älterer Menschen liegen bisher keine elaborierten, empirisch abgesicherten Kompetenzmodelle vor. Das Projekt schließt diese Lücke, indem es zunächst ein Kompetenzmodell entwickelte, das die domänenspezifische Struktur der pflegerischen Fachkompetenz anhand von systematischen Zusammenhängen zwischen Teilkompetenzen und Kompetenzbereichen abbildet, die einer nachfolgenden Testaufgabenkonstruktion zugrunde gelegt wurde. Hierzu wurden Kompetenzbereiche und untergeordnete Teilkompetenzen definiert und Kompetenzniveaus beschrieben. Ein technologieorientiertes Testverfahren bietet die Möglichkeit, Testaufgaben mit hoher Authentizität zu entwickeln und kontextualisiert zu modellieren. Vor diesem Hintergrund sind komplexe und realitätsnahe berufliche Handlungssituationen mit unmittelbaren Handlungsaufforderungen generiert und videographisch umgesetzt worden. Diese Videosequenzen setzen Stimuli für konkrete Testaufgaben.

In diesem Artikel werden das konzeptionelle und methodische Vorgehen bei der domänenspezifischen Modellierung beruflicher Handlungskompetenz, die Entwicklung eines realitätsnahen, computerbasierten Testverfahrens zur Kompetenzmessung und dessen empirische Erprobung beschrieben.

2. Kompetenzmodellierung

Das im Projekt TEMA entwickelte heuristische Kompetenzmodell soll Aussagen darüber liefern, was das Denken und die inneren Grundlagen des Handelns von Pflegepersonen zum Abschluss der Ausbildung strukturiert (vgl. ähnlich Shulman 1986, S. 9). Es wird in Anlehnung an Assessment-Design-Modelle von Mislevy und Kollegen/-innen (vgl. Mislevy u. a. 2004) entwickelt.

Die gesichteten Assessmentansätze und Studien zur Kompetenzmodellierung in anderen Berufsfeldern beziehen sich vorwiegend auf die Modellierung und Erfassung der beruflichen Fachkompetenz (vgl. Seeber u. a. 2010, S. 9). Die Entwicklung eines darauf bezogenen Kompetenzmodells wird vor allem durch Anforderungen an das eigenverantwortliche und selbstständige Handeln bei der Bewältigung realer beruflicher Situationen geleitet (vgl. Winther 2010; Rauner 2010). Im Projekt TEMA wurde ein domänenspezifischer Zuschnitt von beruflicher Fachkompetenz auf der Grundlage einer umfassenden Bestimmung von Anforderungen an das kompetente Handeln in der Altenpflege mithilfe von Analysen bereits publizierter Kompetenzmodelle, curricularen Analysen, Expertengesprächen und Situationsanalysen vorgenommen.

Die Analyse bestehender theoretischer sowie empirisch-qualitativer Ansätze zur Modellierung beruflicher Handlungskompetenz zeigt, dass diese umso tragfähiger ist, je mehr sie sich auf reale berufliche Handlungssituationen bezieht, also ein hohes Maß an situativem Fallbezug besitzt (vgl. OLBRICH 2010; WEIDNER 1995). Das Projekt TEMA orientierte sich bei der Kompetenzmodellierung in der Domäne „Pflege älterer Menschen" daher an der Bewältigung von altenpflegespezifischen Situationen (vgl. HUNDENBORN 2007) und Arbeitsprozessen. Pflegerisches Handeln findet in verschiedenen kontextuellen Settings wie beispielsweise im Krankenhaus, im Altenpflegeheim und in der häuslichen Pflegeumgebung statt und erfolgt in den jeweiligen Settings stark situativ-fallbezogen (vgl. BALS/WITTMANN 2008; KERNGRUPPE CURRICULUM 2006). Gleichzeitig sind diese Arbeitskontexte jeweils durch Anforderungen bestimmt, die sich auf einer persönlich-individuellen Ebene, in der pflegerischen Dyade von Pflegepersonen und Gepflegten, oder in der kollegialen und interprofessionellen Zusammenarbeit im Team stellen (vgl. „Modell der beruflichen Handlungskompetenz der Integrativen Pflegeausbildung: Stuttgarter Modell©" KERNGRUPPE CURRICULUM 2006, S. 85 ff.). Es wird davon ausgegangen, dass ein „situationsangemessenes Zusammenwirken" (KERNGRUPPE CURRICULUM 2006, S. 87) verschiedener Kompetenzbereiche Pflegepersonen in Pflegesituationen kompetent handeln lässt. Da Pflegesituationen immer im institutionellen Rahmen und im Kontext gesellschaftlicher und berufspolitischer Einflüsse stehen, umfasst die berufliche Handlungskompetenz gemäß diesem Modell über das kompetente Handeln in konkreten Interaktionssituationen mit den Unterstützungsbedürftigen hinaus die Kompetenzbereiche der

▶ organisations- und systembezogenen Kompetenz und der
▶ gesellschafts- und berufspolitischen Kompetenz.

Das im Projekt TEMA vertretene Kompetenzmodell unterscheidet, unter anderem daran angelehnt, horizontal drei übergeordnete Bereiche: den unmittelbar bewohner-/klientenbezogenen, den organisationsbezogenen und den selbstbezogenen Kompetenzbereich (vgl. Abbildung 1).

Professionelles Pflegehandeln ist nach Weidner „ein personenbezogenes, kommunikativem Handeln verpflichtetes, stellvertretendes und begleitendes Agieren auf der Basis und unter Anwendung eines relativ abstrakten, dem ‚Mann auf der Straße' nicht verfügbaren Sonderwissensbestandes sowie einer praktisch erworbenen hermeneutischen Fähigkeit der Rekonstruktion von Problemen defizitären Handlungssinns in aktuellen und potentiellen Gesundheitsfragen betroffener Individuen" (WEIDNER 1995, S. 126). Das pflegeprozessuale Geschehen besteht aus der Diagnose des individuellen Pflegebedarfs, der Planung und Durchführung angemessener Pflegemaßnahmen, der Überprüfung des Pflegeerfolgs und gegebenenfalls der modifizierten Durchläufe des Pflegeprozesses (vgl. WEIDNER 1995, S. 85 f.). Der Pflegeprozess wird in Anlehnung an unterschiedliche Ansätze (vgl. HUNDENBORN 2007; ÖGKV 2011; WEIDNER 1995; KERNGRUPPE CURRICULUM 2006, S. 84 ff.; ähnlich auch BENNER 1995; ASHWORTH 1987, S. 34 ff.) im Verbundprojekt als interaktiver und somit als dynamischer Vorgang definiert, in dem die Pflegeperson den Pflegebedarf, die Pflegeziele, die Pflegeinterventionen und die Pflegeergebnisse mit der zu pflegenden Person und deren Bezugspersonen einschätzt und beurteilt. Im unmittelbar bewohnerbezogenen Kompetenzbereich, auf den die Operationalisierung im Projekt TEMA begrenzt bleibt, werden dementsprechend

- eine diagnostisch-reflexive Teilkompetenz zur begründeten, Folgen berücksichtigenden Entscheidungsfindung und -veränderung durch umfassende Einschätzung des Zustandes der zu pflegenden Person sowie der Umgebungsbedingungen,
- eine praktisch-technische Teilkompetenz zu Interventionen bezogen auf zu pflegende Personen und ihre unmittelbare Umgebung mittels pflegerischer und medizinischer Techniken, Methoden und Hilfsmittel im Hinblick auf den umfassenden Pflegebedarf, sowie
- eine interaktiv-kommunikative Teilkompetenz zur Gestaltung der Interaktion und Kommunikation zwischen Pflegepersonen, Gepflegten und Bezugspersonen bezüglich des umfassenden Bedarfs der zu pflegenden Personen

unterschieden. Das pflegeprozessuale Geschehen bleibt hierbei im Gesamtmodell berufsfachlicher Kompetenz in der Pflege älterer Menschen nicht auf die Handlungsebene der Pflegedyade – und damit auf den unmittelbar bewohnerbezogenen Kompetenzbereich – beschränkt, sondern muss auch in den verbleibenden Kompetenzbereichen aufgegriffen werden.

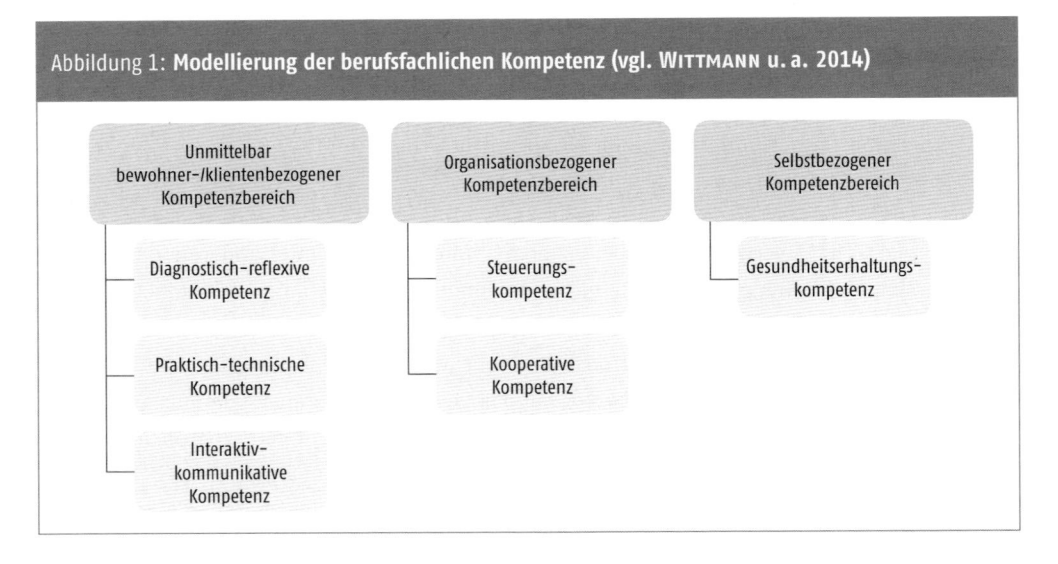

Abbildung 1: Modellierung der berufsfachlichen Kompetenz (vgl. WITTMANN u. a. 2014)

```
Unmittelbar                    Organisationsbezogener        Selbstbezogener
bewohner-/klientenbezogener    Kompetenzbereich              Kompetenzbereich
Kompetenzbereich
    |                              |                             |
    ├── Diagnostisch-reflexive     ├── Steuerungs-               └── Gesundheitserhaltungs-
    |   Kompetenz                  |   kompetenz                     kompetenz
    |                              |
    ├── Praktisch-technische       └── Kooperative
    |   Kompetenz                      Kompetenz
    |
    └── Interaktiv-
        kommunikative
        Kompetenz
```

Das Berufsfachliche kann in der Pflege als Interaktionsarbeit zudem nicht ohne sozialkommunikative, emotionale und motivationale Aspekte bestehen (vgl. zum Beispiel FRIESE 2010). Emotionsbezogene Konzepte, auf die in empirischen pflegewissenschaftlichen Arbeiten zu Pflegekompetenzen regelmäßig Bezug genommen wird, sind die Fähigkeit, angemessen auf die emotionale Lage anderer zu reagieren (Empathiefähigkeit), sowie die Fähigkeit, das eigene emotionale Erleben oder die Gefühlslage des Gegenübers zu beeinflussen (Emotions- und Gefühlsarbeit). Ein kompetenter Umgang nicht nur mit funktionellen

Versorgungsbedarfen, sondern auch mit emotionsbezogenen Pflegeanforderungen, hat somit bei der Versorgung pflegebedürftiger Menschen und der Abbildung pflegerischer Handlungskompetenz einen hohen Stellenwert (vgl. KASPAR/HARTIG 2016). Um diesem Umstand Rechnung zu tragen, bilden soziale und emotionsbezogene Aspekte einen integralen Bestandteil der im Projekt TEMA modellierten berufsfachlichen Kompetenz (vgl. WITTMANN u. a. 2014).

Der curricularen Analyse wurden die gesetzliche Bundesvorgabe – das Gesetz über die Berufe in der Altenpflege (Altenpflegegesetz – AltPflG) vom 24. November 2000, in der Fassung der Bekanntmachung vom 25. August 2003 (Bundesgesetzblatt [BGBl.] Teil I: 1690–1696; zuletzt geändert am 13. März 2013, BGBl. Teil I: 446) in Verbindung mit der entsprechenden Ausbildungs- und Prüfungsverordnung für den Beruf der Altenpflegerin und des Altenpflegers (Altenpflege-Ausbildungs- und Prüfungsverordnung – AltPflAPrV) vom 26. November 2002 (BGBl. Teil I Nr. 81: 4418–4428; zuletzt geändert am 2. Dezember 2007) und landesspezifische Curricula beziehungsweise Lehrpläne zugrunde gelegt. Aufgrund der curricularen Heterogenität wurden hierfür im Projekt TEMA vier ausgewählte landesspezifische Curricula beziehungsweise Lehrpläne der theoretischen und praktischen Ausbildung in der Altenpflege (Bayern, Brandenburg, Nordrhein-Westfalen und Sachsen) analysiert. Die landesspezifischen Vorgaben stützen in ihren Ziel- und Kompetenzbeschreibungen die im Projekt TEMA vertretene Strukturierung des Kompetenzmodells für die Pflege älterer Menschen nach unterschiedlichen Kompetenzbereichen und untergeordneten Teilkompetenzen (vgl. Abbildung 1).

3. Testentwicklung

Die Aufgabenmodellierung erfolgte auf der Grundlage komplexer beruflicher Handlungssituationen. Für ein Situationsverständnis in der Pflege ist davon auszugehen, dass sich pflegeberufliches Handeln in Pflegesituationen im engeren Sinne (Handeln der Pflegeperson ist unmittelbar auf die Gestaltung der pflegerischen Beziehung ausgerichtet) und in weiteren berufsrelevanten Situationen (Handeln der Pflegeperson in anderen Rollen) vollzieht. Ein Kernelement der Pflege ist die Gestaltung der pflegerischen Beziehung. Das pflegeberufliche Handeln wird durch die Merkmale von Pflegesituationen mitbestimmt. Konstitutive Merkmale für alle Pflegesituationen sind nach dem Modell von Hundenborn und Knigge-Demal (vgl. HUNDENBORN 2007, S. 46) die objektiven Pflegeanlässe (zum Beispiel Krankheitsanlässe, Notfallsituationen), das subjektive Erleben und Verarbeiten des Gepflegten (zum Beispiel emotionale Zustände), die institutionelle Verankerung (Setting) und die Interaktionsstrukturen in Pflegesituationen sowie der Pflegeprozess. Dieses fachdidaktisch begründete Situationskonzept (vgl. HUNDENBORN 2007) stellt das Fundament der im Projekt TEMA entwickelten beruflichen Handlungssituationen und damit auch der Aufgabenmodellierung dar (vgl. WITTMANN u. a. 2014, S. 7).

3.1 Situationsmodellierung

Der im Projekt TEMA entwickelte Zugriff auf die berufliche Praxis in der Altenpflege erfolgt über insgesamt zwölf, durch Experten/-innen validierte und curricular gestützte berufliche Handlungssituationen aus drei für die Pflege älterer Menschen typischen Versorgungssettings. Während im Setting „Wohngruppe für demenzkranke Menschen" fünf berufliche Handlungssituationen abgebildet sind, werden im Setting „Ambulante Altenpflege" vier berufliche Handlungssituationen und im Setting „Stationäre Altenpflege" drei berufliche Handlungssituationen ausgewiesen (vgl. Tabelle 1).

Tabelle 1: Gesamtübersicht beruflicher Handlungssituationen

Pflege und Betreuung demenziell erkrankter älterer Menschen	Pflege und Betreuung chronisch kranker älterer Menschen (Apoplex, Diabetes mellitus Typ II)	Pflege und Betreuung älterer Menschen am Lebensende
Setting 1 Wohngruppe	Setting 2 Ambulante Pflege	Setting 3 Stationäre Pflege
1. Teamarbeit bei Übergaben, Kooperation, Pflegedokumentation/Pflegeplanung 2. Biografieorientierte Körperpflege, Dekubitusprophylaxe, Interaktion und Kommunikation bei eingeschränkter Wahrnehmung 3. Handeln in Notfallsituation (Atemnot), Umgang mit Konflikten 4. Biografieorientierte Beschäftigungsangebote bei eingeschränkter Kommunikation 5. Umgang mit freiheitsbeschränkenden Maßnahmen und Zeitdruck	1. Nahrungsaufnahme bei Schluckstörungen, Handeln in Notfallsituation (Aspiration) 2. Wundmanagement, Hygiene im häuslichen Umfeld, Umgang mit Ekel 3. Mitwirkung bei geriatrischen Rehabilitationskonzepten (zum Beispiel Bobath-Konzept), Anleitung von Angehörigen 4. Ernährungsberatung, Blutzucker-Kontrolle und Insulingabe	1. Aufnahmegespräch, Beziehungsaufbau, Schmerzmanagement 2. Ethische Entscheidungsfindung (exemplarisch im Umgang mit Nahrungsverweigerung) 3. Sterbe- und Trauerbegleitung, Angehörigenarbeit, Versorgung des/der Verstorbenen

Alle entwickelten beruflichen Handlungssituationen bilden einzelne Inhalte der Lernfelder 1.1 bis 1.4 der gesetzlichen Bundes- und Landesvorgaben ab, die eigenständiges Pflegehandeln im Rahmen der Pflegediagnostik und Ausführung von Pflegeinterventionen in unmittelbarer Interaktion und Kommunikation mit den Gepflegten zum Ausdruck bringen. In elf der zwölf Handlungssituationen werden die Inhalte eines weiteren Lernfeldes 1.5, die Mitwirkung im Rahmen der diagnostischen und therapeutischen Therapie und interdisziplinäre Zusammenarbeit, das unter anderem Handeln in Notfallsituationen, Medikamenten-, Schmerz- und Wundmanagement umfasst, abgebildet. Die Handlungssituationen der Settings „Wohngruppe für demenzkranke ältere Menschen" und „Ambulante Pflege" enthalten insbesondere einzelne Inhalte der Lernfelder 2.1 bis 2.3, die sich auf die Einbeziehung der Lebenswelt, die Tagesstrukturierung und die Wohnraumgestaltung beziehen. Der Umgang mit Spannungen in der Pflegebeziehung und mit Konfliktsituationen ist in den meisten beruflichen Handlungssituationen curricular, unter anderem in den Lernfeldern 4.1 und 4.3, verankert.

Für die drei Settings werden insgesamt fünf ältere Menschen mit unterschiedlichen Versorgungsbedarfen und Pflegearrangements eingehend beschrieben. Die spezifischen, zu adressierenden Pflegeanlässe sowie Anzahl und Art der Interaktionspartner (Pflegepersonen, zu pflegende Personen sowie Angehörige) variieren über die dargestellten Settings und Handlungssituationen.

Zusammenfassend liegt der Aufgabenmodellierung im Projekt TEMA eine fachdidaktisch begründete Situationsauswahl zugrunde (vgl. WITTMANN u. a. 2014). Da mit Blick auf die Entwicklung eines konkreten Kompetenzfeststellungsverfahrens eine Fokussierung auf den unmittelbar bewohnerbezogenen Kompetenzbereich erfolgt, werden berufliche Handlungssituationen, in denen vorrangig kompetentes Handeln in organisationalen Zusammenhängen oder mit Blick auf die eigene Gesunderhaltung gefordert ist, in diesem Konzept bewusst nicht berücksichtigt.

3.2 Aufgabenentwicklung

Die entwickelten Testaufgaben prüfen die individuellen Fähigkeiten der Auszubildenden zur Bewältigung verschiedener, sich in den zwölf entwickelten, videographisch umgesetzten Pflegesituationen stellender, berufsfachlicher Herausforderungen. Sie sollten dabei unterschiedliche Niveaus der diagnostisch-reflexiven, praktisch-technischen und interaktiv-kommunikativen Teilkompetenz im unmittelbar bewohnerbezogenen Kompetenzbereich anzeigen. Um jeweils eine hinreichende Reliabilität in der Abbildung dieser Teilkompetenzen zu erreichen, wurden für jede differenzierte Teilkompetenz mindestens 20 Testaufgaben entwickelt, die sich nach Möglichkeit paritätisch auf die zwölf beruflichen Handlungssituationen verteilen. Das auf Hundenborn und Knigge-Demal (vgl. HUNDENBORN 2007, S. 46) basierende und in Anlehnung an Kaiser (vgl. KAISER 1985, S. 35) entworfene Situationskonzept stellt den Ausgangspunkt der Aufgabenformulierung dar.

Im Bereich der heuristisch konzipierten diagnostisch-reflexiven Teilkompetenz wurden die Einschätzung des Zustandes einer zu pflegenden Person und die Festlegung des Pflegebedarfes abgefragt sowie diese Beurteilung in Abhängigkeit von zusätzlichen Informationen über Pflegepersonen oder Umgebungsbedingungen getestet. Die Operationalisierung der praktisch-technischen Teilkompetenz erfolgte durch die Abfrage von Handlungswissen, Handlungsentscheidungen in situativen Kontexten und Bewertung beobachteter simulierter Handlungen. Zudem wurden Konzepte zur Begründung von Handlungsplänen, Handlungsentscheidungen und der Bewertung von Handlungen analysiert. Auch für die Operationalisierung der interaktiv-kommunikativen Teilkompetenz wurden situatives Handlungswissen sowie Handlungsentscheidungen geprüft. Zusätzlich sollten durch die Probanden/-innen beobachtete, simulierte Interaktionen zwischen einer Pflegeperson und einem/einer Pflegebedürftigen bewertet sowie Modelle zur Begründung von Handlungsplänen, Handlungsentscheidungen und der Beurteilung von Handlungen eingeschätzt werden.

Der überwiegende Teil der Aufgaben ist im Multiple-Choice-Antwortformat vorgegeben. Darüber hinaus sind auch Antwortmöglichkeiten einzelner Testaufgaben auf ihre Richtigkeit zu überprüfen (richtig/falsch), Bildbereiche auszuwählen (Image Map) oder Handlungsschritte in die richtige Reihenfolge zu bringen. Es werden ausschließlich geschlossene Antwortformate gewählt, da diese eine relativ effiziente und weniger stark an Interpretationen auswertender Experten/-innen gebundene Sammlung diagnostisch relevanter Informationen versprechen als die in der Ausbildungs- und Prüfungspraxis weit verbreiteten offenen Antwortformate. Bei der Aufgabenentwicklung wurden aktuelle fachwissenschaftliche Literatur, Lehr- und Prüfungsmaterialien, Curricula beziehungsweise Lehrpläne und Expertenurteile berücksichtigt.

Insgesamt wurden im Projekt TEMA 82 Testaufgaben entwickelt, wobei 19 Aufgaben emotionsbezogene Aspekte der diagnostisch-reflexiven und interaktiv-kommunikativen Teilkompetenz anzeigen.

Die Vortestung des computerbasierten Verfahrens erfolgte mehrstufig im Rahmen von halbstandardisierten Einzel- und Gruppeninterviews, strukturierten Schüler- und Expertenratings sowie mehreren Pilottestungen. In die Haupttestung konnten 76 der projektintern entwickelten Testaufgaben übernommen werden.

3.3 Testaufbau

Im Projekt TEMA wurde eine multimediale, technologiegestützte Kompetenzerfassung gewählt, da diese eine erhöhte Authentizität im Sinne einer verbesserten Darstellung der komplexen Pflegesituationen und einer kontextualisierten Aufgabenpräsentation in Aussicht stellte. Die Entwicklung eines authentischen, computerbasierten Testverfahrens zur Feststellung der beruflichen Handlungskompetenz stellte für die Pflegeberufe eine besondere Herausforderung dar, da in diesen Berufen die eigenverantwortliche Versorgung und Betreuung von Menschen mit Beeinträchtigungen und besonderen Bedürfnissen im Mittelpunkt stehen (vgl. WITTMANN u. a. 2014). Die zu leistende Überführung von beruflichen Handlungskontexten in technologiebasierte Aufgaben ist im Bereich der Pflege mit einem besonders großen Transferaufwand verbunden. Zudem ist pflegerisches Handeln immer interaktiv und lässt sich anders als im Bereich der technologieaffinen Ausbildungsberufe (vgl. GEISSEL/HEDRICH 2011, S. 14; GSCHWENDTNER/GEISSEL/NICKOLAUS 2010, S. 263) schwieriger abbilden.

Um komplexe Pflegesituationen darzustellen und kognitive Handlungsgrundlagen abzufragen, wurden simulierte, videografierte Pflegesituationen mithilfe von Videovignetten umgesetzt (vgl. DÖRING/MÖLLERS/SCHÖPF 2014, S. 41). Hierdurch können komplexe Anforderungen und das Verhalten aller Beteiligten anschaulich dargestellt werden.

Der Kompetenztest beinhaltet drei Testblöcke zu den verschiedenen Settings „Wohngruppe", „Ambulante Pflege" und „Stationäre Pflege". Mithilfe von Einführungsvideos werden in jedem dieser Handlungsfelder die räumlichen, personellen und situativen Rahmenbedingungen des Settings sowie die zu pflegende Person, ihre Angehörigen und die Pflegepersonen vorgestellt.

In sechs Testheften permutiert die Reihenfolge der Settings, die der Videovignetten und Testaufgaben bleibt innerhalb der Settings jedoch immer gleich. Die zwölf Videovignetten zu den konkreten Pflegesituationen dienen als Stimuli für die jeweils im Anschluss zu bearbeitenden Testaufgaben. Als begleitende Materialien sind einigen Testaufgaben Bilder (zum Beispiel zur Wundeinschätzung) und/oder die Pflegedokumentation einer oder mehrerer zu pflegender Personen beigefügt.

Das entwickelte Testverfahren wurde in Feldstudien und Pretests mehrstufig erprobt und iterativ-zyklisch technisch und inhaltlich optimiert: Im Rahmen einer Feldstudie wurde es bei 17 Personen unter realen Testbedingungen eingesetzt und mithilfe einer teilnehmenden Beobachtung und einer Gruppendiskussion ausgewertet; im Pretest wurde das Testverfahren bei 85 Schülern/-innen angewandt. In der Feldstudie und dem Pretest wurden folgende Bereiche überprüft: die Einführung in den Test für die Probanden, das Testformat, die Testaufgaben, die Pflegedokumentation und der Umgang mit den Videos. Die Resultate ergaben ein positives Bild. Auch für Lernende mit geringer Computeraffinität ist die virtuelle Testumgebung ansprechend und einfach verständlich. Die videobasierte Situationsdarstellung wird von den Teilnehmenden der Feldstudien und des Pretests als realitätsnah und authentisch erlebt, sodass die Videovignetten als praxisnahe Impulse für die Bearbeitung der Aufgaben angesehen werden können.

4. Ergebnisse der Testverfahrensentwicklung in TEMA

Das erarbeitete Verfahren zur Kompetenzfeststellung in der Altenpflege wird eingehend sowohl hinsichtlich seiner psychometrischen Eigenschaften als auch mit Blick auf Möglichkeiten des Transfers auf weitere Pflegeberufe überprüft.

4.1 Skalierungsergebnisse

Die empirische Überprüfung des im Projektverbund angenommenen Kompetenzmodells und der Güte des entwickelten Tests erfolgte in einer Kalibrierungsstudie bei 402 Auszubildenden des dritten Ausbildungsjahres der Altenpflege in den Bundesländern Bayern und Nordrhein-Westfalen. Insgesamt beteiligten sich 23 Berufsfachschulen und Fachseminare für Altenpflege, die zumeist nur über eine Auszubildendenklasse im laufenden dritten Ausbildungsjahr verfügten. Die Testung erfolgte klassenweise (in Gruppen zwischen acht und 26 Schülern/-innen) nach einem standardisierten Prozedere und wurde von einem Team aus inhaltlich geschulten wissenschaftlichen Testleitern/-innen und IT-Fachkräften begleitet. Die computerbasierte Erhebung der berufsfachlichen Kompetenz erfolgte mithilfe eines projekteigenen Netzwerks aus bis zu 25 standardisierten Client-Rechnern, welche den Schülern/-innen für die Bearbeitung des Tests zur Verfügung gestellt wurden. Zur Bearbeitung des Kompetenztests hatten die Schüler/-innen insgesamt 140 Minuten Zeit.

Für alle im Projekt TEMA entwickelten Testaufgaben wird ein vergleichbar enger Bezug zur anzueignenden berufsfachlichen Kompetenz erwartet. Demnach ist davon auszugehen, dass sich das Antwortverhalten im entwickelten Test durch ein Item-Response-Modell hinreichend gut beschreiben lässt, das lediglich Unterschiede im Anforderungsniveau der Testaufgaben annimmt (1PL beziehungsweise Rasch-Modell; vgl. RASCH 1993). Diese Annahme wird empirisch dadurch gestützt, dass die Item-Fitstatistiken bei Skalierung mit dem Rasch-Modell alle in einem akzeptablen Bereich liegen (vgl. KASPAR u. a., im Druck). Der entwickelte Test umfasst dem gewählten Szenario-Ansatz entsprechend mehrere Cluster von Testaufgaben, die sich jeweils auf dasselbe Handlungsfeld (zum Beispiel ambulante Pflege, stationäre Pflege und Sterbe- und Trauerbegleitung) oder auf die identische Problemsituation beziehen, weshalb Abhängigkeiten zwischen den Testaufgaben erwartet werden könnten, die durch die abzubildende Pflegekompetenz allein nicht vollständig zu erklären wären. Aufgrund des moderaten Stichprobenumfangs kann die komplexe Binnenstruktur des Testverfahrens bei der Modellierung der Testleistung nicht vollständig berücksichtigt werden. Um dennoch abschätzen zu können, ob die getroffenen Aussagen gültig sind, wurden mit der Q_3-Statistik (vgl. YEN 1984) zumindest deskriptive Indikatoren für eine potenzielle Verletzung der lokalen stochastischen Unabhängigkeit berechnet. Die Analysen wurden mit den R-Paketen TAM (Test Analysis Modules Version 1.1; KIEFER/ROBITZSCH/WU 2014) und sirt (Supplementary Item Response Theory Models, ROBITZSCH 2014) durchgeführt.

Die Residualzusammenhänge zwischen den einzelnen Testaufgaben nach Berücksichtigung der individuellen Fähigkeitsschätzung durch ein eindimensionales Rasch-Modell sind im Mittel sowohl auf der Ebene der zwölf durch die Problemsituationen definierten Testlets als auch auf der Ebene von Einzelitems verschwindend gering. Dies rechtfertigt die Annahme, dass im TEMA-Testverfahren trotz seiner komplexen Binnenstrukturierung auch bei einer Analyse mit einem eindimensionalen Item-Response-Modell die Voraussetzung der lokalen stochastischen Unabhängigkeit erfüllt ist. Damit leisten umgekehrt offenbar alle zwölf entwickelten Pflegesituationen aus drei zentralen Einsatzbereichen in der Pflege älterer Menschen einen Beitrag in der Bestimmung einer übergeordneten, unmittelbar bewohnerbezogenen, berufsfachlichen Kompetenz am Ende der dreijährigen Berufsausbildung.

Werden jeweils nur die zu einer Teilkompetenz gehörenden Testaufgaben analysiert, so zeigt sich, dass die Schätzungen für die diagnostisch-reflexiven, praktisch-technischen oder interaktiv-kommunikativen Kompetenzen der Schülerinnen und Schüler verglichen mit den im Rahmen der Kompetenzdiagnostik üblichen Standards zu ungenau bleiben (vgl. Tabelle 2). Eine Individualdiagnostik von Kompetenzprofilen im unmittelbar bewohnerbezogenen Kompetenzbereich, wie sie ursprünglich vorgesehen war, kann aufgrund dieser ungenügenden Reliabilität nicht sinnvoll geleistet werden.

Tabelle 2: **Anzahl zur Verfügung stehender Testaufgaben und statistische Zuverlässigkeit (Reliabilität) der Kompetenzschätzungen für die drei postulierten Teilkompetenzen**

	Eindimensionales Partial Credit-Rasch-Modell – separate Skalierung		
	Diagnostisch-reflexive Teilkompetenz	Praktisch-technische Teilkompetenz	Interaktiv-kommunikative Teilkompetenz
Items	34	20	22
WLE-Reliabilität[1]	0,546	0,437	0,496

[1] Reliabilität der als Testwerte geschätzten Weighted Likelihood Estimates (WLEs)

Bei einer gemeinsamen Skalierung der für den Bereich der unmittelbar bewohnerbezogenen Pflegekompetenz entwickelten Testitems kann dagegen eine zufriedenstellende Reliabilität von 0.76 erreicht werden, sodass auch eine Betrachtung und gegebenenfalls Rückmeldung individueller Leistungsstände sinnvoll möglich erscheint (für eine detaillierte Diskussion vgl. KASPAR u. a., im Druck).

4.2 Transfer auf andere Pflegeberufe

Das Ausbildungsziel der verschiedenen Pflegeberufe orientiert sich seit der Neufassung der gesetzlichen Bundesvorgaben an der Vermittlung beruflicher Handlungskompetenz. Um aktuelle Entwicklungslinien in der Pflege zu berücksichtigen, wurden auch Prävention und Rehabilitation integriert sowie ein Fokus auf unterschiedliche Pflegesituationen und Lebensphasen gelegt (vgl. AltPflG 2003; KrPflG 2003). Die Bund-Länder-Arbeitsgruppe „Weiterentwicklung der Pflegeberufe" schlug im Jahr 2012 Reformen der beruflichen und akademischen Pflegeausbildungen vor. Erwähnt wurden die Zusammenführung der Pflegeausbildungen zu einer generalistischen Ausbildung, die Anerkennung von Berufsqualifikationen sowie die Durchlässigkeit zwischen den Pflegeberufen (vgl. BUND-LÄNDER-ARBEITSGRUPPE 2012).

Wie bereits deutlich wurde, lag der Fokus des Projekts TEMA auf dem Bereich der Altenpflege. Als Pflegeberufe werden neben dieser jedoch noch Gesundheits- und Krankenpflege sowie Gesundheits- und Kinderkrankenpflege angesehen. In dem im Projekt erarbeiteten Transferkonzept wurde die Übertragbarkeit des Kompetenzmodells, der beruflichen Handlungssituationen und Settings sowie der Testaufgaben auf andere Pflegeberufe (hier: Gesundheits- und Krankenpflege, Gesundheits- und Kinderkrankenpflege und generalistische Pflege) analysiert. Ziel dieser Überprüfung war eine Erhöhung der Durchlässigkeit innerhalb der Pflegeberufe. Grundlage für die Transferkonzeption waren Dokumentenanalysen und Befragungen von Experten/-innen aus Pflegewissenschaft und Berufspraxis sowie von Auszubildenden der Gesundheits- und Krankenpflege.

Das im Projekt TEMA entwickelte Kompetenzmodell wird grundsätzlich als auf die generalistische Pflegeausbildung und andere Pflegeberufe übertragbar angesehen. Da in TEMA jedoch die spezifische Ausdifferenzierung für die Pflege älterer Menschen vorgenommen wurde, sollte es vor dem Hintergrund, dass Pflege in unterschiedlichen Lebensphasen und Pflegesituationen stattfindet, überprüft und gegebenenfalls angepasst werden. Zudem schließt das entwickelte Kompetenzmodell an den „Sektoralen Qualifikationsrahmen für den Beschäftigungsbereich der Pflege, Unterstützung und Betreuung älterer Menschen" von Hundenborn und Knigge-Demal an. Auch hier werden Verantwortungs- und Aufgabenbereiche sowie die dafür notwendigen Befähigungen berücksichtigt (vgl. KNIGGE-DEMAL/HUNDENBORN 2012). Die Bestandteile des in TEMA entwickelten Kompetenzmodells decken sich mit denen des Qualifikationsrahmens in den meisten Kategorien. Da der sektorale Qualifikationsrahmen auf den „Europäischen Qualifikationsrahmen für Lebenslanges Lernen (EQR)" (vgl. EUROPÄISCHE KOMMISSION 2008) bezogen ist, kann auch von einer Anschlussfähigkeit des Kompetenzmodells an diesen ausgegangen werden.

Die Relevanz der beruflichen Handlungssituationen für die Gesundheits- und Krankenpflege wird als hoch bewertet. Zudem ist das dargestellte Pflegehandeln in Notfallsituationen und ethischen Grenzsituationen übertragbar. Die im Testverfahren abgebildeten Pflegeanlässe, Krankheitsleiden und Fallbeschreibungen besitzen nach Expertenmeinung hohe Relevanz für die Gesundheits- und Krankenpflege und die generalistische Pflegeausbildung. Aufgrund der Klientelausrichtung des Bereiches Gesundheits- und Kinderkrankenpflege werden die in TEMA entwickelten Handlungssituationen und Fallbeschreibungen als für diesen Pflegeberuf etwas weniger relevant bewertet. Für eine Übertragung in andere Pflegeberufe empfiehlt es sich, berufliche Anforderungen wie beispielsweise die prä- und postoperative Pflege, die bisher nicht abgebildet sind, zu berücksichtigen. Die Mitwirkung bei diagnostischen und therapeutischen Maßnahmen und die interdisziplinäre Zusammenarbeit sollten hingegen umfassender als bisher einbezogen werden. Zudem werden für die Übertragbarkeit in die Gesundheits- und Krankenpflege eine stärkere Berücksichtigung von Akutleiden und des Settings Krankenhaus gefordert.

Die Befragung von 52 Schülern/-innen der Gesundheits- und Krankenpflege ergibt, dass diese am Ende ihrer Ausbildung über Wissen und Können in Handlungssituationen verfügen, wie sie auch im TEMA-Kompetenztest abgebildet sind. Eine Ausnahme bilden dabei die für die Altenpflege bisher sehr spezifischen Inhalte der biografie- und beschäftigungsorientierten Pflege sowie des Umgangs mit Konflikt-/Krisensituationen bei eingeschränkter Kommunikationsfähigkeit. Diese Aspekte sind den Schülern/-innen der Gesundheits- und Krankenpflege eher aus der schulischen Ausbildung bekannt. Berufliche Anforderungen wie zum Beispiel die Durchführung der Körperpflege und Prophylaxen finden sich – im Vergleich zur Altenpflegeausbildung – auch in den ausgewählten landesspezifischen Curricula beziehungsweise Lehrplänen der Ausbildung der Gesundheits- und Krankheitspflege sowie der Gesundheits- und Kinderkrankenpflege der Bundesländer Bayern, Brandenburg, Nordrhein-Westfalen und

Sachsen wieder. Hingegen sind die Aspekte der Tages- und Wohnraumgestaltung in den ausgewählten landesspezifischen Curricula beziehungsweise Lehrplänen nur in geringem Maße abgebildet. Zusammenfassend wird im Vergleich zur Altenpflege deutlich, dass sich die beruflichen Anforderungen auf unterschiedliche Pflege- und Lebenssituationen beziehen, die auch in der gesetzlichen Bundesvorgabe der Gesundheits- und (Kinder-)Krankenpflege sowie den landesspezifischen Curricula beziehungsweise Lehrplänen in unterschiedlichem Detaillierungsgrad beinhaltet sind.

Experten und Expertinnen aus Wissenschaft und Praxis gehen davon aus, dass die Inhaltsbereiche der Testaufgaben sowohl für die Gesundheits- und Kinderkrankenpflege, die Gesundheits- und Krankenpflege als auch für die generalistische Pflegeausbildung relevant sind. Dies scheint insbesondere für erfasste Inhalte zu medizinischem Faktenwissen, aber auch für das erfasste Handlungswissen zuzutreffen.

5. Zusammenfassung und Fazit

Im Projekt TEMA wurde ein Kompetenzmodell für die Pflege älterer Menschen entwickelt und ein technologiebasiertes Instrument zur validen Erfassung pflegerischer Kompetenzen in der Versorgung älterer Menschen erarbeitet.

Vor dem Hintergrund der bislang vorgeschlagenen Ansätze einer Kompetenzmodellierung sowie der theoretischen Diskussion pflegerischer Handlungskompetenz wurden besondere Ansprüche an die Kompetenzmodellierung im Projekt TEMA erkennbar: die Abbildung der Komplexität und Vielfältigkeit pflegeberuflichen Handelns, das Treffen konzeptueller und methodischer Entscheidungen sowie die Synthese heterogener pflegewissenschaftlicher Theorien.

Die curricularen und Situationsanalysen sowie die Expertengespräche wiesen spezifische Anforderungen an das kompetente Handeln in der Altenpflege aus. Als bedeutsam zeigten sich: eine kontextualisierte, stark situativ-fallbezogene Ausrichtung, pflegeprozessuales Geschehen sowie sozial-kommunikative und emotionsbezogene Aspekte des Pflegehandelns. Auf konzeptueller Ebene wurde die vorgenommene Kompetenzmodellierung mit den drei Teilkompetenzen des im Projekt TEMA abzubildenden bewohner-/klientenbezogenen Kompetenzbereiches – der diagnostisch-reflexiven, praktisch-technischen und interaktiv-kommunikativen Kompetenz – durch berufsbildnerische und pflegedidaktische Expertise bestätigt.

Die Umsetzung der beruflichen Handlungssituationen in videografisch dargestellte Pflegesituationen stellte eine zentrale Herausforderung bei der Entwicklung eines technologieorientierten Testverfahrens dar, da diese zeitgleich eine ganze Reihe von Merkmalen valide transportieren müssen, die für die erfolgreiche Bearbeitung des Kompetenztests von den Auszubildenden zu berücksichtigen sind. Expertenurteile im Vorfeld und Schülerbefragungen im Anschluss an die empirischen Testungen bestätigen die hohe Validität der Abbildung beruflicher Handlungssituationen und die Kongruenz zwischen Videostimuli und Testaufgaben. Eine weitere Herausforderung in der computerbasierten Umsetzung des Testverfahrens bestand in der Gewährleistung einer einfachen Bedienbarkeit, einer guten Orientierung und Testsicherheit in einer Population mit erwartbar heterogener Computeraffinität und einem mit Blick auf die in Berufsschulen bereitstehende technische Infrastruktur anspruchsvollem Testsetting. Auch hier bestätigen sowohl die empirischen Begleituntersuchungen als auch die Analyse der Testleistungen selbst eine hohe Praktikabilität des Testverfahrens.

Zusammenfassend zeigen die psychometrische Prüfung und Skalierungsarbeiten, dass mit dem im Projekt TEMA entwickelten Testverfahren eine hinreichend zuverlässige eindimensionale Abbildung des fokussierten unmittelbar bewohner-/klientenbezogenen Kompetenzbereiches möglich ist. Eine zuverlässige Trennung der theoretisch diskutierten drei handlungsbezogenen Teilkompetenzen erscheint dagegen nicht möglich. Alle theoretisch und curricular postulierten und in der Aufgabenkonstruktion systematisch berücksichtigten inhaltsbezogenen Facetten – das heißt die Zuordnung zu Elementen des Handlungsvollzuges, die Situierung in drei verschiedenen Settings der Altenpflege, die Auswahl komplexer Pflegesituationen als Stimuli sowie die Berücksichtigung emotionaler und deklarativer Aufgabenansprüche – tragen zur Anzeige der unmittelbar bewohnerbezogenen Pflegekompetenz bei.

Die dargestellten ersten Ergebnisse zeigen zum potenziellen Beitrag von TEMA zur Verbesserung der Durchlässigkeit innerhalb der Pflegeberufe, dass ein Transfer des im Projekt TEMA entwickelten heuristischen Kompetenzmodells und des Testverfahrens für den unmittelbar bewohnerbezogenen Kompetenzbereich auf andere Pflegeberufe möglich ist. Während das heuristische Kompetenzmodell in seiner gegenwärtigen Form bereits als für alle anderen betrachteten Pflegeberufe unmittelbar nutzbar angesehen werden kann, besitzen die im Testverfahren dargestellten Handlungssituationen für die Gesundheits- und Krankenpflege und die generalistische Pflege eine etwas höhere Relevanz als für die Gesundheits- und Kinderkrankenpflege; hier wären somit unterschiedliche Anpassungen zu leisten. Wünschenswert dafür wäre die Bestimmung des gemeinsamen Kerns aller medizinischen und pflegerischen Berufe sowie die Komplettierung des Testverfahrens um die bisher nicht berücksichtigten Bereiche des Kompetenzmodells – den organisations- und systembezogenen und den gesellschafts- und berufspolitischen Kompetenzbereich. In Anbetracht des erwarteten Fachkräftemangels in der Pflege kann ein entsprechend angepasstes Kompetenzfeststellungsverfahren auch den Wieder- oder Quereinstieg mit verkürzter Ausbildung ermöglichen. Hierfür besteht weiterer Forschungsbedarf zur Beschreibung von Kompetenzdefiziten und Lernerfordernissen für Wieder- und Quereinsteiger. Insgesamt zeigt sich, dass das im Projekt TEMA entwickelte Testverfahren eine valide und reliable Outcome-Messung der beruflichen Handlungskompetenz in der Pflege ermöglicht.

Literatur

ASHWORTH, Pat M. (Hrsg.): People's needs for nursing care: a European Study. A Study of nursing care needs and of the planning, implementation and evaluation of care provided by nurses in two selected groups of people in the European Region. World Health Organization, Regional Office for Europe Copenhagen 1987

BALS, Thomas; WITTMANN, Eveline: Social and health care. In: BUNDESMINISTERIUM FÜR BILDUNG UND FORSCHUNG (Hrsg.): Vocational Training Research 8 (2008), S. 85–98

BENNER, Patricia: Interview mit Patricia Benner, Professorin für Nursing Science an der University of California/San Francisco. In: Zeitschrift für Gesundheitswissenschaften 4 (1995), S. 360–370

BENNER, Patricia: Stufen zur Pflegekompetenz. Bern 2000

BUNDESMINISTERIUM FÜR FAMILIE, SENIOREN, FRAUEN UND JUGEND (BMFSFJ): Zwischenbericht zur Ausbildungs- und Qualifizierungsoffensive Altenpflege (2012–2015). Berlin 2014 – URL: http://www.bmfsfj.de/RedaktionBMFSFJ/Abteilung3/Pdf-Anlagen/2014-12-19-zwischenbilanz-ausbildungs-und-qualifizierungsoffensive-altenpflege-kurzfassung,property=pdf,bereich=bmfsfj,sprache=de,rwb=true.pdf (Stand: 13.01.2015)

BUND-LÄNDER-ARBEITSGRUPPE WEITERENTWICKLUNG DER PFLEGEBERUFE (Hrsg.): Eckpunkte zur Vorbereitung des Entwurfs eines neuen Pflegeberufegesetzes vom 01.03.2012. Berlin 2012 – URL: www.bmg.bund.de/fileadmin/dateien/Downloads/P/Pflegeberuf/20120301_Endfassung_Eckpunktepapier_Weiterentwicklung_der_Pflegeberufe.pdf (Stand: 13.01.2015)

DÖRING, Ottmar; MÖLLERS, Michaela; SCHÖPF, Nicolas: Qualitätssicherung durch Kompetenzmessung: Technologiebasierte Kompetenzmessung am Beispiel der Altenpflege. In: FEUCHTHOFEN, Jörg E. (Hrsg.): W&B – Wirtschaft und Beruf: Zeitschrift für berufliche Bildung 66 (2014), S. 34–43

EUROPÄISCHE KOMMISSION (Hrsg.): Der europäische Qualifikationsrahmen für lebenslanges Lernen (EQR). 2008 – URL: http://ec.europa.eu/dgs/education_culture/ (Stand: 13.01.2015)

FICHTMÜLLER, Franziska; WALTER, Anja: Pflegen lernen. Göttingen 2007

FRIESE, Marianne: Didaktisch-curriculare Aspekte für Fachrichtungen und Fachrichtungsbereiche personenbezogener Dienstleistungsberufe. In: PAHL, Jörg-Peter; HERKNER, Volker (Hrsg.): Handbuch Berufliche Fachrichtungen. Bielefeld 2010, S. 311–327

GEISSEL, Bernd; HEDRICH, Matthias: Identifizierung von Barrieren der Störungsdiagnose in simulierten und realen Anforderungssituationen bei Elektronikern. In: FASSHAUER, Uwe u. a. (Hrsg.): Lehr-Lernforschung und Professionalisierung. Perspektiven der Berufsbildungsforschung. Opladen 2011, S. 11–23

GSCHWENDTNER, Tobias; GEISSEL, Bernd; NICKOLAUS, Reinhold: Modellierung beruflicher Fachkompetenz in der gewerblich-technischen Grundbildung. Projekt Berufspädagogik. In: KLIEME, Eckhard; LEUTNER, Detlev; KENK, Martina (Hrsg.): Kompetenzmodellierung. Zwischenbilanz des DFG-Schwerpunktprogramms und Perspektiven des Forschungsansatzes. Beiheft 56 zur Zeitschrift für Pädagogik. Weinheim, Basel 2010, S. 258–269

HUNDENBORN, Gertrud: Fallorientierte Didaktik in der Pflege. Grundlagen und Beispiele für Ausbildung und Prüfung. München 2007

KAISER, Franz-Josef: Fallstudie. In: LENZEN, Dieter (Hrsg.): Enzyklopädie Erziehungswissenschaft. Band 4: Methoden und Medien der Erziehung und des Unterrichts. Stuttgart 1985, S. 440–444

Kaspar, Roman; Hartig, Johannes: Emotional Competencies in Geriatric Nursing: Empirical Evidence from a Computer Based Large Scale Assessment Calibration Study. In: Advances in Health Sciences Education, Band 21, Ausgabe 2 (2016), S. 105–119

Kaspar, Roman u. a.: Competencies in Geriatric Nursing: Empirical Evidence from a Computer-Based Large-Scale Assessment Calibration Study. Vocations & Learning (in Druck) – URL: http://link.springer.com/article/10.1007/s12186-015-9147-y (Stand: 11.5.2016)

Kerngruppe Curriculum (Hrsg.): Integrative Pflegeausbildung. Das Stuttgarter Modell©. Pflegeberuflicher und pädagogischer Begründungsrahmen. Braunschweig 2006

Kiefer, Thomas; Robitzsch, Alexander; Wu, Margaret: TAM. Test Analysis Modules. R package version 1.1. (2014) – URL: http://CRAN.R-project.org/package=TAM (Stand 16.01.2015)

Knigge-Demal, Barbara; Hundenborn, Gertrud: Qualifiziert in die Zukunft – Der Beitrag eines sektoralen Qualifikationsrahmens für den Beschäftigungsbereich der Altenpflege. In: Qualifizierung in Pflege- und Gesundheitsberufen. Berufsbildung in Wissenschaft und Praxis 6 (2012), S. 20–23

Mislevy, Robert J.; Almond, Russell G.; Lukas, Janice F.: A brief introduction to evidence-centered design. Princeton, NJ: 2004 – URL: http://marces.org/EDMS623/Mislevy%20on%20ECD.pdf (Stand 13.01.2015)

Österreichischer Gesundheits- und Krankenpflegeverband (ÖGKV) (Hrsg.): Kompetenzmodell für Pflegeberufe in Österreich. Wien 2011

Olbrich, Christa: Pflegekompetenz. 2., vollst. überarb. u. erw. Aufl. Bern 2010

Rasch, Georg: Probabilistic models for some intelligence and attainment tests. Chicago 1993

Rauner, Felix: KOMET-Messen beruflicher Kompetenz in Berufsfeld der Elektronik. In: Berufsbildung in Wissenschaft und Praxis 1 (2010), S. 22–26

Robitzsch, Alexander: sirt. Supplementary Item Response Theory Models. R package version 1.0-3. (2014) – URL: http://CRAN.R-project.org/package=sirt (Stand 16.01.2015)

Seeber, Susan u. a.: Kompetenzdiagnostik in der Berufsbildung. Begründung und Ausgestaltung eines Forschungsprogramms. In: Berufsbildung in Wissenschaft und Praxis, Beilage zu 1/2010, Bonn 2010

Shulman, Lee S.: Those Who Understand: Knowledge Growth in Teaching. In: Educational Researcher 15 (1986), S. 4–14

Weidner, Frank: Professionelle Pflegepraxis und Gesundheitsförderung. Eine empirische Untersuchung über Voraussetzungen und Perspektiven des beruflichen Handelns in der Krankenpflege. Frankfurt am Main 1995

Winther, Esther: Kompetenzmessung in der beruflichen Bildung. Bielefeld 2010

Wittmann, Eveline u. a.: Kompetenzerfassung in der Pflege älterer Menschen – Theoretische und domänenspezifische Anforderungen der Aufgabenmodellierung. In: Seifried, Jürgen; Fasshauer, Uwe; Seeber, Susan (Hrsg.): Jahrbuch der berufs- und wirtschaftspädagogischen Forschung 2014. Schriftenreihe der Sektion Berufs- und Wirtschaftspädagogik der Deutschen Gesellschaft für Erziehungswissenschaft (DGfE). Opladen 2014, S. 53–66

Arbeitsgruppe DomPL-IK[1]

Modellierung und Erfassung domänenspezifischer Problemlösekompetenz von Industriekaufleuten – Produkte und Entwicklungsperspektiven des Projekts DomPL-IK

Dieser Beitrag beschreibt einen ganzheitlichen Ansatz zur Modellierung und Erfassung domänenspezifischer Problemlösekompetenz von Industriekaufleuten im Verbundprojekt DomPL-IK im Rahmen der ASCOT-Initiative des BMBF. Neben konzeptuellen Grundlagen werden die Kompetenzmodellierung und das auf dieser Basis entwickelte diagnostische Verfahren sowie die Auswertungsstrategie erläutert. Forschungs- und Entwicklungsperspektiven werden diskutiert.

Schlagworte: berufliche Problemlösekompetenz, Kompetenzmodellierung, Technology Based Assessment (TBA), kaufmännische Berufsbildung

1. Problemstellung

Angesichts universeller Entwicklungen wie Digitalisierung, Globalisierung und demografischem Wandel (vgl. STOCK-HOMBURG 2013), die sich direkt oder mittelbar auf berufliche Anforderungen auswirken, ist die aktuelle Arbeitswelt komplexer denn je (ACHTENHAGEN 2000; BECKETT/HAGER 2002; ROSA 2005; SEMBILL 2008; STENSTRÖM/TYNJÄLÄ 2009). Wenn viele Routinetätigkeiten zunehmend automatisiert ablaufen (FREY/OSBORNE 2013), richtet sich die Aufmerksamkeit immer stärker auf die Bewältigung komplexer Probleme, den Umgang mit Unsicherheit und das selbstständige Einarbeiten in neue Bereiche (BINKLEY u. a. 2011; DARLING-HAMMOND/ADAMSON 2014). Vor diesem Hintergrund sind Fragestellungen der Kompetenzdiagnostik auf der Agenda der Berufsbildungsforschung weit nach vorne gerückt. Dies gilt auch

---

[1] Marc Egloffstein (Universität Mannheim), Steffen Brandt (Art of Reduction), Rebecca Eigenmann (Universität Mannheim), Kristina Kögler (Universität Frankfurt), Jan Küster (Universität Bremen), Thomas Martens (Medical School Hamburg), Andreas Rausch (Universität Bamberg), Thomas Schley (Universität Bamberg), Jürgen Seifried (Universität Mannheim), Detlef Sembill (Universität Bamberg), Christin Siegfried (Universität Frankfurt), Julia Warwas (Universität Bamberg), Karsten Wolf (Universität Bremen) und Eveline Wuttke (Universität Frankfurt).

für die berufliche Problemlösekompetenz und die Entwicklung entsprechender diagnostischer Verfahren (für aktuelle Entwicklungen siehe ACHTENHAGEN 2007; ACHTENHAGEN/WINTHER 2010; BAETHGE u. a. 2006; BECK 2005; GSCHWENDTNER/GEISSEL/NICKOLAUS 2010; LEHMANN/SEEBER 2007; SEEBER 2008; SEEBER u. a. 2010; WINTHER 2010). Ansätze aus der allgemeinen Problemlöseforschung, wie sie in Large-Scale-Studien wie PISA oder PIAAC umgesetzt werden, lassen sich dabei nicht ohne Weiteres auf domänengebundene berufliche Problemlösekontexte übertragen, da eine Analyse beruflicher Kompetenzen nur mit klarem Inhaltsbezug erfolgversprechend erscheint.

Hier setzt das Verbundprojekt DomPL-IK („**Dom**änenspezifische **P**roblem**l**ösekompetenz von **I**ndustrie**k**aufleuten")[2] an: Zentrales Ziel ist die Entwicklung eines ökologisch validen und standardisierbaren Testinstruments zur Erfassung domänenspezifischer Problemlösekompetenz. Das Instrument richtet sich an angehende Industriekaufleute gegen Ende der Berufsausbildung. Die in einem computersimulierten Büroarbeitsplatz dargebotenen Szenarien (korrekterweise wäre von problemhaltigen Aufgaben zu sprechen) beinhalten Anforderungen, die für fortgeschrittene Auszubildende einerseits mit vorhandenen Routinen bearbeitbar sind, andererseits aber auch deutlich darüber hinausgehen (komplexe, problemhaltige Situationen). Inhaltlich sind die Problemszenarien in der Domäne Controlling angesiedelt. Damit kann ein zentraler Bereich kaufmännischer Tätigkeiten erfasst werden, der sowohl die Generierung von Daten auf der Grundlage wertschöpfender Aktivitäten als auch deren Interpretation (Rückbindung der Daten an die zugrunde liegenden betriebswirtschaftlichen Prozesse) umfasst. Im vorliegenden Beitrag werden der in DomPL-IK verfolgte Ansatz der Kompetenzmodellierung und -erfassung sowie dessen konzeptuelle Grundlagen dargestellt. Die Leitfragen lauten dabei:

- ▶ Wie kann domänenspezifische Problemlösekompetenz im kaufmännischen Bereich modelliert werden?
- ▶ Wie kann ein diesbezügliches, ökologisch valides technologiegestütztes Testinstrument gestaltet werden?
- ▶ Wie kann eine teilautomatisierte, ökonomische Auswertung der Testleistungen erfolgen?

Zur Beantwortung dieser Fragen wird zunächst das im Projekt entwickelte Modell domänenspezifischer Problemlösekompetenz skizziert. Anschließend werden die Problemszenarien, das Testinstrument sowie die Auswertungsstrategie beschrieben. Implikationen für die weitere Entwicklung im Projekt und über den Projektkontext hinaus werden aufgezeigt.

---

2   Das durch das Bundesministerium für Bildung und Forschung geförderte Projekt ist eingebettet in die Forschungsinitiative Ascot (Technology-based Assessment of Skills and Competencies in VET/Technologie-orientierte Kompetenzmessung in der beruflichen Bildung, siehe www.ascot-vet.net). Beteiligt sind die Universitäten Bamberg, Bremen, Frankfurt, Mannheim sowie das Deutsche Institut für Internationale Pädagogische Forschung (DIPF) in Frankfurt (Förderkennzeichen 01DB1119 bis 01DB1123).

2. Erfassung domänenspezifischer Problemlösekompetenz

2.1 Determinanten des Problemlösens

In den klassischen Definitionen der Problemlöseforschung wird unter einem Problem eine Situation verstanden, in der ein Individuum ein Ziel verfolgt, jedoch in der aktuellen Situation (noch) nicht über die Mittel verfügt, um den als unerwünscht erachteten Ausgangszustand in den erwünschten Zielzustand zu überführen (Dörner 1987; Duncker 1945). In diesem Zusammenhang wird zwischen wohldefinierten und nicht wohldefinierten Problemen unterschieden. Diese Differenzierung bezieht sich auf das Ausmaß, zu dem die Ausgangslage, die Zielzustände sowie das Set an erlaubten Operatoren für den Weg vom Ist zum Soll klar definiert sind. Bei nicht wohldefinierten Problemen fehlt eine klare Bestimmung dieser Merkmale, was nicht selten auch auf Probleme der beruflichen Alltagspraxis zutrifft (Dörner 1987; Jonassen/Hung 2012; Mayer 2011). Ob eine Handlungssituation als komplexes Problem wahrgenommen wird, ist indes subjektiv, denn dies hängt nicht nur von objektiven Problemmerkmalen, sondern insbesondere von den individuellen Vorerfahrungen im betreffenden Realitätsbereich ab (Dörner 1987; Funke 2003; Greiff/Funke 2010). Problemlösen stellt also – wie jegliches Handeln – immer eine Interaktion zwischen Situation und Individuum dar. In Abhängigkeit von bereits vorhandenen Kompetenzen in einer Domäne können Individuen dann auf einem Entwicklungspfad vom Novizen zum Experten verortet werden (van Gog 2012). Während Novizen eine domänenspezifische Handlungssituation als Problem wahrnehmen, kann die identische Handlungssituation für Experten in der betreffenden Domäne lediglich eine Aufgabe darstellen, die durch den Abruf von Routinen bewältigt werden kann. Als Domäne können in diesem Kontext die in einem Berufsfeld auffindbaren Bündel zusammengehöriger Realitätsbereiche bezeichnet werden (Achtenhagen 2007), deren Grenzen von der jeweiligen Berufs- oder Fachgruppe definiert werden (Sloane 2008). Expertise ist immer domänengebunden; der adäquate Umgang mit komplexen Realitätsausschnitten erfordert immer Fachwissen (Abele 2014). Dabei stellen die in einer Domäne erworbenen wissens- und erfahrungsbasierten Handlungsroutinen einen Kernbestandteil von Expertise dar (vgl. Gruber/Harteis/Rehrl 2006, S. 193). Ein Individuum kann auch nur in einer begrenzten Anzahl von Domänen umfassende Expertise aufbauen, und der Transfer von Expertise von einer Domäne in eine andere ist nicht ohne Weiteres möglich.

Aus einer analytischen Perspektive heraus werden Problemlöseprozesse meist in idealtypischen Schritten beschrieben, obwohl diese empirisch schwer zu trennen sind und in der Regel iterativ ablaufen (Betsch/Funke/Plessner 2011). Üblicherweise vorzufindende Schritte sind: (1) Analyse und Bewertung der Ausgangslage, (2) Definition und Priorisierung von Handlungszielen, (3) Generierung von alternativen Handlungsplänen, (4) Bewertung von Handlungsalternativen, (5) Entscheidung und Durchführung sowie (6) Handlungskontrolle (z. B. Betsch/Funke/Plessner 2011; Bransford/Stein 1993; Dörner 2000; Newell/Simon 1972; Sembill 1992; Wuttke/Wolf 2007). Der Problemlöseprozess ist im Unterschied zu rein reproduktiven

Vorgängen mindestens in Teilen konstruktiver Natur (FUNKE 2003). Dies erfordert eine umfassende Vorausplanung inklusive der Prognose von Neben- und Folgeeffekten (DÖRNER 1987; SEMBILL 1992). Dabei kommt den selbst-regulatorischen, metakognitiven Fähigkeiten wie z. B. der Kontrolle der eigenen Handlungsprozesse (Monitoring) eine wichtige Rolle zu (GLASER 1994). Neben „domänenfreien" Dispositionen wie Intelligenz und Handlungsregulation – bei letzterer ist die Domänenungebundenheit durchaus diskutabel – wird im beruflichen Kontext insbesondere die domänenspezifische Expertise als wichtig erachtet (NOKES/SCHUNN/CHI 2011). Domänenspezifische Fakten, Konzepte, Prozeduren und Nebenbedingungen helfen, Probleme zu kategorisieren und zu repräsentieren sowie Lösungen zu finden, umzusetzen und zu beurteilen (vgl. ABERNETHY/CÔTÉ 2012, S. 1235 f.). So wirkt beispielsweise die interne Repräsentation eines zunächst scheinbar diffusen Netzes von Variablen als kohärentes System komplexitätsreduzierend, was wiederum auf die Subjektivität von Komplexität verweist (s. o.). Im Lichte allgemeiner Handlungsmodelle sind – über die kognitive Informationsverarbeitung hinaus – schließlich auch emotionale und motivationale (Bewertungs-)Prozesse von Bedeutung und daher zu berücksichtigen (FUNKE 2003; JONASSEN/HUNG 2012; SEMBILL 1992). Auf den skizzierten Überlegungen basiert die Kompetenzmodellierung in DomPL-IK, die im Folgenden beschrieben wird.

2.2 Kompetenzmodellierung in DomPL-IK

Folgt man CHOMSKY (1965), so ist Kompetenz eine latente, nicht beobachtbare Disposition, welche sich in beobachtbaren Performanzen manifestiert und auf Basis solcher Performanzen attribuiert wird. WEINERT (2001, S. 27 f.) beschreibt Kompetenz in seiner häufig zitierten Referenzdefinition als „die bei Individuen verfügbaren oder durch sie erlernbaren kognitiven Fähigkeiten und Fertigkeiten, um bestimmte Probleme zu lösen, sowie die damit verbundenen motivationalen, volitionalen und sozialen Fähigkeiten, um die Problemlösungen in variablen Situationen erfolgreich und verantwortungsvoll nutzen zu können". Diese umfassende Kompetenzdefinition bildet die Grundlage vieler jüngerer Modellierungsansätze (vgl. KLIEME 2004, S. 13), auch wenn dabei insbesondere hinsichtlich der emotional-motivationalen Teilaspekte Unschärfen, Operationalisierungsprobleme oder schlicht eine generelle Vernachlässigung zu konstatieren sind (SEMBILL/RAUSCH/KÖGLER 2013). In Bezug auf Problemlösekompetenzen wird den sogenannten nicht-kognitiven Facetten dagegen schon seit Längerem Bedeutung beigemessen (z. B. FUNKE/FRENSCH 1995; VERSCHAFFEL/VAN DOOREN/DE SMEDT 2012). Nicht zuletzt wurde auch die den PISA-Studien zugrunde liegende Definition von Problemlösen in der jüngeren Vergangenheit um nicht-kognitive Facetten erweitert (OECD 2013). Auch wenn die Mehrdimensionalität des Kompetenzkonstrukts ausgehend von der Referenzdefinition konsensfähig erscheint, bleibt strittig, inwiefern die verschiedenen Kompetenzbestandteile isoliert voneinander erfasst werden können (vgl. SEEBER/NICKOLAUS 2010) und wie diese Bestandteile zusammenwirken. Im Rahmen des DomPL-IK-Projekts wird eine integrierte Erfassung von Kompetenz angestrebt (SEMBILL/RAUSCH/KÖGLER 2013).

Das DomPL-IK-Kompetenzmodell (Abb. 1) umfasst vier Kompetenzdimensionen: (A) Wissensanwendung, (B) Handlungsregulation, (C) Selbstkonzept und (D) Interesse. Die Dimensionen (A) und (B) beziehen sich auf Kognition und Metakognition. Die Dimensionen (C) und (D) werden zum nicht-kognitiven Bereich gezählt, wenngleich diese streng genommen ebenfalls kognitive Aspekte umfassen. Die analytische Trennung der Dimensionen dient primär der Operationalisierung und bedeutet nicht, dass diese als unabhängig voneinander interpretiert werden können. Darüber hinaus orientiert sich die Kompetenzmodellierung auch am Ablauf eines typischen Problemlöseprozesses. Somit wird ein zweidimensionaler Raum aufgespannt, in dem 13 Kompetenzfacetten verortet werden.

Abbildung 1: Kompetenzmodell DomPL-IK (RAUSCH/WUTTKE 2016)

Kompetenzdimension	13 Kompetenzfacetten			
(A) Wissensanwendung (Kognition)	Handlungsbedarfe und Informationsquellen identifizieren	Informationen verarbeiten	Begründete Entscheidung treffen	Entscheidung angemessen kommunizieren
(B) Handlungsregulation (Metakognition)	Planvolles (strukturiertes) Vorgehen	Persistenz (fokussiertes Vorgehen)		Retrospektive Handlungskontrolle
(C) Selbstkonzept (Erwartungen)	Angemessenes Vertrauen in die eigene Kompetenz	Unsicherheits-/Ungewissheitstoleranz		Angemessenes Vertrauen in die eigene Lösung
(D) Interesse (Valenzen)	Inhaltliches Interesse am Problem	Positive Aktiviertheit		Interesse am Problemfortgang/ an Lernchancen

Das Kompetenzmodell wurde zunächst für die kaufmännische Domäne entwickelt, wobei die Domänenspezifität erst in der Operationalisierung in konkreten kaufmännischen Problemszenarien zum Tragen kommt. Da die Modellelemente hinreichend allgemein formuliert sind, ist das Grundmodell prinzipiell auf weitere Domänen übertragbar bzw. domänenspezifisch adaptierbar. Ferner erhebt die Modellierung keinen Anspruch auf Vollständigkeit. So fehlt bspw. die soziale Dimension des Problemlösens, welche im Projektkontext lediglich eine untergeordnete Rolle spielt, in der beruflichen Alltagspraxis allerdings nicht zu unterschätzen ist.

3. Entwicklung der Testumgebung

3.1 Modellierung des Gegenstandsbereichs

Der im Projekt DomPL-IK gewählte Inhaltsbereich konstituiert sich aus kaufmännischen Aufgabenstellungen im Bereich Beschaffung, die mit den Werkzeugen und Verfahren des operativen Controllings bearbeitet werden. Angesichts der Zielsetzung des Projektes wird ein vergleichsweise breites Controlling-Verständnis zugrunde gelegt: Controlling umfasst die bedarfsgerechte Informationsversorgung des Managements zur Vorbereitung betriebswirtschaftlicher Entscheidungen (z. B. Reichmann 2001), Maßnahmen der operativen Planung und Kontrolle (z. B. Hahn 1987, Hahn/Hungenberg 2001) sowie Kosten- und Leistungsrechnung. Die Domäne bezieht sich also auf sprach- und zahlenbasierte Steuerungs- und Entscheidungsaufgaben im mittleren Management, mithin in typischen Einsatzbereichen von Industriekaufleuten. Solche Planungs-, Steuerungs- und Kontrollaufgaben begünstigen die Abbildung vollständiger Handlungen (Breuer 2005) und lassen sich in (nahezu) allen Lernfeldern wiederfinden (vgl. KMK 2002), so dass ein Transfer in andere unternehmerische Funktionsbereiche leicht möglich sein sollte.

Im Hinblick auf die ökologische Validität der Testumgebung ist es notwendig, den Inhaltsbereich bzw. die von der Zielgruppe in der Realität zu bewältigenden betrieblichen Aufgaben näher zu bestimmen. Zu diesem Zweck wurden (1) eine umfassende Analyse von Ordnungsmitteln wie Lehr- und Bildungsplänen und Ausbildungsordnungen sowie Lehrwerken, (2) eine Fragebogenstudie zu Anforderungen an Controller/-innen in Kooperation mit dem Lehrstuhl Unternehmensführung & Controlling der Universität Bamberg, (3) Tagebuchstudien zum Problemlösen am Arbeitsplatz im kaufmännischen Bereich (Rausch/Schley/Warwas 2015) sowie (4) eine Interviewstudie mit 17 Domänenexperten/-expertinnen zur Identifikation von Anforderungen und Aufgabenbereichen von Industriekaufleuten im Bereich Controlling durchgeführt (vgl. Eigenmann u. a. 2015)[3]

Als gemeinsames Ergebnis dieser Analysen lässt sich festhalten: Typische Aufgaben für junge Fachkräfte im Controlling sind insbesondere jene, die Informationsaufbereitung und -verarbeitung beinhalten (z. B. Informationsbeschaffung, Systempflege, Ermittlung von Kennzahlen, Anfertigung und Präsentation von Auswertungen). Abweichungsanalysen dominieren den Bereich Planung und Kontrolle. Koordinationstätigkeiten wurden selten genannt und spielen offenbar eine untergeordnete Rolle. Insgesamt weisen die typischen Aufgaben stark operativen Charakter auf, was mit Blick auf die Zielgruppe (Berufseinsteiger/-innen) aber durchaus plausibel erscheint. Ungeachtet der heterogenen Datenbasis ergibt sich für die Gegenstandsmodellierung insgesamt ein vergleichsweise stimmiges Bild. Dies gilt auch für mögliche Qualitätskriterien einer erfolgreichen Aufgabenerledigung. Den befragten Expertinnen und Experten sind die Korrektheit und Nachvollziehbarkeit der Arbeitsergebnisse, die adressatengerechte Aufbereitung sowie eine rasche Bearbeitung am wichtigsten. In Bezug auf die ökologisch valide Gestaltung der Szenarien und der Testumgebung ergeben sich folgende Konsequenzen:

▶ Geeignete Testinhalte sind insbesondere die Abbildung wiederkehrender Controlling-Prozesse und die Darstellung und datenbasierte Interpretation von Entwicklungen und klassischen Re-

---

3   Die Befragung wurde mit 17 Probanden (fünf w, zwölf m) in leitfadengestützten Interviews zwischen April und Mai 2012 durchgeführt. Die Experten, überwiegend Projekt-, Team- oder Abteilungsleiter, kommen aus Unternehmen mit zwischen 220 bis 60.000 Mitarbeitern und verfügen über mindestens fünf Jahre Berufserfahrung in der Domäne sowie eine kaufmännische Ausbildung oder einen entsprechenden Studienabschluss. Sie arbeiten in verschiedenen Controllingbereichen (IT-Controlling, Facilities, Produktionscontrolling, jeweils inklusive Kostenrechnung).

ports, die Durchführung und Interpretation von Abweichungsanalysen und die Aufbereitung von Kalkulationen zur Vorbereitung von Managemententscheidungen wie z. B. Make-or-Buy.
▶ Die praxisnahe Gestaltung der Szenarien erfordert eine typische Büroumgebung inkl. der Einbindung von Materialien und häufig verwendeter Tools. Insbesondere die Verwendung einer Tabellenkalkulation ist von zentraler Bedeutung.
▶ Zeitliche Vorgaben müssen eingehalten werden, und eine Plausibilisierung der Ergebnisse wird eingefordert.

3.2 Entwurf von Problemszenarien

Für die realitätsnahe Umsetzung komplexer Probleme wurde ein Modellunternehmen entwickelt, das in Kooperation mit einem mittelständischen Fahrradhersteller und unter Nutzung realer, vom Unternehmen zur Verfügung gestellter Daten und Materialien (wie bspw. Stücklisten oder Produktdatenblättern) konzipiert wurde. In der Testumgebung werden nach einem einführenden Tutorial drei Problemszenarien von je 30 Minuten präsentiert (WUTTKE u. a. 2015). Szenario (1) behandelt eine Abweichungsanalyse, Szenario (2) eine Nutzwertanalyse, Szenario (3) eine Make-or-Buy-Entscheidung. Der Bearbeitungsablauf – hier am Beispiel des ersten Szenarios illustriert – stellt sich folgendermaßen dar:

▶ In einer E-Mail bittet eine Kollegin darum, für eines der Produkte (Fahrrad) anhand der Ist- und Sollkosten des Vorjahres etwaige Abweichungen zu ermitteln, Ursachen zu identifizieren und Vorschläge für mögliche Konsequenzen für die zukünftige Planung zu formulieren.
▶ Zur Durchführung des Soll-Ist-Vergleichs steht den Teilnehmenden eine Arbeitsdatei (Tabellenkalkulation) zur Verfügung, in welcher die Plan-, Ist- und Soll-Kosten der einzelnen Zukaufteile des betrachteten Produkts gegenübergestellt sind. Nach der Berechnung der Soll-Ist-Abweichungen sind diese hinsichtlich der Relevanz zu bewerten und entsprechend zu markieren.
▶ Die Ursachen für die zu identifizierenden Abweichungen lassen sich auf der Basis von umfangreichen Geschäftsunterlagen (insbesondere Rechnungen der Lieferanten) ermitteln. Während einige der Ursachen leicht zu identifizieren sind, erfordern andere Fälle mehrere Teilschritte oder das Abwägen der Brauchbarkeit von Informationsquellen.
▶ Das Problemszenario endet damit, dass der/die Proband/-in eine Antwort an seine/ihre Kollegin verfasst, in der die identifizierten Abweichungsursachen erläutert sowie mögliche Konsequenzen für die zukünftige Planung aufzeigt werden.

3.3 Technische Umsetzung

Auf Basis der TeBaDoSLA-Testumgebung (Technology Based Domain Specific Learning Assessment) wurde im Projekt DomPL-IK eine Bürosimulation entwickelt, die verschiedene berufstypische Werkzeuge und Informationsmaterialien bereitstellt und ein freies Navigieren während der Bearbeitungszeit erlaubt. Im Testablauf beginnt jeder Problemfall mit einer E-Mail von Vorgesetzten oder Kolleginnen und Kollegen, die eine mehr oder weniger spezifizierte Problembeschreibung sowie relevante, irrelevante, aber insgesamt unzureichende Informationen enthält. Die Teilnehmenden habe die Möglichkeit, Fachinformationen nachzuschlagen. Hierfür gibt es eine umfangreiche Bibliothek mit kurzen Einträgen zu zahlreichen Fachbegriffen (Schlagwortsuche möglich). Dies entspricht der Idee des Open-book Testing, wenngleich über die in der Umgebung implementierten Hilfen hinaus keine weitere Unterstützung erfolgt. Aus Gründen der Durchführungsobjektivität wurde insbesondere darauf verzichtet, Internetzugriff zu ermöglichen. Vor Ablauf der Bearbeitungszeit ist in jedem der drei Szenarien ein begründeter Lösungsvorschlag per Antwort-Mail zu kommunizieren. Die wichtigsten Bestandteile der computerbasierten Bürosimulation sind: Dateisystem mit hierarchischer Ordnerstruktur, Datei-Viewer, E-Mail-Client, Tabellenkalkulationsanwendung, Taschenrechner sowie Notizblock. (siehe Abb. 2):

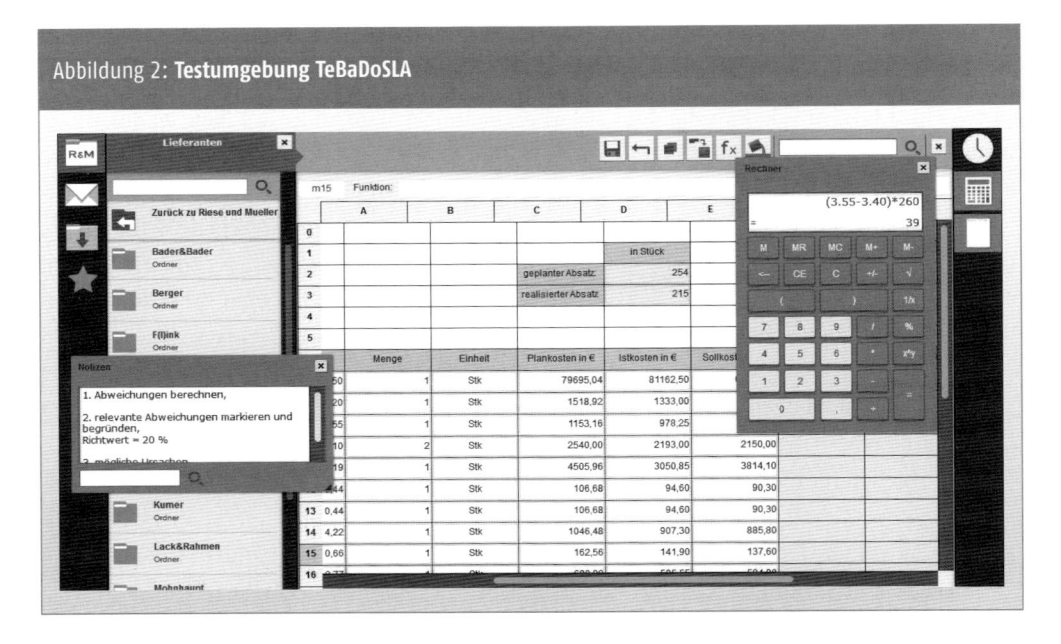

Abbildung 2: Testumgebung TeBaDoSLA

Technisch basiert die Testumgebung auf XML-basierten Szenariobeschreibungen, die leicht erweiterbar und variierbar sind. Werkzeuge wie die Tabellenkalkulation und der E-Mail-Client wurden als Rich Item Formate implementiert und sind ebenfalls prinzipiell erweiterungsfähig. Die Testumgebung erzeugt automatisch Beobachtungsdaten, eine Aufzeichnung des Testlaufs zu Auswertungszwecken ist möglich. Das Deployment kann über USB-Stick, Terminalserver, Tablet-Computer oder online erfolgen, da die Anwendung als Rich Internet Application unter Nutzung gängiger Frameworks und Laufzeitumgebungen (Apache Flex, Adobe Air) realisiert worden ist. Die Testumgebung wird unter einer Open Source Lizenz verfügbar sein.

Für die Erfassung der im Kompetenzmodell (vgl. Abb. 1) abgegrenzten Facetten werden im Rahmen der Testung folgende Daten herangezogen:
▶ für die kognitiven Facetten des Problemlöseprozesses aus der Dimension A (Wissensanwendung): Arbeitsergebnisse, bzw. deren Qualität (z. B. Berechnungen und E-Mails mit Lösungsvorschlägen und -begründungen),
▶ für die Prozessqualität des Problemlöseprozesses aus der Dimension B (Handlungsregulation): Beobachtungsdaten aus der Testumgebung (geloggt werden jede Tastatureingabe und jeder Mausklick),
▶ für die nicht-kognitiven Facetten der Dimensionen C (Selbstkonzept) und D (Interesse): Eingebettete Erlebensstichproben (RAUSCH/SEIFRIED/KÄRNER in prep.).

4. Auswertungsstrategie

Die Auswertung der im Rahmen von Kompetenztests gewonnenen Daten wird im Wesentlichen durch die verwendeten Antwortformate bestimmt. Aufgrund der hohen Automatisierbarkeit der Auswertung werden in technologiebasierten Large-Scale-Assessments (LSA) oft geschlossene Antwortformate verwendet. Mit dem dadurch bedingten kleinschrittigen Vorgehen gehen aber offenkundige Probleme bzgl. der Inhaltsvalidität einher. Offene(-re) Antwortformate können diese Probleme überwinden (HARTIG/JUDE 2007), allerdings bislang oft nur mit Nachteilen hinsichtlich der Reliabilität und insbesondere hinsichtlich der Testökonomie (SEMBILL 1992; WUTTKE/WOLF 2007). Mit dem Ziel, ein ökologisch möglichst valides Testverfahren zu konstruieren, stellt das Projekt DomPL-IK auf offene Problemlöseräume ab. Die Antwortformate resultieren unmittelbar aus den zur Verfügung gestellten (realitätsnahen) Werkzeugen und Prozeduren. Die Implikationen dieser Entscheidung für das Vorgehen bei der Auswertung werden im Folgenden für die Facetten der kognitiven Kompetenzdimension *Wissensanwendung* dargestellt.

4.1 Auswertungsmodellierung mittels Partial-Credit-Kodierung

Im Rahmen einer Pilotstudie[4] wurden die vier Facetten der Kompetenzdimension A (Handlungsbedarfe und Informationsquellen identifizieren; Informationen verarbeiten; begründete Entscheidungen treffen; Entscheidungen angemessen kommunizieren; vgl. Abb. 1) in einem zweistufigen Prozess kodiert. Mittels überwiegend dichotomer Kategorisierungen wurden die Antworten zunächst in einem hohen Detaillierungsgrad beschrieben (z. B. „Proband liefert einen Hinweis, dass die Einstandspreise zu berechnen sind" – „ja/nein"). Für die

---

4 Die Pilotstudie mit 123 Auszubildenden (57 w, 66 m) aus zwei unterschiedlichen Ausbildungsberufen (86 Industriekaufleute, 37 IT-Systemkaufleute) wurde im Frühjahr 2013 durchgeführt. Ziele waren die Erprobung der entwickelten Problemszenarien sowie die Generierung einer Datengrundlage für die Auswertungsmodellierung. Für detaillierte Ergebnisse siehe WUTTKE u. a. 2015.

vier Facetten wurden insgesamt 67 Kategorisierungen durchgeführt. Aufgetretene Antwortmuster wurden anschließend je Aufgabe und Facette aus den Kategorisierungen extrahiert und durch Experten geratet, d. h. auf qualitativ unterschiedlichen Niveaus eingeordnet. Die identifizierten Niveaustufen wurden dann als Partial-Credits im Rahmen des mehrdimensionalen Partial-Credit-Modells (MASTERS 1982) interpretiert. Auf diese Weise wurde je Facette in jedem Szenario ein mehrstufiges Partial-Credit-Item kodiert, so dass für jede Facette aus jedem der drei Szenarien je ein Partial-Credit-Item vorliegt. Die Anzahl der Partial-Credits pro Item liegt dabei zwischen drei und sieben. Für den Informationsgehalt, den die Items zur Messung einer Facette bieten, ist dabei zu berücksichtigen, dass ein Partial-Credit-Item mit bspw. fünf Partial-Credits vier dichotomen Items entspricht. Obwohl also lediglich drei Items je Facette vorliegen, wird dennoch eine breite Informationsbasis repräsentiert. Die Zusammenfassung von Antwortmustern zu einem einzigen Partial-Credit-Item hat den Vorteil, dass die lokalen Abhängigkeiten, die die Items innerhalb eines Szenarios und einer Aufgabe aufweisen, umgangen werden können, so dass die berechneten Leistungsschätzer und deren Reliabilitäten nicht verzerrt werden (WANG/WILSON 2005; WAINER/BRADLOW/WANG 2007).

4.2 Computerunterstützte Inhaltsanalyse für Large-Scale-Assessments

Eine rein manuelle Kodierung, wie sie im Rahmen der Pilotstudie durchgeführt wurde, ist vergleichsweise aufwendig. Es ist von daher wünschenswert, durch eine (Teil-)Automatisierung den Prozess der Lösungskodierung an vielen Stellen zu vereinfachen bzw. zu beschleunigen (so z. B. die Nutzung oder Nichtnutzung von bestimmten Dokumenten oder Funktionen anzuzeigen). Mit Blick auf die Handhabbarkeit der Inhaltsanalyse wurde daher eine Rating-Suite zur Unterstützung der Auswertungs- bzw. Kodierarbeiten programmiert. In dieser computergestützten Kodierumgebung können die geschulten Kodiererinnen und Kodierer durch die von einem/einer Teilnehmenden bearbeiteten Dokumente und deren Entwicklungshistorie im Szenarioverlauf navigieren. Zugleich werden die zu kodierenden Kategorien sowie deren mögliche Ausprägungen inklusive Ankerbeispielen angezeigt. Weitere Unterstützungsfunktionen erleichtern das manuelle Kodieren: So werden z. B. auf Basis von Schlüsselbegriffen (vermutlich) korrekte Antworten farblich hervorgehoben sowie Vorschläge zur Item-Kodierung angeboten. Zusätzliche itemspezifische Hinweise unterstützen den Prozess der Kodierung. Eine Fragefunktion ermöglicht darüber hinaus die Anforderung von Unterstützung durch erfahrene Rater. Die Problembeschreibung inklusive eines aktuellen Screenshots der Kodierumgebung wird dann an eine im System hinterlegte E-Mail-Adresse versandt. Ferner haben die Kodierenden die Möglichkeit, sich bestimmte Kodierungen für eine spätere Nachverfolgung zu markieren und mit Kommentaren zu versehen. Abbildung 3 zeigt einen Ausschnitt aus der Rating-Umgebung: Auf der linken Seite können die Testperson sowie die zu kodierende Facette ausgewählt werden. Auf der rechten Seite befinden sich alle von der jeweiligen Testperson generierten Daten (schriftliche Begründung der Problemlösung, Eintragungen in Tabellenkalkulationsblättern und Notizblock sowie Dokumentationen der Berechnungen mittels Taschenrechner).

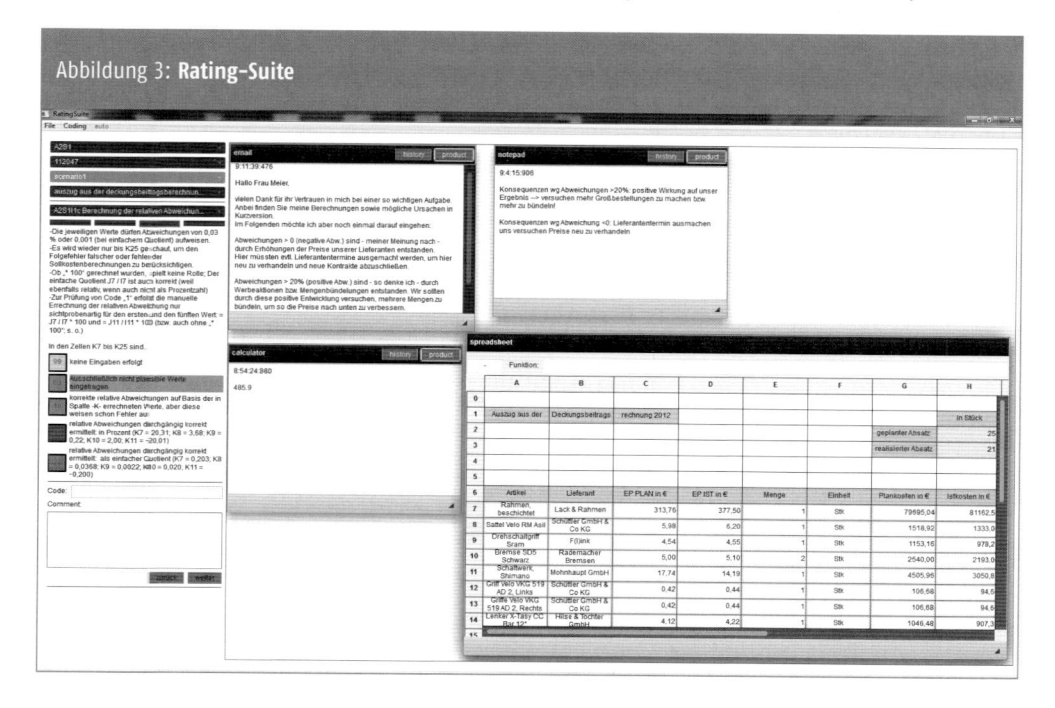

Abbildung 3: Rating-Suite

5. Diskussion und Ausblick

In diesem Beitrag wurden das Projekt DomPL-IK und die dabei verfolgte Vorgehensweise zur Modellierung und Erfassung von domänenspezifischer Problemlösekompetenz in der kaufmännischen Berufsbildung vorgestellt. Wesentliche Charakteristika des DomPL-IK-Ansatzes sind:

▶ Integrierte Kompetenzmodellierung, die kognitive und nicht-kognitive Facetten umfasst und dadurch auf eine hohe ökologische Validität abzielt. Durch die ganzheitliche Sicht auf den Problemlöseprozess wird ein integratives Kompetenzverständnis abgebildet, das mit dem Einbezug von nicht-kognitiven Kompetenzfacetten über die vorherrschende eingeschränkt kognitive Sichtweise hinausgeht.
▶ Innovative Testumgebung, welche die wesentlichen domänenspezifischen Werkzeuge abbildet, aber dennoch prinzipiell erweiterungsfähig bleibt und auch auf weitere kaufmännische Bereiche übertragen werden kann. Aus messtechnischer Sicht ist die – im Rahmen des vorliegenden Beitrags nicht weiter beschriebene – Methode des Embedded Experience Sampling (EES; Rausch/Seifried/Kärner in prep.) hervorzuheben, die die integrierte Erfassung nicht-kognitiver Kompetenzfacetten ermöglicht.

- Elaborierte Auswertungsstrategie, die durch die statistische Auswertungsmodellierung sowie die Auswertungsunterstützung durch eine computerbasierte Rating-Umgebung eine hohe Testökonomie ermöglicht und somit breitere Anwendungskontexte für offene Antwortformate in Large-Scale-Assessments schafft.

Bisherige Ergebnisse aus Pilotstudien zeigen, dass
- die Probandinnen und Probanden mit der Testumgebung gut zurechtkommen,
- das Embedded Experience Sampling den Problembearbeitungsprozess kaum beeinträchtigt,
- die Problemszenarien curricular valide konstruiert wurden sowie
- die im Projekt entwickelte Auswertungsstrategie praktikabel ist.

Die Analyse der verschiedenen Datenbestände aus der bis in den Herbst 2014 hinein durchgeführten Haupterhebung ist ein aktueller Arbeits- und Forschungsschwerpunkt im Projekt. Durch Auswertung der Beobachtungsdaten (klassifizierende Logfile-Analysen) sollen Problemlösemuster identifiziert werden. Die Ergebnisse der Auswertung der EES-Daten ermöglichen Aufschlüsse über Motivation und emotionale Befindlichkeit. Die Zusammenführung dieser Datenbestände mit den (kognitiven) Leistungsdaten integriert die summative und formative Sicht, schafft dadurch ein erweitertes Analysepotenzial und eröffnet eine neue Perspektive für die berufliche Kompetenzdiagnostik.

Die skizzierte ganzheitliche Perspektive auf die Erfassung der Qualität von Problemlöseprozessen in der beruflichen Bildung kann und soll auch für Kompetenzentwicklung genutzt werden. Hierfür bietet das DomPL-IK-Projekt eine Reihe von Anknüpfungspunkten. Erfolgversprechend erscheint es insbesondere, die Anwendungskontexte Diagnose und Förderung von domänenspezifischer Problemlösekompetenz zu kombinieren. Mit einem solchen Vorgehen ist eine hohe Passung mit offenen, handlungsorientierten Didaktikkonzeptionen wie bspw. dem Selbstorgansierten Lernen (SEMBILL u. a. 2007; RAUSCH u. a. 2015) zu erwarten. Für das geplante Projekt „Vocational Learning & Testing Tool" (VOLTT) sollen auf Basis der DomPL-IK-Ergebnisse und der TeBaDoSLA-Umgebung eine Lern- und Testplattform entwickelt sowie eine Sammlung authentischer Problemszenarien für den Einsatz im Rahmen komplexer Lehr-Lern-Arrangements didaktisch aufbereitet werden. VOLTT soll die unterschiedlichen Beteiligten der beruflichen Aus- und Weiterbildung in die Lage versetzen, komplexe Problemszenarien für kaufmännische Lehr-Lern-Prozesse zu nutzen, eigene Szenarien für Aus- und Weiterbildungskontexte zu entwickeln sowie (teil-)automatisierte Auswertungen über die Problemlöseprozesse für Diagnostik oder Self-Assessment zu nutzen. Von solch einem Werkzeug könnten nachhaltige Impulse für die Lehr- und Prüfungspraxis der (kaufmännischen) Berufsbildung ausgehen.

Literatur

ABELE, Stephan: Modellierung und Entwicklung berufsfachlicher Kompetenz in der gewerblich-technischen Ausbildung. Stuttgart 2014

ABERNETHY, Bruce; CÔTÉ, Jean: Expert perceptual and decision-making skills: Effects of structured activities and play. In: SEEL, Norbert M. (Hrsg.): Encyclopedia of the sciences of learning. New York 2012, pp. 1235–1238

ACHTENHAGEN, Frank: Lebenslanges Lernen aus der Sicht des Mastery Learning. In: ACHTENHAGEN, Frank; LEMPERT, Wolfgang (Hrsg.): Lebenslanges Lernen im Beruf – seine Grundlegung im Kindes- und Jugendalter (IV). Formen und Inhalte von Lernprozessen. Opladen 2000, S. 123–140

ACHTENHAGEN, Frank: Wirtschaftspädagogische Forschung zur beruflichen Kompetenzentwicklung. In: VAN BUER, Jürgen; WAGNER, Cornelia (Hrsg.): Qualität von Schule. Ein kritisches Handbuch. Frankfurt am Main 2007, S. 481–494

ACHTENHAGEN, Frank; WINTHER, Esther: Kompetenzdiagnostik in der beruflichen Aus- und Weiterbildung. In: WARWAS, Julia; SEMBILL, Detlef (Hrsg.): Schule zwischen Effizienzkriterien und Sinnfragen. Baltmannsweiler 2010, S. 208–228

BAETHGE, Martin u. a.: Berufsbildungs-PISA. Machbarkeitsstudie. Stuttgart 2006

BECK, Klaus: Ergebnisse und Desiderate zur Lehr-Lern-Forschung in der kaufmännischen Berufsausbildung. In: Zeitschrift für Berufs- und Wirtschaftspädagogik 101 (2005) 4, S. 533–556

BECKETT, David; HAGER, Paul J.: Life, work and learning. Practice in postmodernity. London 2002

BETSCH, Tillmann; FUNKE, Joachim; PLESSNER, Henning: Denken – Urteilen, Entscheiden, Problemlösen. Heidelberg 2011

BINKLEY, Marilyn u. a.: Defining Twenty-First Century Skills. In: GRIFFIN, Patrick; McGAW, Barry; CARE, Esther (Eds.): Assessment and Teaching of 21st Century Skills. Heidelberg 2011, pp. 17–66

BRANSFORD, John D.; STEIN, Barry S.: The ideal problem solver. A guide for improving thinking, learning, and creativity. 2nd ed. New York 1993

BREUER, Klaus: Berufliche Handlungskompetenz – Aspekte zu einer gültigen Diagnostik in der beruflichen Bildung. In: bwp@ Berufs- und Wirtschaftspädagogik – online 8 (2005) – URL: http://www.bwpat.de/ausgabe8/breuer_bwpat8.pdf (Stand: 14.12.2014)

CHOMSKY, Noam: Aspects of the Theory of Syntax. Cambridge 1965

DARLING-HAMMOND, Linda; ADAMSON, Frank: Beyond the Bubble Test: How Performance Assessments Support 21st Century Learning. San Francisco 2014

DÖRNER, Dietrich: Problemlösen als Informationsverarbeitung. 3. Aufl. Stuttgart 1987

DÖRNER, Dietrich: Logik des Mißlingens – Strategisches Denken in komplexen Situationen. 13. Aufl. Reinbek bei Hamburg 2000

DUNCKER, Karl: On Problem-Solving. Washington 1945

EIGENMANN, Rebecca u. a.: Aufgaben angehender Industriekaufleute im Controlling: Ansätze zur Modellierung des Gegenstandsbereichs. In: Zeitschrift für Berufs- und Wirtschaftspädagogik 111 (2015) 3, S. 417–436

FREY, Carl B.; OSBORNE, Michael A.: The future of employment: how susceptible are jobs to computerisation? (Working Paper). Oxford 2013

FUNKE, Joachim: Problemlösendes Denken. Stuttgart 2003

FUNKE, Joachim; FRENSCH, Peter: Complex problem solving research in North America and Europe: An integrative view. In: Foreign Psychology 5 (1995), pp. 42–47

GLASER, Robert: Expertise. In: EYSENCK, Michael W. (Ed.): The Blackwell Dictionary of cognitive psychology. Oxford 1994, pp. 139–142

GREIFF, Samuel; FUNKE, Joachim: Systematische Erforschung komplexer Problemlösefähigkeit anhand minimal komplexer Systeme. In: Zeitschrift für Pädagogik, Beiheft 56 (2010), S. 216–227

GRUBER, Hans; HARTEIS, Christian; REHRL, Monika: Professional Learning. Erfahrung als Grundlage von Handlungskompetenz. In: Bildung und Erziehung 59 (2006) 2, S. 193–203

GSCHWENDTNER, Tobias; GEISSEL, Bernd; NICKOLAUS, Reinhold: Modellierung beruflicher Fachkompetenz in der gewerblich-technischen Grundbildung. In: Zeitschrift für Pädagogik, Beiheft 56 (2010), S. 258–269

HAHN, Dietger: Controlling. Stand und Entwicklungstendenzen unter besonderer Berücksichtigung des CIM-Konzeptes. In: SCHEER, August-Wilhelm (Hrsg.): Rechnungswesen und EDV. Heidelberg 1987, S. 3–39

HAHN, Dietger; HUNGENBERG, Harald: PuK. Planung und Kontrolle. Planungs- und Kontrollsysteme. Planungs- und Kontrollrechnung. 6. Aufl. Wiesbaden 2001

HARTIG, Johannes; JUDE, Nina: Empirische Erfassung von Kompetenzen und psychometrische Kompetenzmodelle. In: HARTIG, Johannes; KLIEME, Eckhard (Hrsg.): Möglichkeiten und Voraussetzungen technologiebasierter Kompetenzdiagnostik. Bonn 2007, S. 17–36

JONASSEN, David H.; HUNG, Woei: Problem solving. In: SEEL, Norbert M. (Ed.): Encyclopedia of the sciences of learning. New York 2012, pp. 2680–2683

KLIEME, Eckhard: Was sind Kompetenzen und wie lassen sie sich messen? In: Pädagogik 56 (2004) 6, S. 10–13

KMK: Rahmenlehrplan für den Ausbildungsberuf Industriekaufmann/Industriekauffrau. 2002 – URL: http://www.kmk.org/fileadmin/pdf/Bildung/BeruflicheBildung/rlp/industriekfm.pdf (Stand: 03.03.2015)

LEHMANN, Rainer; SEEBER, Susan: ULME III. Untersuchung von Leistungen, Motivation und Einstellungen der Schülerinnen und Schüler in den Abschlussklassen der Berufsschulen. Hamburg 2007

MASTERS, Geoff N.: A Rasch model for partial credit scoring. In: Psychometrika 47 (1982) 2, pp. 149–174

MAYER, Richard E. (2011). Problem solving and reasoning. In: AUKRUST, Vibeke G. (Ed.): Learning and cognition in education. Oxford 2011, pp. 112–117

NEWELL, Alan; SIMON, Herbert A.: Human problem solving. Englewood Cliffs. New Jersey 1972

NOKES, Timothy J.; SCHUNN, Christian D.; CHI, Michelene T. H.: Problem solving and human expertise. In: AUKRUST, Vibeke G. (Ed.): Learning and cognition in education. Oxford 2011, pp. 104–111

OECD: PISA 2015 – Draft collaborative problem solving framework. 2013 – URL: http://www.oecd.org/pisa/pisaproducts/Draft%20PISA%202015%20Collaborative%20Problem%20Solving%20Framework%20.pdf (Stand 03.12.2014)

RAUSCH, Andreas; WUTTKE, Eveline: Development of a multi-faceted model of domain-specific problem-solving competence and its acceptance by different stakeholders in the business domain. In: Unterrichtswissenschaft 44 (2016) 2, S. 164–189

RAUSCH, Andreas; SCHLEY, Thomas; WARWAS, Julia: Problem solving in everyday office work – A diary study on differences between apprentices and skilled employees. In: International Journal of Lifelong Education 34 (205) 4, pp.448–467

Rausch, Andreas; Seifried, Jürgen; Kärner, Tobias: Embedded Experience Sampling (EES) as an integrated approach of measuring non-cognitive facets in the computer-based assessment of problem-solving competence in the business domain (in prep.)

Rausch, Andreas u. a.: „Und wo bleiben die Emotionen?" – Zur Berücksichtigung nicht-kognitiver Faktoren bei der Förderung und Diagnose von Problemlösekompetenz. In: Rausch, Andreas u. a. (Hrsg.): Konzepte und Ergebnisse ausgewählter Forschungsfelder der beruflichen Bildung – Festschrift zum 65. Geburtstag von Detlef Sembill. Baltmannsweiler 2015, S. 211–233

Reichmann, Thomas: Controlling mit Kennzahlen und Managementberichten: Grundlagen einer systemgestützten Controlling-Konzeption. 6. Aufl. München 2001

Rosa, Hartmut: Beschleunigung. Die Veränderung der Zeitstrukturen in der Moderne. Berlin 2005

Seeber, Susan: Ansätze zur Modellierung beruflicher Fachkompetenz in kaufmännischen Ausbildungsberufen. In: Zeitschrift für Berufs- und Wirtschaftspädagogik 104 (2008) 1, S. 74–97

Seeber, Susan; Nickolaus, Reinhold: Kompetenzmessung in der beruflichen Bildung. In: Berufsbildung in Wissenschaft und Praxis 39 (2010) 1, S. 10–13

Seeber, Susan u. a.: Kompetenzdiagnostik in der Berufsbildung: Begründung und Ausgestaltung eines Forschungsprogramms. In: Berufsbildung in Wissenschaft und Praxis, Beilage zu 1/2010 – URL: http://www.bibb.de/veroeffentlichungen/de/publication/download/id/6162 (Stand: 22.05.2014)

Sembill, Detlef: Problemlösefähigkeit, Handlungskompetenz und Emotionale Befindlichkeit – Zielgrößen forschenden Lernens. Göttingen 1992

Sembill, Detlef: Führung und Zeit – gesellschaftliche, institutionelle und unterrichtliche Perspektiven. In: Warwas, Julia; Sembill, Detlef (Hrsg.): Zeit-gemäße Führung – zeitgemäßer Unterricht. Baltmannsweiler 2008, S. 81–98

Sembill, Detlef; Rausch, Andreas; Kögler, Kristina: Non-Cognitive Facets of Competence: Theoretical Foundations and Implications for Measurement. In: Beck, Klaus; Zlatkin-Troitschanskaia, Olga (Eds.): From Diagnostics to Learning Success. Proceedings in Vocational Education and Training. Rotterdam 2013, pp. 199–211

Sembill, Detlef u. a.: Selbstorganisiertes Lernen in der beruflichen Bildung – Abgrenzungen, Befunde und Konsequenzen. In: bwp@ Berufs- und Wirtschaftspädagogik – online 13 (2007) – URL: http://www.bwpat.de/ausgabe13/sembill_etal_bwpat13.pdf (Stand: 04.03.2015)

Sloane, Peter E.: Vermessene Bildung – Überlegungen zur Entwicklung des Deutschen Qualifikationsrahmens. In: Zeitschrift für Berufs- und Wirtschaftspädagogik 104 (2008) 4, S. 481–502

Stenström, Marja-Leena; Tynjälä, Paivi (Hrsg.): Towards Integration of Work and Learning. Strategies for Connectivity and Transformation. Berlin 2009

Stock-Homburg, Ruth: Zukunft der Arbeitswelt 2030 als Herausforderung des Personalmanagements. In: Stock-Homburg, Ruth (Hrsg.): Handbuch Strategisches Personalmanagement. 2. überarb. und erw. Aufl. Wiesbaden 2013, S. 603–629

Van Gog, Tamara: Expertise. In: Seel, Norbert M. (Ed.): Encyclopedia of the sciences of learning. New York 2012, pp. 1238–1240

Verschaffel, Lieven; Van Dooren, Wim; De Smedt, Bert (2012): Mathematical learning. In: Seel, Norbert M. (Hrsg.): Encyclopedia of the sciences of learning. New York 2012, pp. 2107–2110

Wainer, Howard; Bradlow, Eric T.; Wang, Xiaohui: Testlet response theory and its applications. New York 2007

Wang, Wen-Chung; Wilson, Mark: Exploring local item dependence using a random-effects facet model. In: Applied Psychological Measurement 29 (2005) 4, pp. 296–318

Weinert, Franz E.: Vergleichende Leistungsmessung in Schulen – eine umstrittene Selbstverständlichkeit. In: Weinert, Franz E. (Hrsg.): Leistungsmessung in Schulen. Weinheim 2001, S. 17–32

Winther, Esther: Kompetenzmessung in der beruflichen Bildung. Bielefeld 2010

Wuttke, Eveline; Wolf, Karsten D.: Entwicklung eines Instruments zur Erfassung von Problemlösefähigkeit – Ergebnisse einer Pilotstudie. In: Europäische Zeitschrift für Berufsbildung 41 (2007) 2, S. 99–118

Wuttke, Eveline u. a.: Modellierung und Messung domänenspezifischer Problemlösekompetenz bei angehenden Industriekaufleuten – Entwicklung eines Testinstruments und erste Befunde zu kognitiven Kompetenzfacetten. In: Zeitschrift für Berufs- und Wirtschaftspädagogik 111 (2015) 2, S. 189–207

Christoph Helm

Berufsbildungsstandards und Kompetenzmodellierung im Fach Rechnungswesen

Analysen zu den berufsbildenden mittleren und höheren Schulen (BMHS) in Österreich

Abstract

Mangels psychometrisch erprobter Tests stellt dieser Beitrag ein Instrument zur Erfassung der Entwicklung der Schülerkompetenzen in der Domäne Rechnungswesen (RW, 9.–11. Schulstufe der BMHS) vor. Dabei wird auf eine skizzierte Domänenanalyse und auf Ergebnisse psychometrischer Analysen berufsbildungsstandardskonformer Aufgaben (Item Response Theory) eingegangen. Die Ergebnisse (N = 993 zu t_1) zeigen zufriedenstellende Reliabilität und Validität der Testinstrumente. So korreliert die Leistungsentwicklung am stärksten mit den RW- und Mathematiknoten, während Leistungsindikatoren aus anderen Fächern weniger stark mit der RW-Leistung assoziiert sind. Ein empirisches Kompetenzniveaumodell wirft im Ausblick die Frage auf, ob die hohen Ansprüche der Berufsbildungsstandards realistisch sind.

Schlagworte: Testentwicklung, Rechnungswesentest, Kompetenzmodell, Berufsbildungsstandards

1. Österreich – Land der Berge, Äcker, Dome und Berufsbildung

Seit Beginn der 1990er-Jahre und insbesondere nach den hinter den Erwartungen zurückgebliebenen Ergebnissen österreichischer Schüler/-innen im Rahmen der PISA-Untersuchung zu Beginn des 21. Jahrhunderts erlebt das österreichische Schulsystem eine Phase der Veränderung der Steuerungslogik hin zur Output-Orientierung. Ziel ist es u. a., Lehr- und Lernprozesse an den staatlich vorgegebenen Bildungsstandards zu auszurichten, die sich stärker (als dies durch bisherige Lehrpläne der Fall war) an zu erreichenden Schülerkompetenzen (z. B. Problemlösefähigkeit, Selbstständigkeit …) orientieren. Davon blieb auch der in Österreich stark ausgeprägte berufsbildende Sektor – 49,6 Prozent bzw. 70,8 Prozent aller Schüler/-innen der 9. bzw. 10. Schulstufe besuchen eine berufsbildende Schule – nicht unberührt. Beispielsweise werden seit 2005 Berufsbildungsstandards von der Sektion für Berufsbildung des Bundesministeriums für Bildung (aktuell: BMBF) erarbeitet (www.bildungsstandards.berufsbildendeschulen.at). Diese Regelstandards sollen vor allem die Kompetenzorientierung im Unterricht unterstützen. Auch einschlägige Sammelbände, die sich dem Thema Kompetenzorientierung in der Berufsbildung widmen, sind erschienen (bspw. PAECHTER u. a. 2012; MOSER/PICHLER 2014). Allerdings gilt für das Land der Berge, anders als für Deutschland, wo sich bereits einige (ASCOT-)Forschungsprojekte mit der Messung berufsrelevanter Kompetenzen befassen (für eine Übersicht siehe SEEBER et al. 2010), dass hierzulande kaum vergleichbare Bemühungen vorliegen. Dies gilt insbesondere für die kaufmännischen Domänen, deren Lehre auf Sekundarstufe II im Land am Strome eine lange Tradition genießt (STOCK 2014). Während für das Fach „allgemeine Betriebswirtschaftslehre" Testkonstruktionsversuche erfolgten (SAGEDER 2003), besteht ein Forschungsdesiderat im Bereich des Faches „Rechnungswesen" (im Folgenden RW). Um diesem beizukommen, widmet sich der vorliegende Beitrag der Frage: „Wie kann die Kompetenzentwicklung von Schülern/Schülerinnen im RW über mehrere Schulstufen der berufsbildenden mittleren und höheren Schulen (BMHS) in Österreich hinweg erfasst werden?" Zielsetzung des Beitrags ist daher die Darstellung der Entwicklung eines standardisierten Verfahrens zur curriculumsnahen Erfassung der Lernergebnisse bzw. der Kompetenzen, die wiederum die Basis für belastbare Aussagen zu Effekten pädagogischer Handlungsprogramme und den Prädiktoren der Kompetenzentwicklung bilden.

Der Beitrag leitet in Abschnitt 2 mit dem Bedarf an ein domänenspezifisches Messinstrument ein, woraufhin in Abschnitt 3 die Entwicklung des WBBs („Wissensüberprüfung von Basiskenntnissen der Buchhaltung") entlang des „Evidence-Centered Design"-Ansatzes (ECD; MISLEVY/RICONSCENTE 2006) vorgestellt wird. Der ECD-Ansatz bildet einen Framework, der – unterteilt in mehreren Schritten (layer, siehe Abschnitt 3) – einen möglichen Weg vorschlägt, wie die Konstruktion von Assessments erfolgen sollte, damit diese Disziplin übergreifend verständlich bleibt, d. h. auch fachfremden Personen zugänglich ist. In Abschnitt 4 wird anhand ausgewählter Rasch-Modellgeltungskontrollen sowie uni- und multidimensionaler IRT-Analysen einerseits die Erreichung psychometrischer Qualitätsmerkmale und andererseits die faktorielle Struktur des WBBs aufgezeigt. Darauf aufbauend wird in Abschnitt 5 anhand des Vertical-Scaling-Ansatzes gezeigt, wie die schulstufenspezifischen WBB-Testversionen auf eine gemeinsame latente Skala transformiert werden, sodass eine Gegenverrechnung der IRT-Scores und somit die Erfassung der Kompetenzentwicklung möglich ist. Im Rahmen dieser Transformation werden die Itemschwierigkeiten der zu transformierenden Tests durch Anpassung des Mittelwerts und der Standardabweichung der Itemschwierigkeitenverteilung eben dieser Tests in Relation zum „Referenztest" (= in der vorliegenden Arbeit der Test zu Messzeitpunkt 1) neu kalibriert. In Abschnitt 6 und 7 werden Validitätsanalysen (in Hinblick auf Inhalts-, Konstrukt- und Kriteriumsvalidität) dargestellt sowie ein empirisches Kompetenzniveaumodell (in Anlehnung an HARTIG 2007) zur qualitativen Interpretation der Schülerleistungen abgeleitet. Dieses Modell wird abschließend in Abschnitt 8 vor dem Hintergrund der Kompetenzorientierung und der österreichischen Berufsbildungsstandards reflektiert.

2. Gibt es geeignete Testverfahren zur Erfassung von Schülerkompetenzen im Bereich der Berufsbildung?

In Österreich ist man derzeit bemüht, die Kompetenzorientierung auch in der Berufsbildung voranzutreiben: Zum Beispiel wurden 2014/2015 neue Lehrpläne für die Handelsakademien eingeführt, die bereits über eine relativ detaillierte Lehrzieloperationalisierung verfügen. Auch eine standardisierte Reife- und Diplomprüfung soll in 2015/16 verpflichtend eingeführt werden. Entgegen diesen Bemühungen gibt es jedoch keine Initiativen, die aufzeigen, inwiefern Lehrpersonen tatsächlich kompetenzorientiert unterrichten bzw. inwiefern die Kompetenzen der Schüler/-innen durch die Output-orientierten Maßnahmen beeinflusst sind. Solche Nachweise sind zurzeit de facto auch nicht möglich, da es kaum psychometrisch erprobte Messinstrumente zur Erfassung der Schülerkompetenzen im berufsbildenden Bereich gibt. Dies gilt nicht nur für Österreich: Winther (2010, S. 5) führt allgemein an, dass die Kompetenzmodellierung und -messung im berufsbildenden Bereich ein Forschungsdesiderat darstellt. Obwohl es im deutschsprachigen wie im angloamerikanischen Raum immer wieder Bemühungen gab und gibt, kaufmännisches Wissen durch psychologisch fundierte Messinstrumente abzubilden (bspw. Guggemos/Schönlein 2015; Lehmann/Seeber 2007; Winther 2010; Beck/Krumm 1998; Sageder 2003; Schumann et al. 2010; Bothe/Wilhelm/Beck 2005 etc.), eignen sich die existierenden Messinstrumente für die Berufsbildung in Österreich nur bedingt, da sie entweder auf das Curriculum für kaufmännische Auszubildende in der Bundesrepublik Deutschland abgestimmt sind (Guggemos/Schönlein 2015; Lehmann/Seeber 2007; Winther 2010) und/oder volks- und betriebswirtschaftliches (Allgemein-)Wissen und Denkleistungen abbilden (Beck/Krumm 1998; Schumann et al. 2010) bzw. für die Altersgruppe der Studierenden entwickelt wurden (Bothe/Wilhelm/Beck 2005; Zlatkin-Troitschanskaia/Kuhn 2010). In allen Fällen decken die Testverfahren inhaltliche Bereiche ab, die nicht explizit Teil der BMHS-Curricula sind und daher nur bedingt Aussagen über Kompetenzen dieser Schülergruppe erlauben, die auf das Curriculum und den Unterricht zurückgeführt werden können. Aus diesen Gründen erscheint es notwendig, ein Messinstrument zu entwickeln, das der österreichischen Berufsbildungspraxis und der dort praktizierten Kompetenzorientierung einerseits sowie psychometrischen Kriterien andererseits gerecht wird.

3. Entwicklung eines Verfahrens zur *W*issensüberprüfung von *B*asiskenntnissen der *B*uchhaltung (WBB)

Mislevy und Risconscente (2006) schlagen für die Testkonstruktion den „Evidence-Centered Design"-Ansatz (ECD) vor, in dessen Zentrum – wie der Name sagt – „Beweise" stehen. Diese „Beweise" sollen das Schließen von beobachtetem Verhalten (z. B. ein Antwortmuster eines/r Probanden/-in in einem Test) auf vermutete, zugrunde liegende Kompetenzen argumentativ untermauern (Assessment Argument). Im ersten Schritt des ECD-Designs, der Domänenanalyse, werden diese „Beweise" gesammelt, um sie im zweiten Schritt, der Domänenmodellierung, zum Assessment Argument zusammenzuführen. Abbildung 1 veranschaulicht an der Domäne Rechnungswesen, wie eine solche „Beweisführung" aussehen kann. Die weiteren Schritte des ECD-Designs befassen sich mit Fragen der operativen Umsetzung des Tests.

Domänenanalyse

Für die Analyse einer Domäne sind verschiedene Aspekte leitend. Eine zentrale Leitlinie ist nach WINTHER (2010, S. 60) der Bezug zum Kontext, weil sich Kompetenzen v. a. in der erfolgreichen Bewältigung von Anforderungen in spezifischen Situationen (in einem Berufsfeld) zeigen. Aus diesem Grund werden im Rahmen der Domänenanalyse häufig die Handlungen und Situationen analysiert, „in denen die Lernenden/Auszubildenden ihre Kenntnisse und Fertigkeiten unter Beweis stellen" (ebd.). Ähnlich wie bei der Entwicklung von Curricula ist danach zu fragen, welche Anforderungen Absolventen/-innen bewältigen können sollten, welche Kompetenzen sie dazu benötigen und wie diese Kompetenzen vermittelt werden.

Dies führt zur zweiten Leitlinie. Neben dem Kontext im Sinne des Berufsfeldes ist der Kontext im Sinne der Lernumgebung der Schüler/-innen zentral. Ein Merkmal von Domänen ist, dass sich domänenspezifische Inhalte in ihren kognitiven Strukturen von jenen anderer Domänen unterscheiden und dass infolgedessen auch für ihre Vermittlung bestimmte instruktionale Vorgehensweisen adäquater sind (Fachdidaktik). Daher ist für die Testkonstruktion zu klären, wie Lernende in der Domäne Wissen erwerben, Konzepte und Methoden anwenden und Lehrende bei der Vermittlung vorgehen (a. a. O., S. 82). Praktisch gesehen kann daher die Domäne mit dem „Ziel- und Inhaltsbereich eines Unterrichtsfachs" gleichgesetzt werden, wobei sie mehr ist als nur ein bestimmtes „Verhalten in eng begrenzten Situationen (z. B. Verbuchen von Beschaffungen)" (a. a. O., S. 83). Für schulische Kompetenztests bedeutet dies, dass sich die Itemkonstruktion am Curriculum und an der Unterrichtspraxis orientiert (a. a. O., S. 75). Im Rahmen der Analyse der Domäne entlang dieser beiden Leitlinien können unterschiedliche Überlegungen und Fragestellungen ins Zentrum rücken (WINTHER 2010, S. 85 ff.; vgl. auch MISLEVY/RISCONSCENTE, 2006).

Überlegungen/Fragestellungen 1: „Was sind die zentralen Denkfiguren, Begriffe und Zugänge einer Domäne?" Welche Inhalte, Konzepte, Terminologien, Werkzeuge und repräsentative Formen werden von Personen verwendet, die in dieser Domäne arbeiten?

Antwort 1: Systematik der DOPPIK, Aktiva, Passiva, Imparitätisches Realisationsprinzip, Lieferung auf Ziel, Kontenpläne, T-Konten-Darstellung, Wertstromorientierung, ...

Überlegungen/Fragestellungen 2: „Was sind die Lern- und Handlungsziele des Unterrichts? Über welches Wissen/welche kognitive Struktur und Arbeitstechniken müssen die Lernenden verfügen, um der Anforderungssituation gerecht zu werden?"

Antwort 2: z. B. BMBF (2014, S. 57): „Die Schülerinnen und Schüler können Bezugs- und Versandkosten verbuchen"; Kooperatives Offenes Lernen als Handlungsziel (BMUKK 2004); Arbeitstechniken: den Kontenrahmen u. Kontenplan anwenden können

Überlegungen/Fragestellungen 3: „Welche Modelle machen sich Lernende von der Realität? In welchem Kontext und unter welchen instruktionalen Bedingungen wird das Wissen erworben?" Wie erfolgt der Wissensaufbau? Wird deklaratives, prozedurales, strategisches und/oder soziales Wissen angewendet? Welche kognitiven Prozesse laufen bei der Aufgabenlösung ab?

Antwort 3: Die RW-Fachdidaktik verweist auf eine Unterrichtspraxis, die auf Übung und Repetition ausgerichtet (GÖTZL/JAHN/HELD 2013; SEIFRIED 2009; PÄTZOLD et al. 2003; SEEBER/SQUARRA 2003; REINISCH 2005) und schulbuchlastig ist (SCHNEIDER 1993; WILBERS 2014), was v. a. in Österreich zur Dominanz von Aufgabenstellungen unterer Taxonomiestufen führt (HASELGRUBER 2015).
HELM et al. (2015) verweisen auf zehn kognitive Schritte, die Schüler/-innen beim Erfassen von Buchungssätzen durchlaufen (z. B. die Überführung der Aufgabenstellung in die „Sprache des RWs").

Überlegungen/Fragestellungen 4: Inwiefern sind die im Unterricht gestellten Aufgaben authentische Simulationen der Berufspraxis? Was sind typische Anforderungen, die Probanden/-innen bewältigen müssen?

Antwort 4: Obwohl neuere Auflagen von Schulbüchern versuchen, die Realität stärker zu modellieren (bspw. durch das Modelleinzelunternehmen Thomas Radler), dominieren verkürzte Realitätsabbildungen in Form von Textaufgaben. Sieht man vom Übungsfirmenunterricht und dem Computer-unterstützten RW ab, so kann man argumentieren, dass Unterricht, der sich am Schulbuch orientiert, die Berufspraxis kaum authentisch simuliert.

Diese Fragen führen zu einem konzeptuellen Verständnis der Domäne und stellen gleichzeitig die Basis für die Definition des zu erfassenden Konstrukts dar, das sich über die zu messende Fähigkeit und den Kontext, in dem die Messung stattfindet, definieren lässt (vgl. WINTHER 2010, S. 74). Für den WBB kommt die Domänenanalyse zum Eingangsunterricht in den BMHS zur folgenden *Konstruktdefinition,* die *das* zentrale Lehrziel im Eingangsunterricht abbildet:

Der WBB misst die Fähigkeit, das System der Doppelten Buchhaltung (vgl. bspw. GROHMANN-STEIGER/SCHNEIDER/EBERHARTINGER 2008, S. 52 ff.; vgl. BMUKK 2004, S. 40) anwenden zu können.

Domänenmodellierung/Assessment Argument

Im zweiten Schritt des ECD-Designs soll Überzeugungsarbeit geleistet werden. Wenn Schlüsse über Schülerfähigkeiten gezogen werden, dann nur vor dem Hintergrund gut begründeter Vorstellungen (Assessment Argument) über (1) den Zusammenhang zwischen latenter Kompetenz und Antwortverhalten und (2) zwischen Aufgabe und Antwortverhalten (MISLEVY/RICONSCENTE 2006; WINTHER 2010). Diese Assessment Arguments setzen sich zusammen aus

- ▶ *Claims* (Ziel des Assessments, d. h. Aussagen über die Schülerfähigkeiten im Bereich des RWs),
- ▶ *Data* (Antwortmuster im WBB und Informationen über Merkmale von Items) und
- ▶ *Warrants* (eine Erklärung dafür, warum das beobachtete Verhalten [Data] Evidenz für die Inferenzen über die Schülerfähigkeiten [Claims] sind).

MISLEVY und RICONSCENTE (2006) empfehlen Strukturbäume, um das Assessment Argument verständlich zu repräsentieren:

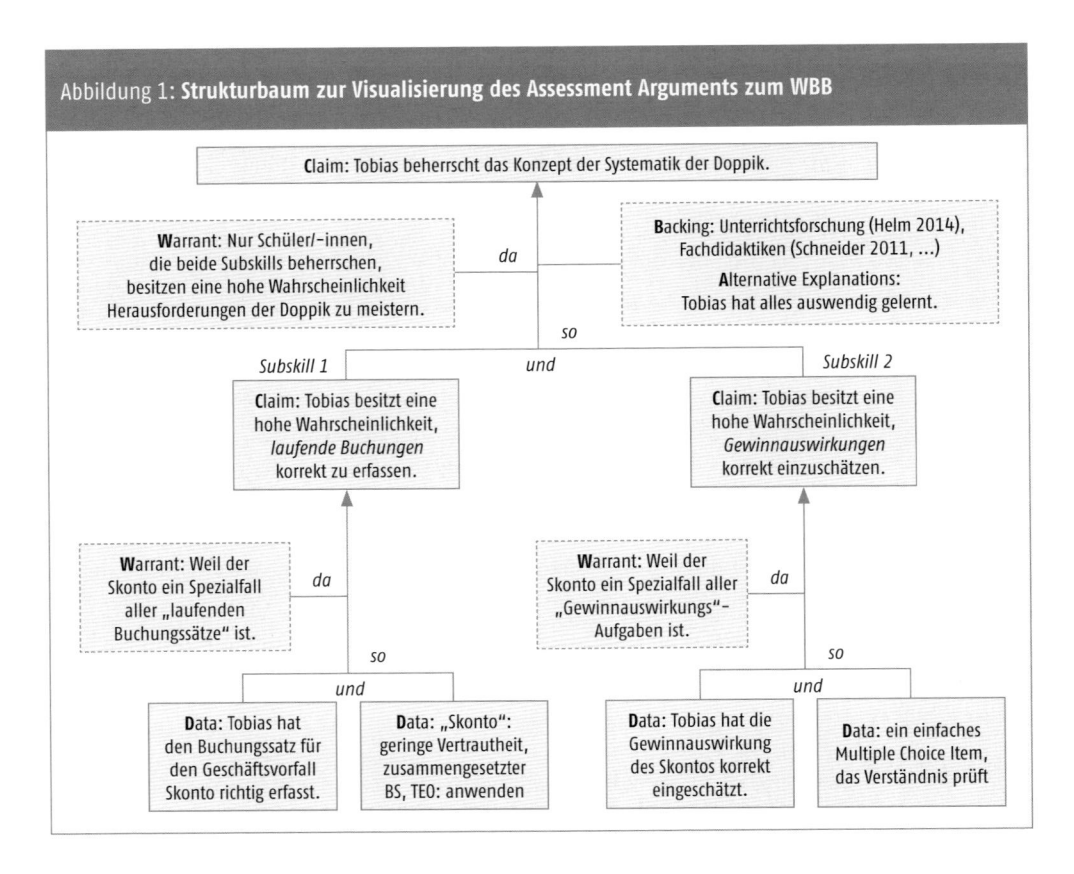

Abbildung 1: Strukturbaum zur Visualisierung des Assessment Arguments zum WBB

```
                    Claim: Tobias beherrscht das Konzept der Systematik der Doppik.
                                              ▲
                                              │
    Warrant: Nur Schüler/-innen,              │         Backing: Unterrichtsforschung (Helm 2014),
    die beide Subskills beherrschen,      da  │         Fachdidaktiken (Schneider 2011, …)
    besitzen eine hohe Wahrscheinlichkeit ────┤         Alternative Explanations:
    Herausforderungen der Doppik zu meistern. │         Tobias hat alles auswendig gelernt.
                                              │ so
        Subskill 1              und                        Subskill 2
    Claim: Tobias besitzt eine                          Claim: Tobias besitzt eine
    hohe Wahrscheinlichkeit,                            hohe Wahrscheinlichkeit,
    laufende Buchungen                                  Gewinnauswirkungen
    korrekt zu erfassen.                                korrekt einzuschätzen.
              ▲                                                    ▲
              │                                                    │
    Warrant: Weil der                                   Warrant: Weil der
    Skonto ein Spezialfall    da                        Skonto ein Spezialfall    da
    aller „laufenden"       ──┤                         aller „Gewinnauswirkungs"-──┤
    Buchungssätze" ist.       │ so                      Aufgaben ist.               │ so
              und                                                und
    Data: Tobias hat    Data: „Skonto":         Data: Tobias hat die     Data: ein einfaches
    den Buchungssatz für geringe Vertrautheit,  Gewinnauswirkung         Multiple Choice Item,
    den Geschäftsvorfall zusammengesetzter      des Skontos korrekt      das Verständnis prüft
    Skonto richtig erfasst. BS, TEO: anwenden   eingeschätzt.
```

Die zentrale Annahme ist daher, dass Schüler/-innen, die die sogenannte Buchungslogik einmal verinnerlicht haben, viele gängige Aufgabenstellungen des RWs lösen können. Unter der Buchungslogik werden Grundgesetze (z. B. Geldmittelverwendung und -aufbringung, Soll-Haben-Gleichheit etc.) verstanden, die bei der Verbuchung berücksichtigt werden müssen. Ob Schüler/-innen über diese Fähigkeit verfügen, zeigt sich u. a. darin, Geschäftsvorfälle korrekt verbuchen und deren Auswirkungen auf den Unternehmenserfolg korrekt einzuschätzen zu können.

Wie Abbildung 1 zeigt, spielen auch die (aufgabenerschwerenden) Merkmale eines Items eine zentrale Rolle für die Inferenzen über Schülerfähigkeiten. Daher sollten nach WINTHER (2010) a priori die konstruierten Items auf einer eindimensionalen Skala heuristisch verortet werden: „… es ist einzuschätzen, ob es sich um ein leichtes Item oder um ein schweres handelt, und es ist zu beschreiben, auf welche Komponenten sich die Unterschiede des Schwierigkeitsniveaus zurückführen lassen" (ebd.). Als Komponenten führt WINTHER (2010, S. 99 ff., vgl. SEEBER et al. 2010, S. 7) die in den Aufgabenstellungen geforderte Modellierungsleistung (den Vertrautheitsgrad), die dargestellte inhaltliche Komplexität und den kognitiven Anspruch der Aufgaben (z. B. nach BLOOM) an. Im konkreten Fall der WBB-Testitems wurde diese „Komponentenanalyse" allerdings erst ex post im Rahmen der Erstellung des empirischen Kompetenzniveaumodells (vgl. Abschnitt 7) durchgeführt. Im Rahmen der Testentwicklung wurden die beiden in Österreich dominierenden Schulbücher (Manz und Trauner Verlag) vor dem Hintergrund des Kompetenzmodells, das den Berufsbildungsstandards „HAS Wirtschaft" und „Entrepreneurship und Management für HAK" zugrunde liegt, analysiert (vgl. HELM/WIMMER 2012; KIRCHHOFER 2013; HASELGRUBER 2015). Dieses Modell enthält Inhaltsdimensionen für das Fach RW (z. B. laufende Geschäftsfälle, Personalverrechnung etc.), die mit Handlungsdimensionen in Anlehnung an ANDERSON/KRATHWOHL (2001) kombiniert wurden (BMUKK 2012, 2010). In Summe führte diese Vorgehensweise zu insgesamt 127 unterschiedlichen Items.

Tabelle 1: Domänenbereiche der WBB-Tests

WBB 1 *(9. Schulstufe)*		WBB 2 *(10. Schulstufe)*		WBB 3 *(11. Schulstufe)*	
Bilanzpostenzuordnung	(8)	Ankeritems	(10)	Ankeritems	(12)
Kontenarten	(8)	Theoriefragen	(4)	laufende GF o. Beleg	(3)
Kontenseite	(8)	Kontenseite	(8)	Inventur	(1)
laufende GF o. Beleg	(13)	Um- u. Nachbuchung	(7)	Personalverrechnung	(6)
laufende GF m. Beleg	(7)	Vorratsbewertung	(4)	Kostenrechnung	(6)
Inventur	(2)	Personalverrechnung	(4)	Um- u. Nachbuchung	(6)
Privatentnahme	(2)	laufende GF o. Beleg	(8)	Gewinnauswirkung	(4)
Gewinnauswirkung	(15)				

Anmerkung. Aufgrund schulautonomer Lehrpläne mussten für die 10. und 11. Schulstufe jeweils drei Testversionen erstellt werden, die unterschiedlichen Schwerpunkten (Handel, Hotel- und Gastgewerbe, Belegverbuchung) gerecht wurden. Zudem zeigte sich in der Pilotstudie, dass die Kategorien Privatentnahme (2) und Kontoarten (8) aufgrund testtheoretischer Analysen, aber auch Verständnisproblemen bei den Schülern/-innen nicht für die Messung der RW-Kompetenz geeignet sind. Sie wurden nicht in die hier berichtete Studie mitaufgenommen. Der Bereich Kostenrechnung wurde in der 11. Schulstufe aus curricularen Gründen mitaufgenommen, obwohl er nicht direkt mit dem interessierenden Konstrukt korrespondiert.

Schritt 3 des ECD-Designs beschäftigt sich mit operativen Überlegungen, die im Rahmen der student, evidence und task models gestellt werden. Das *student model* beschreibt die Annahme, wie die Antwortmuster zur latenten Fähigkeit statistisch in Beziehung gebracht werden (ob linear oder logistisch; ob eindimensional oder mehrdimensional). Im vorliegenden Fall wird dem WBB ein eindimensionales Konstrukt sowie eine logistische Konstrukt-Antwort-Beziehung (d. h., das 1-parametrische Rasch-Modell) zugrunde gelegt. D. h., wir gehen davon aus, dass sich das Antwortverhalten der Schüler/-innen in den Rechnungswesentests durch hauptsächlich eine nicht direkt beobachtbare Fähigkeit (der „genuinen" Rechnungswesenkompetenz) erklären lässt und nicht etwa auch noch bedeutend durch andere „Hilfskompetenzen" wie Mathematik- oder Lesefähigkeiten beeinflusst ist. Auch sehen wir damit von einer Unterteilung in bpsw. eine eher deklarative und prozedurale Kompetenzfacette (siehe bspw. WINTHER 2010) ab. Darüber hinaus gehen wir, entsprechend dem Rasch-Modell, davon aus, dass diese Beziehung keine deterministische ist, sondern eine probabilistische, sodass wir nicht ausschließen, dass bspw. Schüler/-innen mit einer hohen Fähigkeitsausprägung auch bei leichten Aufgaben (mit geringer Wahrscheinlichkeit) Fehler machen und umgekehrt Schüler/-innen mit niedrigeren Fähigkeiten auch verhältnismäßig schwierige Items lösen können. Das *evidence model* beschreibt die Bewertungsregeln bzw. scoring rules für die Evaluation der Beobachtungen. Im WBB werden alle Testitems mit 0 (falsch) und 1 (korrekt) kodiert. Teilrichtige Buchungssätze oder teilweise korrekte Berechnungen werden falsch gewertet. Das *task model* beschreibt schließlich, wie die Items und ihr Antwortformat aussehen. Zu Beginn des WBBs werden die Probanden/-innen durch eine kurze Unternehmensbeschreibung in die Situation des/der Buchhalters/-in versetzt. Die Items des WBBs selbst werden möglichst schulbuchnahe und wie in Schularbeiten üblich präsentiert:

(1) Du kaufst für dein Unternehmen Handelswaren auf Ziel (3300) um EUR 14.500,00 + 20 Prozent Umsatzsteuer.

Buchungssatz	+, -, =

Die Implementierung des Assessments und das Assessment Delivery

Die letzten beiden Schritte des ECD-Designs beschreiben die Implementierung und Datenrückmeldung. Der WBB wurde bisher als 45-minütiger Papier-Bleistift-Test eingesetzt, wobei Taschenrechner und Kontenplan zur Bearbeitung verwendet werden durften. Die erhobenen Daten und berechneten Schülerkompetenzen wurden auf Individual- und Klassenebene aufbereitet und auf der Onlineplattform www.edumetrics.at den getesteten Probanden/-innen verschlüsselt zur Verfügung gestellt. Diesem Assessment Delivery wurde zur inhaltlichen Interpretation das in Abschnitt 7 dargestellte Kompetenzniveaumodell zugrunde gelegt.

Gegenwärtig befindet sich auch eine computer-adaptive Testversion in Konstruktion (http://adaptivetesting.ce.jku.at/). Grundidee dieses Tests ist, dass dem/der Probanden/-in stets jene Aufgabe vorgelegt wird, die den höchsten Informationsgehalt für die Schätzung der Fähigkeit des/der Probanden/-in besitzt, sodass diese Fähigkeit möglichst rasch und genau bestimmt werden kann.

4. Ausgewählte IRT-Analysen zur Prüfung psychometrischer Qualitätsmerkmale

Stichprobe: Die verschiedenen Papier-Bleistift-Versionen des WBBs wurden jeweils im Frühjahr an einer Pilotstichprobe (2012: n = 397 Schüler/-innen in 16 Klassen, 2013: n = 226 Schüler/-innen in 9 Klassen, 2014: n = 210 in 11 Klassen) erprobt, modifiziert und im Rahmen der LOTUS-Studie (Helm 2014) am Ende der 9., 10. und 11. Schulstufe an einer Panelstichprobe mit 575 Schülern/Schülerinnen (t_1) aus 24 Klassen eingesetzt. Die ausgewählten Klassen stammen aus sieben verschiedenen Bundesländern in Österreich (ohne Kärnten und das Burgenland). Dabei dominieren die Schülerinnen deutlich, ihr Anteil beträgt rund 75 Prozent. Dieser hohe Anteil lässt sich auf den hohen Anteil an Klassen des Schultyps „Höhere Lehranstalt für wirtschaftliche Berufe" (HLW) zurückführen. Dieser wird fast ausschließlich von Schülerinnen besucht: Laut Statistik Austria (2015) besuchten im Schuljahr 2013/14 österreichweit 24.636 Schülerinnen gegenüber 2.956 Schülern die maturführende HLW. Das Durchschnittsalter bei Schuleintritt betrug 14,5 Jahre (SD = rund 9 Monate).

Statistische Analysen: Die Schülerantworten wurden 0/1-kodiert und mittels der R-Pakete „ltm" (Rizopoulos 2006) und „eRm" (Mair/Hatzinger/Maier 2011) folgenden psychometrischen Analysen unterzogen: Jede der sieben Testversionen wurde globalen, inferenzstatistischen Tests (Pearson-Chi^2-Test mit Bootstrap-Analyse, Andersen-Likelihood-Ratio-Test: LRT) sowie grafischen Modellgeltungskontrollen unterzogen. Im Rahmen letzterer werden die Itemschwierigkeiten von Subgruppen, die durch Trennung der Gesamtstichprobe einerseits am Mittelwert und andererseits am Schultyp entstehen, gegeneinander geplottet. Auf Itemebene wurden Infit-Statistiken berechnet und die beobachtete sowie modellkonforme Itemcharakteristikkurve (ICC) grafisch inspiziert. Der Eindimensionalitätstest sowie multidimensionalen Item Response Modelle (Chalmers 2012) wurden für die Prüfung der Faktorenstruktur herangezogen. Aus Platzgründen werden im Folgenden exemplarisch Analyseergebnisse für den WBB 1 dargestellt.

WBB 1-Analysen zur 9. Schulstufe

Globale Tests: Eine erste Prüfung mittels LRT zeigt, dass das Rasch-Modell nicht zur Datenstruktur der 53 WBB 1-Items passt. Der LRT weist einen p-Wert unter dem Cut-off von .05 auf (LRT[52, N = 993] = 562.95, p < .05), d. h. die Nullhypothese, dass das Rasch-Modell gilt, muss verworfen werden. Um Rasch-Modell-Konformität zu erlangen, wurden auf Itemebene ebenfalls inferenzstatistische und grafische Modellgeltungskontrollen durchgeführt, um nicht-modellkonforme Items zu identifizieren und auszuscheiden. Die Signifikanztests und visuellen Inspektionen führten zu dem Ergebnis, dass die Items der Bereiche „Bilanzerstellung" (8) und „Kontenseite" (8) ausgeschieden werden mussten. Es ist zu beachten, dass das hohe N (= 993) der Stichprobe schneller zu signifikanten Modellverletzungen führt. Letztlich zeigt aber auch das Ausscheiden dieser Itemkategorien keine Modellgeltung für die restlichen Daten (LRT[29, N = 993] = 77.29, p < .05). Erst wenn die verbleibenden WBB 1-Items in die zwei theoretisch vermuteten Subskills „Geschäftsfälle verbuchen" und „Gewinnauswirkung einschätzen" unterteilt werden, kann jeweils für beide Itemkategorien Modellgeltung festgestellt werden (Kategorie „Geschäftsfälle verbuchen": LRT[16, N = 993] = 22.73, p = 12, Pearson χ^2 mit Bootstrap: p = .05; Kategorie „Gewinnauswirkung einschätzen": LRT[11, N = 993] = 13.74, p = .25, Pearson χ^2 mit Bootstrap: p < .05). Die Annahme, dass sich diese beiden Kategorien auf zwei unterschiedliche latente Fähigkeiten zurückführen lassen, lässt sich einerseits durch das unterschiedliche Antwortformat (offen vs. geschlossen) und andererseits durch die Tatsache begründen, dass die Gewinneinschätzungsitems nicht immer im Unterricht geübt werden, weshalb sie möglicherweise eher eine stärker verständnisorientierte Fähigkeit erfordern.

In Abbildung 2 sind die geschätzten Aufgabenschwierigkeiten für die Subgruppen der Schultypen „kaufmännisch" (Handelsakademie = HAK, Handelsschule = HAS) und „humanberuflich" (Höhere Lehranstalt für wirtschaftliche Beruf = HLW, Fachschule für wirtschaftliche Berufe = FW) dargestellt. Die Kreise bzw. Ellipsen bilden die Konfidenzintervalle. Berücksichtigt man den großen Stichprobenumfang, der dazu führt, dass die Ellipsen sehr klein sind, so kann argumentiert werden, dass alle Items für beide Teilstichproben gleich schwer zu lösen sind bzw. hier keine signifikanten Unterschiede bestehen. Zudem zeigt sich, dass vor allem die Items einen Misfit aufweisen, die ohnehin den laut globalen, inferenzstatistischen Tests auszuscheidenden Itemkategorien „Bilanzzuordnung" und „Kontoseite" angehören. Einzig die Items zum Forderungsausgleich und zu Kundenkonti bevorteilen die HLW/FW-Schüler/-innen leicht. Die hier nicht abgebildete Modellkontrolle nach dem Splitkriterium „Mittelwert des Rohtestwertes" verweist nur auf das Item „Mietaufwand (GA)", das die leistungsfähigeren Schüler/-innen systematisch bevorzugt.

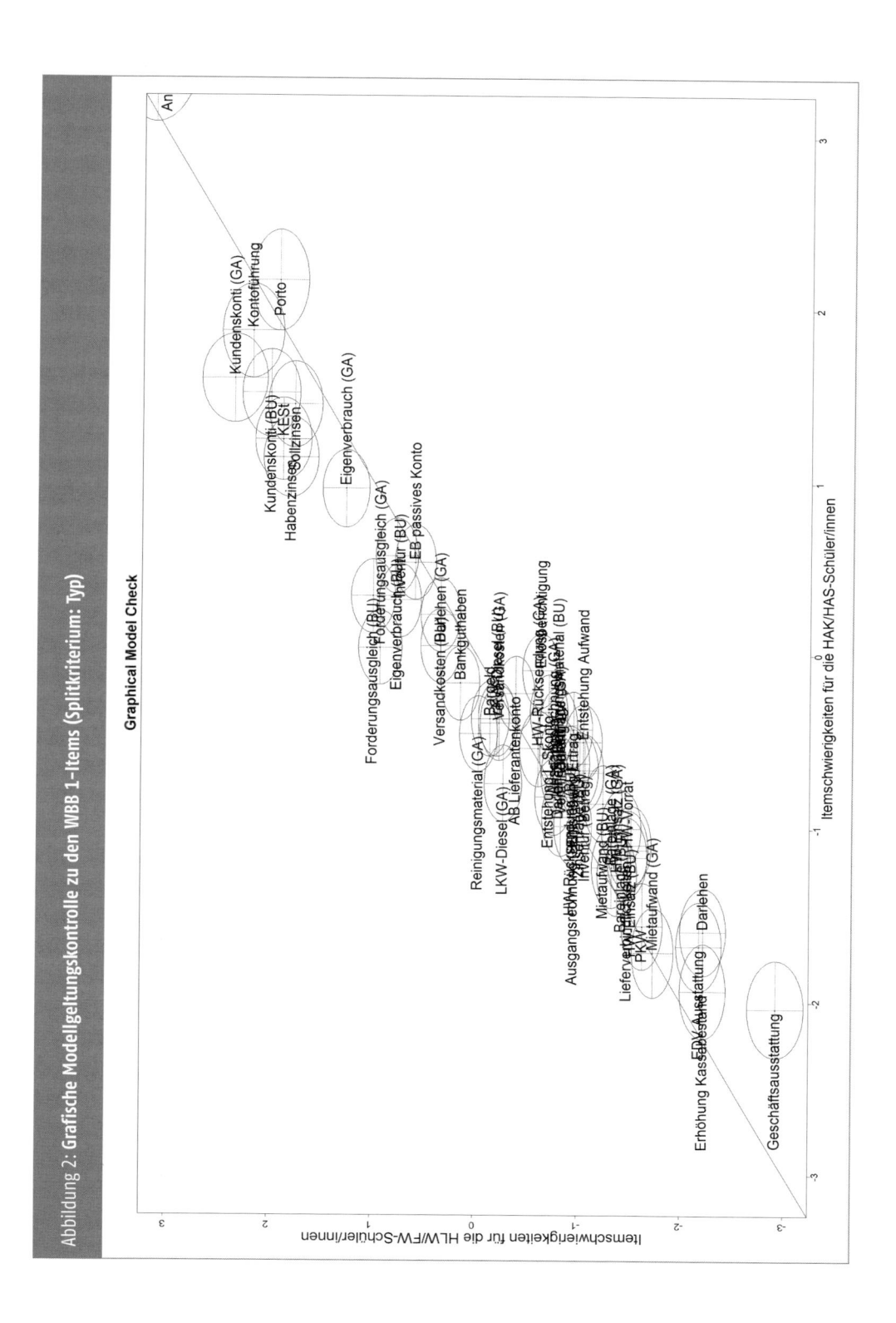

Berufsbildungsstandards und Kompetenzmodellierung im Fach Rechnungswesen

Abbildung 2: Grafische Modellgeltungskontrolle zu den WBB 1-Items (Splitkriterium: Typ)

Rasch-Modell vs. komplexeres Modell: Ein LRT zeigt weiters, dass das 2-parametrische Modell (unterschiedliche Trennschärfen je Item werden zugelassen) besser zur Datenstruktur der WBB 1-Items passt als das Rasch-Modell (Dimension „Fall verbuchen": LRT[13, N = 993] = 47.43, $p < .05$; Dimension „GA einschätzen„: LRT[12 , N = 993] = 64.69, $p < .05$). Dagegen fittet ein 3-parametrisches Modell (ein Rateparameter wird berücksichtigt) nicht signifikant besser (Dimension „Fall verbuchen": LRT[14, N = 993] = 4.07, $p = .99$; Dimension „GA einschätzen": LRT[13 , N = 993] = 14.76, $p = .32$). D. h., die Berücksichtigung des Rateparameters ist (v. a. bei den Gewinneinschätzungsitems) nicht notwendig. Somit konkurrieren das Rasch-Modell und das 2-parametrische Modell. Mit BÜHNER (2006, S. 349) ist darauf hinzuweisen, dass der hier verwendete LRT Nachteile hat, da er u. a. von der Stichprobengröße abhängig ist. Daher sollten auch informationstheoretische Maße (z. B. Bayes Information Criterion: BIC), die die Modellkomplexität mitberücksichtigen, bei der Modellauswahl herangezogen werden. Die BIC-Werte sprechen jeweils für die Beibehaltung des Rasch-Modells, da die Werte niedriger liegen als bei Annahme des 2-parametrischen Modells („Geschäftsfälle verbuchen": 14627.63 vs. 14670.00; „Gewinnauswirkung einschätzen": 11904.60 vs. 11922.71). Für die meisten Items kann zudem grafisch gezeigt werden (siehe die Beispiele „HW-Einsatz (BU)" in Abbildung 3), dass sich die Passung zwischen beobachteten Daten (dunkle Linie) und zwischen den unter Modellannahmen vorhergesagten Daten (helle Linie) kaum verbessert.

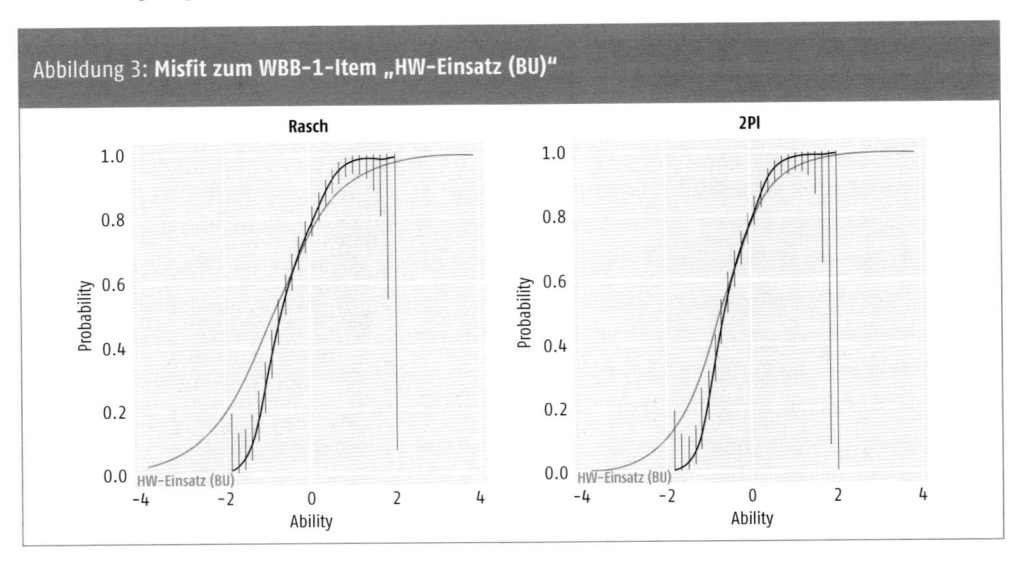

Abbildung 3: Misfit zum WBB-1-Item „HW-Einsatz (BU)"

Auf Itemebene: Die Inspektion der Infit t-Statistik zeigt, dass nur die Aufgaben zu Kundenskonto und die Einschätzung der Gewinnauswirkung zur Anzahlung außerhalb der Grenzen liegen. Auch die Aufgaben zur Ausgangsrechnung liegen knapp außerhalb des Intervalls. Diese Items folgen nicht dem Rasch-Modell, werden aber dennoch in den Folgeanalysen aus inhaltlichen Gründen (z. B. stellt die Skontoverbuchung einen zentralen Unterrichtsinhalt der 9. Schulstufe dar) beibehalten.

Faktorenstruktur: Nachdem Rasch-Modellgeltung für die WBB 1-Items festgestellt werden konnte, kann die strukturelle Annahme, die durch die Teilung der Aufgaben in zwei Bereiche vorgenommen wurde, überprüft werden. Zur Erinnerung, der WBB 1 enthält Geschäftsfälle (z. B. Handelswareneinkauf), die einerseits verbucht werden mussten, andererseits aber auch deren Auswirkung auf den Gewinn eingeschätzt werden musste. Weiter oben wurde die Gültigkeit des Rasch-Modells jeweils einmal für die Kontierungen (Dimension: Geschäftsfälle verbuchen) und einmal für die Einschätzungen zur Gewinnauswirkung (Dimension: Gewinnauswirkung einschätzen) geprüft, da eine gemeinsame Prüfung nicht zur Modellbestätigung führte. Inwiefern diese Kategorisierung in die beiden genannten Dimensionen statistisch haltbar ist, kann durch eine konfirmatorische Analyse geprüft werden. Diese zeigt, dass beide Faktoren eine hohe interne Konsistenz besitzen (α .85 bzw. .86) und dass ein 2-Faktoren-Modell die Daten besser widerspiegelt als ein 1-Faktoren-Modell (LRT[1, N = 993] = 163.19, p < .05, BIC: 28753.93 (1 Faktor) vs. 28597.64 (2 Faktoren)). Allerdings ist die Korrelation zwischen beiden Fähigkeiten mit r = .85 derart hoch, dass knapp drei Viertel (73 %) der Varianz durch den jeweils anderen Faktor erklärt werden kann und daher von einer Trennung in zwei Kompetenzdimensionen abgesehen werden kann. Diese Entscheidung wird von der Prüfung auf Eindimensionalität gestützt, die auf einen zentralen Faktor verweist. Diesem Faktor gegenüber spielen andere Faktoren, die ebenfalls einen Eigenwert über 1 besitzen, eine nachgeordnete Rolle (vgl. Abbildung 4). Auch inhaltlich kann argumentiert werden, dass beide Dimensionen ein Verstehen der Wertflüsse, die durch den jeweiligen Geschäftsfall angestoßen werden, voraussetzen, sodass sie sich zumindest im ersten Lösungsschritt nicht unterscheiden: Sowohl beim Kontieren als auch bei der Einschätzung der Gewinnauswirkung muss der betriebliche Prozess abgebildet werden.

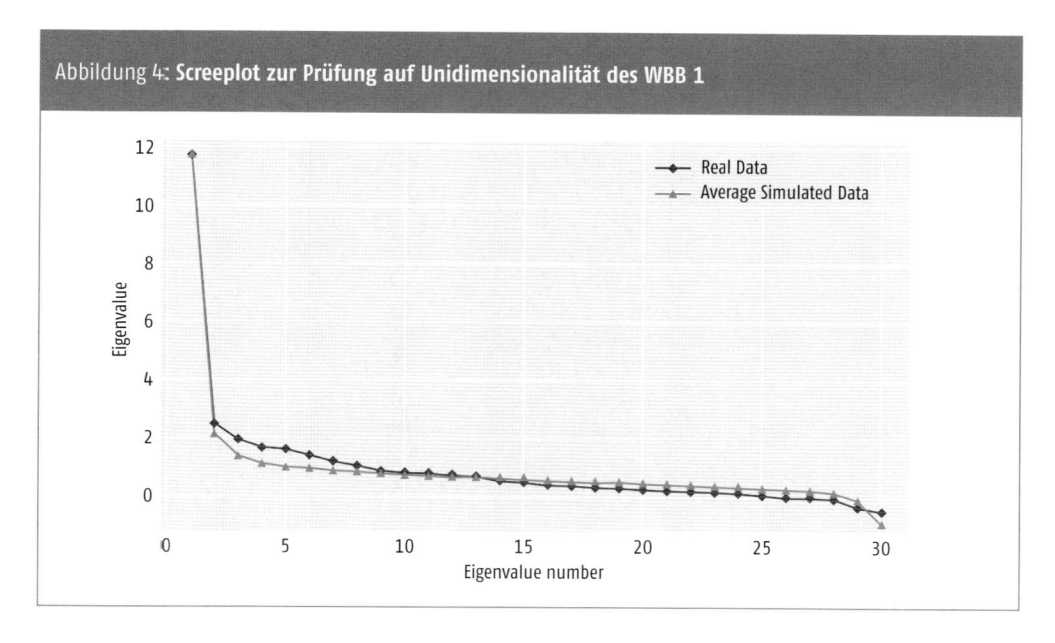

Abbildung 4: Screeplot zur Prüfung auf Unidimensionalität des WBB 1

Itemschwierigkeiten: Abbildung 5 gibt die Aufgabenschwierigkeiten in aufsteigender Reihenfolge wieder. Im oberen Abschnitt der Abbildung ist ein Histogramm dargestellt, das die Verteilung der Schülerfähigkeiten anzeigt. Es ist gut ersichtlich, dass die WBB 1-Items vor allem im Fähigkeitsbereich von -2 bis +2 messen. Für Schüler/-innen, deren Fähigkeit außerhalb dieses Intervalls liegt, besitzt der Test nur wenige Items und misst daher auch weniger verlässlich, wie auch die Testinformationsfunktion in Abbildung 6 zeigt. Wie erwartet erweisen sich die Verbuchung der Anzahlung, der Kundenskonti sowie des Bankkontoauszugs zum 31.12. (Habenzinsen, KESt, Sollzinsen, Kontoführung, Porto) und des Eigenverbrauchs als besondere Herausforderung für die Schüler/-innen. Überraschend erscheint jedoch, dass auch der Ausgleich einer Forderung mittels Banküberweisung für die Schüler/-innen eine Schwierigkeit darstellt – hier wurde des Öfteren fälschlicherweise die Umsatzsteuer mitverbucht. Ein ähnliches Bild zeigt sich für die Einschätzung der Gewinnauswirkungen.

Objektivität und Reliabilität. Anhand der grafischen Modellgeltungskontrolle konnte gezeigt werden, dass der WBB über Objektivität im Sinne von Item- und Personenhomogenität verfügt. Die Testinformationsfunktion (TIF) zeigt die Reliabilität des WBB 1 über die gesamte Fähigkeitsskala an, d. h. wie die Messgenauigkeit des Tests in Abhängigkeit der Personenfähigkeit variiert. Es zeigt sich, wie bereits erwähnt, dass – wie bei allen Tests, die auf Durchschnittspopulationen abstellen – in den Randbereichen die Messgenauigkeit abnimmt, da dort einerseits weniger Schüler/-innen anzutreffen sind und andererseits weniger Items für diese Fähigkeitsbereiche erstellt wurden. Aufgrund der sehr schwierigen Items zur Anzahlung ist im oberen Bereich die Messgenauigkeit des WBB 1 besser als im unteren Extrembereich, weshalb die TIF leicht asymmetrisch ist. Dass der Gipfel der TIF leicht unter dem 0-Punkt der Fähigkeitsskala liegt, zeigt zudem an, dass der Test am genauesten die Fähigkeiten jener Schüler/-innen misst, die um den mittleren Fähigkeitsbereich (bzw. leicht darunter) liegen.

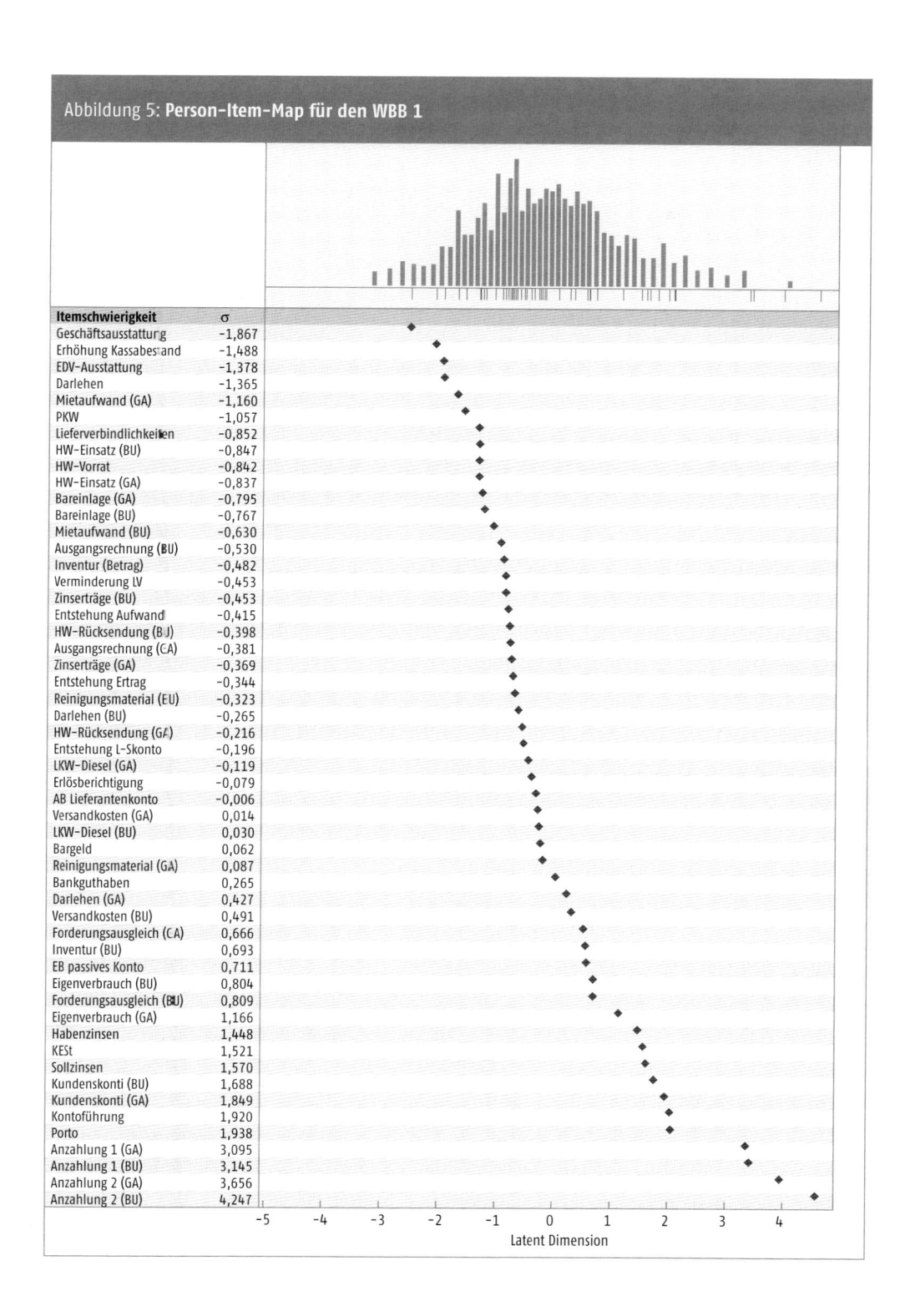

Abbildung 5: Person-Item-Map für den WBB 1

Itemschwierigkeit	σ
Geschäftsausstattung	−1,867
Erhöhung Kassabestand	−1,488
EDV-Ausstattung	−1,378
Darlehen	−1,365
Mietaufwand (GA)	−1,160
PKW	−1,057
Lieferverbindlichkeiten	−0,852
HW-Einsatz (BU)	−0,847
HW-Vorrat	−0,842
HW-Einsatz (GA)	−0,837
Bareinlage (GA)	−0,795
Bareinlage (BU)	−0,767
Mietaufwand (BU)	−0,630
Ausgangsrechnung (BU)	−0,530
Inventur (Betrag)	−0,482
Verminderung LV	−0,453
Zinserträge (BU)	−0,453
Entstehung Aufwand	−0,415
HW-Rücksendung (BU)	−0,398
Ausgangsrechnung (GA)	−0,381
Zinserträge (GA)	−0,369
Entstehung Ertrag	−0,344
Reinigungsmaterial (EU)	−0,323
Darlehen (BU)	−0,265
HW-Rücksendung (GA)	−0,216
Entstehung L-Skonto	−0,196
LKW-Diesel (GA)	−0,119
Erlösberichtigung	−0,079
AB Lieferantenkonto	−0,006
Versandkosten (GA)	0,014
LKW-Diesel (BU)	0,030
Bargeld	0,062
Reinigungsmaterial (GA)	0,087
Bankguthaben	0,265
Darlehen (GA)	0,427
Versandkosten (BU)	0,491
Forderungsausgleich (GA)	0,666
Inventur (BU)	0,693
EB passives Konto	0,711
Eigenverbrauch (BU)	0,804
Forderungsausgleich (BU)	0,809
Eigenverbrauch (GA)	1,166
Habenzinsen	1,448
KESt	1,521
Sollzinsen	1,570
Kundenskonti (BU)	1,688
Kundenskonti (GA)	1,849
Kontoführung	1,920
Porto	1,938
Anzahlung 1 (GA)	3,095
Anzahlung 1 (BU)	3,145
Anzahlung 2 (GA)	3,656
Anzahlung 2 (BU)	4,247

Latent Dimension

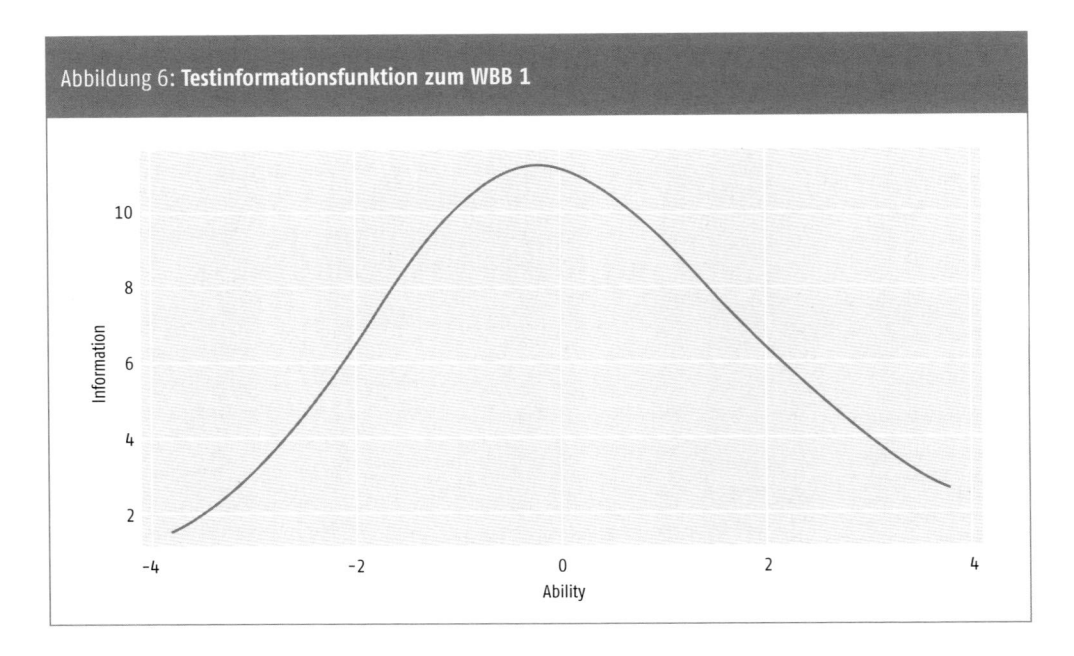

Abbildung 6: Testinformationsfunktion zum WBB 1

Die psychometrischen Analysen zu den WBB 2 und WBB 3 verweisen – nach Ausschluss einiger Items – ebenfalls auf Rasch-Konformität sowie Eindimensionalität der Tests (siehe HELM 2014). Die EAP- und WLE-Reliabilitäten wurden mit den R-Paket „pairwise" (HEINE 2014) bzw. mit einer online verfügbaren R-Funktion (http://stats.stackexchange.com/questions/132738/reliability-in-irt-style) berechnet und betragen für den WBB 1: .88 und .89 (WBB 2a: .80 bzw. .89, WBB 2b: .87 bzw. .88, WBB 2c: .78 bzw. .82; WBB 3a: .79 bzw. .82, WBB 3b: .87 bzw. .88, WBB 3c: .75 bzw. .77).

5. Vertical Scaling

Aufgrund schulautonomer Lehrpläne mussten für die 10. und 11. Schulstufe jeweils drei verschiedene Varianten des WBBs eingesetzt werden. Diese sechs Testversionen wurden mittels Vertical Scaling (KOLEN/BRENNAN 2004) auf eine mit dem WBB 1 gemeinsame latente Skala transformiert. Dazu wurden die Itemschwierigkeiten der WBB 2- bzw. WBB 3-Tests neu kalibriert, d. h. auf einer mit den WBB 1-Items gemeinsamen Schwierigkeitsskala platziert, wobei die zehn bzw. zwölf Ankeritems, die sowohl im WBB 1 als auch in der zu transformierenden Testversion enthalten sind, als Referenzpunkt dienten. Durch Anpassung der Skalen-Mittelwerte und der Standardabweichungen weisen nun alle Testformen denselben theoretischen Nullpunkt auf und sind somit gegeneinander verrechenbar. Die Berechnungen wurden mit dem R-Paket „plink" (WEEKS 2010) durchgeführt.

6. Analysen zur Validität der WBB-Testinstrumente

Die *inhaltliche Validität* der Messinstrumente wurde bereits durch Orientierung am ECD-Design bzw. am Domänen- und Kompetenzmodell der Berufsbildungsstandards gewährleistet. Nicht nur die strenge curriculare Orientierung, sondern auch die gemeinsame Erarbeitung der Testversionen mit erfahrenen Lehrpersonen führte zu einer hohen inhaltlichen Validität der Messinstrumente.

Die *Konvergenzvalidität* (hoher Zusammenhang zwischen zwei Messverfahren, die dasselbe Konstrukt abbilden) wird über die Korrelationen zwischen den WBB-Versionen bestimmt. Tabelle 2 zeigt, dass die Zusammenhänge mit r = .48 bis .63 relativ hoch sind, bedenkt man, dass sie schulstufenbedingt unterschiedliche Curricula abdecken. Gleichzeitig verweisen die Korrelationen auf eine gewisse Stabilität der Leistungsfähigkeit der Schüler/-innen über die drei Schuljahre hinweg, der messfehlerbereinigte Stabilitätskoeffizient liegt bei über r > .70. Die Diskriminanzvalidität (niedriger Zusammenhang zwischen zwei Messverfahren, die unterschiedliche Konstrukte erfassen) wird durch Korrelationen zwischen den WBB-Test-Werten und den Mathematiktestwerten bestimmt. Wie erwartet korrelieren die WBB-Versionen mit der Mathematikleistungsfähigkeit der Schüler/-innen weit niedriger (r = .30 bis .38).

Die *Kriteriumsvalidität* wird schließlich über die Zusammenhänge der WBB-Testversionen mit den Schulnoten der Schüler/-innen bestimmt. Die in Tabelle 3 berichteten Zusammenhänge bestätigen die Annahme, dass die Noten in den Fächern RW, Mathematik und Betriebswirtschaftslehre (als domänenverbundene Kompetenz, Winther 2010) am stärksten mit den Testwerten in den WBB-Versionen korrelieren. Die Sprachenfächer weisen dagegen – ebenfalls wie erwartet – einen niedrigeren Zusammenhang auf. In Summe kann mit diesen Analysen eine zufriedenstellende Validität der WBB-Testversionen belegt werden.

Tabelle 2: **Konstruktvalidität**

	Korrelationen der WBB-Werte mit Außenkriterien				
		1	2	3	4
1	Mathematik (TIMSS-Items zu Beginn der 9. Schulstufe)	–			
2	WBB 1 (Ende 9. Schulstufe, N = 606)	.31	–		
3	WBB 2 (Ende 10. Schulstufe, N = 360)	.30	.55	–	
4	WBB 3 (Ende 11. Schulstufe, N = 286)	.38	.48	.63	–

Tabelle 3: **Kriteriumsvalidität**

Gemittelte Korrelationen der erhobenen Schulnoten mit den WBB-Werten

	9. Stufe	10. Stufe	11. Stufe
	$r_{Note-WBB1}$	$r_{Note-WBB2}$	$r_{Note-WBB3}$
Mathematiknote[a]	-.29	-.27	-.28
Englischnote[a]	-.17	-.12	-.14
Deutschnote[a]	-.15	-.14	-.13
Rechnungswesen[b]	-.43	-.45	-.50
Rechnungswesen[c]	-.42	-.37	-.43
Deutsch[b]	-.25	-.34	-.34
Deutsch[c]	-.22	-.23	-.27
Betriebswirtschaftslehre[b]	n. a.	-.41	-.42
Betriebswirtschaftslehre[c]	n. a.	-.25	-.33
Mathematik[b]	n. a.	-.44	-.40
Mathematik[c]	n. a.	-.41	-.37

Anmerkungen. Die Korrelationen wurden je Schulklasse (N = 14) berechnet. Die hier berichteten Korrelationswerte stellen jeweils Mittelwerte dieser 14 Korrelationen dar. Auf der 9.–11. Schulstufe beträgt das N je Klasse im Median 24 bis 26 (Min = 18–19, Max = 30–36).
[a] Selbstberichtete Note aus dem Abschlusszeugnis der Zubringerschule in der 8. Stufe.
[b] Selbstberichtete Note aus dem Jahreszeugnis in der 9., 10. bzw. 11. Schulstufe.
[c] Selbstberichtete Note der letzten Schularbeit in der 9., 10. Bzw. 11. Schulstufe.
n. a. = Fach wird in dieser Schulstufe nicht unterrichtet

7. Ein Kompetenzniveaumodell für das Fach Rechnungswesen

Um die Leistung der Schüler/-innen nicht nur quantitativ, sondern auch qualitativ interpretieren zu können, wurde ein empirisches Kompetenzniveaumodell erstellt. Kompetenzniveaumodelle verfolgen das Ziel „einer kriteriumsorientierten Beschreibung der erfassten Kompetenzen" (HARTIG 2007, S. 86) von Schülern und Schülerinnen. Es interessiert, „über welche spezifischen Kompetenzen Schüler auf einem bestimmten Niveau verfügen bzw. welche fachbezogenen Leistungsanforderungen sie bewältigen können" (ebd.). Dazu wird die Kompetenzskala anhand „schwierigkeitsbestimmender Charakteristika" der Items in Skalenabschnitte unterteilt (a. a. O., S. 88). Konkret wurde im ersten Schritt jedes Testitem von zwei praxiserfahrenen Wirtschaftspädagoginnen in Hinblick auf drei aufgabenerschwerenden Merkmale (vgl. die Komponentenanalyse in Abschnitt 3: Vertrautheit, zusammengesetzte Buchung erforderlich, kognitives Anforderungsniveau) eingeschätzt. Die Interrater-Reliabilitäten betragen .87, .97 und .80 für die drei Merkmale. Die hohe Reliabilität des zweiten Merkmals lässt sich dadurch erklären, dass objektiv sehr einfach feststellbar ist, ob ein Buchungssatz eine zusammengesetzte Buchung erfordert oder nicht.

Nach HARTIG (2007, S. 90) werden diese Aufgabenmerkmale dummy-codiert (Merkmalsausprägung liegt vor oder liegt nicht vor) in eine multiple lineare Regression zur Vorhersage der Itemschwierigkeiten überführt. In Anlehnung an WINTHER (2010, S. 236) werden die so ermittelten Regressionsgewichte (Tabelle 4) zur Berechnung der Schwellenwerte herangezogen. Am Beispiel des WBB 1 für die 9. Schulstufe (die Analysen für die 10. Schulstufe kommen zu einem sehr ähnlichen Kompetenzniveaumodell) soll dies verdeutlicht werden (Abbildung 7): Die errechnete Regressionskonstante (-1.400 Logits) bildet die erste Schwelle. Unter Niveaustufe 1: Schüler/-innen mit einem Kompetenzwert darunter verfügen kaum über erkennbare Buchhaltungskenntnisse, da sie selbst Aufgaben ohne erschwerende Merkmale nicht lösen können. Auf Niveaustufe 1 im Bereich zwischen -1.400 und -0.882 (Regressionskonstante + die ersten beiden Regressionsgewichte; aufgrund ihres geringen, nicht signifikanten Einflusses wurden sie zusammengefasst) liegen Schüler/-innen, die Aufgaben ohne erschwerende Merkmale lösen können. D. h., Niveau 1-Schüler/-innen können sehr vertraute, im Unterricht oft eingeübte Aufgaben, die lediglich die Reproduktion von Wissen erfordern, lösen. Als Beispiele sind hier die Kontierung der Geschäftsfälle „Handelswareneinkauf" und „Bareinlage auf das Bankkonto" zu nennen. Auf Niveaustufe 2 zwischen -0.882 und 0.507 (-0.882 + drittes und viertes Regressionsgewicht; aufgrund ihres geringen, nicht signifikanten Einflusses wurden sie zusammengefasst) Logits befinden sich Schüler/-innen, die Aufgaben lösen können, die „mittelmäßig" vertraut sind und ein Mindestmaß an Verstehen erfordern, bspw. Warenrücksendung oder einfache Belegverbuchungen (z. B. Einkauf von Reinigungsmaterial). Auf Niveaustufe 3 (0.507–2.544 Logits) befinden sich Schüler/-innen, die Geschäftsfälle kontieren können, die zusammengesetzte Buchungen erfordern, z. B. die Kontierung des Skontos oder des Eigenverbrauchs. Auf Niveaustufe 4 und darüber (ab 2.544 Logits) können Schüler/-innen auch wenig vertraute, im Unterricht noch nicht behandelte Aufgaben lösen, die ein Anwenden der erlernten RW-Konzepte und -Prinzipien erfordern. Als Beispiel ist die Kontierung der Anzahlung zu nennen.

Tabelle 4: **Regressionsgewichte als Prädiktoren der Itemschwierigkeiten des WBB 1**

	B	S.E.	Beta	p	Toleranz	VIF
(Konstante)	-1.400	.330		.000		
Taxonomie (verstehen)	.149	.492	.037	.764	.46	2.14
Vertrautheit (eher, mittel)	.369	.475	.111	.444	.33	3.00
Kontierung: dreizeilig	.553	.553	.161	.326	.26	3.79
Kontierung: zweizeilig	.836	.511	.215	.112	.39	2.51
Vertrautheit (wenig, kaum)	2.037	.633	.542	.003	.24	4.13
Taxonomie (anwenden)3	2.131	.636	.567	.002	.23	4.17

Anmerkungen. n = 53 Items. Korrigiertes R^2 = 75 %

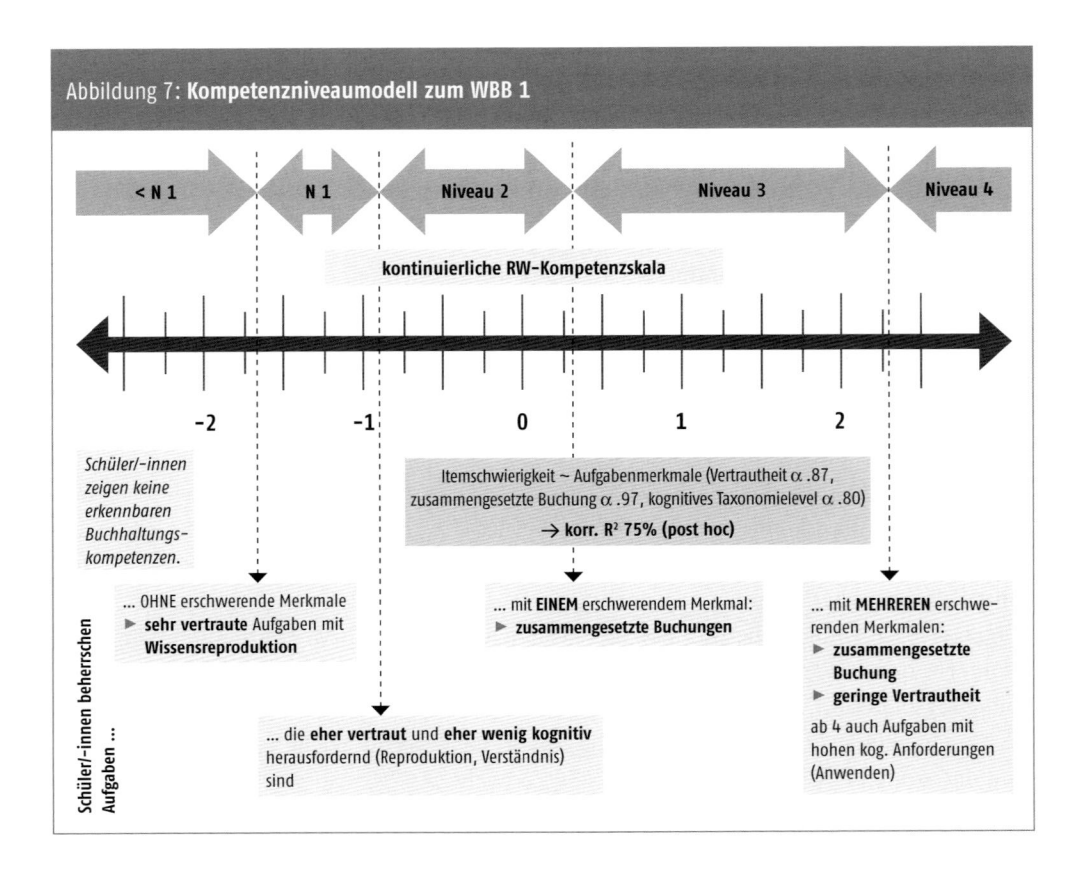

Abbildung 7: Kompetenzniveaumodell zum WBB 1

Niveaustufen auf der kontinuierlichen RW-Kompetenzskala: < N 1, N 1, Niveau 2, Niveau 3, Niveau 4 (von -2 bis über 2).

Schüler/-innen beherrschen Aufgaben ...

- **< N 1** (bei -2): Schüler/-innen zeigen keine erkennbaren Buchhaltungskompetenzen.
- **N 1** (bei -1): ... OHNE erschwerende Merkmale ▸ sehr vertraute Aufgaben mit Wissensreproduktion
- **Niveau 2** (bei 0): ... die eher vertraut und eher wenig kognitiv herausfordernd (Reproduktion, Verständnis) sind
- **Niveau 3** (bei 1): ... mit EINEM erschwerendem Merkmal: ▸ zusammengesetzte Buchungen
- **Niveau 4** (bei 2): ... mit MEHREREN erschwerenden Merkmalen: ▸ zusammengesetzte Buchung ▸ geringe Vertrautheit — ab 4 auch Aufgaben mit hohen kog. Anforderungen (Anwenden)

Itemschwierigkeit ~ Aufgabenmerkmale (Vertrautheit α .87, zusammengesetzte Buchung α .97, kognitives Taxonomielevel α .80)
→ korr. R^2 75% (post hoc)

Eine relative Häufigkeitsverteilung zeigt, dass 25, 18, 36, 18 bzw. 2 Prozent der mit dem WBB 1 getesteten 993 Schüler unter Niveau 1 bzw. auf Niveau 1, 2, 3 und 4 liegen. In Summe wirft dies ein sehr ernüchterndes Licht auf die Leistungsfähigkeit der BMHS-Schüler/-innen am Ende der 9. Schulstufe. Allerdings darf dabei nicht vergessen werden, dass es sich hier um eine low-stakes Testung handelt, die keinerlei Konsequenzen für die Schüler/-innen nach sich zieht, und die Testmotivation eine entsprechende Rolle spielt.

8. Eine Zusammenschau und kritische Reflexion

Ziel der hier dargestellten Untersuchung ist die Erstellung eines Instrumentes zur Messung der Entwicklung der Schülerkompetenzen in der Domäne RW in der 9. bis 11. Schulstufe der BMHS in Österreich. Aufbauend auf die hier skizzierte Domänenanalyse wurden verschiedene Testversionen konstruiert, die schulbuchtypische sowie curriculums- und berufsbildungsstandardkonforme Aufgaben verwenden, um Aussagen über die Schülerkompetenzen zu treffen. Psychometrische Analysen in Abschnitt 3 zeigen, dass nach dem Ausscheiden einiger nicht modellkonformer Items zufriedenstellende Reliabilität sowohl auf Test- als auch auf Itemebene erreicht werden konnte. Auch die Validitätsanalysen in Abschnitt 6 verweisen auf zufriedenstellende Befunde: So korreliert die Leistungsentwicklung – wie erwartet – am stärksten mit der Mathematiknote und den RW-Noten, während Leistungsindikatoren aus anderen Fächern weniger stark mit der RW-Leistung assoziiert sind. Im letzten Abschnitt wurde ein empirisches Kompetenzniveaumodell entwickelt, das inhaltliche Interpretationen der Schülerleistungen vor dem Hintergrund der drei Merkmale Modellierungsanforderung (Vertrautheit), Komplexität des Buchungssatzes sowie kognitive Herausforderung der Aufgabe erlaubt. Dieses Kompetenzniveaumodell zeigt deutlich, dass überzogene Erwartungen, die auch im Rahmen der Kompetenzorientierung entstehen können, nur schwierig empirisch haltbar sind. So können die Ergebnisse zum Kompetenzniveaumodell auf der 9. Schulstufe als Hinweise für einen stark repetitiven Charakter des RW-Unterrichts interpretiert werden, da nur wenige Schüler/-innen (der vorliegenden Untersuchung) fähig sind, Aufgaben zu lösen, die höhere kognitive Herausforderungen stellen. Inwiefern damit bereits dem Ruf nach Kompetenzorientierung Genüge getan ist, muss kritisch diskutiert werden. Gleichsam soll das hier vorgestellte Modell nur einen Ausgangspunkt für weitere Forschungsbemühungen darstellen. Vor allem in Hinblick auf den praktischen fachdidaktischen Einsatz im Unterricht erscheint es notwendig, stärker diagnostisch orientierte Messinstrumente und Kompetenzmodelle zu entwickeln. Eine vielversprechende Entwicklung stellt hier der Ansatz der Cognitive Diagnosis Models dar (z. B. HELM/BLEY/GEORGE/POCRNJA 2015). Dieser stärker an den Denk- und Lernschritten von Schülern und Schülerinnen orientierte Ansatz stünde auch stärker im Einklang mit der aktuellen Kompetenzorientierung in der österreichischen Berufsbildung bzw. der Lehrplanreform an den BMHS, die die bisher eher grob formulierten Unterrichtsthematiken in feinkörnigere Unterrichtsziele übersetzt.

Literatur

ANDERSON, L. W.; KRATHWOHL, D.: A Taxonomy for Learning, Teaching, and Assessing. A Revision of Bloom's Taxonomy of Educational Objectives. Longman 2001

BECK, K.; KRUMM, V.: Wirtschaftskundlicher Bildungs-Test (WBT). Göttingen 1998

BMBF: Lehrplan der Handelsakademie. - URL: https://www.hak.cc/files/syllabus/Lehrplan_HAK_2014.pdf 2014 Stand: 5.5.2016

BMUKK: Lehrplan der Handelsakademie. URL: https://www.hak.cc/files/syllabus/598_HAK%20LP%202004%20-%20Anlage%201.pdf 2004 Stand: 5.5.2016

BMUKK: Entrepreneurship und Management. Bildungsstandards in der Berufsbildung für Handelsakademien. URL: http://www.bildungsstandards.berufsbildendeschulen.at/fileadmin/content/bbs/AGBroschueren/Entrepreneurship_15_03_2010.pdf 2010 Stand: 5.5.2016

BMUKK: HAS Wirtschaft. Bildungsstandards in der Handelsschule. Kompetenzmodell, Deskriptoren. Kompetenzraster. Exemplarische Unterrichtsbeispiele. URL: http://www.berufsbildendeschulen.at/fileadmin/content/bbs/AGBroschueren/Pilotbroschuere_HAS_Wirtschaft_Oktober_20121031.pdf 2012 Stand: 5.5.2016

Bothe, T.; Wilhelm, O.; Beck, K.: Assessment of declarative business administration knowledge: Measurement development and validation. Humboldt-Universität zu Berlin 2005

Bühner, M.: Einführung in die Test- und Fragebogenkonstruktion. München 2006

Chalmers, P.: mirt: Multidimensional Item Response Theory. R package version 0.2.0. URL: https://cran.r-project.org/web/packages/mirt/index.html 2012 Stand: 5.5.2016

Götzl, M.; Jahn, R. W.; Held, G.: Bleibt alles anders!? Sozialformen, Unterrichtsphasen und echte Lernzeit im kaufmännischen Unterricht. In: Berufs- und Wirtschaftspädagogik Online, 24 (2013), S. 1–22

Grohmann-Steiger, C.; Schneider, W.; Eberhartinger, E.: Einführung in die Buchhaltung im Selbststudium. Wien 2008

Guggemos, J.; Schönlein, M.: Modellierung von Kompetenzen in der beruflichen Bildung – Entwicklung und Validierung eines Kompetenzniveaumodells für das externe Rechnungswesen. In: Zeitschrift für Berufs- und Wirtschaftspädagogik, 111 (2015) 4, S. 524–551

Hartig, J.: Skalierung und Definition von Kompetenzniveaus. In: Beck, B. (Hrsg.): Sprachliche Kompetenzen. Konzepte und Messung. DESI-Studie (Deutsch-Englisch-Schülerleistungen-International). Weinheim 2007, S. 83–99

Haselgruber, T.: Testkonstruktion zur Erfassung der Kompetenzen von Schüler/inne/n der 11. Schulstufe im Fach Rechnungswesen. (Unveröffentlichte Diplomarbeit) Johannes Kepler Universität. Linz 2015

Heine, J.-H.: pairwise: Rasch Model Parameters by Pairwise Algorithm. R package version 0.2.5. Online im WWW: http://CRAN.R-project.org/package=pairwise 2014

Helm, C.: Lernen in Offenen und Traditionellen UnterrichtsSettings (LOTUS). Empirische Analysen zur Kompetenzentwicklung im Fach Rechnungswesen sowie zu förderlichen Elementen kooperativen, offenen Lernens an berufsbildenden mittleren und höheren Schulen in Österreich. Unv. Dissertation. Institut für Pädagogik und Psychologie. Johannes Kepler Universität, Linz 2014

Helm, C.; Wimmer, B.: Wie lässt sich der Lernerfolg von Schülerinnen/Schülern im Fach Rechnungswesen messen? In: wissenplus, 5-11/12 (2012), S. 24–29

Helm, C.; Bley, S.; George, A.-C.; Pocrnja, M.: Potentiale kognitiver Diagnosemodelle für den berufsbildenden Unterricht. In: Stock, M., Schlögl, P; Schmid, K.; Moser, D. (Hrsg.): Kompetent – wofür? Life-Skills – Beruflichkeit – Persönlichkeitsbildung. Innsbruck 2015, S. 206–224

Kirchhofer, J.: Wie lässt sich der Lernerfolg von Schüler/inne/n im Fach Rechnungswesen messen? Entwicklung eines Messinstruments für den zweiten Jahrgang. (Unveröffentlichte Diplomarbeit) Johannes Kepler Universität. Linz 2013

Kolen, M. J.; Brennan, R. L.: Test equating, scaling, and linking. Methods and practices. Statistics for social science and public policy. New York 2004

Lehmann, R.; Seeber, S.: ULME III. Untersuchung der Leistungen, Motivation und Einstellungen der Schülerinnen und Schüler in den Abschlussklassen der Berufsschulen. Berlin 2007

Mair, P.; Hatzinger, R; Maier, M.: eRm: Extended Rasch Modeling. R package version 0.14-0 2011

Mislevy, R. J.; Riconscente, M. M.: Evidence-Centered Assessment Design. In: Downing, S. M.; Haladyna, T. M. (Hrsg.): Handbook of test development. Mahwah, N.J. 2006, S. 61–90

Moser, D.; Pichler, E. (Hrsg.): Kompetenzen in der Berufspädagogik. Graz 2014

PAECHTER, M.; STOCK, M.; SCHMÖLZER-EIBINGER, S.; SLEPCEVIC-ZACH, P.; WEIRER, W. (Hrsg.): Handbuch Kompetenzorientierter Unterricht. Weinheim 2012

PÄTZOLD, G.; KLUSMEYER, J.; WINGELS, J.; LANG, M.: Lehr-Lern-Methoden in der beruflichen Bildung. Eine empirische Untersuchung in ausgewählten Berufsfeldern. Oldenburg 2003

REINISCH, H.: Gibt es aus historischer Perspektive konstante Leitlinien in der Diskussion um das Rechnungswesen? In: SEMBILL, D.; SEIFRIED, J. (Hrsg.): Rechnungswesenunterricht am Scheideweg. Lehren, lernen und prüfen. Wiesbaden 2005, S. 15-31

RIZOPOULOS, D.: ltm: An R package for Latent Variable Modelling and Item Response Theory Analyses. In: Journal of Statistical Software, 17 (2006) 5, S. 1-25

SAGEDER, J.: Die Wirtschaft geht uns alle an! Unveröffentlichte Testversion. Linz 2003

SCHNEIDER, W. (Hrsg.): Komplexe Methoden im betriebswirtschaftlichen Unterricht. Festschrift für Hans Krasensky zum 90. Geburtstag. Wien 1993

SCHNEIDER, W.: Unterrichtsplanung und komplexe Methoden. Wien 2011

SCHUMANN, S. et al.: Inhaltsauswahl für den Test zur Erfassung ökonomischen Wissens und Könnens im Projekt „Ökonomische Kompetenzen von Maturandinnen und Maturanden (OEKOMA)". Universität Zürich 2010.

SEEBER, S. et al.: Kompetenzdiagnostik in der Berufsbildung. In: Berufsbildung in Wissenschaft und Praxis (2010) 1, S. 1-15

SEEBER, S.; SQUARRA, D.: Lehren und Lernen in beruflichen Schulen. Schülerurteile zur Unterrichtsqualität. Frankfurt am Main 2003

SEIFRIED, J.: Unterricht aus der Sicht von Handelslehrern. Frankfurt am Main 2009

STATISTIK AUSTRIA: Schulstatistik. Erstellt am 09.12.2014. 2015

STOCK, M.: Kaiserin Maria Theresia und die Wirtschaftspädagogik. In: wissenplus, 5-13/14 (2014), S. 13-17

WEEKS, J.: plink: An R Package for Linking Mixed-Format Tests Using IRT-Based Methods. In: Journal of Statistical Software, 35 (2010) 12, S. 1-33

WILBERS, K.: Wirtschaftsunterricht gestalten. Eine traditionelle und handlungsorientierte Didaktik für kaufmännische Bildungsgänge. Berlin 2014

WINTHER, E.: Kompetenzmessung in der beruflichen Bildung. Bielefeld 2010

ZLATKIN-TROITSCHANSKAIA, O.; KUHN, C.: Messung akademisch vermittelter Fertigkeiten und Kenntnisse von Studierenden bzw. Hochschulabsolventen: Analyse zum Forschungsstand: Arbeitspapiere Wirtschaftspädagogik: Nr. 56. Mainz 2010

Viola Katharina Klotz, Esther Winther

Kompetenzorientierte Assessments in der beruflichen Bildung – Zur Grundlegung eines kompetenzorientierten Prüfungswesens

Die Umsetzung der formal festgelegten Leitgedanken beruflicher Bildung in konkrete Prüfungsformate stellt das berufliche Prüf- und Berechtigungswesen vor nicht triviale Übersetzungsaufgaben. Der Beitrag versucht, eine solche Übersetzung zum einen über eine theoretische Ausdefinition des Leitgedankens kompetenzorientierten Prüfens in greifbare Designstandards beruflicher Testentwicklung zu leisten. Zum anderen soll basierend auf den abgeleiteten Designstandards ein Einblick in die Umsetzungsmöglichkeiten in konkrete Testaufgaben gegeben werden. Der Beitrag bezieht sich hierzu exemplarisch auf die Entwicklung einer schriftlichen Berufsabschlussprüfung für den Ausbildungsberuf Industriekaufmann/Industriekauffrau.

Schlagworte: Kompetenzorientierung; Kompetenzdiagnostik; Prüfen; Handlungskompetenz; Abschlussprüfungen

1. Problemstellung und Forschungsziele

Berufliche Prüfungen dienen der Feststellung der in der beruflichen Aus- und Weiterbildung erworbenen Kompetenzen. Insbesondere den Abschlussprüfungen kommt dabei der Anspruch einer *Berufseingangsprüfung* im beruflichen Bildungssystem zu (MEYER ZU ERMGASSEN/ZEDLER 2002). Entgegen diesem Anspruch weisen Befragungen des Bundesinstituts für Berufsbildung in 805 Betrieben (SCHMIDT 2000) sowie empirische Untersuchungen durch KLOTZ und WINTHER (2012) darauf hin, dass diese zentrale Funktion bisher nur bedingt eingelöst werden kann. Die Kritik aus Wissenschaft (BREUER 2002; HAASLER 2007; WEISS 2011), Betrieben, Verbänden, Instituten (LORIG et al. 2014) und Gewerkschaften (GROSSE-BECK 1998) rekurriert übereinstimmend in zahlreichen Debatten und Entwicklungsbeiträgen zur Gestaltung beruflicher Abschlussprüfungen (1) auf eine unzureichende Ausrichtung auf vollständige Arbeitsprozesse (vgl. z. B. BREUER 2002; MÜLLER/REUTER 2011), (2) auf eine vorrangige Orientierung an Sach- und Buchwissen ohne konkreten Handlungsbezug auf ein situativ eingebettetes berufliches Problem (vgl. z. B. NICKOLAUS 2011) sowie schließlich (3) auf den Einsatz ungeeigneter

Testformate, wie Fragebögen mit Multiple-Choice-Antwortmöglichkeiten (WEISS 2011, S. 39). Bei genauerer Betrachtung der Kritiken lassen sich in Bezug auf diese Anforderungen Parallelen zur in den 1990ern geführten Lernfelddebatte ziehen (vgl. hierzu z. B. BADER/SLOANE 2000). Es drängt sich daher der Verdacht auf, dass Veränderungen in den formalen Ordnungsgrundlagen und in der instruktionalen Gestaltung beruflicher Bildung sich bisher nicht adäquat in den Prüfungsverfahren niedergeschlagen haben. Hieraus ergeben sich Spannungen zwischen den curricularen Vorgaben einerseits und der Überprüfung von Kompetenzen für das berufliche Bildungssystem andererseits (zur wechselseitigen Komplexität von Curriculum, Instruktion und Assessment in der beruflichen Bildung u. a. ACHTENHAGEN/WINTHER 2011). Vor dem Hintergrund von Assessmenttheorien liegt das Ziel dieses Beitrags darin, zusammenfassend Instrumente beruflicher Kompetenzidagnostik vorzustellen, welche berufliche Kompetenzstände zu beschreiben vermögen und in der Lage sind, diese Lernstände und -entwicklungen an die formalen Ordnungsgrundlagen rückzubinden (zur ausführlichen Beschreibung vgl. KLOTZ 2015). Der Beitrag ist entstanden im Rahmen des DFG-Teilprojekts „Kompetenzorientierte Assessments in der beruflichen Bildung" (Wi 3597/1-1 sowie Wi 3597/1-2) des DFG-Schwerpunktprogramms „Kompetenzmodelle zur Erfassung individueller Lernergebnisse und zur Bilanzierung von Bildungsprozessen" (SPP 1293). Er fokussiert grundlegend auf die Forschungsfrage „Wie lassen sich berufliche Assessments kompetenzorientiert gestalten?" und bearbeitet diese Frage exemplarisch für den kaufmännischen Ausbildungsberuf Industriekaufmann/Industriekauffrau.

2. Theoretischer Hintergrund der Assessmentkonstruktion

Als theoretischer Ausgangspunkt der Diskussion um die mangelnde Konvergenz zwischen den berufsbildenden Curricula einerseits und dem beruflichen Prüfungswesen andererseits eignet sich die „Curriculum-Instruction-Assessment-Triad" (PELLEGRINO 2012), die eine Zielkonvergenz zwischen drei Kernelementen vorsieht: den festgelegten Lernzielen eines Bildungssystems (Curriculum), dem praktischen Unterrichtswesen (Instruction) und der empirischen Beschreibung von Lernständen und -fortschritten (Assessment). Ausgangsbasis für die Gestaltung dieser drei Kernelemente eines Bildungssystems ist dabei die vertretene Lerntheorie. Sie befindet sich im Zentrum der Gestaltung eines Bildungssystems und determiniert die Ausgestaltung der einzelnen Elemente sowie deren explizite Abstimmung aufeinander. Ein effizientes Bildungssystem zeichnet sich nun dadurch aus, dass sich alle drei Elemente konsistent zueinander verhalten, sich stringent auf dieselben Lernvorstellungen sowie Zielkonstrukte beziehen und darüber hinaus strukturell sinnvoll miteinander verzahnt werden. Für die berufliche Bildung besteht das zentrale Zielkonstrukt, an dem sich alle drei Bezugspunkte orientieren sollen, in der Vorstellung *beruflicher Handlungskompetenz,* welche in den Ordnungsgrundlagen verankert ist. Diese Vorstellung speist sich über vier verschiedene Kernaspekte, die den Begriff beruflicher Handlungskompetenz mittlerweile in zahlreichen Beiträgen konnotieren und in verschiedenen Forschungssträngen unterschiedlich stark betont werden:

- die Modellierung *vollständiger Arbeitstätigkeiten* (kognitive Komplexitäten der Handlungsregulationstheorie) (vgl. HACKER 1986; VOLPERT 1983),
- die Modellierung *domänenverbundener und domänenspezifischer Inhalte* (vgl. u. a. GELMAN/GREENO 1989; ACHTENHAGEN/WINTHER 2008; WINTHER 2010),
- die *authentische Auswahl und Abbildung* von Testinhalten (vgl. insb. ACHTENHAGEN/WEBER 2003) sowie
- die Darbietung *ganzheitlicher Geschäftsprozesse*, die eine Einbeziehung von Prozesswissen (vorgelagerte Prozessereignisse) und damit eine funktionsübergreifende Sichtweise zur Aufgabenlösung erfordern (vgl. TRAMM 2002, S. 44; PETERSEN 2000, S. 225; SLOANE 2003, S. 6).

Die Herausforderung für die Entwicklung kompetenzorientierter Assessments liegt damit darin, die einzelnen Aspekte beruflicher Handlungskompetenz in Form von Gestaltungprinzipien angemessen in die Testkonstruktion miteinfließen zu lassen. Das im Projektvorhaben verwendete Logic-Assessment-Modell (vgl. Abbildung 1) zielt wesentlich auf eine valide Testkonstruktion im Sinne einer schrittweisen Modellierung und Überprüfung berufsfachlicher Kompetenzen. In Anlehnung an MESSICK (1994, S. 13) wird Assessment im Kern als Argumentationskette zur Herstellung valider Designs verstanden: „[…] validity, the cardinal virtue of assessment, is all about the degree to which empirical evidence and theoretical rationales support the *adequacy* and *appropriateness* of *inferences* and *actions* based on test scores or other modes of assessment" (MISLEVY/STEINBERG/ALMOND 2003, S. 7). Das dem Projektvorhaben zu Grunde gelegte Modell konstituiert sich als Synopse verschiedener Assessmenttheorien, PELLEGRINO et al. (2001) folgend, grundlegend über drei Assessmentelemente: „Kognition", „Beobachtung" und „Interpretation". Diese Grundelemente des Assessment Triangles werden gemäß der Idee des „Evidence-Centered Assessment Designs" (ECD) (MISLEVY/STEINBERG/ALMOND 2003) durch Evidenz herstellende Konstruktionsschritte in eine logische Beziehung zueinander gesetzt (Itemkonstruktion, Testkonstruktion, Scoring). Das Assessmentmodell der Forschergruppe um ROBERT MISLEVY fokussiert im Gegensatz zum Ansatz nach PELLEGRINO stärker auf die konkreten Prozesse einer validen Testkonstruktion und damit in Bezug auf das Assessment Triangle auf die Modellierung der konkreten Zusammenhänge zwischen der Dreischrittigkeit Kognition, Beobachtung und Interpretation. Eine methodisch adäquate Vorgehensweise innerhalb der verschiedenen operativen Schritte zur Verknüpfung der theoretischen Modelle mit den empirischen Befunden im Logic-Modell wird durch die Konzeptionen und Empfehlungen von WILSON (2005) zu den psychometrischen Modellierungsverfahren gewährleistet (z. B. Construct Mapping, Wright Mapping, probabilistische Verfahren der Item- und Modellprüfung). Anhand dieser Verfahren wird in Anbindung an das Zielkonstrukt eine direkte Kausalität („Causality") zwischen dem zu erfassenden Konstrukt und dem Antwortverhalten hergestellt. Entsprechend kann dann über das beobachtete Antwortverhalten auf die Ausprägung des latenten Konstrukts zurückgeschlossen werden („Inference"). Damit werden Kriterien und konkrete Instrumente für das Logic-Assessment-Modell zur Verfügung gestellt, die eine Ableitung von Strukturen und Techniken zur kausalen Verknüpfung von Theorie, Testinstrument und Datenbasis ermöglichen (vgl. WILSON 2005, S. 12). Schließlich ist zu betonen, dass der Assessment-Begriff sich keineswegs nur auf Large-Scale Assessments bezieht, sondern grundsätzlich sowohl auf der Makro- als auch auf der Meso- und Mikroebene – in unterschiedlich standardisierter Form – relevant wird (Abbildung 1): Die triade Struktur lässt sich insofern als Pyramide denken, an deren Basis sich diagnostische Prozesse auf einer Mikroebene befinden (z. B. Lehrer-Schüler-Gespräch zur Erschließung des Wissensstands oder von Missverständnissen). Klassen- und schulbezogene Tests wie z. B. Klassenarbeiten befinden sich dagegen auf einer Mesoebene. Auf einer Makroebene ist schließlich das Forschungsvorhaben dieser Arbeit anzusiedeln. Hier sind standardisierte Large-Scale-Verfahren, wie z. B. berufliche Abschlussprüfungen oder auch (inter-)nationale Vergleichsstudien zu verorten.

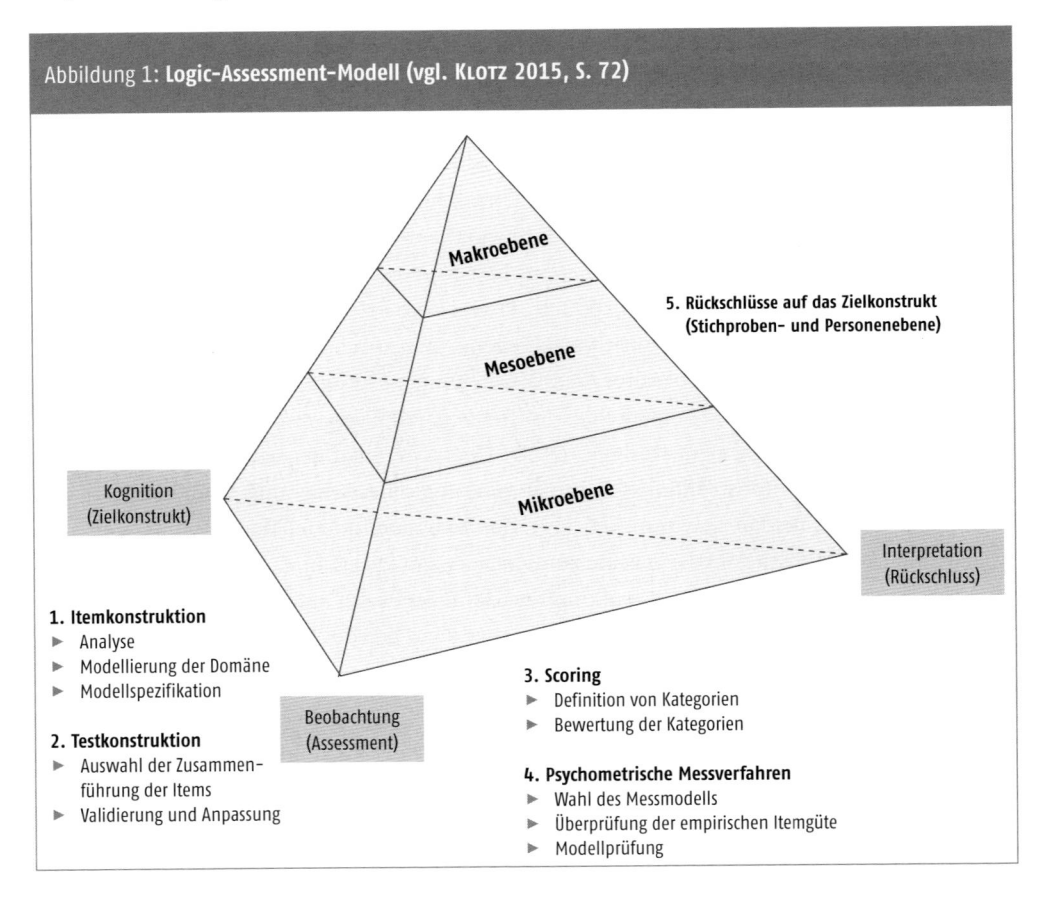

Abbildung 1: Logic-Assessment-Modell (vgl. KLOTZ 2015, S. 72)

- Makroebene
- Mesoebene
- Mikroebene

Kognition (Zielkonstrukt)

Interpretation (Rückschluss)

Beobachtung (Assessment)

1. Itemkonstruktion
- ▶ Analyse
- ▶ Modellierung der Domäne
- ▶ Modellspezifikation

2. Testkonstruktion
- ▶ Auswahl der Zusammenführung der Items
- ▶ Validierung und Anpassung

3. Scoring
- ▶ Definition von Kategorien
- ▶ Bewertung der Kategorien

4. Psychometrische Messverfahren
- ▶ Wahl des Messmodells
- ▶ Überprüfung der empirischen Itemgüte
- ▶ Modellprüfung

5. Rückschlüsse auf das Zielkonstrukt (Stichproben- und Personenebene)

Nach Vorstellung der theoretischen Genese des Assessmentmodells soll die Struktur des Logic-Assessment-Modells auf das Forschungsvorhaben bezogen und mit konkreten Feinschritten zur Abbildung beruflicher Kompetenzen ausgefüllt werden. Dabei wird für den Beitrag auf die Entwicklung kompetenzorientierter Prüfungsaufgaben und damit auf die Schritte eins und zwei im Modell (Item- und Testkonstruktion) fokussiert. Zur genaueren Beschreibung der in Abschnitt 2 vorgestellten vier Gestaltungsprinzipien setzte das Forschungsvorhaben zunächst bei der Modellierung der kaufmännischen Domäne über (1) vollständige Arbeitstätigkeiten an. Das Konzept der psychologischen Handlungsregulation beruflicher Arbeitstätigkeiten zeichnet sich durch einen sequenziellen Zusammenhang von Vorbereitungs-, Ausführungs- und Kontrollkomponenten aus. Dabei hängt die konkrete Ausgestaltung der zu durchlaufenden Schritte von der kontextualen Einbettung der Arbeitstätigkeit in die betrieblichen Produktionsprozesse ab (vgl. Hacker 1986, S. 34), womit im Hacker'schen Modell implizit bereits ein weiteres Designprinzip beruflicher Aufgabengestaltung, die „Geschäftsprozessorientierung", angesprochen wird. Im Zusammenhang mit der beruflichen Handlungssequenz betont Hacker (1986, S. 163) eine hierarchische Vollständigkeit, im Sinne einer unterschiedlichen Qualität kognitiver Niveaus, die in diesem sequenziellen Ablauf eingebettet ist. Hiermit werden nebst (automatisierten) Erinnerungsprozessen und aktiven Ausführungsprozessen auch problemlösende Denkvorgänge und interpretative Denkprozesse, die argumentativen Raum lassen, angesprochen (vgl. Hacker 1986, S. 156), wie es u. a. auch durch Gelman/Greeno (1989) mit der Einteilung kognitiver Denkvorgänge in konzeptuale, prozedurale und interpretative Prozesse vorgeschlagen wird. Gemäß dieser Konzeption wurden 15 Items (32,61 %) zur Abbildung konzeptualer, 21 Items (45,65 %) zur Abbildung prozeduraler und schließlich 10 Items (21,74 %) zur Beschreibung interpretativer Kompetenz entwickelt.

Bezogen auf das Gestaltungsprinzip (2), der Domänenüberlegung, unterscheiden Gelman und Greeno (1989) zunächst grundlegend domänenspezifische und domänenverbundene Kompetenzen (vgl. Gelman/Greeno 1989), wobei beide Kompetenzbereiche das berufliche Handlungsspektrum charakterisieren. Gemäß Gelman und Greeno (1989, S. 142) beziehen sich domänenspezifische Kompetenzen dabei auf die Bewältigung von Anforderungen in einer bestimmten Domäne. Domänenverbundene Kompetenzen können dagegen als allgemeine, bereichsübergreifende Dispositionen beschrieben werden, die zwar auch relevant für arbeitsplatzbezogene Tätigkeiten sind, sich jedoch nicht exklusiv auf eine bestimmte berufliche Domäne beziehen, sondern in allgemeinen Prinzipien bestehen. Für das Projektvorhaben bildete der Ausbildungsberuf Industriekaufmann/Industriekauffrau den Bezugsbereich der Domäne. Auf Basis dieser Überlegungen galt es zunächst innerhalb der Testkonstruktion Items zu entwickeln, die jeweils auf domänenverbundene oder auf domänenspezifische Kompetenz abzielen. Seeber et al. (2010, S. 5) geben in diesem Zusammenhang zu bedenken, dass eine solche Aufteilung in domänenverbundene und domänenspezifische Kompetenzen weder überschneidungsfrei noch trennscharf ist, da domänenverbundene Grundkompetenzen naturgemäß auch bei der Lösung von domänenspezifischen Anforderungssituationen zum Einsatz kommen und deren Verhältnis untereinander ein noch weitgehend unbearbeitetes Forschungsfeld darstelle. In diesem Zusammenhang liegt u. E. die empirische Modellierung und Beschreibung über einen kumulativen Zusammenhang nahe: Die Herausforderung für die Abbildung domänenverbundener kaufmännischer Kompetenz im Sinne kaufmännischer Numeralität und Literalität liegt dabei vor allem darin, domänentypische, ökonomische Situationen so zu gestalten, dass sie nur mithilfe allgemeiner Reorganisationen sprachlicher und mathematischer Fähigkeiten gelöst werden können. Hierdurch wird deutlich gemacht, dass nicht Kenntnisse und Fähigkeiten, wie sie traditionell in den Curricula definiert werden, im Vordergrund stehen, sondern dass es um die funktionale Anwendung von allgemeinen Kenntnissen in der kaufmännischen Domäne geht. Umgekehrt besteht die Herausforderung bei der Modellierung domänenspezifischer Kompetenz darin, Aufgaben zu entwickeln, die zur Lösung ein Zurückgreifen auf berufliches Fach- und Erfahrungswissen zwingend erfordern. Dieser Heuristik folgend wurden 28 domänenverbundene (60,87 %) und 18 domänenspezifische Items (39,13 %) entwickelt.

In der beruflichen Bildung ist bezugnehmend auf Gestaltungsprinzip (3) Validität eng verbunden mit Aspekten der Relevanz und einer hierauf aufbauenden glaubwürdigen Didaktik von Lerninhalten (vgl. ACHTENHAGEN/WEBER 2003; BAETHGE/ARENDS 2009). Entsprechend sieht sich berufliches Assessment in einer didaktischen Funktion: Reale berufliche Handlungssituationen müssen für Testsituationen so aufbereitet werden, dass die zuvor im kaufmännischen Unterricht (mutmaßlich) authentisch vermittelten Lerninhalte ebenso authentisch stimuliert und aus dem kognitiven System der Auszubildenden abgerufen werden können. Es bedarf insofern sowohl für die Gestaltung kaufmännisch-beruflichen Unterrichts als auch für die Gestaltung kaufmännisch-beruflicher Assessments eines didaktischen Modells der glaubwürdigen Vermittlung beruflicher Wirklichkeit. Für das Forschungsvorhaben dient die Anbindung der Item- und Testkonstruktion an ein solches Modell insbesondere der Sicherung der Inhaltsvalidität. Nur wenn ein Assessment sich auf reale berufliche Handlungssituationen bezieht, besteht grundsätzlich die Chance, dass es dem Anspruch berufliche Kompetenzen abzubilden und ggf. seiner Funktion als Entscheidungsinstrument für die Vergabe von Berufszertifikaten gerecht wird. Ein rahmensetzendes Modell authentischer Didaktik für den beruflichen Unterricht elaborieren ACHTENHAGEN und WEBER (2003) in Anlehnung an STACHOWIAK (1980) in ihrem Beitrag „‚Authentizität' in der Gestaltung beruflicher Lernumgebungen", der im Folgenden in seiner Funktion als Basis einer glaubwürdigen Assessmentkonstruktion beleuchtet wird. WEBER und ACHTENHAGEN (2003) empfehlen dabei, anders als in der vorherrschenden „Situated Learning-Bewegung", in der Authentizität Unvermitteltheit beschreibt, die Modellierung von authentischen Situationen im Sinne eines „mis en scene" (vgl. FISCHER-LICHTE/PFLUG 2000, S. 15; WEBER/ACHTENHAGEN 2003, S. 191). Dies bedeutet, dass, um Glaubwürdigkeit zu vermitteln, reale Situationen so aufbereitet werden müssen (Schaffung einer authentischen Lern-/Testsituation), dass sie eine intendierte Botschaft/Wirkung (curriculares Lernziel/curriculares Testziel) transportieren (ACHTENHAGEN/WINTHER 2009, S. 10). Bezogen auf die praktische Umsetzung einer authentischen Aufbereitung von Testsituationen stand zunächst die Auswahl wesentlicher beruflicher Probleme im Fokus der Testentwicklung. Hierbei können die relevanten zu testenden beruflichen Kompetenzen prinzipiell aus den realen Berufsanforderungen abgeleitet werden, die auf zwei Ebenen in der dualen beruflichen Ausbildung verankert sind: zum einen auf der Ebene der betrieblichen Arbeitsaufgaben und zum anderen auf der Ebene der berufsschulischen Curricula (vgl. BAETHGE/ARENDS 2009, S. 14). Während betriebsspezifische Fähigkeiten dabei im Medium beruflicher Erfahrung gewonnen werden, daher in praktischen Kontexten und in Verbindung mit beruflichem Handeln (vgl. z. B. RAUNER 2007, S. 61–62), werden berufstypische Fähigkeiten u. a. durch die berufsschulische Begleitausbildung vermittelt. In diesem Zusammenhang ist auf die durch MERTENS (1974, S. 39) formulierte Hypothese, dass das Obsolenztempo von Bildungsinhalten positiv mit ihrer Praxisnähe und negativ mit ihrem Abstraktionsniveau korreliere, zu verweisen. Hierauf bezugnehmend sollten innerhalb beruflicher Assessments Arbeitsabläufe abgebildet werden, die berufstypisch und damit relevant für verschiedene betriebliche Kontexte erscheinen. Da sich die Berufsbildung hinsichtlich ihrer institutionellen Gegebenheiten inhaltlich sehr divergent gestaltet, kann eine Vergleichbarkeit der in verschiedenen Institutionen erworbenen Kompetenzen nur über gemeinsame berufstypische Geschäftsprozesse, die möglichst losgelöst sind vom Institut des Betriebs, modelliert werden. Andererseits müssen die so identifizierten Tätigkeiten – um dem Anspruch zu genügen, handlungsrelevante Kompetenzen abzubilden – auch im Medium betrieblicher Praxis maßgeblich zur Lösung betriebsrelevanter Probleme beitragen. Die Bestimmung der testrelevanten Lerninhalte über einen solchen Schnittbereich führt dabei zu einer durch RAUNER (2007, S. 62) geforderten Rückbindung des theoretischen Wissens an das praktische Wissen und somit zur Abbildung berufstypischer und gleichzeitig praxisrelevanter Arbeitstätigkeiten.

In Bezug auf Gestaltungsprinzip (4), der Darbietung ganzheitlicher Geschäftsprozesse, stand als fachdidaktische Aufgabe die realistische Darstellung des Unternehmens in seinen Abläufen (Geschäftsprozessorientierung) innerhalb des Testdesigns im Vordergrund. Prozessorientierung gilt spätestens seit den frühen 1990ern als Maxime der Arbeitsorganisation und Unternehmensgestaltung (vgl. BIBB 2008, S. 52). In ihrem Mittelpunkt steht die Auseinandersetzung von Unternehmen mit ihren spezifischen Arbeitsprozessen und daraus resultierend verstärkten Maßnahmen der Prozessmodellierung und -optimierung zur nachhaltigeren Verbesserung der Kosten- und Gewinnstruktur sowie der Prozesssicherheit (SCHEMME 2004, S. 15) und damit eine Orientierung an (a) betrieblichen Geschäftsprozessen. Ferner bedingte dieser veränderte Ausgangspunkt der Arbeitsorganisation nunmehr auch (b) eine veränderte prozessuale Logik der psychischen Regulation von Arbeitstätigkeiten (HACKER 1986). So implizieren die neu definierten beruflichen Anforderungen, bedingt durch die Abkehr von einer funktionalistischen zu einer prozessorientierten Organisation, auch einen Paradigmenwechsel im Verständnis beruflicher Arbeitstätigkeiten und damit letztendlich in der Gestaltung und der Prüfung beruflicher Bildung. Dieser Wandel manifestierte sich im berufsbildenden System u. a. in einer Abkehr von einer fachsystematischen Strukturierung der Curricula hin zu einer lernfeldorientierten Struktur in der einschlägigen Forschungsliteratur und schließlich in den Ordnungsgrundlagen (vgl. KMK 2001). So formuliert SLOANE (2003, S. 6) die Ausrichtung an beruflichen Geschäftsprozessen als Strukturmerkmal beruflicher Lernfelder. Dementsprechend gilt Prozessorientierung mittlerweile als Kernelement beruflicher Handlungskompetenz, welches neben der Befähigung zur Durchführung und Mitgestaltung vollständiger Handlungsabläufe auch ein gesamtheitliches Denken in unternehmerischen Geschäftsprozessen zum Leitbild beruflicher Bildung erhebt. Während jedoch gegenwärtig Forschungsarbeiten in Form von umfassenden Elaborierungen zur theoretischen Beschreibung und Umsetzung einer solchen Prozessorientierung in den beruflichen Curricula sowie für die berufliche Unterrichtsgestaltung vorliegen (z. B. TRAMM 2002; KREMER/SLOANE 2001; BECKER 2008), sind theoretische Ausarbeitungen und Umsetzungsvorschläge der Geschäftsprozessorientierung für berufliche Assessments weitgehend vakant. HACKER (1986, S. 34) beschreibt die Abhängigkeit der beruflichen Arbeitstätigkeiten von betriebswirtschaftlichen Geschäftsprozessen folgendermaßen: „In der industriellen Produktion ist die Arbeitstätigkeit des Menschen Bestandteil des Produktionsprozesses […]. Ausschlaggebende Eigenschaften der psychologischen Regulation von Arbeitstätigkeiten […] sind daher nicht aus der jeweiligen Arbeitstätigkeit selbst sondern nur aus dem übergeordneten […] Prozess verständlich". Dementsprechend stellt das Prinzip der Geschäftsprozessorientierung die vollständigen beruflichen Arbeitsaufgaben in den Kontext der ihnen vor- und nachgelagerten betrieblichen Abläufe und Bereiche, wodurch ein ganzheitliches Denken und Handeln im betrieblichen Gesamtzusammenhang erforderlich wird (u. a. REETZ 1988/2006, S. 7). In seinem Bedeutungskern betont der Begriff der Geschäftsprozessorientierung damit die Fähigkeit unter Berücksichtigung der übergeordneten Unternehmensprozesse berufstypische Arbeitsprozesse zu bearbeiten. RAUNER (1995) formuliert diesen Gedanken mit dem Begriff des „Arbeitsprozesswissens" (vgl. RAUNER 1995, S. 56), welches sinnanalog die Fähigkeit zur Reflexion des übergeordneten Kontextes der betrieblichen Prozessketten und damit die Einnahme einer abteilungsübergreifenden Unternehmensperspektive beschreibt (vgl. FISCHER 2000, S. 119). Dabei wird in der betriebswirtschaftlichen Organisationstheorie grundsätzlich eine Einteilung unternehmerischer Geschäftsprozesse in die Arten „Kerngeschäftsprozesse bzw. Wertschöpfungsprozesse", „Unterstützungsprozesse" und „Steuerungsprozesse" vorgenommen (vgl. u. a. SEIDLMEIER 2002; PICOT/REICHWALD/WIEGAND 2003). Zur Umsetzung dieses Leitgedankens und zur Überwindung der bisher in den Prüfungen vorherrschenden funktionsorientierten Teststruktur wurde im Rahmen des Projektvorhabens daran gearbeitet, ein geschäftsprozessorientiertes Testdesign für die Prüfungen dualer Ausbildungsgänge zu entwickeln. Dabei wurden die folgenden Unterprinzipien für eine an Geschäftsprozessen orientierte Testkonstruktion formuliert:

▶ Ableitung von Aufgaben aus realen Geschäftsprozessen: Nur wenn innerhalb der Itemkonstruktion die Aufgaben glaubwürdig aus berufstypischen Prozessen gewonnen wurden, lassen sie sich innerhalb der Testkonstruktionsphase wieder in reale Geschäftsprozesse rücküberführen.

▶ Authentische Einbettung der Geschäftsprozesse: Die zu modellierenden Geschäftsprozesse, das Auftragsumfeld und die in der Testsituation dargebotenen praxisbezogenen Unterlagen sollten sich an einem realen oder authentisch konstruierten Unternehmen orientieren, innerhalb dessen sich die zu modellierenden Geschäftsprozesse didaktisch verankern lassen. Der Prozess beginnt daher in der kaufmännischen Arbeitswelt, in der Entscheidungen zu weiteren Geschäftsvorfällen führen (vgl. PREISS 2005, S. 72).
▶ Zusammenführung der Aufgaben zu gesamtheitlichen Geschäftsprozessen: Der im Testdesign abzubildende Geschäftsprozess sollte durchgehend definiert werden, d. h. jedes Item muss sich in seiner zeitlichen Logik sinnvoll zwischen vorigen und nachgelagerten Ereignissen einordnen (deterministischer Geschäftsprozess). Anforderungssituationen sind aus dieser Perspektive nicht isoliert zu betrachten, sondern müssen in einem funktionsübergreifenden ablauforganisatorischen Kontext modelliert werden.
▶ Unabhängige Modellierung der individuellen Aufgabenschwierigkeit: Die statistische Voraussetzung der lokalen stochastischen Unabhängigkeit für berufliches Prüfen setzt voraus, dass die Items getrennt voneinander lösbar sind. Insofern darf sich relevante Prozessinformation nicht aus der Lösung vorheriger Anforderungssituationen ergeben. Jedoch können die modellierten Prozessereignisse durchaus wichtige Prozessinformationen enthalten, die zur Lösung einzelner oder mehrerer Aufgaben benötigt werden. Durch die somit im Testdesign implementierte prozessuale Logik wird allerdings letztlich die Möglichkeit einer beliebigen Bearbeitungsreihenfolge aufgegeben. Entsprechend muss die Testperson den konstruierten Geschäftsprozess – wie im realen Unternehmen – in seiner natürlichen ablauflogischen Reihenfolge durchlaufen.

3. Exemplarische Umsetzung der Gestaltungsprinzipien für den Ausbildungsberuf Industriekaufmann/Industriekauffrau

Die praktische Umsetzung dieser Prinzipien innerhalb der Testkonstruktion erfolgte zunächst über die Identifikation relevanter Arbeitstätigkeiten und -prozesse aus dem beruflichen Rahmenlehrplan. Die Zielformulierungen und inhaltlichen Ausdifferenzierungen der lernfeldorientierten Curricula übernehmen dabei eine zentrale Funktion bei der Beschreibung berufstypischer Aufgaben, da sie sowohl curriculare Lernzielbeschreibungen im Sinne normativer Leistungsniveaus als auch konkrete Lerninhalte enthalten. Für diese Lerninhalte waren stimulierende Itemstämme zu entwickeln sowie realistische Aufgabenformate zu wählen. Hinsichtlich des Aufgabenformats wurde einem „Constructed-Response-Format" Vorzug gegenüber einem „Selected-Response-Format" gegeben, das heißt die Auszubildenden mussten ökonomische Lösungen selbst konstruieren und konnten dabei nicht aus einer Menge richtiger und falscher Antworten wählen (vgl. u. a. GRONLUND 1998). Um eine berufstypische Testkonstruktion auch im Sinne betriebsrelevanter Arbeitstätigkeiten zu gewährleisten, wurden die Lerninhalte dann in einem nächsten Schritt durch 24 berufliche Experten (zwölf unternehmerische Ausbilder und zwölf kaufmännische Lehrkräfte) bewertet und diskutiert, um herauszufinden, welche Arbeitstätigkeiten vorrangig als relevant erachtet und regelmäßig praktiziert werden und damit nicht nur als curricular valide, sondern auch als praktisch relevant gelten können. Basierend auf diesen Expertenurteilen wurden die Aufgabenbeschreibungen beibehalten, adaptiert oder verworfen. Hinsichtlich einer realistischen Darstellung bzw. Abbildung der berufstypischen Anforderungssituationen in Testitems mussten die Bezugsbereiche der kaufmännisch-beruflichen Domäne berufstypisch situiert abgebildet werden, um den beruflichen Lernern zu ermöglichen, sich in die berufscharakteristische Situation hineinzuversetzen und sich dort mit ihrer (Berufs-)Rolle zu identifizieren (vgl. MÜLLER/ REUTER 2011, S. 21). Dafür war zunächst eine übergreifende Rahmensituation der Unternehmensbeschreibung zu entwickeln. Zur didaktischen Gestaltung berufstypischer Arbeits- und Geschäftsprozesse in der Prüfungssituation wurde im Sinne des Abbildungskriteriums einer authentischen Testkonstruktion das Unternehmen samt seiner marktfähigen Produkte in Form der Unternehmensumgebung „Ceraforma Keramik AG" modelliert. Dann wurde vor dem modellierten Branchen- und Unternehmenshintergrund eine typische Situation beschrieben, aus der ein konkreter und explizit an die Testperson gerichteter Arbeitsauftrag – im Sinne einer Handlungsaufforderung – resultierte. Die aus Perspektive des schulischen und betrieblichen Lernortes als ausbildungsrelevant identifizierten Arbeitsaufgaben wurden innerhalb dieses Modellunternehmens linear-chronologisch zu Prozessabschnitten verknüpft. Dabei besteht in Prüfungskontexten ein besonderer Vorteil des Kriteriums der Geschäftsprozessorientierung darin, dass sich hierüber der durch die Ordnungsgrundlagen geforderte Aspekt der Kundenorientierung glaubwürdiger abbilden lässt, da Interaktionen dargestellt werden können. Der Kunde initiiert durch die Auftragserteilung den Geschäftsprozess und bestimmt über die in seiner Bestellung formulierten Anforderungen und Wünsche Art und Umfang dieses Prozesses (vgl. SPETH 2003). Daneben lassen sich jedoch auch interne Geschäftsprozesse (insbesondere Steuerungs- und Unterstützungsprozesse) sowie Beziehungen mit Lieferanten etc. oder gleich mehrere Interaktionen in Form umfassender Geschäftsprozesse modellieren. Der Prozess beginnt daher in der kaufmännischen Arbeitswelt, in der Entscheidungen zu weiteren Geschäftsvorfällen führen (vgl. PREISS 2005, S. 72). Abbildung 2 enthält exemplarisch 14 Arbeitstätigkeiten bzw. Testaufgaben, die in Form eines funktionsübergreifenden Geschäftsprozesses den Testpersonen dargeboten wurden.

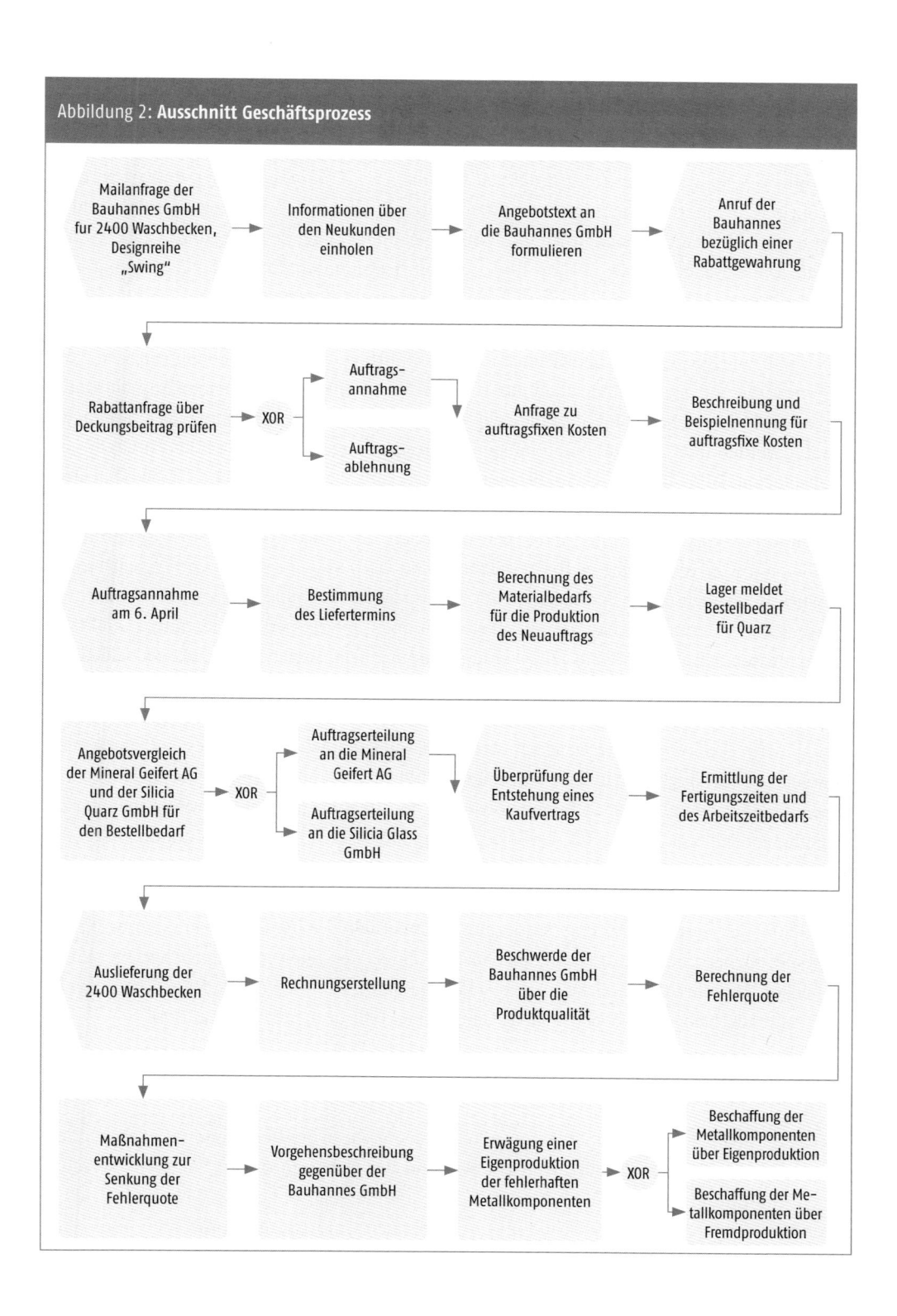

Abbildung 2: Ausschnitt Geschäftsprozess

- Mailanfrage der Bauhannes GmbH für 2400 Waschbecken, Designreihe „Swing" → Informationen über den Neukunden einholen → Angebotstext an die Bauhannes GmbH formulieren → Anruf der Bauhannes bezüglich einer Rabattgewährung

- Rabattanfrage über Deckungsbeitrag prüfen → XOR → Auftragsannahme / Auftragsablehnung → Anfrage zu auftragsfixen Kosten → Beschreibung und Beispielnennung für auftragsfixe Kosten

- Auftragsannahme am 6. April → Bestimmung des Liefertermins → Berechnung des Materialbedarfs für die Produktion des Neuauftrags → Lager meldet Bestellbedarf für Quarz

- Angebotsvergleich der Mineral Geifert AG und der Silicia Quarz GmbH für den Bestellbedarf → XOR → Auftragserteilung an die Mineral Geifert AG / Auftragserteilung an die Silicia Glass GmbH → Überprüfung der Entstehung eines Kaufvertrags → Ermittlung der Fertigungszeiten und des Arbeitszeitbedarfs

- Auslieferung der 2400 Waschbecken → Rechnungserstellung → Beschwerde der Bauhannes GmbH über die Produktqualität → Berechnung der Fehlerquote

- Maßnahmenentwicklung zur Senkung der Fehlerquote → Vorgehensbeschreibung gegenüber der Bauhannes GmbH → Erwägung einer Eigenproduktion der fehlerhaften Metallkomponenten → XOR → Beschaffung der Metallkomponenten über Eigenproduktion / Beschaffung der Metallkomponenten über Fremdproduktion

Anhand dieses Umsetzungsbeispiels seien nachfolgend die für die Prüfungsentwicklung unterlegten Gestaltungsprinzipien erläutert: Deutlich wird zunächst, dass die als inhaltlich relevant identifizierten Inhalte innerhalb der Testzusammenstellung in betrieblich relevante Situationen rücküberführt werden (*authentische Auswahl und Abbildung von Prüfungsinhalten*). Initiiert wird der Auftrag bzw. die hiermit angesprochene Arbeitstätigkeit dann durch das Ereignis einer Kundenanfrage der unbekannten Baumarktkette „Bauhannes GmbH" über den Erwerb von 2400 Waschbecken. Die Auszubildenden müssen hierzu in der Testsituation zunächst (1) Informationen über den Neukunden einholen. Hierauf basierend muss der Auftrag angenommen und (2) ein Angebotsschreiben verfasst, überprüft und versendet werden. Schließlich erfolgt durch die Baumarktkette eine Rückfrage bezüglich einer Rabattgewährung. Die Auszubildenden müssen daher (3) erneut die Auftragsannahme unter nun veränderten Bedingungen prüfen. Im Anschluss müssen der Liefertermin bestimmt, Bestände ggf. aufgestockt und hierzu geeignete Lieferanten ausgewählt werden. Für die Produktion müssen die Testpersonen Fertigungszeiten ermitteln, und für die Personalabteilung ist der Arbeitszeitbedarf des Auftrags zu bestimmen. Schließlich erfolgen Auslieferung und Rechnungserstellung, wobei durch Fehler an der Ware Qualitätsüberlegungen relevant werden. Die erforderten Arbeitstätigkeiten des Geschäftsprozesses erfordern dabei zum einen sowohl allgemeine (z. B. Dreisatzberechnungen) als auch spezifische Wissensbestände, wie z. B. die rechtlichen Bedingungen der Kaufvertragsentstehung (Prinzip der *Domänenspezifität*). Zum anderen sprechen die Aufgabensituationen unterschiedliche kognitive Qualitäten an. So müssen beispielsweise zur Entscheidungsfindung beim Angebotsvergleich verschiedener Lieferanten gleich mehrere Handlungszyklen durchlaufen werden. Diese umfassen jeweils eine Zielantizipation, ein Informieren, den Entwurf von Aktionen sowie Ausführungs- und Entscheidungsphasen (*Vollständigkeit*). Daneben wird im Beispiel deutlich, dass der Geschäftsprozess die einzelnen Arbeitstätigkeiten in ihrer korrekten Ausführung bestimmt. So sind die jeweiligen Aufgabenanforderungen bei der Lieferantenauswahl, der Entwicklung sinnvoller Maßnahmen zur Senkung der Fehlerquote oder bei der Entscheidung für Eigen- oder Fremdproduktion unter den Prämissen der jeweiligen betrieblichen Abläufe im unternehmerischen Gesamtkontext zu bewältigen (*ganzheitliche Geschäftsprozessorientierung*). Berufliche Testkonstruktion setzt damit zur Umsetzung der Geschäftsprozessorientierung die innerhalb der Itemkonstruktion entwickelten vollständigen beruflichen Arbeitsaufgaben in den Kontext der ihnen vor- und nachgelagerten betrieblichen Abläufe und Bereiche. Berufsfachliche Kompetenz wird damit didaktisch auf reale bzw. authentisch abgebildete betriebliche Geschäftsvorfälle und -prozesse zentriert.

4. Berufliches Prüfen: Eine nicht triviale Übersetzungsaufgabe

Die Gestaltung beruflicher Assessments wird nach wie vor in der Berufsbildung insbesondere auf politischer Ebene diskutiert. Den Hintergrund der Debatten stellen einerseits verschiedene Neuordnungen der Ausbildungsberufe dar; andererseits zeigt sich, dass die instruktionalen Veränderungen in schulischen und betrieblichen Unterweisungsprozessen infolge der

Umsetzung des Lernfeldkonzepts mitunter keine angemessenen Entsprechungen in der Prüfungspraxis finden. Vor dem Hintergrund von Assessmenttheorien und hier einer Einbettung in die „Curriculum-Instruction-Assessment-Triad" (vgl. PELLEGRINO 2012) lag das Ziel dieses Beitrags darin, Gestaltungsprinzipien und Umsetzungsbeispiele beruflicher Kompetenzdiagnostik zu entwickeln. Diese sollten berufliche Kompetenzstände beschreiben sowie Lernstände und -entwicklungen an die formalen Ordnungsgrundlagen rückbinden können. Berufliche Kompetenzvorstellungen vertiefend zeigt der Beitrag auf, dass Assessmentkonstruktion kein isolierter Vorgang des beruflichen Prüfwesens ist, sondern unter der Berücksichtigung der Vorgaben der Ordnungsgrundlagen (Curriculum) zu leisten ist. In diesem Zusammenhang ist für die berufliche Bildung u. E. eine Übersetzung des Postulats beruflicher Handlungskompetenz über vorrangig vier Gestaltungprinzipien in kompetenzorientierte Assessments zu empfehlen: (1) Vollständigkeit, (2) Domänenspezifität, (3) Authentizität und (4) ganzheitliche Geschäftsprozessorientierung. Die Herausforderung für die Entwicklung kompetenzorientierter Assessments liegt dann darin, die einzelnen Vorgaben nicht nur zu benennen, sondern sie angemessen und begründet in die Testkonstruktion miteinfließen zu lassen. Hierzu wurden Einblicke in die konkrete Umsetzung der theoretischen Designprinzipien im Rahmen des DFG-Projekts „Kompetenzorientierte Assessments in der beruflichen Bildung" gegeben. Die dargelegten Entwicklungsschritte zeigen Umsetzungsmöglichkeiten ordnungspolitischer Vorgaben anhand von konkreten Rahmensituationen und Beispielaufgaben auf, die für jeden Ausbildungsberuf eigens zu entwickeln sind. Die im Beitrag beschriebenen Gestaltungsprinzipien und Entwicklungsschritte sind damit vorrangig als Empfehlungen für Akteure der kaufmännischen Berufsausbildung zu lesen; weisen jedoch sicherlich auch darüber hinaus Orientierungswissen auf, das auf verschiedene Bereiche der beruflichen Bildung und der dortigen Prüfungs- und Bewertungskulturen transferierbar ist.

Literatur

ACHTENHAGEN, Frank; WEBER, Susanne: „Authentizität" in der Gestaltung beruflicher Lernumgebungen. In: EREDOW, Antje; DOBISCHAT, Rolf; ROTTMANN, Joachim (Hrsg.): Berufs- und Wirtschaftspädagogik von A–Z. Baltmannsweiler 2003, S. 185–199

ACHTENHAGEN, Frank; WINTHER, Esther: Wirtschaftspädagogische Forschung zur beruflichen Kompetenzentwicklung. In BMBF (Hrsg.): Kompetenzerfassung in pädagogischen Handlungsfeldern: Theorien, Konzepte und Methoden. Bonn 2008, S. 117–140

ACHTENHAGEN, Frank; WINTHER, Esther: Konstruktvalidität von Simulationsaufgaben: Computergestützte Messung berufsfachlicher Kompetenz – am Beispiel der Ausbildung von Industriekaufleuten. Abschlussbericht zur Einreichung beim BMBF. Göttingen 2009

ACHTENHAGEN, Frank; WINTHER, Esther: Fachdidaktische Perspektiven der Kompetenzmessung – am Beispiel des kaufmännisch-verwaltenden Bereichs. In: ZLATKIN-TROITSCHANSKAIA, Olga (Hrsg.): Stationen Empirischer Bildungsforschung. Traditionslinien und Perspektiven. Hohengehren 2011, S. 352–367

Bader, Reinhard; Sloane, Peter F. E. (Hrsg.): Lernen in Lernfeldern. Theoretische Analyse und Gestaltungsansätze zum Lernfeldkonzept. Markt Schwaben 2000

Baethge, Martin; Arends, Lena: Feasibility Study VET-LSA. A comparative analysis of occupational profiles and VET programmes in 8 European countries. Bonn 2009

Becker, Matthias: Ausrichtung des beruflichen Lernens an Geschäfts- und Arbeitsprozessen als didaktisch-methodische Herausforderung. Berufs- und Wirtschaftspädagogik – Online, 14 (2008) – URL: http://www.bwpat.de/ausgabe14/becker_bwpat14.shtml (Stand: 23.07.2015)

Bibb (Hrsg.): Zukunft berufliche Bildung: Potenziale mobilisieren – Veränderungen gestalten. 5. BIBB-Fachkongress 2007. Ergebnisse und Perspektiven. Bonn 2008

Breuer, Klaus: Zur Gestaltung von Abschlussprüfungen im dualen System am Beispiel der IT-Berufe. In: Institut der Deutschen Wirtschaft (Hrsg.): Prüfungen in der Berufsausbildung. Programmatik und Praxis. Beiträge zur Gesellschafts- und Bildungspolitik. Köln 2002, S. 24–33

Fischer, Heinz-Martin: Von der Arbeitserfahrung zum Arbeitsprozesswissen. Opladen 2000

Fischer-Lichte, Erika; Pflug, Isabel (Hrsg.): Inszenierung von Authentizität. Tübingen 2000

Lorig, Barbara; Bretschneider, Markus; Gutschow, Katrin; Mpangara, Miriam; Weber-Höller, Robin: Kompetenzbasierte Prüfungen im Dualen System – Bestandsaufnahme und Gestaltungsperspektiven. Bonn 2014 – URL: https://www2.bibb.de/bibbtools/tools/dapro/data/documents/pdf/eb_42333.pdf (Stand: 23.07.2015)

Gelman, Rochel; Greeno, James G.: On the nature of competence: Principles for understanding in a domain. In: Resnick, Lauren B. (Ed.): Knowing and learning: Essays in honor of Robert Glaser. Hillsdale 1989, S. 125–186

Gronlund, Norman E.: Assessment of student achievement. Boston 1998

Grosse-Beck, Rolf: Was hat Innovation im Prüfungswesen mit den Ewiggestrigen bei der PAL gemein? In: Gewerkschaftliche Bildungspolitik 2 (1998), S. 3–5

Haasler, Bernd: Anregungen zur Prüfungspraxis in der deutschen dualen Berufsausbildung aus der Perspektive der gewerblich-technischen Berufsausbildungsforschung. In: Grollmann, Philipp; Luomi-Messerer, Karin; Stensström, Maria L.; Tutschneru, Roland (Hrsg.): Praxisbegleitende Prüfungen und Beurteilungen in der Beruflichen Bildung in Europa. Wien 2007, S. 193–220

Hacker, Winfried: Arbeitspsychologie – Psychische Regulation von Arbeitstätigkeiten. Bern 1986

Klotz, Viola K.: Diagnostik beruflicher Kompetenzentwicklung: Eine wirtschaftsdidaktische Modellierung für die kaufmännische Domäne. Berlin, Heidelberg 2002

Klotz, Viola K.; Winther, Esther: Kaufmännische Kompetenz im Ausbildungsverlauf – Befunde einer pseudo-längsschnittlichen Studie. In: Empirische Pädagogik 29 (2015) 1, S. 61–83

KMK: Handreichungen für die Erarbeitung von Rahmenlehrplänen der Kultusministerkonferenz (KMK) für den berufsbezogenen Unterricht in der Berufsschule und ihre Abstimmung mit Ausbildungsordnungen des Bundes für anerkannte Ausbildungsberufe. Bonn 1996/2000/2001/2007/2011

Kremer, H.-Hugo; Sloane, Peter F. E.: Lernfelder implementieren. Zur Entwicklung und Gestaltung fächer- und lernortübergreifender Lehr-/Lernarrangements im Lernfeldkonzept. Paderborn 2001

Mertens, Dieter: Schlüsselqualifikationen. Thesen zur Schulung für eine moderne Gesellschaft. In: Mitteilungen aus der Arbeitsmarkt- und Berufsforschung 7 (1974) 1, S. 36–43

Meyer zu Ermgassen, Barbara; Zedler, Reinhard: Prüfungen in der Berufsausbildung – Reformdebatte und Lösungsansätze. In: Beiträge zur Gesellschafts- und Bildungspolitik 253 (2002), S. 5–23

Müller, Hans-Joachim; Reuter, Christiane: Entwicklung prozessorientierter Prüfungsaufgaben. In: Berufsbildung in Wissenschaft und Praxis 40 (2011) 5, S. 19–22

Nickolaus, Reinhold: Die Erfassung fachlicher Kompetenz und ihrer Entwicklungen in der beruflichen Bildung – Forschungsstand und Perspektiven. In: Zlatkin-Troitschanskaia, Olga (Hrsg.): Stationen empirischer Bildungsforschung: Traditionslinien und Perspektiven. Wiesbaden 2011, S. 331–351

Pellegrino, James W.: The design of an assessment system focused on student achievement. A learning sciences perspective on issues of competence, growth and measurement. In: Bernholt, Sascha; Neumann, Knut; Nentwig, Peter (Eds.): Making it tangible – Learning outcomes in science education. Münster 2012, S. 79–107

Petersen, A. Willi: Leitideen für die Entwicklung und Gestaltung arbeitsorientierter lernfeldbasierter Rahmenlehrpläne. In: Bader, Reinhard; Sloane, Peter F. E. (Hrsg.): Lernen in Lernfeldern. Theoretische Analysen und Gestaltungsansätze zum Lernfeldkonzept. Markt Schwaben 2000, S. 217–137

Picot, Arnold; Reichwald, Ralf; Wigand, Rolf T.: Die grenzenlose Unternehmung. Information, Organisation und Management. Wiesbaden 2003

Preiss, Peter: Entwurf eines Kompetenzkonzepts für den Inhaltsbereich Rechnungswesen/Controlling. In: Gonon, Phillipp; Huisinga, Richard; Klauser, Fritz; Nickolaus, Reinhold (Hrsg.): Kompetenz, Kognition und neue Konzepte der beruflichen Bildung. Wiesbaden 2005, S. 67–85

Rauner, Felix: Gestaltung von Arbeit und Technik. In: Arnold, Rolf; Lipsmeier, Antonius (Hrsg.): Handbuch der Berufsbildung. Opladen 1995, S. 50–64

Rauner, Felix: Praktisches Wissen und berufliche Handlungskompetenz. In: Europäische Zeitschrift für Berufsbildung 40 (2007) 1, S. 57–72

Reetz, Lothar: Struktur- und prozessbetonte Lernfirmenkonzeptionen. Berufs- und Wirtschaftspädagogik – Online, 10 (1988/2006) – URL: http://www.bwpat.de/ausgabe10/reetz_1988-2006_bwpat10.pdf (Stand: 23.07.2015)

Schemme, Dorothea: Modellversuchsreihe „Prozessorientierung in der Beruflichen Bildung". In: Berufsbildung in Wissenschaft und Praxis 33 (2004) 5, S. 15–18

Schmidt, Jens U.: Prüfungen auf dem Prüfstand – Betriebe beurteilen die Aussagekraft von Prüfungen. In: Berufsbildung in Wissenschaft und Praxis 29 (2000) 5, S. 27–31

Seeber, Susan u. a.: Kompetenzdiagnostik in der Berufsbildung. In: BIBB (Hrsg.): Berufliche Kompetenzen messen. Bonn 2010, S. 1–15

Seidlmeier, Heinrich: Prozessmodellierung mit ARIS: Eine beispielorientierte Einführung für Studium und Praxis. Braunschweig 2002

Sloane, Peter F. E.: Schulnahe Curriculumentwicklung. In: Berufs- und Wirtschaftspädagogik – Online 4 (2003) – URL: http://www.bwpat.de/ausgabe4/sloanebwpat4.pdf (Stand: 23.07.2015)

Speth, Hermann: Betriebswirtschaftliche Geschäftsprozesse. Rinteln 2003

Stachowiak, Herbert: Der Weg zum Systematischen Neopragmatismus und das Konzept der Allgemeinen Modelltheorie. In: Stachowiak, Herbert (Hrsg.): Modelle und Modelldenken im Unterricht. Bad Heilbrunn 1980, S. 9–49

Tramm, Tade: Zur Relevanz der Geschäftsprozessorientierung und zum Verhältnis von Wissenschafts- und Situationsbezug bei der Umsetzung des Lernfeldansatzes im kaufmännischen Bereich. In: Bader, Reinhard; Sloane, Peter F. E. (Hrsg.): Bildungsmanagement im Lernfeldkonzept. Curriculare und organisatorische Gestaltung. Paderborn 2002, S. 41–62

Volpert, Walter: Handlungsstrukturanalyse als Beitrag zur Qualifikationsforschung. Köln 1983

Weiss, Reinhold: Prüfungen in der beruflichen Bildung – ein vernachlässigter Forschungsgegenstand. In: Severing, Eckard; Weiss, Reinhold (Hrsg.): Prüfungen und Zertifizierung in der beruflichen Bildung – Anforderungen – Instrumente – Forschungsbedarf. Bielefeld 2011, S. 37–52

Winther, Esther: Kompetenzmessung in der beruflichen Bildung. Bielefeld 2010

Alexander Nitzschke, Reinhold Nickolaus, Stefanie Velten, Annette Maier, Annalisa Schnitzler, Agnes Dietzen

Kompetenzstrukturen im Ausbildungsberuf Fachinformatiker/-in

Im vorliegenden Beitrag werden für den Ausbildungsberuf Fachinformatiker/-in Ergebnisse zur Kompetenzmodellierung berufsfachlicher Kompetenzen und zu relevanten Prädiktoren für deren Entwicklung vorgestellt. Basis der Analysen ist eine längsschnittliche Untersuchung bei Auszubildenden aus vier Bundesländern. Von besonderem Interesse für die Kompetenzmodellierung ist, dass es sich um einen Hybridberuf handelt, in dem sowohl technische als auch kaufmännische Anforderungsbereiche bedeutsam sind. Die Ergebnisse zeigen, dass das Fachwissen und dessen Anwendung in problemhaltigen Anforderungskontexten je eigene Subdimensionen berufsfachlicher Kompetenz darstellen, die Zusammenhänge zwischen dem technischen und kaufmännischen Fachwissen jedoch hoch (>.8) ausfallen, und lediglich das technische Fachwissen mit den fachlichen Problemlöseleistungen korreliert.

Schlagworte: Fachinformatiker/-innen, Kompetenzdiagnostik, Kompetenzmodelle, Berufsbildungsforschung, Berufsausbildung

1. Ausgangssituation und Fragestellungen

Für gewerblich-technische und kaufmännische Ausbildungsberufe liegen inzwischen eine Reihe von domänenspezifischen Strukturmodellierungen zu berufsfachlichen Kompetenzen sowie Erklärungsmodelle für das Fachwissen und teilweise auch für fachliche Problemlöseleistungen vor. Die bisher einbezogenen Ausbildungsberufe konnten eindeutig einem Berufsfeld zugeordnet werden.[1] Bei Fachinformatikern und Fachinformatikerinnen, für die in einem Kooperationsprojekt zwischen dem Bundesinstitut für Berufsbildung (BIBB) und der Abteilung Berufs-, Wirtschafts- und Technikpädagogik (BWT) der Universität Stuttgart eine Modellierung berufsfachlicher Kompetenzen vorgenommen und Kompetenzentwicklungen untersucht werden sollten, handelt es sich hingegen um einen berufsfeldübergreifend geschnittenen Hybridberuf. Charakterisierend

---

[1] Kompetenzmodellierungen, in die über das Fachwissen hinaus auch berufsfachliche Problemlöseleistungen einbezogen wurden, liegen u. W. für Elektroniker/-innen für Energie- und Gebäudetechnik, Elektroniker/-innen für Automatisierungstechnik, Kfz-Mechatroniker/-innen und Industriekaufleute vor. Für medizinische Fachangestellte und im Pflegebereich liegen aus der ASCOT Initiative ebenfalls breiter angelegte Kompetenzmodelle vor (SEEBER 2016; DÖRING 2016).

für die neugeordneten IT-Berufe ist, dass im Gewicht je spezifisch variierend informationstechnische und kaufmännische Kompetenzen aufgebaut werden sollen (KMK 1997). Diese Konstellation scheint insoweit von besonderem Interesse, als mit dem berufsfeldübergreifenden Zuschnitt der Berufe Kompetenzbereiche kombiniert wurden, die zuvor von je eigenen Berufen abzudecken waren. Die Neukonstruktion war im Wesentlichen vom Gedanken geleitet, dass IT-Fachkräfte in der Regel im beruflichen Handlungsfeld mit Anforderungen konfrontiert sind, die Expertise im IT-Bereich und im kaufmännischen Handlungsfeld wünschenswert erscheinen lassen. Diese Erwartungen stehen in einem gewissen Gegensatz zu Forschungsergebnissen zu Interessenstrukturen, wie sie z. B. von HOLLAND (1997) vorgelegt wurden und die den Gedanken nahelegen, dass zum IT und kaufmännischen Bereich eher divergente Interessensstrukturen bestehen, die auch divergente Kompetenzentwicklungen innerhalb der beiden Bereiche begünstigen können. Theoretisch erweist sich diese Konstellation als besonders interessant, da die Hybridberufe die Möglichkeit eröffnen, der Frage nachzugehen, ob diese Berufszuschnitte auch spezifische Implikationen für die Ausdifferenzierung von Kompetenzstrukturen und Kompetenzentwicklungen haben. Auffällig ist, dass der Ausbildungsberuf Fachinformatiker/-in im Spektrum der gewerblich-technischen Ausbildungsberufe durch sehr hohe Anteile von Abiturientinnen und Abiturienten[2] geprägt ist. Ursächlich sind dafür neben dem relativ hohen Anspruchsniveau die hohe Attraktivität des Berufsfeldes und die darin bestehenden Entwicklungsmöglichkeiten. Von den Betrieben werden die Abiturientinnen und Abiturienten einerseits als besonders leistungsstark eingeschätzt, zugleich stellt diese Gruppe jedoch auch hohe Ansprüche an die Ausbildung. So schätzten 40 Prozent der Auszubildenden aus verschiedenen IT-Berufen das Niveau des Berufsschulunterrichts als zu niedrig und den Umfang der Ausbildungsinhalte als zu gering ein (PETERSEN/WEHMEYER 2000). Angesichts dieser Ausgangssituation ist im Hinblick auf die kognitiven Eingangsvoraussetzungen mit Varianzeinschränkungen zu rechnen, die gegebenenfalls Konsequenzen für die Erklärungskraft der kognitiven Eingangsvoraussetzungen für die berufsfachliche Kompetenz nach sich ziehen. In diesem Beitrag gehen wir der Frage nach, ob sich diese Annahme bestätigt, und klären, welche Kompetenzstruktur sich in diesem Hybridberuf herausbildet.

2. Forschungsstand

Soweit bisher Kompetenzmodellierungen vorgenommen wurden, in welchen über das Fachwissen hinaus auch (problemhaltige) Anforderungskontexte mit engem Bezug zu realen Handlungsfeldern einbezogen waren, zeigten sich domänenübergreifend mit den zwei Subdimensionen des Fachwissens und der Fähigkeit, dieses Fachwissen (in problemhaltigen) Kontexten anzuwenden,

---

2   Bundesweit betrug der Anteil von Jugendlichen mit (Fach-)Hochschulreife 2013 im Ausbildungsberuf Fachinformatiker/-in ca. 58 Prozent (BIBB 2014), in der eigenen Stichprobe ergab sich ein Anteil von 62,2 Prozent. Insgesamt betrug 2013 der Anteil von Jugendlichen mit (Fach-)Hochschulreife, die eine duale Ausbildung neu begonnen haben, 25,1 Prozent, wobei der Anteil von Jugendlichen mit Hochschulzugangsberechtigung vor allem in einigen kaufmännischen Berufen hoch ist (BIBB 2015).

durchgängig mehrdimensionale Modelle eindimensionalen Modellen überlegen (ABELE 2014; NICKOLAUS u. a. 2012; PETSCH/NORWIG/NICKOLAUS 2015; SCHMIDT/NICKOLAUS/WEBER 2014; WALKER/LINK/NICKOLAUS 2015; WINTHER/ACHTENHAGEN 2009). Für das Fachwissen sind auch Ausdifferenzierungen dokumentiert, die sich in aller Regel entlang von curricularen Inhaltsbereichen zu vollziehen scheinen. Im Falle der Wissensanwendung sprechen die vorliegenden Ergebnisse ebenfalls für solche Ausdifferenzierungen. Zumindest sind in jenen Studien, in welchen die Testzuschnitte so vorgenommen wurden, dass theoretisch erwartbare Subdimensionen der Wissensanwendung abgedeckt werden konnten, mehrdimensionale Strukturen dokumentiert. Das gilt z. B. für Kfz-Mechatroniker/-innen, bei welchen im Bereich der Wissensanwendung mit Kompetenzen im Service, der Reparatur und Instandhaltung sowie der Fehleranalyse je eigene Subdimensionen ausgewiesen wurden, die affin zu den zentralen Tätigkeitsfeldern sind (SPÖTTL/BECKER/MUSEKAMP 2011; SCHMIDT/NICKOLAUS/WEBER 2014). Auch bei Elektronikern und Elektronikerinnen für Automatisierungstechnik erwies sich eine zweidimensionale Modellierung im Anwendungsbereich als am besten auf die Daten passend, mit einer analytischen (Fehlerdiagnose) und einer konstruktiven Komponente (Programmierkompetenzen) (WALKER/LINK/NICKOLAUS 2015), die auch im Tätigkeitssegment als zentrale Anforderungsbereiche ausgewiesen sind (ZINKE/SCHENK/WASILJEW 2014). Gleichwohl werden üblicherweise hohe latente Korrelationen zwischen den Subdimensionen des Fachwissens erreicht (r = .7 – .9). Relativ niedrige Korrelationen scheinen sich bei Inhaltsbereichen mit geringerer inhaltlicher Affinität einzustellen. So korreliert beispielsweise bei den Kfz-Mechatronikern und -Mechatronikerinnen die Subdimension Arbeits- und Umweltschutz deutlich schwächer mit den rein technischen Subdimensionen des Fachwissens als die technischen Subdimensionen untereinander (NICKOLAUS/ABELE/ALBUS 2015). Auch bei Anforderungsbereichen, die bereits im Ausbildungsverlauf Routinepotenziale besitzen, zeigen sich eher niedrige Korrelationen zum entsprechenden Wissensbereich. Beobachtbar ist dies z. B. bei Elektronikern und Elektronikerinnen für Energie- und Gebäudetechnik, bei welchen die Subdimension traditionelle Installationstechnik, deren Inhalte nahezu täglich im Arbeitsfeld zu aktualisieren sind, deutlich geringere Korrelationen zu den anderen Subdimensionen aufweist als die anderen Subdimensionen untereinander (NICKOLAUS u. a. 2011). In einer praktischen Perspektive sind die deutlich geringeren Korrelationen zwischen dem (expliziten) Fachwissen und den berufsfachlichen Leistungen, die routiniert erbracht werden können, insoweit bedeutsam, als diese Leistungen z. T. offensichtlich auf Basis impliziten Wissens erbracht werden können, das nicht (mehr) bewusstseinspflichtig ist. Denkbar ist darüber hinaus, dass ein Teil dieses impliziten Wissens in Handlungskontexten erworben wurde und gegebenenfalls auch im Aufbau nicht explizit verfügbar war. Zu berücksichtigen ist, dass sich Kompetenzstrukturen selbst im Verlaufe der Ausbildungsspanne verändern können und aufgrund von Routinebildungsprozessen[3] sinkende Korre-

---

3   Im Anschluss an ACKERMAN (1992) können drei Phasen des Fertigkeitserwerbs unterschieden werden, die kognitive, die assoziative und die automatisierte Phase. Während in der kognitiven Phase noch eine bewusste Steuerung der Handlungen notwendig ist und damit auf (Fach-)Wissen basierende Kalküle notwendig werden, kommt es im weiteren Verlauf zu Schematabildungen, deren Vollzug nicht mehr in vollem Umfang bewusstseinspflichtig ist.

lationen zwischen dem Fachwissen und den gezeigten Leistungen in den Anwendungssituationen beobachtet werden können (vgl. z. B. SCHMIDT/NICKOLAUS/WEBER 2014).

In den vorliegenden Erklärungsmodellen zur Entwicklung berufsfachlicher Kompetenzen werden die kognitiven Eingangsvoraussetzungen (kognitive Grundfähigkeit, fachspezifisches Vorwissen, Mathematikkenntnisse, Leseverständnis) als die mit Abstand bedeutsamsten Einflussfaktoren ausgewiesen (ABELE 2014; ABELE u. a. 2012; LEHMANN/SEEBER 2007; MAIER u. a. 2015; NICKOLAUS u. a. 2008, 2010, 2011, 2012; PETSCH/NORWIG/NICKOLAUS 2015; SEEBER/LEHMANN 2011; WALKER/LINK/NICKOLAUS 2015). Mit deutlich geringerem Gewicht wird i. d. R. die Motivation der Auszubildenden integriert, wobei zu berücksichtigen ist, dass eine relativ zeitstabile Traitkomponente der Motivation bereits in den Leistungsdaten zum bereichsspezifischen Vorwissen bzw. den Basiskompetenzen inkludiert ist und somit bereits in den Testleistungen zum Ausdruck gebracht wird. Bemerkenswert scheint, dass bei Erklärungsmodellen, die sich über die gesamte Ausbildungsspanne erstrecken und in welchen Leistungstests auch im Ausbildungsverlauf realisiert wurden, das Fachwissen am Ende des zweiten Ausbildungsjahres meist als alleiniger Prädiktor der fachlichen Kompetenzen (Fachwissen, fachspezifische Problemlöseleistung) am Ausbildungsende fungiert (NICKOLAUS u. a. 2012). Für die fachspezifische Problemlösefähigkeit erweist sich das Fachwissen in den bisher untersuchten Domänen als starker Prädiktor, wobei feinere Analysen dokumentieren, dass insbesondere jene Wissensbereiche prädiktiv werden, die auch enge inhaltliche Affinitäten zu den Anforderungen der Problemlöseaufgaben aufweisen (WALKER/LINK/NICKOLAUS 2015). Allgemeine Problemlösestrategien, wie sie z. B. mit Tests zur Erfassung kognitiver Grundfähigkeiten gemessen werden können, gehen nach den vorliegenden Ergebnissen lediglich vermittelt über das Fachwissen als Erklärungsfaktoren der fachspezifischen Problemlösefähigkeit ein (ABELE u. a. 2012). Zusätzlich weisen Qualitätsmerkmale der betrieblichen und schulischen Ausbildung, die von den Auszubildenden eingeschätzt werden, in der Regel nur geringe Effekte auf und werden häufig nur vermittelt über die Motivation der Auszubildenden wirksam, wobei angesichts der in Interventionsstudien dokumentierten Einflüsse von Qualitätsmerkmalen (z. B. PETSCH/NORWIG/NICKOLAUS 2014) Anlass zu der Vermutung besteht, dass diese Effekte in den vorgelegten Erklärungsmodellen eher unterschätzt werden. Vor dem Hintergrund dieser Befundlage ist auch bei den Fachinformatikern und Fachinformatikerinnen eine hohe prädiktive Kraft der kognitiven Eingangsvoraussetzungen zu erwarten. Denkbar wäre allerdings auch, dass bei dieser Personengruppe aufgrund einer vermuteten eingeschränkten Varianz der kognitiven Eingangsvoraussetzungen eine geringere Einflussstärke dieser Merkmale beobachtet werden kann.[4]

Im Anschluss an die Ausgangssituation und den skizzierten Forschungsstand sollen in diesem Beitrag folgende Fragestellungen geklärt werden:

---

4   Unterstützt wird diese Überlegung z. B. durch die besonders starken Einflüsse der kognitiven Eingangsvoraussetzungen in der Grundausbildung Bau, die durch starke Heterogenitäten der Eingangsvoraussetzungen gekennzeichnet sind (PETSCH/NORWIG/NICKOLAUS 2015).

▶ Zeigt sich im Ausbildungsberuf Fachinformatiker/-in, der sowohl durch kaufmännische als auch technische Inhalte geprägt ist, eine Ausdifferenzierung des Fachwissens entlang dieser Inhaltsbereiche, und unterscheiden sich im Falle einer heterogenen Wissensstruktur die Korrelationen in Abhängigkeit von inhaltlichen Affinitäten?
▶ Erweisen sich die Dimensionen des Fachwissens und der Anwendungsfähigkeit dieses Wissens (repräsentiert durch die Problemlösefähigkeit) als je eigenständige Dimensionen der Fachkompetenz?
▶ Durch welche Einflussfaktoren kann die Fachkompetenz am Ende der Ausbildung erklärt werden, und kommt den kognitiven Eingangsvoraussetzungen trotz der zu erwartenden Varianzeinschränkungen eine ähnliche prädiktive Kraft zu wie in den vorliegenden Erklärungsmodellen?

3. Untersuchungsanlage

In die Untersuchung, die in den Jahren 2010 bis 2014 in vier Bundesländern stattfand, wurden zwei Ausbildungsberufe (Mechatroniker/-innen[5] und Fachinformatiker/-innen[6]) einbezogen, wobei in diesem Beitrag die Fachinformatiker/-innen im Fokus stehen. Ein vollständiger Längsschnitt über den gesamten Zeitraum der Ausbildung wäre wünschenswert gewesen, um Entwicklungsverläufe optimal nachzeichnen zu können. Allerdings waren im Vorfeld umfangreiche Testneuentwicklungen erforderlich, weshalb zwei parallele Längsschnitte realisiert wurden (vgl. Abbildung 1). Im Längsschnitt 1 (LS1) wurden die Auszubildenden vom Beginn ihrer Ausbildung bis etwa zum Zeitpunkt der Zwischenprüfung und im Längsschnitt 2 (LS2) von der Zwischenprüfung bis kurz vor der Abschlussprüfung wissenschaftlich begleitet und zu mehreren Zeitpunkten getestet. In beiden Längsschnitten wurden in der Eingangsuntersuchung Tests zu den Basiskompetenzen (Leseverständnis und Mathematikkenntnisse) und im LS1 zu den fachspezifischen Vorkenntnissen bzw. im LS2 zu der kognitiven Grundfähigkeit durchgeführt. Beim zweiten Messzeitpunkt wurden in beiden Längsschnitten die Merkmale der schulischen und betrieblichen Ausbildungsqualität erfasst, zudem wurde im LS1 die kognitive Grundfähigkeit und im LS2 das Fachwissen zum Zeitpunkt der Zwischenprüfung erhoben. Zum dritten (und vierten) Messzeitpunkt wurden erneut die Merkmale der schulischen und betrieblichen Ausbildungsqualität und das Fachwissen zum Zeitpunkt der Zwischenprüfung (LS1) bzw. zum Zeitpunkt der Abschlussprüfung (LS 2) und die Problemlösefähigkeit (LS2) erhoben.

Insgesamt waren ca. 1.500 Auszubildende des Ausbildungsberufs Fachinformatiker/-in in die Untersuchung einbezogen. Zur Mitte der Ausbildung (t3 in LS 1; t2 in LS 2) liegen uns Leistungsdaten von knapp 1.100 Auszubildenden vor, wovon ca. 55 Prozent auf den ersten LS und 45 Prozent auf den zweiten LS entfallen. Am Ende der Ausbildung kann auf Daten von ca. 350 Auszubildenden für das Fachwissen und die Problemlöseleistung zurückgegriffen werden. Das

---

5 Dreieinhalbjähriger anerkannter Ausbildungsberuf in Industrie und Handwerk
6 Dreijähriger anerkannter Ausbildungsberuf in Industrie und Handwerk

bedeutet, dass ca. 140 Auszubildende des zweiten Längsschnitts nicht in die Abschlusstestung einbezogen werden konnten. Hier macht sich insbesondere bemerkbar, dass ein Teil der Schulen aufgrund des geringen Abstands der letzten Erhebung zur Abschlussprüfung und der damit verbundenen Phase der Prüfungsvorbereitung nicht mehr an der Untersuchung teilnahm. Weiterhin konnten diejenigen Auszubildenden, die an der vorgezogenen Abschlussprüfung nach zweieinhalb statt regulär drei Jahren teilgenommen haben, ebenfalls nicht mit in die Untersuchung einbezogen werden. Prinzipiell wäre denkbar, dass die berichteten Ergebnisse durch die deutliche Stichprobenreduktion beeinflusst sind, da leistungsstarke Auszubildende ihre Ausbildung verkürzen und daraus beim letzten Messzeitpunkt weitere Varianzeinschränkungen resultieren. Gemessen an den ermittelten kognitiven Grundfähigkeiten und dem Fachwissen zum Zeitpunkt des Zwischentests ergeben sich allerdings keine signifikanten Unterschiede zwischen den in die Abschlusstestung einbezogenen und den zum letzten Messzeitpunkt fehlenden Auszubildenden, womit die Annahme einer leistungsbezogenen Selektion zurück gewiesen werden kann.

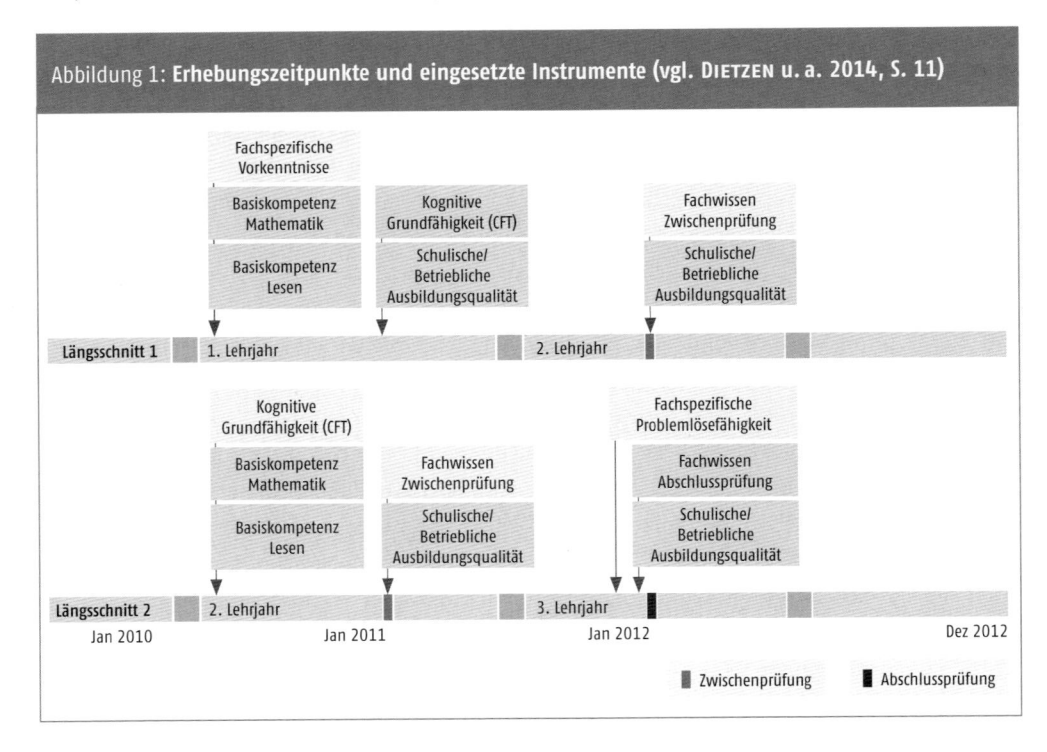

Abbildung 1: **Erhebungszeitpunkte und eingesetzte Instrumente (vgl. DIETZEN u. a. 2014, S. 11)**

4. Instrumente – Entwicklung und Zuschnitte

Im Folgenden werden kurz die eingesetzten Instrumente beschrieben, wobei der Fokus auf den neu entwickelten Fachleistungstests liegt. Zur Überprüfung des Leseverständnisses und der Mathematikkenntnisse kamen Instrumente in Anlehnung an die bereits in den ULME-Studien verwendeten Tests zum Einsatz (LEHMANN/SEEBER 2007). Zur Erfassung der kognitiven Grundfähigkeiten wurde der Grundintelligenztest (CFT-20-R) verwendet (WEISS 2006). Die Erfassung der betrieblichen Ausbildungsqualität erfolgte mit dem Inventar zur betrieblichen Ausbildungsqualität (IBAQ) (VELTEN/SCHNITZLER 2012), welches eine Weiterentwicklung auf Basis des Mannheimer Inventars zur Erfassung betrieblicher Ausbildungssituationen (MIZEBA) (ZIMMERMANN/MÜLLER/WILD 1999) darstellt. Die Erfassung der Motivation der Auszubildenden (Schule/Betrieb) sowie der motivationalen Bedingungsfaktoren in der Schule erfolgte mit einem Fragebogen in Anlehnung an PRENZEL u. a. (1996).

Bei den Fachleistungstests unterscheiden wir zwischen dem Fachwissen und der fachspezifischen Problemlösefähigkeit. Da das Fachwissen zu drei Messzeitpunkten innerhalb der Ausbildung erfasst werden sollte, wurden Neuentwicklungen für drei Messzeitpunkte erforderlich.

Die inhaltlichen Zuschnitte der Fachwissenstests orientieren sich in Abstimmung mit Experten aus Betrieben, Schulen und der Prüfungspraxis einerseits an den curricularen Anforderungen und andererseits an der Befundlage zu den Ausdifferenzierungen des Fachwissens, die sich üblicherweise entlang von Inhaltsbereichen vollziehen (im Überblick z. B. NICKOLAUS/ SEEBER 2013). Im Anschluss an die Grundkonstruktion des Ausbildungsberufs, die sich auch in den curricularen Analysen widerspiegelt, ist zunächst eine Ausdifferenzierung in technische und kaufmännische Inhaltsbereiche zu erwarten. Im Anschluss an Detailanalysen und in Abstimmung mit den Experten wurden fünf zentrale Inhaltsbereiche identifiziert, welche die zentralen Ausbildungsinhalte abbilden. Im technischen Bereich sind dies die Inhaltsbereiche (1) IT-Systeme, (2) Netzwerktechnik und (3) Anwendungsentwicklung, im kaufmännischen Bereich (4) ökonomische Inhalte und (5) betriebliche Abläufe. Ausgehend von den fünf Inhaltsbereichen wurden vier Strukturmodelle des Fachwissens im Ausbildungsberuf Fachinformatiker/-in als plausibel erachtet: a) eine eindimensionale Struktur des Fachwissens, b) eine zweidimensionale Struktur des Fachwissens, mit einer Ausdifferenzierung des Fachwissens in technische und kaufmännische Inhaltsbereiche, c) eine dreidimensionale Struktur des Fachwissens, wobei im Vergleich zur zweidimensionalen Struktur eine weitere Unterteilung des technischen Inhaltsbereichs in die Inhaltsbereiche Anwendungsentwicklung (Softwarebezug) und Systemtechnik (Hardwarebezug) unterstellt wird, und d) eine fünfdimensionale Struktur, bei der alle fünf Inhaltsbereiche eine eigenständige Facette des Fachwissens begründen.

Um in jeder der unterstellten Subdimensionen reliabel messen zu können, gleichzeitig die benötigte Testzeit aber nicht zu sehr zu strapazieren, wurde für die Ausgestaltung der Tests ein Multimatrixdesign verwendet (exemplarisch ist das Design in GÖNNENWEIN/ NITZSCHKE/SCHNITZLER (2011) für die Mechatroniker/-innen beschrieben). Zwischen den Messzeitpunkten erfolgte eine Verlinkung mittels Ankeritems. In den entwickelten Paper-Pencil Tests kamen sowohl offene als auch geschlossene Antwortformate zum Einsatz (vgl. Abbildung 2).

> **Abbildung 2:** Beispielitems des Fachwissenstests (Anwendungsentwicklung [l. o.], Netzwerke [l. u.], ökonomische Inhalte [r. o.] und IT-Systeme [r. u.])

Die Tabellen einer Datenbank zur Seminarplanung sehen wie folgt aus: **Kunde** (KNr, Name, Vorname, Firma, PLZ, Ort, Tel, Fax, E-Mail) **Seminar** (SCode, SName, SBeginn, Dauer, TNmin, TNmax, Raum) **SemKun** (KNr, SCode)	Milena Kranjic hat in einer Betriebsversammlung folgende Planzahlen erfahren: Planung für das 1. Quartal 2011 Gesamtkosten: 90.000,- Euro Umsatz: 100.000,- Euro Eigenkapital: 50.000,- Euro
1) Erstellen Sie eine SQL-Abfrage für eine nach Seminarnamen sortierte Tabelle, die Seminarcode, Seminarnamen, Kundennamen und Firma anzeigt.	1) Wie hoch ist der erwartete Gewinn? 2) Was können Sie über die Wirtschaftlichkeit aussagen? 3) Wie hoch ist die Rentabilität des Eigenkapitals?
Was ist die Hauptfunktion eines DNS-Servers? ▸ IP-Adressinformationen für Computer in einem lokalen Subnetz zuzuweisen und zu kontrollieren. ▸ IP-Adressinformationen durch andere Subnetze umzulenken. ▸ NetBIOS-Namen in voll qualifizierte Domänennamen aufzulösen. ▸ Voll qualifizierte Domänennamen in IP-Adressen aufzulösen.	Welcher positive Effekt wird durch einen größeren Cache erreicht? ▸ Das System wird sicherer, weil Daten im Cache und im RAM gehalten werden. ▸ Ein größerer Cache minimiert Festplattenzugriffe, da er die wichtigsten Daten der Festplatte speichert. ▸ Die Anwendungen reagieren schneller, da ein größerer Cache Verwaltungsaufgaben vom Prozessor übernimmt. ▸ Das System wird schneller, da die Wahrscheinlichkeit, dass vom RAM benötigte Daten bereits im Cache vorhanden sind, größer wird.

Zur Erfassung der Problemlösefähigkeit wurde ein computerbasierter Test entwickelt, in welchem den Auszubildenden eine simulierte Server-Client-Umgebung präsentiert wurde. Um sicherzustellen, dass für alle Auszubildenden identische Anforderungen gegeben sind, erfolgte die Umsetzung innerhalb einer Virtualisierungsumgebung[7], in der die Auszubildenden mit verschiedenen analytischen und konstruktiven Problemstellungen konfrontiert wurden. Beispielsweise musste analysiert werden, warum es nicht möglich ist, eine Remote-Verbindung zu dem Server herzustellen, oder es musste ein Skript erstellt werden, mit dessen Hilfe Abläufe auf dem Client automatisiert werden sollten. Die Bearbeitung der Problemstellungen erfolgte am PC, wobei sich die Auszubildenden auf dem Client einloggen mussten. Hier standen ihnen verschiedene Mittel zur Analyse und Bearbeitung der Problemstellungen zur Verfügung, beispielsweise Tools zur Überwachung und Diagnose innerhalb eines Netzwerks oder zur Programmierung. Die Dokumentation der Aufgaben erfolgte Paper-Pencil-basiert.

5. Ausgewählte Ergebnisse

Vorgestellt werden zunächst die Ergebnisse zu den Fachkompetenzstrukturen und im Anschluss die Erklärungsmodelle zur Fachkompetenz.

---

[7] Die Server-Client-Umgebung wurde innerhalb der Software VirtualBox realisiert, mit der es möglich ist, beliebige PC-Systeme aufzusetzen, ohne dass die Hardware physisch existiert.

5.1 Die Struktur des Fachwissens

Geprüft werden dazu die folgenden Hypothesen:

H1: Das Fachwissen der Fachinformatiker/-innen lässt sich mindestens in die beiden Subdimensionen kaufmännischer und technischer Inhalte ausdifferenzieren.

H2: Die Zusammenhänge zwischen den Subdimensionen des Fachwissens sind dort besonders stark ausgeprägt, wo auch enge inhaltliche Bezüge unterstellt werden können.

Zu H1): Zur Prüfung von Hypothese H1 wurde eine Rasch-Skalierung für die theoretisch postulierten Modelle durchgeführt. Insgesamt wurden 157 Items des Abschlusstests in die Skalierung mittels eines Partial-Credit-Modells einbezogen, die sich auf drei Testhefte und die fünf Inhaltsbereiche verteilen (siehe Tabelle 1). Entsprechend der curricularen Vorgaben wurde bei der Ausgestaltung des *Abschlusstests* der Schwerpunkt auf den Bereich der Netzwerktechnik gelegt, die Items der weiteren Inhaltsbereiche wurden relativ gleichmäßig verteilt.[8] Die Skalierung erfolgte mittels der Software Acer Conquest (Wu u. a. 2007) als Between-Item-Modell, d. h. die einzelnen Items wurden ausschließlich einem Inhaltsbereich zugeordnet.

Tabelle 1: Verteilung der Testitems auf die Inhaltsbereiche im Abschlusstest

	Aufgabenzahl				
	Testheft A	Testheft B	Testheft C	Anker	Σ
(1) IT-Systeme	9 (9)	6 (5)	4 (3)	7 (7)	26 (24)
(2) Anwendungsentwicklung	6 (3)	5 (3)	6 (2)	9 (9)	26 (17)
(3) Ökonomische Inhalte	9 (5)	6 (1)	7 (3)	6 (6)	28 (15)
(4) Betriebliche Abläufe	3 (2)	3 (1)	6 (2)	6 (5)	18 (10)
(5) Netzwerke	16 (9)	19 (12)	15 (10)	9 (9)	59 (40)
Σ Aufgaben	43 (28)	39 (22)	38 (20)	37 (36)	157 (106)

Anmerkung: Die Zahlenwerte in Klammern geben die Anzahl jener Items an, die den Gütekriterien der Skalierung entsprechen.

Im Skalierungsprozess mussten 51 Items selektiert werden, da diese nicht den Gütekriterien des Modells entsprachen. Insgesamt konnten 106 Items in die Skalierung aufgenommen werden, die den gesamten Schwierigkeitsbereich mit einem leichten Überhang zu leichten bis mittelschweren Items abdecken.

Die Reliabilität des Abschlusstests erweist sich insgesamt als gut und liegt für die eindimensionale Skalierung bei .77 (EAP/PV). Bei einer zweidimensionalen Modellierung des Fachwissens liegt die Reliabilität bei .76 für den technischen und .62 für den kaufmännischen Inhaltsbereich. Bei einer differenzierten Betrachtung aller potentiellen fünf Subdimensionen fällt die Reliabilität eher gering aus und liegt im Bereich von .59 bis .66.[9]

---

8   Die Verteilung entspricht nicht der Repräsentation im Lehrplan, da für eine reliable Messung keiner der Inhaltsbereiche zu wenig Items aufweisen darf.
9   An dieser Stelle sei darauf hingewiesen, dass die Reliabilität aufgrund des Testheftdesigns unterschätzt wird.

Bei einem direkten Modellvergleich des ein- mit den mehrdimensionalen Modellen mittels des Akaikesschen/Bayesschen Informationskriteriums (AIC/BIC) nimmt das fünfdimensionale Modell den niedrigsten Wert an, womit dieses, im Vergleich zu den anderen Modellen, als am besten passend ausgewiesen wird. Dies wird auch durch einen Chi^2 Differenzentest (Wu u. a. 2007) bestätigt. Hierbei zeigt sich, dass die Modelle mit einem ansteigenden Ausdifferenzierungsgrad durchweg einen signifikant besseren Modellfit aufweisen. Somit erweist sich das fünfdimensionale Modell am Ausbildungsende als am besten geeignet, die empirischen Daten abzubilden. Für den Zwischentest weisen die Analysen im LS 2 allerdings noch das dreidimensionale Modell als besser passend auf die Daten aus.[10]

Hypothese H1 kann somit bestätigt werden. Die Modellprüfung zeigt, dass eine fünfdimensionale Struktur für das Fachwissen am Ende der Ausbildung entlang von Inhaltsbereichen am besten auf die Daten passt. Deutlich wird, dass nicht nur die kaufmännischen und technischen Inhalte unterschieden werden können, sondern sich auch innerhalb dieser Bereiche im Ausbildungsverlauf deutlichere Ausdifferenzierungen ergeben.

Zu H2): H2 bezieht sich auf die empirischen Zusammenhänge zwischen den Dimensionen des Fachwissens. Die messfehlerbereinigten Korrelationen der einzelnen Inhaltsbereiche liegen im Bereich von r = .53 bis r = .71 (siehe Tabelle 2). Betrachtet man die einzelnen Subdimensionen des Fachwissens, so fällt auf, dass die Korrelationen innerhalb der technischen und der kaufmännischen Subdimensionen tendenziell etwas höher ausfallen als über die beiden Bereiche hinweg und die höchsten Zusammenhänge ebenfalls innerhalb der Subdimensionen auftreten. Es zeigen sich jedoch auch z. T. erwartungswidrig höhere Korrelationen zwischen einzelnen technischen und kaufmännischen Inhaltsbereichen (z. B. Anwendungsentwicklung und betriebliche Abläufe). Somit lässt sich H2 nicht eindeutig bestätigen. Dies könnte unter anderem darin begründet sein, dass Bezüge einzelner Items zu anderen Subdimensionen nicht ausreichend berücksichtigt wurden.[11] Hier wird deutlich, dass die Messgenauigkeit innerhalb der Subdimensionen weiter optimiert werden kann und darüber genauere Abschätzungen der tatsächlichen Zusammenhänge möglich werden.

Tabelle 2: **Latente Korrelationen der Inhaltsbereiche zum Abschlusstest**

	(1)	(2)	(3)	(4)
(1) IT-Systeme				
(2) Anwendungsentwicklung	.68			
(3) Ökonomische Inhalte	.62	.53		
(4) Betriebliche Abläufe	.60	.69	.71	
(5) Netzwerke	.69	.59	.63	.61

---

10 Bei einer gemeinsamen Skalierung aller Datensätze für das Fachwissen zum Zeitpunkt der Zwischenprüfung ist die Präferenz für das dreidimensionale Modell nicht eindeutig, d. h. der AIC spricht für eine fünfdimensionale und der BIC für eine dreidimensionale Struktur.

11 Beispielsweise sind einzelne Items aus dem Bereich der Anwendungsentwicklung in einen betrieblichen Kontext eingebunden (vgl. Abbildung 2).

5.2 Das Verhältnis zwischen Fachwissen und fachspezifischer Problemlösefähigkeit

Im nächsten Schritt soll der Zusammenhang der beiden postulierten Dimensionen der Fachkompetenz genauer untersucht werden. Zunächst stellt sich die Frage, ob das Fachwissen und die Anwendungsfähigkeit dieses Wissens, d. h. die fachspezifische Problemlösefähigkeit, zwei eigenständige Konstrukte darstellen oder eindimensional skaliert werden können. Im Anschluss an die Befundlage wird dazu die folgende Hypothese geprüft:

H3: Für den Ausbildungsberuf Fachinformatiker/-in erweisen sich das Fachwissen und die fachspezifische Problemlösefähigkeit als jeweils eigenständige Dimensionen der Fachkompetenz.

Zur Prüfung von H3 wurden zwei alternative Strukturgleichungsmodelle mit der Software Mplus 6 (MUTHÉN/MUTHÉN 2010) berechnet. In der ersten Variante wird der Zusammenhang zwischen dem Fachwissen und der Problemlösefähigkeit frei geschätzt, in der zweiten Variante wird der Zusammenhang auf r = .9 fixiert. Anschließend wird ein Modellvergleich vorgenommen, um zu überprüfen, welche der beiden Varianten die Daten signifikant besser abbildet.

Abbildung 3: Zusammenhang zwischen dem Fachwissen und der Problemlösefähigkeit

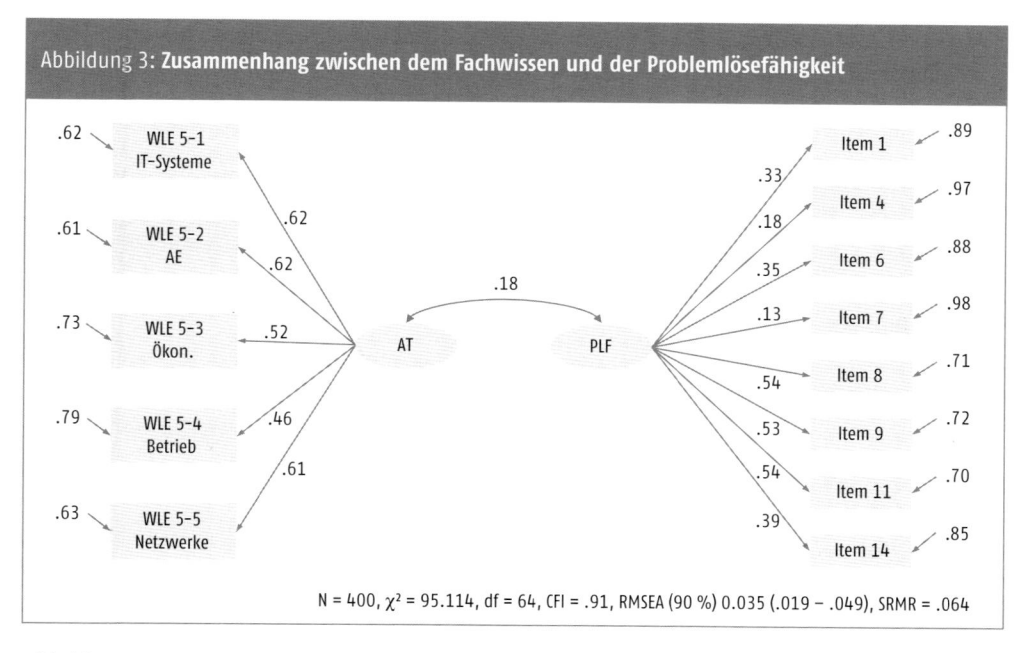

$N = 400$, $\chi^2 = 95.114$, df = 64, CFI = .91, RMSEA (90 %) 0.035 (.019 – .049), SRMR = .064

Abbildung 3 repräsentiert die erste Modellvariante, wobei zur Vereinfachung unterstellt wird, dass das Fachwissen durch ein eindimensionales Konstrukt, welches aus den fünf Subdimensionen als manifeste Faktoren gebildet wird, ausreichend abgebildet werden kann, um den Zusammenhang zur Problemlösefähigkeit darzustellen. Die Korrelation zwischen dem Fachwissen und der Problemlösefähigkeit fällt mit r = .18 überraschend gering, d. h. deutlich schwächer als in anderen Domänen aus und spricht eindeutig für eine zweidimensionale Struktur. Die Fit-Werte des Modells genügen mit Ausnahme des CFI den von Hu und Bentler (1999) vorgeschlagenen Cut-off-Kriterien (Werte >.95 für CFI, <.06 für RMSEA und <.08 für SRMR). Die zweite Modellvariante mit einem unterstellten Zusammenhang von r = .9 konvergiert nicht, d. h., dass diese Modellvariante nicht mit den erhobenen Daten in Einklang gebracht werden kann und somit verworfen werden muss.

Vor dem Hintergrund, dass in anderen Studien relativ hohe Zusammenhänge von r = .6 bis r = .8 zwischen dem Fachwissen und der Problemlösefähigkeit identifiziert wurden, scheint der Zusammenhang bei den Fachinformatikern und Fachinformatikerinnen äußerst gering. Da der Test zur Problemlösefähigkeit ausschließlich Anforderungen aus dem technischen Bereich abdeckt, liegt der Schluss nahe, dass der Zusammenhang im gewählten Modellzuschnitt unterschätzt wird und bei Berücksichtigung der Mehrdimensionalität des Fachwissens engere Korrelationen zwischen dem technischen Fachwissen und der Problemlösefähigkeit beobachtet werden können. Dies wird überprüft, indem das Fachwissen als zweidimensionales Konstrukt, bestehend aus einer technischen und einer kaufmännischen Subdimension, in das Modell mit aufgenommen wird (Abbildung 4). Obwohl zwischen beiden Wissensdimensionen ein hoher latenter Zusammenhang von r = .88 berechnet wird, korreliert ausschließlich die technische Subdimension signifikant mit der Problemlösefähigkeit (r = .32). Diese differenziertere Modellierung des Fachwissens macht sich auch in einer leicht verbesserten Modellpassung bemerkbar, womit die Fit-Indizes nun allesamt in einem akzeptablen Bereich liegen und das Modell somit die erhobenen Daten besser abbildet.

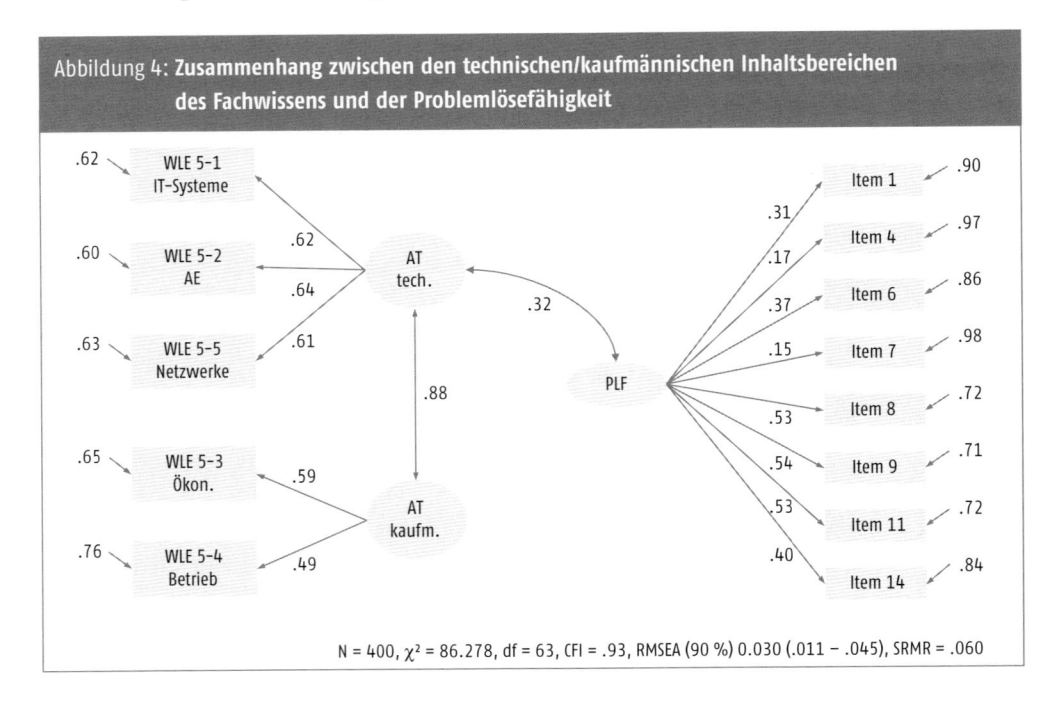

Abbildung 4: Zusammenhang zwischen den technischen/kaufmännischen Inhaltsbereichen des Fachwissens und der Problemlösefähigkeit

N = 400, χ^2 = 86.278, df = 63, CFI = .93, RMSEA (90 %) 0.030 (.011 – .045), SRMR = .060

Eine analoge Modellierung mit einer fixierten Korrelation von r = .9 zwischen dem technischen Fachwissen und der Problemlösefähigkeit konvergiert auch in diesem Falle nicht. Dies bedeutet, dass auch das inhaltlich deutlich affinere technische Fachwissen und die fachspezifische Problemlösefähigkeit in dieser Domäne je eigene latente Konstrukte darstellen, womit H3 bestätigt wird.

5.3 Prädiktoren des Fachwissens sowie der fachspezifischen Problemlösefähigkeit

Im Folgenden sollen die beiden Dimensionen der Fachkompetenz, das Fachwissen sowie die fachspezifische Problemlösefähigkeit, in ein Erklärungsmodell integriert werden. Aus Platzgründen beschränken wir uns bei der Entwicklung eines Erklärungsmodells des Fachwissens auf eine Analyse des zweiten Längsschnitts, da dieser den Vorteil bietet, auch die fachliche Problemlösefähigkeit einbinden zu können. Wie eingangs skizziert, erwiesen sich die kognitiven Eingangsvoraussetzungen und hierbei insbesondere das fachspezifische (Vor-)Wissen in anderen gewerblich-technischen und kaufmännischen Domänen als stärkste Prädiktoren zur Erklärung der Fachkompetenz. Weitere „weiche" Faktoren, wie z. B. qualitative Merkmale der Ausbildung, erbringen, wenn überhaupt, nur geringe zusätzliche Beiträge zur Erklärung der Fachkompetenz. Speziell zur Entwicklung in der zweiten Ausbildungshälfte dokumentieren die bisher vorgelegten Erklärungsmodelle hohe Varianzaufklärungen des Fachwissens durch die kognitiven Voraussetzungen sowie in der Regel eine deutlich geringere Varianzaufklärung der Problemlösefähigkeit durch das Fachwissen des vorausgegangenen Messzeitpunkts (z. B. NICKOLAUS u. a. 2012). Die im zweiten Längsschnitt zu Beginn erhobenen allgemeinen kognitiven Grundfähigkeiten und Basiskompetenzen ermöglichen auch die Prüfung, ob diese lediglich vermittelt über das Fachwissen am Ende des zweiten Ausbildungsjahres oder auch direkt für die Ausprägungen der Fachkompetenzen am Ausbildungsende wirksam werden. Die bisherigen Befunde sprechen eher für den über das Fachwissen mediierten, d. h. vermittelten, Einfluss der allgemeinen kognitiven Fähigkeiten auf die Ausprägungen des Fachwissens und der fachspezifischen Problemlösefähigkeit am Ausbildungsende. Geprüft werden vor diesem Hintergrund drei Hypothesen:

> H4: Das Fachwissen am Ausbildungsende wird allein über die kognitiven Eingangsvoraussetzungen zu Beginn des zweiten Längsschnitts (Fachwissen in der Mitte der Ausbildung, kognitive Grundfähigkeit, Basiskompetenzen) erklärt, die Motivation der Auszubildenden sowie die eingeschätzten Qualitätsmerkmale der betrieblichen und schulischen Lehr-Lernbedingungen erbringen keine zusätzliche Varianzaufklärung.
>
> H5: Die allgemeinen kognitiven Grundfähigkeiten und die Basiskompetenzen gehen nur mediiert über das Fachwissen am Ende des zweiten Ausbildungsjahres in das Erklärungsmodell für das Fachwissen am Ende der Ausbildung ein.

H6: Für die fachspezifische Problemlösefähigkeit erweist sich ausschließlich das technische Fachwissen am Ende der Ausbildung als erklärungsrelevant, die allgemeinen kognitiven Grundfähigkeiten und die Basiskompetenzen werden nur mediiert über das technische Fachwissen für die Problemlösefähigkeit bedeutsam.

Für die Hypothesenprüfung wurden erneut Strukturgleichungsmodelle berechnet. Abbildung 5 zeigt für das Fachwissen am Ausbildungsende ein Strukturgleichungsmodell, in welches die kognitive Grundfähigkeit, das Leseverständnis, die Mathematikkenntnisse und das Fachwissen zur Mitte der Ausbildung als potentielle Erklärungsfaktoren einbezogen wurden.[12] Die in diesem Modell ausgewiesenen Varianzaufklärungen des Fachwissens am Ausbildungsende erreichen mit 69 Prozent (technisches) respektive 65 Prozent (kaufmännisches Wissen) bemerkenswert hohe Anteile. Entgegen der in H5 eingebrachten Vermutung erbringen auch die allgemeinen kognitiven Fähigkeiten direkte zusätzliche Beiträge zur Erklärung der beiden Fachwissensdimensionen, die allerdings relativ gering ausfallen. Zur Beurteilung des Modellfits wird wiederum der CFI, der RMSEA sowie der SRMR herangezogen. Im Vergleich mit den von Hu und Bentler (1999) vorgeschlagenen Cut-off-Kriterien liegen die entsprechenden Werte des Modells in Abbildung 5 jeweils deutlich unterhalb der Cut-off-Werte, was für einen sehr guten Modellfit spricht. Es kann daher davon ausgegangen werden, dass das dargestellte Modell die Daten sehr gut abbildet.

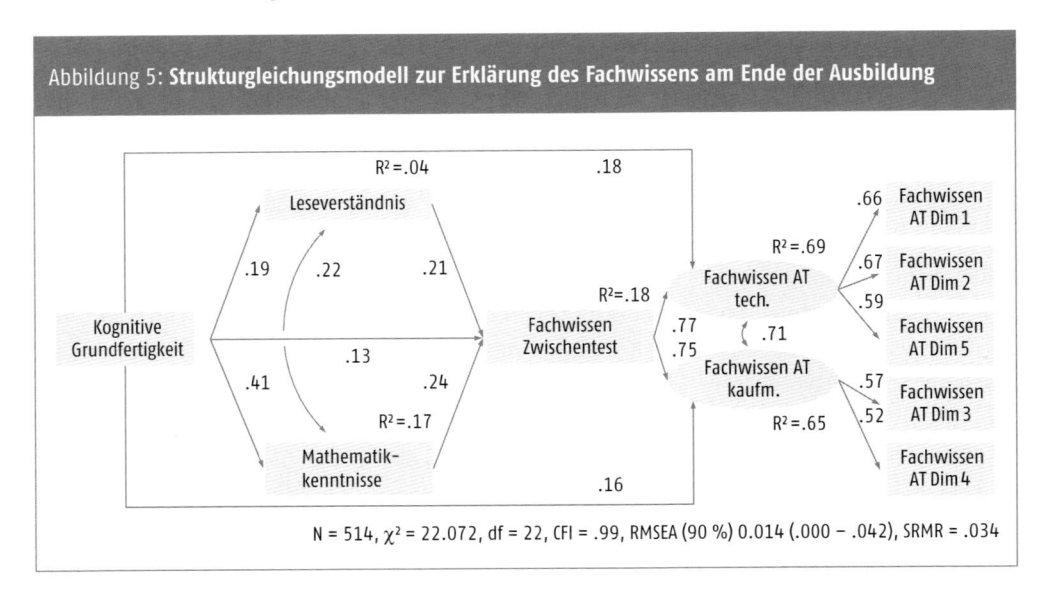

Abbildung 5: Strukturgleichungsmodell zur Erklärung des Fachwissens am Ende der Ausbildung

$N = 514, \chi^2 = 22.072, df = 22, CFI = .99, RMSEA (90\%) 0.014 (.000 - .042), SRMR = .034$

---

[12] Die Modellierung der in Abbildung 5 und 6 dargestellten Strukturgleichungsmodelle konnte aufgrund eines ungünstigen Verhältnisses der Stichprobengröße zur Anzahl der zu schätzenden Parameter nicht vollständig latent, d. h. vollständig messfehlerbereinigt, durchgeführt werden.
Daher werden die realen Zusammenhänge in diesen Modellen vermutlich z. T. unterschätzt.

Aus Abbildung 6 wird deutlich, dass unter Einbezug der fachspezifischen Problemlösefähigkeit[13] in das Modell die dargestellten Zusammenhänge in ähnlichen Größenordnungen erhalten bleiben. Die Varianzaufklärung der Problemlösefähigkeit fällt, wie nach den Analyseergebnissen zur Kompetenzstruktur zu erwarten war, mit 16 Prozent relativ gering aus. Mit dem Modell wird H6 bestätigt, wonach die Problemlösefähigkeit ausschließlich durch das technische Fachwissen am Ende der Ausbildung erklärt wird und die weiteren Einflussfaktoren nur indirekt vermittelt über das Fachwissen wirksam werden.

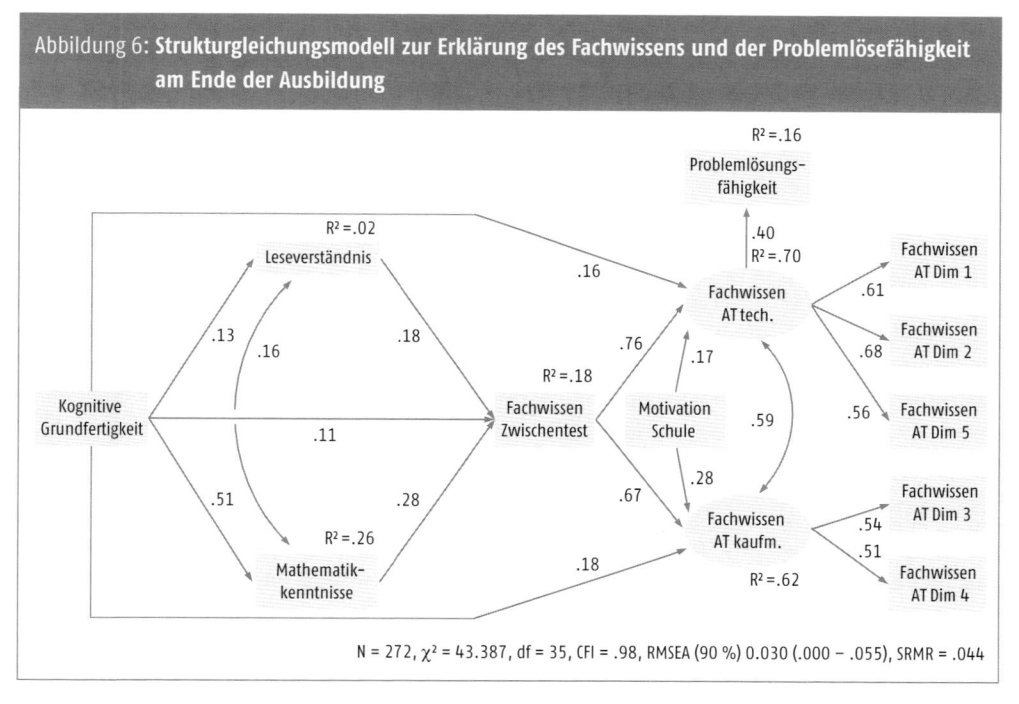

Abbildung 6: Strukturgleichungsmodell zur Erklärung des Fachwissens und der Problemlösefähigkeit am Ende der Ausbildung

$N = 272$, $\chi^2 = 43.387$, $df = 35$, $CFI = .98$, $RMSEA$ (90 %) 0.030 (.000 – .055), $SRMR = .044$

Hypothese H5 hingegen kann anhand der vorliegenden Daten nicht komplett gestützt werden, da entgegen der Erwartungen neben den über das Fachwissen mediierten Effekten ein zusätzlicher direkter Effekt der kognitiven Grundfähigkeiten auf das Fachwissen am Ende der Ausbildung gefunden wurde. Die kognitiven Grundfähigkeiten wirken somit bei den Fachinformatikern und Fachinformatikerinnen nicht nur indirekt über den Erwerb von Basiskompetenzen im Bereich Lesen und Mathematik sowie dem früheren Fachwissen auf das Fachwissen am Ende der Ausbildung, sondern begünstigen auch unabhängig davon den weiteren Wissenserwerb.

Für die nicht-kognitiven Einflussfaktoren (Motivation, Qualitätsmerkmale der schulischen und betrieblichen Ausbildung) zeigt sich auch in dieser Studie, dass diese nur bedingt geeignet sind, zusätzliche Varianzanteile zu erklären. Einzig die schulische Motivation kann

---

13 Die Problemlösefähigkeit wurde eindimensional raschskaliert (EAP/PV = .66) und als manifeste Variable in das Modell aufgenommen.

als weitere Erklärungsvariable in das Modell in Abbildung 6 mit aufgenommen werden. Die Varianzaufklärungen der beiden Fachwissensdimensionen ändern sich hierbei nur geringfügig (+1 Prozent im technischen Fachwissen, -3 Prozent im kaufmännischen Fachwissen). H4 wird durch die Ergebnisse somit gestützt, da es nicht gelungen ist, die Varianzaufklärung des Fachwissens am Ende der Ausbildung durch den Einbezug weiterer nicht-kognitiver Merkmale wie Motivation und Ausbildungsbedingungen zu erhöhen.

Dennoch scheinen die Modellierungsergebnisse insoweit von Interesse, als durch die schwächer werdenden Pfadkoeffizienten zwischen dem Fachwissen zur Mitte und dem Fachwissen am Ende der Ausbildung sowie der im zweiten Modell geringeren latenten Korrelation zwischen den Fachwissensdimensionen des Abschlusstests angezeigt wird, dass in den Leistungsdaten im ersten Modell bereits eine motivationale Komponente integriert ist, die im zweiten Modell separat betrachtet wird.

6. Diskussion

Die Ergebnisse zur Strukturmodellierung der Fachkompetenz im Ausbildungsberuf Fachinformatiker/-in fügen sich relativ gut in das bisherige Befundmuster zur beruflichen Kompetenzdiagnostik ein. So zeigt sich auch in diesem Ausbildungsberuf eine Ausdifferenzierung des Fachwissens entlang von Inhaltsbereichen der Ausbildung. Etwas überraschend ist jedoch der niedrige empirische Zusammenhang zwischen dem Fachwissen und der fachspezifischen Problemlösefähigkeit, der auch dann in einem vergleichsweise niedrigen Bereich bleibt (r = .32), wenn ausschließlich das inhaltlich affine technische Fachwissen betrachtet wird. Ein ähnliches Bild zeigt sich bei den Elektronikern und Elektronikerinnen für Automatisierungstechnik, bei welchen ebenfalls ausschließlich jene Wissensdimensionen erklärungsrelevant werden, die auch inhaltlich enge Bezüge zu den Anforderungen der Problemlöseaufgaben besitzen (WALKER/LINK/NICKOLAUS 2015). Wir vermuten, dass die schwache Korrelation zwischen dem Fachwissen und der Problemlösefähigkeit durch die Testzuschnitte begünstigt wird. Denkbar wäre, dass bei einer stärkeren inhaltlichen Abstimmung des Fachwissenstests mit dem Problemlösetest höhere Korrelationen beobachtet werden können. Allerdings erfordert die Entwicklung computerbasierter Simulationen enorme zeitliche und finanzielle Ressourcen, die eine Ausweitung auf weitere relevante betriebliche Problemlöseszenarien bisher kaum möglich machte. Zukünftig wäre eine breitere Abdeckung betrieblicher und beruflicher (Problemlöse-)Anforderungen jedoch anzustreben, um eine möglichst umfassende Testung beruflicher Kompetenzen zu ermöglichen.

Obwohl die Datengrundlage darauf hinweist, dass sich das Fachwissen am Ende der Ausbildung in mehrere Dimensionen unterteilen lässt, fällt die latente Korrelation zwischen dem technischen und dem kaufmännischen Wissen mit r = .88 bemerkenswert hoch aus. Ebenfalls hohe Zusammenhänge zwischen dem Wissen in verschiedenen Fachbereichen (Naturwissenschaften, Geisteswissenschaften und Technik) fanden ROLFHUS und ACKERMAN (1999) bei amerikanischen Studierenden und schlossen daraus auf die Existenz eines allgemeinen Wissensfaktors, der so etwas wie die durch Bildung erworbene kristalline Intelligenz abbilden könnte (Cattell 1971).

Im Hinblick auf die Strukturentwicklung des Fachwissens zeigen sich in der vorliegenden Untersuchung Hinweise für eine stärkere Ausdifferenzierung im Ausbildungsverlauf und damit ein ähnliches Bild wie im Ausbildungsberuf Kfz-Mechatroniker/-in (Schmidt u. a. 2014). Diese Ausdifferenzierung entlang von Inhaltsbereichen legt die Vermutung nahe, dass die Art der Lehrplangestaltung bzw. dessen Realisierung einen bedeutsamen Einfluss auf den Wissenserwerb ausübt. Inwieweit unterschiedlich ausgeprägte Interessen der Jugendlichen z. B. für verwaltend-organisatorische oder theoretisch-abstrakt-forschende Tätigkeiten (vgl. Theorie von Holland 1997) hier ebenfalls eine Rolle für die Ausdifferenzierung spielen, kann im Rahmen dieser Untersuchung nicht beantwortet werden und bleibt somit eine Frage für weitere Forschungsvorhaben.

Die generierten Erklärungsmodelle für die berufsfachlichen Kompetenzen am Ausbildungsende bestätigen die bisherige Befundlage weitgehend. Abweichend zeigt sich bei den Fachinformatikern und Fachinformatikerinnen ein direkter Pfad der allgemeinen kognitiven Fähigkeiten auf die beiden Fachwissensdimensionen. Für den weiteren Wissensaufbau im Ausbildungsverlauf bleiben somit neben den bereits vorhandenen Wissensstrukturen kognitive Grundfähigkeiten bedeutsam. Dies könnte darin begründet liegen, dass in der zweiten Ausbildungshälfte komplexe Wissensinhalte gelehrt werden, deren Verständnis und Verwertbarkeit von hohen kognitiven Grundfähigkeiten begünstigt werden.

Trotz der Verwendung eines deutlich erweiterten Instrumentariums zur Erfassung betrieblicher Qualitätsmerkmale mit durchgängig hohen Skalenreliabilitäten zeigen sich keine bedeutsamen Zusammenhänge mit der Leistung in den Fachwissenstests. Da schwach ausfallende Korrelationen zwischen von Auszubildenden eingeschätzten unterrichtlichen Qualitätsmerkmalen und ihren Fachleistungen in den Studien zur beruflichen Bildung mehrfach repliziert und auch in den PISA-Studien für den allgemeinbildenden Bereich dokumentiert wurden (Deutsches Pisa-Konsortium 2000; Prenzel u. a. 2006), in Interventionsstudien mit systematischen Variationen von Qualitätsmerkmalen jedoch substantielle Effekte dokumentiert wurden, verweisen die Ergebnisse auf die Notwendigkeit, künftig bei der Erfassung der Qualitätsmerkmale andere Zugänge zu nutzen als die bisher in solchen Studien präferierte Erfassung über Zuschreibungen der Auszubildenden. Alternative Erhebungsmethoden, die geeigneter scheinen, objektivere Aussagen zu den Qualitätsausprägungen zu gewinnen, sind allerdings in breit angelegten Studien aus Aufwandsgründen kaum praktikabel.

Der Einbezug der schulischen Motivation in das Erklärungsmodell illustriert vor allem den Sachverhalt, dass in den Leistungsdaten des Fachwissenstests bereits motivationale Momente enthalten sind. Die höhere Erklärungskraft der Motivation für das kaufmännische als für das technische Wissen findet sich auch anderenorts (Nickolaus u. a. 2010). Denkbar wäre als Ursache, dass für den Aufbau des technischen Wissens eine größere Pfadabhängigkeit gegeben ist und damit über die Erhöhung der Anstrengungsbereitschaft entstandene Lücken schwerer zu schließen sind. Gestützt wird dieser Gedanke durch die im allgemeinbildenden Bereich dokumentierten Unterschiede motivationaler Einflüsse in mathematisch/naturwissenschaftlichen Fächern einerseits und Fächern wie Sozialkunde andererseits, in welchen der Aufbau der Fachinhalte weniger vorwissensabhängig scheint (KRAPP 1996).

Literatur

ABELE, Stephan: Modellierung und Entwicklung berufsfachlicher Kompetenz in der gewerblich-technischen Ausbildung. Empirische Berufsbildungsforschung Band 1. Stuttgart 2014

ABELE, Stephan; GREIFF, Samuel; GSCHWENDTNER, Tobias; WÜSTENBERG, Sascha; NICKOLAUS, Reinhold; NITZSCHKE, Alexander; FUNKE, Joachim: Dynamische Problemlösekompetenz. Ein bedeutsamer Prädiktor von Problemlöseleistungen in technischen Anforderungskontexten? In: Zeitschrift für Erziehungswissenschaft 15 (2012) 2, S. 363–391

ACKERMAN, Phillip L.: Predicting Individual Differences in Complex Skill Acquisition: Dynamics of Ability Determinants. In: Journal of Applied Psychology 77 (1992), S. 589–613

BUNDESINSTITUT FÜR BERUFSBILDUNG (Hrsg.): Datenreport zum Berufsbildungsbericht 2015 (Vorversion). Bonn 2015 – URL: http://www.bibb.de/datenreport2015 (Stand: 09.02.2015)

BUNDESINSTITUT FÜR BERUFSBILDUNG: „Datenbank Auszubildende" des Bundesinstituts für Berufsbildung (BIBB) auf Basis der Daten der Berufsbildungsstatistik der statistischen Ämter des Bundes und der Länder (Erhebung zum 31. Dezember 2014) – URL: http://www2.bibb.de/bibbtools/tools/dazubi/data/Z/B/30/3318.pdf (Stand: 09.02.2015)

CATTELL, Raymond B.: Abilities: Their structure, growth, and action. New York 1971

DEUTSCHES PISA-KONSORTIUM (Hrsg.): PISA 2000. Basiskompetenzen von Schülerinnen und Schülern im internationalen Vergleich. Opladen 2000

DIETZEN, Agnes; VELTEN, Stefanie; SCHNITZLER, Annalisa; SCHWERIN, Christine; NICKOLAUS, Reinhold; GÖNNENWEIN, Annette; NITZSCHKE; Alexander; LAZAR, Andreas: Einfluss der betrieblichen Ausbildungsqualität auf die Fachkompetenz in ausgewählten Berufen (Aqua.Kom). Abschlussbericht Bonn 2014 – URL: https://www2.bibb.de/bibbtools/tools/fodb/data/documents/pdf/eb_22302.pdf (Stand: 09.02.2015)

DÖRING, Ottmar; WITTMANN, Eveline; WEYLAND, Ulrike; NAUERTH, Annette; HARTIG, Johannes; KASPAR, Roman; MÖLLERS, Michaela; REICHENBACH, Simone; SIMON, Julia; WOROFKA, Iberé; KRAUS, Kristina: Technologiebasierte Messung von beruflichen Kompetenzen für die Pflege älterer Menschen: berufsfachliche Kompetenzen, allgemeine Kompetenzen und Kontextfaktoren (TEMA). In: BECK, Klaus; LANDENBERGER, Margarete; OSER, Fritz (Hg.): Technologiebasierte Kompetenzmessung in der beruflichen Bildung. Ergebnisse aus der BMBF-Förderinitiative ASCOT. Bielefeld 2016, S. 243–264

GÖNNENWEIN, Annette; NITZSCHKE, Alexander; SCHNITZLER, Annalisa: Fachkompetenzerfassung in der gewerblichen Ausbildung am Beispiel des Ausbildungsberufs Mechatroniker/-in. In: Berufsbildung in Wissenschaft und Praxis 40 (2011) 5, S. 14–18

HU, Litze; BENTLER, Peter M.: Cutoff Criteria for Fit Indexes in Covariance Structure Analysis: Conventional Criteria Versus New Alternatives. In: Structural Equation Modeling 6 (1999) 1, S. 1–55

HOLLAND, John L.: Making vocational choices: A theory of vocational personalities and work environments (3rd ed.). Odessa: FL 1997

KRAPP, Andreas: Psychologische Bedingungen naturwissenschaftlichen Lernens: Untersuchungsansätze und Befunde zu Motivation und Interesse. In: DUIT, Reinders; RHÖNECK, Christoph von (Hrsg.): Lernen in den Naturwissenschaften. Beiträge zu einem Workshop an der Pädagogischen Hochschule Ludwigsburg. Kiel 1996, S. 37–68

KULTUSMINISTERKONFERENZ (KMK): Rahmenlehrplan für den Ausbildungsberuf Fachinformatiker/Fachinformatikerin. Beschluss der Kultusministerkonferenz vom 25.4.1997

LEHMANN, Rainer H.; SEEBER, Susan: ULME III – Untersuchungen von Leistungen, Motivation und Einstellungen der Schülerinnen und Schüler in den Abschlussklassen der Berufsschulen. Hamburg 2007

MAIER, Annette; NITZSCHKE, Alexander; NICKOLAUS, Reinhold; SCHNITZLER, Annalisa; VELTEN, Stefanie; DIETZEN, Agnes: Der Einfluss schulischer und betrieblicher Ausbildungsqualität auf die Entwicklung des Fachwissens. In: STOCK, Michaela u. a. (Hrsg.): Kompetent – wofür? Life Skills – Beruflichkeit – Persönlichkeitsbildung – Beiträge zur Berufsbildungsforschung. Innsbruck 2015, S. 225–243

MUTHÉN, Linda K.; MUTHÉN, Bengt O.: Mplus. Statistical Analysis With Latent Variables. User's Guide. Los Angeles 2010

NICKOLAUS, Reinhold; GEISSEL, Bernd; GSCHWENDTNER, Tobias: Entwicklung und Modellierung beruflicher Fachkompetenz in der gewerblich-technischen Grundbildung. In: Zeitschrift für Berufs- und Wirtschaftspädagogik 104 (2008) 1, S. 48–73

NICKOLAUS, Reinhold; ROSENDAHL, Johannes; GSCHWENDTNER, Tobias; GEISSEL, Bernd; STRAKA, Gerald A.: Erklärungsmodelle zur Kompetenz- und Motivationsentwicklung bei Bankkaufleuten, Kfz-Mechatronikern und Elektronikern. In: Zeitschrift für Berufs- und Wirtschaftspädagogik Beiheft 23 (2010), S. 73–87

NICKOLAUS, Reinhold; GEISSEL, Bernd; ABELE, Stephan; NITZSCHKE, Alexander: Fachkompetenzmodellierung und Fachkompetenzentwicklung bei Elektronikern für Energie- und Gebäudetechnik im Verlauf der Ausbildung – Ausgewählte Ergebnisse einer Längsschnittstudie. In: Zeitschrift für Berufs- und Wirtschaftspädagogik Beiheft 25 (2011), S. 77–94

NICKOLAUS, Reinhold; ABELE, Stephan; GSCHWENDTNER, Tobias; NITZSCHKE, Alexander; GREIFF, Samuel: Fachspezifische Problemlösefähigkeit in gewerblich-technischen Ausbildungsberufen – Modellierung, erreichte Niveaus und relevante Einflussfaktoren. In: Zeitschr. f. Berufs- und Wirtschaftspädagogik 108 (2012) 2, S. 243–272

NICKOLAUS, Reinhold; SEEBER, Susan: Berufliche Kompetenzen: Modellierungen und diagnostische Verfahren. In: FREY, Andreas; LISSMANN, Urban; SCHWARZ, Bernd (Hrsg.): Handbuch Berufspädagogische Diagnostik. Weinheim 2013, S. 166–195

NICKOLAUS, Reinhold; ABELE, Stephan, ALBUS, Axana: Technisches Vorwissen als Prädiktor für die berufsfachliche Kompetenzentwicklung in gewerblich-technischen Berufen. In: WINDELBAND, Lars; KRUSE, Stefan (Hrsg.): Technik im Spannungsfeld der Allgemeinen und Beruflichen Bildung: Erste Fachtagung der Technischen Bildung in Baden-Württemberg. Hamburg 2015, S. 9–29

PETERSEN, A. Willi; WEHMEYER, Carsten: Die neuen IT-Berufe auf dem Prüfstand. Erste Ergebnisse der bundesweiten IT-Studie. In: Berufsbildung in Wissenschaft und Praxis 29 (2000) 6, S. 13–18

PETSCH, Cordula; NORWIG, Kerstin; NICKOLAUS, Reinhold: Kompetenzförderung leistungsschwächerer Jugendlicher in der beruflichen Bildung – Förderansätze und ihre Effekte. In: Zeitschrift für Erziehungswissenschaft 17 (2014) 1, S. 81–101

PETSCH, Cordula; NORWIG, Kerstin; NICKOLAUS, Reinhold: Berufsfachliche Kompetenzen in der Grundstufe Bautechnik – Strukturen, erreichte Niveaus und relevante Einflussfaktoren. In: RAUSCH, Andreas u. a. (Hrsg.): Konzepte und Ergebnisse ausgewählter Forschungsfelder der beruflichen Bildung – Festschrift zum 65. Geburtstag von Detlef Sembill. Baltmannsweiler 2015, S. 59–88

PRENZEL, Manfred; BAUMERT, Jürgen; BLUM, Werner; LEHMANN, Rainer; LEUTNER, Detlev; NEUBRAND, Michael; PEKRUN, Reinhard; ROST, Jürgen; SCHIEFELE, Ulrich: PISA 2003. Untersuchungen zur Kompetenzentwicklung im Verlauf eines Schuljahres. Münster 2006

PRENZEL, Manfred; KRISTEN, Alexandra; DENGLER, Petra; ETTLE, Roland; BEER, Thomas: Selbstbestimmt motiviertes und interessiertes Lernen in der kaufmännischen Erstausbildung. In: Zeitschrift für Berufs- und Wirtschaftspädagogik Beiheft 13 (1996), S. 108–127

ROLFHUS, Eris L.; ACKERMAN, Phillip L.: Assessing Individual Differences in Knowledge: Knowledge, Intelligence, and Related Traits. In: Journal of Educational Psychology 9 (1999) 3, S. 511–526

SCHMIDT, Thomas; NICKOLAUS, Reinhold; WEBER, Wolfgang: Modellierung und Entwicklung des fachsystematischen und handlungsbezogenen Fachwissens von Kfz-Mechatronikern. In: Zeitschrift für Berufs- und Wirtschaftspädagogik 110 (2014) 4, S. 549–574

SEEBER, Susan; LEHMANN, Rainer: Determinanten der Fachkompetenz in ausgewählten gewerblich-technischen Berufen. In: Zeitschrift für Berufs- und Wirtschaftspädagogik Beiheft 25 (2011), S. 95–112

SEEBER, Susan; SCHUMANN, Matthias; KETSCHAU, Thilo J.; RÜTER, Theresa; KLEINHANS, Janne: Modellierung und Messung von Fachkompetenzen Medizinischer Fachangestellter (CoSMed). In: BECK, Klaus; LANDENBERGER, Margarete; OSER, Fritz (Hg.): Technologiebasierte Kompetenzmessung in der beruflichen Bildung. Ergebnisse aus der BMBF-Förderinitiative ASCOT. Bielefeld 2016, S. 205–224

SPÖTTL, Georg; BECKER, Matthias; MUSEKAMP, Frank: Anforderungen an Kfz-Mechatroniker und Implikationen für die Kompetenzerfassung. In: Zeitschrift für Berufs- und Wirtschaftspädagogik Beiheft 25 (2011), S. 37–53

VELTEN, Stefanie; SCHNITZLER, Annalisa: Inventar zur betrieblichen Ausbildungsqualität (IBAQ). In: Zeitschrift für Berufs- und Wirtschaftspädagogik 108 (2012) 4, S. 511–527

WALKER, Felix; LINK, Nico; NICKOLAUS, Reinhold: Berufsfachliche Kompetenzstrukturen bei Elektronikern für Automatisierungstechnik am Ende der Berufsausbildung. In: Zeitschrift für Berufs- und Wirtschaftspädagogik 111 (2015) 2, S. 222–241

WEISS, Rudolf H.: Grundintelligenztest Skala 2 – Revision – Manual (CFT 20-R). Göttingen 2006

WINTHER, Esther; ACHTENHAGEN, Frank: Skalen und Stufen kaufmännischer Kompetenz. In: Zeitschrift für Berufs- und Wirtschaftspädagogik 105 (2009) 4, S. 521–556

WU, Margaret L.; ADAMS, Raymond J.; WILSON, Mark R.; HALDANE, Samuel A.: ACER ConQuest. Version 2.0. Generalised Item Response Modelling Software. Camberwell 2007

ZIMMERMANN, Matthias; MÜLLER, Wolfgang; WILD, Klaus-Peter: Das „Mannheimer Inventar zur Erfassung betrieblicher Ausbildungssituationen" (MIZEBA). In: Zeitschrift für Berufs- und Wirtschaftspädagogik 95 (1999) 3, S. 373–402

ZINKE, Gert; SCHENK, Harald; WASILJEW, Elke: Berufsfeldanalyse zu industriellen Elektroberufen als Voruntersuchung zur Bildung einer möglichen Berufsgruppe. Abschlussbericht. Bonn 2014

Bildungsbereichsübergreifende Ansätze der Beschreibung, Anerkennung und Anrechnung von Kompetenzen

Kim-Maureen Wiesner

Anerkennung und Anrechnung beruflicher Kompetenzen auf Hochschulstudiengänge – Eine Sisyphus-Aufgabe?

In den vergangenen Jahren wurden erneut verstärkte Bemühungen um eine Anerkennung und Anrechnung beruflich erworbener Kompetenzen auf Hochschulstudiengänge angestellt – sowohl auf Bundes- und Länder- als auch Hochschul-Ebene. Während auf formaler Ebene eine bundesweite Verankerung von Anerkennungs- und Anrechnungsmöglichkeiten erreicht werden konnte und im Rahmen von Modellprogrammen, wie z. B. der vom Bundesministerium für Bildung und Forschung (BMBF) geförderten ANKOM-Initiative, erfolgreich entsprechende Verfahren entwickelt wurden, zeigen jüngste Untersuchungen, dass deren Anwendung sich in der Hochschulpraxis weiterhin auf Einzelfälle beschränkt. Der vorliegende Beitrag stellt mögliche Ursachen hierfür heraus und geht der Frage nach, ob es sich bei der Schaffung durchlässiger Strukturen womöglich um eine unlösbare Aufgabe handelt.

Schlagworte: ANKOM, Anerkennung, Anrechnung, Durchlässigkeit, beruflich Qualifizierte

1. Anerkennung und Anrechnung in Deutschland – Zwischen bildungspolitischem Anspruch und Wirklichkeit der Bildungspraxis

Die Diskussion um ein Konzept des lebenslangen Lernens gewinnt seit Veröffentlichung des „Memorandums über Lebenslanges Lernen" der Kommission der Europäischen Gemeinschaften (EG) im Jahr 2000 immer weiter an Antrieb. Damit verbunden sind Bemühungen, die Durchlässigkeit zwischen den verschiedenen Bildungssystemen zu erhöhen, um individuelle Berufsbiografien zu ermöglichen und gleichzeitig dem demografisch bedingten Fachkräftemangel entgegenwirken zu können. Im Zuge dessen sind in Deutschland innerhalb der letzten Jahre verstärkt Modelle zur Anerkennung und Anrechnung beruflicher Kompetenzen auf Hochschulstudiengänge entwickelt und erprobt worden. Wichtige politische Meilensteine für diese Entwicklung stellen vor allem die Beschlüsse der Kultusministerkonferenz (KMK) zur „Anrechnung von außerhalb des Hochschulstudiums erworbenen Kenntnissen und Fähigkeiten auf ein Hochschulstudium I & II" (2002 und 2008) sowie der KMK-Beschluss zum „Hochschulzugang für beruflich qualifizierte Bewerber ohne Hochschulzugangsberechtigung" (2009) dar. Da eine Umsetzung entsprechender Beschlüsse vor 2012 jedoch nur vereinzelt – vorwiegend im Rahmen von Modellprojekten – feststellbar war, blieb Deutschland in Bezug auf die Umsetzung eines Konzeptes des lebenslangen Lernens, insbesondere hinsichtlich einer Anerkennungs- und Anrechnungspraxis, im europäischen Vergleich lange Zeit hinter Ländern wie Großbritannien, Frankreich und Norwegen zurück, wenngleich auf formaler Ebene bereits Rahmenbedingungen für eine Umsetzung geschaffen worden waren. Dies zeigt u. a. der Bologna Process Stocktaking Report für das Jahr 2009 (RAUHVARGERS/DEANE/PAUWELS 2009). Dieser basiert auf Analysen der Bologna Follow-up Group (BFUG), einer Arbeitsgruppe auf europäischer Ebene, die seit Unterzeichnung der Bologna-Erklärung im Jahr 1999 regelmäßig die Umsetzung der darin enthaltenen Forderungen durch die beteiligten Länder überprüft. Wie der Bologna Process Implementation Report von 2012 zeigt (BFUG REPORTING WORK GROUP 2012, S. 142 ff.), konnte Deutschland dank der Aktivitäten der vergangenen Jahre im europäischen Vergleich deutlich aufholen. Im nationalen Kontext zeigt sich jedoch, dass eine Diskrepanz zwischen bildungspolitischem Anspruch und Wirklichkeit der Bildungspraxis und somit weiterhin ein erheblicher Entwicklungsbedarf bei der Realisierung und Implementierung von Anerkennungs- und Anrechnungsverfahren besteht.

Aktuelle Studien, wie z. B. die AnHoSt-Studie „Anrechnungspraxis in Hochschulstudiengängen" (HANFT u. a. 2014), kommen zu dem Ergebnis, dass eine praktische Umsetzung von Anrechnungsverfahren an deutschen Hochschulen nur in Einzelfällen stattfindet und keinesfalls die Regel darstellt. Hinsichtlich derartiger Ergebnisse stellt sich die Frage, warum eine Anrechnung beruflich erworbener Kompetenzen auf Hochschulstudiengänge in Deutschland kaum umgesetzt wird, obwohl bereits seit mehr als einer Dekade rechtliche Rahmenbedingungen existieren und über eine Vielzahl an Modellprojekten entsprechende Verfahren erprobt werden. Welche Problematiken ergeben sich konkret aus der gegenseitigen Anerkennung und Anrechnung von Kompetenzen zwischen zwei Teilsystemen, die in ihren institutionellen Strukturen durch Andersartigkeit geprägt sind? Welches Interesse verfolgen die einzelnen Bildungsbereiche, und warum spielt der Durchlässigkeitsaspekt für die berufliche Bildung eine so große Rolle? Diesen Fragen soll im Folgenden nachgegangen werden. Dabei gilt es herauszufinden, ob und vor allem wie bestehende Hindernisse überwunden werden können.

Um die Diskrepanz zwischen bildungspolitischem Anspruch und Wirklichkeit der Bildungspraxis zu verdeutlichen, sollen jedoch zunächst die Entwicklungen auf formaler Ebene dargestellt und anschließend Problematiken bei der praktischen Umsetzung identifiziert werden.

2. Die Schaffung formaler Rahmenbedingungen auf Bundes- und Länderebene

Die Anerkennung und Anrechnung beruflicher Kompetenzen auf Hochschulstudiengänge ist nicht erst seit gestern Thema der bildungspolitischen Debatte in Deutschland. Blicken wir zunächst auf den Aspekt der Anerkennung im Sinne einer Hochschulzulassung für beruflich Qualifizierte ohne schulisch erworbene Hochschulzugangsberechtigung (HZB). Nickel und Leusing gehen so weit, das Studium ohne Abitur als „Dauerbrenner deutscher Bildungsdebatten" (NICKEL/LEUSING 2009, S. 16) zu bezeichnen. Bereits in den 1970er-Jahren wurden in Niedersachsen über die Einführung der sogenannten Z-Prüfung oder auch Immaturenprüfung, einer Prüfung für den Erwerb der fachbezogenen HZB nach beruflicher Vorbildung, Bemühungen angestellt, das Hochschulsystem für beruflich Qualifizierte zu öffnen (vgl. MINKS 2011, S. 25). Diesem Beispiel folgten im Laufe der folgenden Jahrzehnte weitere Bundesländer, wenn auch mit großen Unterschieden in der Ausgestaltung. Rechtliche Grundlage für diese Entwicklung bietet bis heute § 27, Abs. 2 des 1976 in Kraft getretenen Hochschulrahmengesetzes (vgl. DILLER u. a. 2011, S. 83). Die tatsächliche Inanspruchnahme der Möglichkeit eines Studiums ohne Abitur fiel jedoch verschwindend gering aus. Weiteren Aufschwung erfuhr die Thematik in den 1990er-Jahren mit der Forderung vonseiten großer Wirtschaftsorganisationen, die Berufsausbildung als gleichwertig zu der schulischen Bildung der Sekundarstufe II anzuerkennen (vgl. NICKEL/LEUSING, S. 17). Bis mit dem KMK-Beschluss zum „Hochschulzugang für beruflich qualifizierte Bewerber ohne Hochschulzugangsberechtigung" im Jahr 2009 schließlich erstmalig von zentraler Stelle die Forderung nach einer Ausweitung sowie bundeseinheitlichen Regelung der Anerkennung beruflicher Kompetenzen im Kontext des Hochschulzugangs laut wurde, mussten jedoch weitere Entwicklungen in die Debatte einfließen: zum einen die sich von Jahr zu Jahr zuspitzenden Prognosen bezüglich eines Fachkräfteengpasses infolge des demografischen Wandels der deutschen Bevölkerung, zum anderen die von der Organisation für wirtschaftliche Zusammenarbeit und Entwicklung (OECD) seit 1996 anhaltend bemängelte niedrige Akademikerquote in Deutschland sowie den 1997 im Rahmen der Lisbon Recognition Convention beschlossenen Aufbau eines europäischen Bildungsraumes (vgl. NICKEL/LEUSING, S. 17). Ebenfalls von zentraler Bedeutung in diesem Kontext ist das im Jahr 2000 von der EG veröffentlichte „Memorandum über Lebenslanges Lernen", zu dessen Hauptforderungen ein verbesserter Zugang zu Bildung und Bildungsabschlüssen für alle Bevölkerungsgruppen zählt (EG 2000, S. 4 f.). In den Jahren 2009 bis 2012 folgte der Großteil der Länder dem KMK-Beschluss von 2009 und nahm entsprechende Paragraphen bezüglich einer Hochschulzulassung ohne schulisch erworbene HZB in ihre jeweiligen Hochschulgesetze auf. Seit 2014 schließlich sind entsprechende Paragraphen in den Hochschulgesetzen aller Bundesländer verankert.

Auch wenn die einzelnen Länder die Bedingungen der Zulassung für beruflich Qualifizierte seither nach und nach anpassen, bestehen weiterhin zum Teil recht unterschiedliche

Zugangsvoraussetzungen. Während der Nachweis bestimmter Fortbildungsabschlüsse, wie z. B. Meister im Handwerk, der der Stufe 6 des Deutschen Qualifikationsrahmens (DQR) zugeordnet und somit als gleichwertig zu einem Bachelor-Abschluss anzusehen ist[1], in allen Bundesländern eine allgemeine HZB verleiht, berechtigt eine abgeschlossene Berufsausbildung mit anschließender Berufserfahrung in der Regel ausschließlich zu einem fachgebundenen Studium. Welche Mindestdauer für Ausbildung und Berufserfahrung vorausgesetzt werden, unterscheidet sich ebenfalls. Müssen beruflich Qualifizierte in Niedersachsen eine mindestens dreijährige Berufsausbildung plus eine mindestens dreijährige Berufserfahrung vorweisen, genügt in Brandenburg bereits eine zweijährige Berufspraxis nach absolvierter Ausbildung. Darüber hinaus existieren weitere Zugangsvoraussetzungen für einzelne Bundesländer, wie beispielsweise das Ablegen einer Eignungsprüfung in Thüringen, obligatorische Beratungsgespräche vor Einschreibung in Bayern oder ein Gesamtnotenschnitt des Berufsabschlusses von 2,5 oder besser in Rheinland-Pfalz. Insgesamt sieben Bundesländer[2] bieten inzwischen eine weitere Besonderheit im Zulassungskontext: Auf Grundlage der „Ländergemeinsamen Strukturvorgaben für die Akkreditierung von Bachelor- und Masterstudiengängen" (KMK 2010) wurde hier der formale Rahmen geschaffen, über einen beruflichen Fortbildungsabschluss sowie entsprechende Berufspraxis und nach Ablegen einer Eignungsprüfung direkt zu einem weiterbildenden oder künstlerischen Masterstudiengang zugelassen zu werden, ohne zuvor ein Bachelorstudium absolviert zu haben (vgl. HANFT u. a. 2014, S. 42 f.).

Mit dem Ziel, eine Orientierung in dieser unüberschaubaren Landschaft an länderspezifischen Regelungen zu bieten, hat die wissenschaftliche Begleitung der BMBF-Initiative „ANKOM – Anrechnung beruflicher Kompetenzen auf Hochschulstudiengänge" 2010 eine „Liste der Fortbildungsabschlüsse, deren Inhaberinnen und Inhaber auf Grundlage des KMK Beschlusses eine allgemeine Hochschulzugangsberechtigung erhalten sollen" (ANKOM 2010) veröffentlicht. Mit dem gleichen Ziel brachte das Centrum für Hochschulentwicklung (CHE) im Januar 2013 das Online-Portal www.studieren-ohne-abitur.de an den Start. Hier finden sich alle relevanten bundeslandspezifischen Informationen rund um das Thema, die regelmäßig aktualisiert werden.

Dass sich eine positive Entwicklung für die Anerkennung beruflicher Kompetenzen auf Hochschulstudiengänge ausmachen lässt, zeigt sich vor allem an den stetig steigenden Zahlen der Studienanfänger/-innen ohne schulisch erworbene HZB an deutschen Hochschulen innerhalb der letzten zwei Dekaden, wenngleich der Anteil von 2,60 % (vgl. CHE 2015) im

---

1   Dass ein Bildungsabschluss, der laut DQR-Einstufung gleichwertig zu einem Bachelor-Abschluss zu betrachten ist, lediglich zum Hochschulzugang berechtigt, erklärt sich dadurch, dass eine Gleichwertigkeit, nicht aber eine Gleichartigkeit vorliegt und somit die Inhalte des Studiums weiterhin zu vermitteln bleiben: „Gleichwertigkeit zwischen beruflicher und hochschulischer Bildung macht deutlich, dass Qualifikationen, die auf beruflichen und hochschulischen Bildungswegen erworben wurden, im Hinblick auf das erreichte Lernniveau gleich bewertet werden können, obwohl sie im Bezug auf die Inhalte nicht gleichartig sind, also erhebliche Unterschiede aufweisen können" (GEBRANDE 2011, S. 21).

2   Bei den Bundesländern handelt es sich um Bremen, Hamburg, Hessen, Mecklenburg-Vorpommern, Rheinland-Pfalz, Sachsen-Anhalt und Schleswig-Holstein.

Jahr 2013 immer noch sehr gering scheint. Zu berücksichtigen ist in diesem Zusammenhang jedoch auch der starke Anstieg der Schulabsolventinnen und Schulabsolventen mit Abitur oder Fachhochschulreife. Lag die Studienberechtigtenquote im Jahr 1985 noch bei 28,8 % (vgl. WISSENSCHAFTSRAT 2014, S. 51), so stieg sie bis 2012 auf 57,3 % an (AGBB 2014, S. 91). Mehr als die Hälfte aller Schulabsolventinnen und Schulabsolventen eines Jahrgangs schließen also inzwischen mit dem Abitur oder der Fachhochschulreife ab.

Parallel zu den Entwicklungen im Bereich des Hochschulzugangs für beruflich Qualifizierte ohne schulisch erworbene HZB haben sich rechtliche Regelungen und Aktivitäten im Bereich der Anrechnung beruflicher Kompetenzen herausgebildet, da beide Prozesse im Kontext der Debatte um durchlässige Bildungssysteme in engem Zusammenhang stehen. Auf Basis der ebenfalls im „Memorandum über Lebenslanges Lernen" formulierten Forderung nach der Entwicklung von Verfahren zur Anrechnung von Lernleistungen hat die KMK im Jahr 2002 einen Beschluss zur „Anrechnung von außerhalb des Hochschulwesens erworbenen Kenntnissen und Fähigkeiten auf ein Hochschulstudium (I)" veröffentlicht. Da eine Umsetzung dieses Beschlusses in den Folgejahren lediglich vereinzelt im Rahmen von Modellprojekten erkennbar war, schlossen sich 2003 die „Empfehlungen des Bundesministeriums für Bildung und Forschung, der Konferenz der Kultusminister der Länder und der Hochschulrektorenkonferenz an die Hochschulen zur Vergabe von Leistungspunkten in der beruflichen Fortbildung und Anrechnung auf ein Hochschulstudium" sowie 2008 ein weiterer Beschluss der KMK zur „Anrechnung von außerhalb des Hochschulwesens erworbenen Kenntnissen und Fähigkeiten auf ein Hochschulstudium (II)" an, durch die die Hochschulen erneut aufgefordert wurden, den KMK-Beschluss von 2002 umzusetzen. Den Hochschulen wurde deutlich gemacht, dass sie verpflichtet sind, von den bestehenden Möglichkeiten der Anrechnung Gebrauch zu machen und diese in den jeweiligen Prüfungsordnungen zu verankern. Auch die 2010 von der KMK umfassend überarbeiteten „Ländergemeinsamen Strukturvorgaben für die Akkreditierung von Bachelor- und Masterstudiengängen", in die diese Anrechnungsverpflichtung aufgenommen wurde, haben dazu beigetragen, dass bis heute alle Bundesländer entsprechende Paragraphen in ihre jeweiligen Hochschulgesetze aufgenommen haben. Diese stecken den Rahmen der Anrechnung ab, haben jedoch keinen derart verbindlichen Charakter wie die Regelungen zur Anerkennung, da die Entscheidung, ob und in welchem Maße Anrechnungsverfahren in der Praxis Anwendung finden, bei den einzelnen Hochschulen liegt. Um sicherzustellen, dass dennoch jede Hochschule zumindest formal die Möglichkeit bietet, ist ein Fehlen von Anrechnungsverfahren im Rahmen der Studiengangakkreditierung bzw. -reakkreditierung seit dem 01.01.2015 mit einer Beauflagung verbunden (vgl. AKKREDITIERUNGSRAT 2014).

Durch die politischen Entwicklungen der vergangenen Jahre konnte somit der formale Rahmen geschaffen werden, Anerkennung und Anrechnung beruflicher Kompetenzen im deutschen Hochschulsystem zu verankern. Es wird jedoch deutlich, dass dies allein nicht ausreicht, um Anerkennungs- und Anrechnungsprozesse gleichermaßen in der Praxis zu etablieren. Bildungsanbieter wie auch Bildungsaspirantinnen und Bildungsaspiranten sind mit einer unüberschaubaren Vielfalt an Regelungen und Verfahren konfrontiert, was bei allen Beteiligten zu einer Verunsicherung im Umgang mit Anerkennungs- und Anrechnungsprozessen führt und insbesondere bei den Anbietern, sprich den Hochschulen, eine Zurückhaltung gegenüber deren Nutzung noch bestärken kann. Die Hauptproblematik bei der Implementierung einer Anerkennungs- und Anrechnungspraxis an deutschen Hochschulen ergibt sich jedoch durch die strukturelle Andersartigkeit von Hochschule und Berufsbildung sowie die jeweils unterschiedlichen leitenden Interessen, auf die im Folgenden näher eingegangen werden soll.

3. „Leichter gesagt als getan!" – Problematiken der Umsetzung von Anerkennungs- und Anrechnungsverfahren in der Praxis

Um die Möglichkeiten der Umsetzung von Anerkennungs- und Anrechnungsprozessen nicht nur auf theoretischer Ebene zu diskutieren, sondern schließlich auch in der Praxis zu erproben, wurden in den vergangenen Jahren diverse Programme auf Bundes- und Länderebene installiert. Mit der BMBF-geförderten ANKOM-Initiative beispielsweise ist 2005 unter dem Titel „Anrechnung beruflicher Kompetenzen auf Hochschulstudiengänge" das erste bundesweite Modellprogramm zu der Entwicklung von Anrechnungsverfahren an den Start gegangen.[3] Bis 2008 arbeiteten hier in einer ersten Förderphase insgesamt elf Entwicklungsprojekte unter der Zielstellung, Methoden zur Lernergebnisbeschreibung und Äquivalenzfeststellung sowie auf deren Grundlage Verfahren einer qualitätsgesicherten Anrechnung zu entwickeln.[4] Im Vordergrund stand dabei jedoch zunächst die Frage nach der Machbarkeit. Bis dato lagen in Deutschland keine aus der Praxis heraus generierten Antworten auf die Frage vor, ob es – wie in der Theorie bereits angenommen – „trotz der unterschiedlichen Bildungssettings der beruflichen und hochschulischen Bildung Schnittmengen an gleichwertigen Lernergebnissen gibt" (STAMM-RIEMER/LOROFF/HARTMANN 2011, Vorwort). Dass es diese gibt und eine Anrechnung beruflicher Kompetenzen auf Hochschulstudiengänge somit in der Praxis machbar ist, ist als ein zentrales Ergebnis der Projektarbeit herauszustellen. Weitere Ergebnisse der ANKOM-Projektarbeit, denen eine bedeutsame Rolle bei der Schaffung eines durchlässigen Bildungssystems zukommt, sind:

- ▶ das Vorliegen erprobter Methoden zur Lernergebnisbeschreibung sowie zur Äquivalenzfeststellung beruflicher und hochschulischer Lernergebnisse,
- ▶ das Vorliegen erprobter Verfahren einer pauschalen, einer individuellen sowie einer kombinierten Anrechnung und
- ▶ das Vorliegen eines qualitätssichernden Instrumentes in Form einer Anrechnungsleitlinie.

---

3 Wissenschaftlich begleitet wurde die ANKOM-Initiative vom Deutschen Zentrum für Hochschul- und Wissenschaftsforschung (DZHW; ehemals HIS) in Kooperation mit dem Institut für Innovation und Technik (iit) der VDI/VDE-IT. Projektträger war das Bundesinstitut für Berufsbildung (BIBB).

4 Zwischen 2008 und 2011 gab es eine zweite Förderphase, die der Dissemination der Ergebnisse sowie der Implementierung und dem Transfer der entwickelten Verfahren innerhalb und außerhalb der eigenen Institutionen diente.

Es hat sich herausgestellt, dass es aufgrund unterschiedlicher Ausrichtungen und struktureller Rahmenbedingungen einzelner Studiengänge nicht ein universelles Verfahren von Lernergebnisbeschreibung, Äquivalenzprüfung und Anrechnung für alle Studiengänge geben kann, sondern jeweils Anpassungen notwendig sind. An erster Stelle zeigt sich dieses bereits bei der für die Lernergebnisbeschreibung grundlegenden Kompetenzdefinition. Statt sich eines gemeinsamen Kompetenzbegriffs zu bedienen, hat ein Großteil der Entwicklungsprojekte gängige Kompetenzbegriffe nach Erpenbeck und Heyse oder dem Europäischen Qualifikationsrahmen (EQR)[5] an projekt- oder auch fachspezifische Erfordernisse angepasst oder sogar gänzlich auf diesen verzichtet (vgl. STAMM-RIEMER/LOROFF/HARTMANN 2011, S. 16 f.). Ebenso verhält es sich mit den sowohl für die Lernergebnisbeschreibung als auch im nächsten Schritt die Äquivalenzprüfung herangezogenen Referenzsystemen. Da unterschiedliche Referenzsysteme von den einzelnen ANKOM-Projekten herangezogen wurden, sind in logischer Konsequenz auch unterschiedliche Verfahren der Äquivalenzprüfung und somit letztlich auch der Anrechnung entstanden, was die bereits auf formaler Ebene herrschende Unübersichtlichkeit der Anrechnungsmöglichkeiten und die Unsicherheit im Umgang mit diesen noch verstärkt. Um dennoch einem hohen Qualitätsanspruch gerecht zu werden, wurden von der wissenschaftlichen Begleitung aus der Projektarbeit heraus generalisierbare Aspekte ermittelt und auf Grundlage dessen – unter Berücksichtigung von Beschlüssen und Empfehlungen auf Bundesebene sowie Praxiserfahrungen aus dem Ausland – Qualitätsstandards formuliert. Diese wurden im Rahmen einer Anrechnungsleitlinie, die gemeinsam mit dem Akkreditierungsrat, den Akkreditierungsagenturen sowie weiteren Expertinnen und Experten diskutiert wurde, veröffentlicht. Sie „stellen eine Mindestanforderung an qualitätsgesicherte Anrechnung dar und sind daher im Umfang und Detaillierungsgrad erweiterbar" (BUHR u. a. 2010, S. 6 f.). Sowohl die Erfahrungen der Entwicklungsprojekte mit der Erarbeitung und Implementierung von Anrechnungsverfahren als auch insbesondere die Veröffentlichung der Anrechnungsleitlinie haben dazu beigetragen, dass auch über die Projekte hinaus nach und nach Anrechnungsverfahren an Hochschulen im gesamten Bundesgebiet implementiert wurden, da den Hochschulen somit das nötige Instrumentarium an die Hand gegeben wurde.

Dass die Anwendung von Anrechnungsverfahren in der Hochschulpraxis jedoch bis heute keinen Regelfall darstellt und von Intransparenz gekennzeichnet ist, zeigen u. a. die Ergebnisse von HANAK und STURM (2014) sowie HANFT u. a. (2014). Insbesondere in grundständigen Bachelor- sowie konsekutiven Masterstudiengängen öffentlicher Hochschulen bleibt die Anrechnung beruflich erworbener Kompetenzen zumeist eine Ausnahme, wohingegen sie in weiterbildenden Studiengängen und insgesamt bei den privaten (Fach-)Hochschulen häufiger Anwendung findet (vgl. HANFT u. a. 2014, S. III u. S. 92). Hierfür können verschiedene Gründe angenommen werden.

---

5   Während „Kompetenz" bei Erpenbeck und Heyse einen übergeordneten Begriff beschreibt, sind im EQR „Wissen", „Fertigkeiten" und „Kompetenzen" als Formen von Lernergebnissen dem Qualifikationsbegriff untergeordnet (vgl. ERPENBECK/HEYSE 2007, S. 163; EU 2008, S. 4).

Seit Jahrhunderten handelt es sich bei der Hochschul- und der Berufsbildung um zwei klar voneinander getrennte Bildungsbereiche, die sich nicht nur in ihrem Selbstverständnis, das auf den jeweils ursprünglichen Bildungsaufträgen basiert, sondern ebenso in den ihnen zugrunde liegenden politischen Ordnungsprinzipien, ihrer Finanzierung, ihren Zielen, der Gestaltung der Lernprozesse und hiermit auch verbunden ihrem Kompetenzverständnis unterscheiden (vgl. BAETHGE 2007, S. 16). Für diesen Umstand prägt Baethge den Begriff des „deutschen Bildungs-Schismas", innerhalb dessen sich lange Zeit „eine(r) praxisferne(n) Allgemeinbildung [und] eine ‚bildungsferne' Praxis der Berufsbildung" (BAETHGE 2007, S. 17) gegenüberstanden und teilweise immer noch gegenüberstehen. Die veränderten Qualifikationsanforderungen des 21. Jahrhunderts sowie der demografische Wandel machten jedoch europaweit ein Umdenken hinsichtlich der Herstellung von Beschäftigungsfähigkeit (Employability) erforderlich, was u. a. im Rahmen des Lissabon-Prozesses, der im Jahr 2000 beschlossen wurde, auch für Deutschland zu einer verbindlichen Aufgabe wurde (vgl. EU 2010). Die Bildungsaufträge der bisher starr voneinander abgegrenzten Bildungsbereiche unterliegen infolgedessen einem Wandel dahingehend, dass akademische Bildung nun nicht mehr per se „praxisfern" und berufliche Bildung nicht per se „bildungsfern" sein kann, sondern beide Teilsysteme Elemente einer Allgemeinbildung sowie auch beruflicher Handlungskompetenz kombinieren müssen. Dass also Fachhochschulen prinzipiell aufgeschlossener hinsichtlich einer Anerkennungs- und Anrechnungspraxis sind als Universitäten, ist nicht verwunderlich, da die Fachhochschulen seit jeher einen stärkeren Fokus auf die Berufspraxis haben und beruflich Qualifizierte zu ihrer Hauptzielgruppe zählen. Im Gegensatz zu klassischen Universitätsfächern wie Philosophie oder Geschichte existiert für die Studienangebote an Fachhochschulen zudem eine größere Zahl an korrespondierenden Ausbildungsberufen, sodass sich im Kontext einer Anrechnung häufiger Äquivalenzen zu beruflichen Aus- bzw. Fortbildungsinhalten ausmachen lassen (vgl. HANAK/STURM 2014, S. 91). Ebenso nachvollziehbar ist, dass Anrechnungsverfahren verstärkt an privaten Hochschulen umgesetzt werden, hier allerdings aus einer wirtschaftlichen Perspektive heraus betrachtet. Durch das Angebot verkürzter Studiengänge auf Basis einer Anrechnung können private Hochschulen eine neue Zielgruppe für sich erschließen, was ihnen Studierende und somit finanzielle Einnahmen sichert (ebd.). Dieses führt jedoch nach Ergebnissen der AnHoSt-Studie bereits jetzt zu einem sog. „Anrechnungswettbewerb" unter den einzelnen Anbietern, was zur Folge hat, dass Studiengänge teilweise derart verkürzt werden, dass die Qualität der Abschlüsse in diesen Fällen infrage zu stellen ist (vgl. HANFT u. a. 2014, S. V u. S. 86 f.). Staatliche Hochschulen erfahren infolge der stark gestiegenen Studienberechtigtenquote von mittlerweile 57,3 % (AGBB 2014, S. 91) sowie des veränderten Bildungswahlverhaltens deutscher Schulabgänger/-innen massiven Zulauf, sodass im Gegensatz zu den privaten Hochschulen kein Bedarf an der Erschließung weiterer Zielgruppen besteht, sondern die staatlichen Hochschulen bereits jetzt von einer maximalen Auslastung sprechen. Lag die Zahl der deutschen Studienanfänger/-innen bis zum Jahr 2010 noch deutlich unter der Zahl der Anfänger/-innen einer dualen Berufsausbildung, haben sich die Werte seit 2011 nahezu angeglichen: Im Jahr 2010 wurden 509.900 deutsche Anfänger/-innen einer dualen Berufsausbildung nach Berufsbildungsgesetz (BBiG) bzw. Handwerksordnung (HwO) gegenüber 412.572 deutschen Studienanfängerinnen und Studienanfängern im In- und Ausland verzeichnet, im Jahr 2011 bereits 485.843 deutsche Studienanfänger/-innen im In- und Ausland gegenüber 523.577 deutschen Anfängerinnen und Anfängern einer dualen Berufsausbildung (vgl. Dionisius/Illiger 2015, S. 44).[6]

Hanak und Sturm (2014) fassen die hochschulseitig bestehenden Problematiken und somit die Gründe für die mangelnde Akzeptanz eines Großteils der Hochschulen hinsichtlich der Umsetzung von Anerkennungs- und Anrechnungsverfahren in sechs Punkten zusammen:

▶ Mangelndes fachliches Wissen der Beteiligten bezüglich der Thematik,
▶ Mangel entsprechender Strukturen an den Hochschulen,
▶ Mangelndes Vertrauen bezüglich des Niveaus außerhochschulisch erworbener Kompetenzen,
▶ Mangel an monetären Ressourcen zur Entwicklung entsprechender Anrechnungsmodelle,
▶ Mangel an zeitlichen bzw. personellen Ressourcen,
▶ Mangelndes Interesse, eine weitere Zielgruppe zu bedienen (vgl. Hanak/Sturm 2014, S. 93).

Ein größeres Interesse an der Implementierung von Anerkennungs- und Anrechnungsverfahren zugunsten einer erhöhten Durchlässigkeit des deutschen Bildungssystems als die Hochschulen selbst scheint die berufliche Bildung zu haben, obwohl oder gerade weil der Berufsbildungssektor im Zuge der aktuellen Entwicklungen mit starken Erosionstendenzen konfrontiert ist. Insbesondere hinsichtlich der Gewinnung leistungsstarker Schulabgänger/-innen steht die berufliche Bildung infolge des veränderten Bildungswahlverhaltens deutscher Jugendlicher unter stärkerem Konkurrenzdruck als die Hochschulen. Euler (2014, S. 323) schreibt der Berufsbildung „keine gute Ausgangsposition" im Wettbewerb mit den Hochschulen zu, was laut Baethge u. a. (2014) vor allem auf die höheren Arbeitsmarkterträge für Hochschulabsolventinnen und Hochschulabsolventen, z. B. in Form von beruflicher Position und Einkommen, zurückzuführen ist. Doch warum sollte die berufliche Bildung die Entwicklung eines durchlässigen Bildungssystems unterstützen, wenn hierdurch eine noch größere Zahl an Personen als bisher die Möglichkeit auf ein Hochschulstudium erhält? Droht dem Berufsbildungssektor somit nicht ein noch größerer Schwund in den Teilnehmerzahlen ihrer Bildungsangebote? Aus berufsbildungspolitischer Perspektive sind an die Durchlässigkeitsförderung und insbesondere die Implementierung von Anerkennungs- und Anrechnungsverfahren verschiedene Ziele geknüpft: Zum einen wird mit einer Anerkennung beruflich erworbener Kompetenzen im Rahmen eines Hochschulstudiums ein entscheidendes Signal für die Gleichwertigkeit beruflicher und hochschulischer Bildung gesetzt. Zum anderen wird mit der Schaffung akademischer Anschlussoptionen auf eine Steigerung der Attraktivität beruflicher

---

6   Zugrunde gelegt werden um Bildungsausländer/-innen und deutsche Studierende im Ausland bereinigte Werte (vgl. Dionisius/Illiger 2015).

Aus- und Weiterbildung abgezielt. Bisher wurde die berufliche Bildung insbesondere von leistungsstarken Schülerinnen und Schülern als eine „Sackgasse" in der Bildungsbiografie wahrgenommen, da berufliche Aus- und Weiterbildungsgänge „nur sehr begrenzt zu weiterführenden Berechtigungen und Kompetenzen, welche die Aufnahme und erfolgreiche Absolvierung hochschulischer Bildungsgänge gewährleisten können" (FROMMBERGER 2009, S. 8) führen. Dies soll sich künftig ändern, sodass mehr leistungsstarke Schüler/-innen berufliche Aus- und Weiterbildungsgänge als eine reelle Alternative zu (Fach-)Abitur und anschließendem Hochschulstudium wahrnehmen. Dieses deckt sich mit einer weiteren Zielstellung: der Fachkräftesicherung. Veränderte Qualifikationsanforderungen, demografischer Wandel und verändertes Bildungswahlverhalten in der deutschen Gesellschaft machen es notwendig, die Potenziale, die in der Annäherung zwischen Berufsbildung und Hochschule liegen „im Sinne einer attraktiven und hochwertigen Fachkräftequalifizierung zu nutzen" (WEISS 2015, S. 3). Jüngste Ergebnisse der vom BIBB und dem Institut für Arbeitsmarkt- und Berufsforschung (IAB) durchgeführten Qualifikations- und Berufsfeldprojektionen bis zum Jahr 2030 zeigen, dass im Zuge gegenwärtiger Entwicklungen insbesondere im mittleren Qualifikationsbereich ein Fachkräftemangel droht (vgl. MAIER u. a. 2014). Da dieses ein gesamtgesellschaftliches Problem darstellt, sollte es entsprechend auch über die eigenen ökonomischen Interessen hinaus ein Anliegen der privaten sowie staatlichen Hochschulen sein, Fachkräfte für die mittlere Qualifikationsebene zu gewinnen.

Insgesamt unterscheiden sich die Selbstverständnisse und somit auch die Interessen an einer Realisierung von Anerkennungs- und Anrechnungsverfahren nicht nur zwischen Berufsbildung und Hochschule allgemein, sondern ebenso zwischen den einzelnen Hochschulformen. Dies führt dazu, dass insbesondere einer Anrechnung beruflich erworbener Kompetenzen trotz bestehender formaler Regelungen in der Praxis nur eine marginale Rolle zukommt. Hochschulen, die Anrechnungsverfahren in ihre Praxis implementieren und laufend weiterentwickeln, finden sich bislang vorwiegend innerhalb verschiedener Modellprojekte auf Bundes- und Länderebene und nur vereinzelt darüber hinaus.

4. „Herkules oder Sisyphus?" – Handlungsdesiderate und Gelingensbedingungen auf dem Weg zu mehr Durchlässigkeit

Angesichts der bestehenden Problematiken im Kontext der Umsetzung von Anerkennungs- und Anrechnungsverfahren in der deutschen Hochschulpraxis stellt sich die Frage, ob es sich hierbei um eine schwierige, jedoch lösbare oder vielmehr eine aussichtslose Aufgabe handelt. Erkennbar ist, dass die Chancen, die in der Herstellung eines durchlässigen Bildungssystems für alle Beteiligten liegen, bzw. die Relevanz, die der Thematik auf nationaler sowie internationaler Ebene zukommt, die Herausforderungen bei der Umsetzung überwiegen, wenn auch in unterschiedlicher Gewichtung für die einzelnen Akteure. Welche Handlungsdesiderate ergeben sich nun aber konkret aus den aufgezeigten Problematiken, und lassen sich aus den bisherigen Erfahrungen einzelner Hochschulen bzw. Projekte eventuell Gelingensbedingungen für die Implementierung von Anerkennungs- und Anrechnungsverfahren in die Praxis ableiten?

Eine der Problematiken bei der Anwendung von Anerkennung und Anrechnung manifestiert sich, wie bereits herausgestellt werden konnte, in dem mangelnden Wissen der Hochschulen bezüglich der für sie geltenden formalen Regelungen sowie der Möglichkeiten einer Ausgestaltung und Nutzung entsprechender Verfahren, da „Unwissenheit oft mit mangelnder Akzeptanz und/oder Ablehnung einhergeht" (HANFT u. a. 2014, S. III). Darüber hinaus herrscht ein Informationsdefizit ebenfalls bei den Bildungsinteressenten. Bis heute ist einem großen Teil der Bevölkerung unbekannt, welche Möglichkeiten sich ihr in diesem Kontext bieten. Es besteht also zunächst ein Handlungsbedarf hinsichtlich einer umfassenden Information und Beratung für die beteiligten Institutionen sowie die Bevölkerung. Zu diesem Ergebnis führte auch die Arbeit der BMBF-Initiative „ANKOM – Anrechnung beruflicher Kompetenzen auf Hochschulstudiengänge", weshalb eines der zentralen Themen einer weiteren Förderphase, die zwischen 2011 und 2014 unter dem Titel „ANKOM – Übergänge von der beruflichen in die hochschulische Bildung" lief, die Entwicklung umfassender Informations- und Beratungskonzepte darstellte. Eine Begleitstudie des BIBB zu diesem Aspekt führte zu der Erkenntnis, dass überall dort, wo eine bildungsbereichsübergreifende Vernetzung stattgefunden hat, die Beratung von den Beteiligten als besonders gewinnbringend wahrgenommen wird (vgl. WIESNER 2015). Förderlich könnte der Aufbau eines umfassenden Informationsnetzwerks sein, das Institutionen einschließt, die bereits über Erfahrungen mit der Anwendung von Anerkennungs- und Anrechnungsverfahren verfügen, und innerhalb dessen sich die verschiedenen Einrichtungen gegenseitig mit relevanten Informationen versorgen und somit voneinander profitieren können. Zu diesem Zweck empfiehlt der Wissenschaftsrat beispielsweise den Aufbau von regionalen Kooperationsplattformen, die – von Bund und Ländern gemeinsam getragen – alle zentralen Akteure, sprich Schulen, Hochschulen, Betriebe, Kammern und Arbeitsagenturen, miteinander vernetzen (vgl. WISSENSCHAFTSRAT 2014, S. 82 f.). Eine bereits bestehende regionale Kooperationsplattform in diesem Zusammenhang ist die Servicestelle Offene Hochschule Niedersachsen. Diese bündelt und vernetzt die Aktivitäten und Beratungsangebote von nahezu allen relevanten Akteuren des Landes und ist Ansprechpartner für beruflich qualifizierte Studieninteressierte sowie auch Institutionen, die sich informieren wollen.

Einfluss auf das mangelnde Wissen über bzw. die Unsicherheit im Umgang mit Anerkennung und Anrechnung nimmt vor allem auch die Unübersichtlichkeit der jeweils geltenden Bestimmungen und angewendeten Verfahren. Hier bedarf es sowohl hinsichtlich der Anbieter als auch der Verfahren einer verbesserten Transparenz. Eine größere Transparenz der Verfahren ließe sich laut Empfehlungen des Wissenschaftsrats beispielsweise über die Entwicklung pauschaler „Musterverfahrensregeln für die Anrechnung von in bestimmten Berufsausbildungsgängen erworbenen Kompetenzen" (WISSENSCHAFTSRAT 2014, S. 91) sowie die Schaffung einer bundesweiten Datenbank, in der die Hochschulen alle bisher durchgeführten individuellen

Anrechnungsfälle hinterlegen, herstellen. Zudem bedarf es einheitlicher Anerkennungs- und Anrechnungsstrukturen, idealerweise für alle Hochschulen im Bundesgebiet, mindestens aber hochschulintern. Selbst bei denjenigen Hochschulen, die sich erfolgreich an Modellprojekten wie ANKOM beteiligt haben, „(kann) in der Regel nicht davon ausgegangen werden, dass Anrechnung über einzelne Studiengänge hinaus institutionell verankert ist." (HANFT u. a. 2014, S. III). Grundlage für eine Vereinheitlichung wäre eine entsprechende Anpassung der jeweiligen Landeshochschulgesetze, die den Hochschulen derzeit unterschiedlich große Spielräume bei der Umsetzung von Anerkennung und Anrechnung lassen (vgl. HANFT u. a. 2014, S. I).

Ein weiteres Handlungsdesiderat besteht hinsichtlich der Bereitstellung von personellen bzw. finanziellen Ressourcen. Die Entwicklung und regelmäßige Durchführung von Anerkennungs- und Anrechnungsverfahren inklusive der damit einhergehenden Beratungsleistungen ist mit einem hohen Ressourcenaufwand verbunden. Während pauschale Anrechnungsverfahren durch die Prüfung ganzer Aus- und Fortbildungsgänge hinsichtlich Äquivalenzen zu den jeweiligen Studienmodulen einmalig sehr zeit- und somit auch kostenintensiv sind, anschließend jedoch nur noch einen geringen administrativen Aufwand bedeuten, sind individuelle Verfahren durchgängig mit einem hohen Aufwand an zeitlichen und finanziellen Ressourcen verbunden (vgl. HANAK/STURM 2014, S. 24). Eine Implementierung derartiger Verfahren in das Tagesgeschäft stellt die Hochschulen somit zusätzlich vor personelle bzw. finanzielle Herausforderungen. Die bisher verfolgte Strategie der Förderung von Einzelprojekten aus Bundes- und Landesmitteln kann, wie bisherige Erfahrungen zeigen, keine langfristige Lösung sein. Stattdessen sollten neue Überlegungen seitens der Politik angestellt werden, wie Anerkennungs- und Anrechnungsverfahren sowie auch entsprechende Beratungsangebote innerhalb und außerhalb der Hochschule dauerhaft finanziert werden können. Dabei gilt es, eine Strategie zu entwickeln, die institutionell tragbar ist und gleichzeitig allen Ratsuchenden und Antragstellenden unabhängig von ihrer finanziellen Situation Zugang zu den Angeboten gewährt.

Der wohl größte Handlungsbedarf besteht jedoch hinsichtlich des Abbaus von Vorbehalten aufseiten der Hochschule gegenüber dem Niveau beruflich erworbener Kompetenzen. Selbst die Einführung des DQR im Jahr 2013 (vgl. KMK u. a. 2013) als unterstützendes Instrument zur Vergleichbarkeit von Qualifikationen scheint bisher nur wenig Einfluss darauf genommen zu haben. Eine Strategie, die diesbezüglich bereits verfolgt wird, liegt in der strukturellen und curricularen Verzahnung von Bildungsangeboten an der Schnittstelle zwischen beruflicher und hochschulischer Bildung. Vielversprechende Beispiele hierfür lassen sich auch über Modellprogramme wie ANKOM oder den Bund- Länder-Wettbewerb „Aufstieg durch Bildung: Offene Hochschulen" hinaus finden. Zu nennen sind hier zum einen hybride Formate, die beispielsweise in Form dualer Studiengänge bereits seit Jahrzehnten Bestandteil der deutschen Bildungslandschaft sind und im Kontext der Durchlässigkeitsdebatte aktuell weiter an Bedeutung gewinnen. Zum anderen sind aber auch derzeit neu entstehende konvergente Formate in den Blick zu nehmen, die sich im Gegensatz zu dualen Studiengängen, die faktisch immer noch in den Verantwortungsbereich der Hochschule fallen, schließlich nicht mehr einem Bildungsbereich zuordnen lassen, da sie nicht nur gemeinsam entwickelt werden, sondern die hier erworbenen Qualifikationen auch gleichermaßen Gültigkeit in beiden Bildungsbereichen haben sollen (vgl. HEMKES/WILBERS/ZINKE 2015). Inwiefern derartige Formate sich reell umsetzen lassen und welchen Einfluss sie auf einen Annäherung von Berufsbildung und Hochschule nehmen, kann zum jetzigen Zeitpunkt noch nicht beantwortet werden. Im Zuge hybrider und konvergenter Formate wird aber noch ein weiteres Handlungsdesiderat deutlich: Anerkennung und Anrechnung darf künftig nicht mehr nur in eine Richtung – sprich von der beruflichen Bildung in die Hochschule –, sondern muss als Teil einer reziproken Durchlässigkeit ebenso vice versa gedacht werden.

Es wird deutlich, dass es sich bei den Bemühungen um eine Implementierung von Anerkennungs- und Anrechnungsverfahren und somit die Schaffung eines durchlässigen Bildungssystems um eine notwendige und machbare Aufgabe handelt, auch wenn sie einer Herkules-Aufgabe gleichkommt. Der Schlüssel zum Erfolg könnte dabei in einer verstärkten institutionellen Kooperation sowie der Schaffung dichter Informationsnetzwerke liegen.

Literatur

AGBB (Hrsg.): Bildung in Deutschland 2014 – Ein indikatorengestützter Bericht mit einer Analyse zur Bildung von Menschen mit Behinderungen. Bielefeld 2014

AKKREDITIERUNGSRAT: Anrechnung außerhochschulischer Kenntnisse und Fähigkeiten. Rundschreiben an die Geschäftsführerinnen und Geschäftsführer der Agenturen vom 19.12.2014 – URL: http://www.akkreditierungsrat.de/fileadmin/Seiteninhalte/AR/Sonstige/AR_Rundschreiben_Anrechnung.pdf (Stand: 11.02.2015)

ANKOM: Hochschulzugang für beruflich qualifizierte Bewerber ohne schulische Hochschulzugangsberechtigung. Liste der Fortbildungsabschlüsse, deren Inhaberinnen und Inhaber auf Grundlage des KMK Beschlusses eine allgemeine Hochschulzugangsberechtigung erhalten sollen. Mai 2010 – URL: http://ankom.his.de/pdf_archiv/Liste_der_Fortbildungen_die_zu_einem_allgemeinen_HochscHochschul_berechtigen_sollen.pdf (Stand: 10.02.2015)

BAETHGE, Martin; SOLGA, Heike; WIECK, Markus: Berufsbildung im Umbruch – Signale eines überfälligen Aufbruchs. Berlin 2007 – URL: http://library.fes.de/pdf-files/stabsabteilung/04258/studie.pdf (Stand: 14.08.2015)

BAETHGE, Martin u. a.: Zur neuen Konstellation zwischen Hochschulbildung und Berufsausbildung. Forum Hochschule 3/2014. Hannover 2014 – URL: http://www.dzhw.eu/pdf/pub_fh/fh-201403.pdf (Stand: 14.08.2015)

BFUG REPORTING WORKING GROUP: The European Higher Education Area in 2012: Bologna Process Implementation Report. Brüssel 2012 – URL: http://www.ehea.info/Uploads/%281%29/Bologna%20Process%20Implementation%20Report.pdf (Stand: 10.02.2015)

BMBF; KMK; HRK: Empfehlungen des Bundesministeriums für Bildung und Forschung, der Konferenz der Kultusminister der Länder und der Hochschulrektorenkonferenz an die Hochschulen zur Vergabe von Leistungspunkten in der beruflichen Fortbildung und Anrechnung auf ein Hochschulstudium. Beschluss vom 08.07.2003 – URL: http://www.kmk.org/fileadmin/veroeffentlichungen_beschluesse/2003/2003_07_08-Empfehlung-Vergabe-von-Leistungspunkten.pdf (Stand: 10.02.2015)

BUHR, Regina u. a.: Anrechnungsleitlinie – Leitlinie für die Qualitätssicherung von Verfahren zur Anrechnung beruflicher und außerhochschulisch erworbener Kompetenzen auf Hochschulstudiengänge. Hannover 2010

CHE – Centrum für Hochschulentwicklung: Quantitative Entwicklung in Deutschland insgesamt: Stetig steigende Studienplatznachfrage. Gütersloh 2015 – URL: http://www.studieren-ohne-abitur.de/web/information/daten-monitoring/quantitative-entwicklung-in-deutschland-insgesamt/ (Stand: 14.08.2015)

DILLER, Franziska u. a.: Qualifikationsreserven durch Quereinstieg nutzen: Studium ohne Abitur, Berufsabschluss ohne Ausbildung. Bielefeld 2011

DIONISIUS, Regina; ILLIGER, Amelie: Mehr Anfänger/-innen im Studium als in Berufsausbildung? In: bwp 44 (2015) 4, S. 43-45

EG: Memorandum über Lebenslanges Lernen. SEK (2000) 1832 vom 31.10.2000. Brüssel 2000 – URL: http://www.die-frankfurt.de/esprid/dokumente/doc-2000/EU00_01.pdf (Stand: 09.02.2015)

ERPENBECK, John; HEYSE, Volker: Die Kompetenzbiografie: Wege der Kompetenzentwicklung. 2. Aufl. Münster 2007

EU: Empfehlung des Europäischen Parlaments und des Rates vom 23. April 2008 zur Einrichtung des Europäischen Qualifikationsrahmens für lebenslanges Lernen. – URL: http://eur-lex.europa.eu/LexUriServ/LexUriServ.do?uri=OJ:C:2008:111:0001:0007:DE:PDF (Stand: 10.02.2015)

EU: ARBEISTDOKUMENT DER KOMMISSIONSDIENSTSTELLEN: Bewertung der Lissabon-Strategie. SEK (2010) 2020 vom 02.02.2010. Brüssel 2010 – URL: http://ec.europa.eu/archives/growthandjobs_2009/pdf/lisbon_strategy_evaluation_de.pdf (Stand: 14.08.2015)

EULER, Dieter: Berufs- und Hochschulbildung – (Ungleicher) Wettbewerb oder neue Formen des Zusammenwirkens? In: Zeitschrift für Berufs- und Wirtschaftspädagogik 110 (2014) 3, S. 321–334 [Elektronische Version]

FROMMBERGER, Dietmar: „Durchlässigkeit" in Bildung und Berufsbildung: Begriff, Begründungen, Modelle und Kritik. In: bwp@ Profil 2: Holger Reinisch (2009) – URL: http://www.bwpat.de/profil2/frommberger_profil2.pdf (Stand: 14.08.2015)

GEBRANDE, Johanna: Der Deutsche Qualifikationsrahmen (DQR) im Lichte fach- und bildungspolitischer Stellungnahmen. Eine Expertise der Weiterbildungsinitiative Frühpädagogische Fachkräfte (WiFF). München 2011

HANAK, Helmar; STURM, Nico: Anrechnungs- und Anerkennungsmodelle – Analyse bestehender Praktiken sowie Empfehlungen zur nachhaltigen Implementierung im Kontext der wissenschaftlichen Weiterbildung. Gießen/Marburg 2014 – URL: http://www.wmhoch3.de/images/dokumente/Anrechnung_und_Anerkennung.pdf (Stand: 14.08.2015)

HANFT, Anke u. a.: Anrechnung außerhochschulischer Kompetenzen in Studiengängen. Studie: AnHoSt „Anrechnungspraxis in Hochschulstudiengängen". Oldenburg 2014 – URL: https://www.uni-oldenburg.de/fileadmin/user_upload/anrechnungsprojekte/Anhost.pdf (Stand: 14.08.2015)

HEMKES, Barbara; WILBERS, Karl; ZINKE, Gert: Brücken zwischen Hochschule und Berufsbildung durch bereichsübergreifende Bildungsgänge (aus)bauen. In: bwp 44 (2015) 3, S. 35–39

KMK: Anrechnung von außerhalb des Hochschulwesens erworbenen Kenntnissen und Fähigkeiten auf ein Hochschulstudium (I). Beschluss der Kultusministerkonferenz vom 28.06.2002 – URL: http://www.kmk.org/fileadmin/veroeffentlichungen_beschluesse/2002/2002_06_28-Anrechnung-Faehigkeiten-Studium-1.pdf (Stand: 10.02.2015)

KMK: Anrechnung von außerhalb des Hochschulwesens erworbenen Kenntnissen und Fähigkeiten auf ein Hochschulstudium (II). Beschluss der Kultusministerkonferenz vom 18.09.2008 – URL: http://www.kmk.org/fileadmin/veroeffentlichungen_beschluesse/2008/2008_09_18-Anrechnung-Faehigkeiten-Studium-2.pdf (Stand: 10.02.2015)

KMK: Hochschulzugang für beruflich qualifizierte Bewerber ohne schulische Hochschulzugangsberechtigung. Beschluss der Kultusministerkonferenz vom 06.03.2009 – URL: http://www.kmk.org/fileadmin/veroeffentlichungen_beschluesse/2009/2009_03_06-Hochschulzugang-erful-qualifizierte-Bewerber.pdf (Stand: 10.02.2015)

KMK: Ländergemeinsame Strukturvorgaben für die Akkreditierung von Bachelor- und Masterstudiengängen. Beschluss der Kultusministerkonferenz vom 10.10.2003 i.d.F. vom 04.02.2010 – URL: http://www.kmk.org/fileadmin/veroeffentlichungen_beschluesse/2003/2003_10_10-Laendergemeinsame-Strukturvorgaben.pdf (Stand: 10.02.2015)

KMK u. a.: Gemeinsamer Beschluss der ständigen Konferenz der Kultusminister der Länder in der Bundesrepublik Deutschland, des Bundesministeriums für Bildung und Forschung, der Wirtschaftsministerkonferenz und des Bundesministeriums für Wirtschaft und Technologie zum Deutschen Qualifikationsrahmen für lebenslanges Lernen (DQR). Beschluss vom 01.05.2013 – URL: http://www.dqr.de/media/content/Gemeinsamer_Beschluss_der_KMK_des_BMBF_der_WMW_und_des_BMWi_zum_DQR.pdf (Stand: 14.08.2015)

MAIER, Tobias u. a.: Engpässe im mittleren Qualifikationsbereich trotz erhöhter Zuwanderung: Aktuelle Ergebnisse der BIBB-IAB-Qualifikations- und Berufsfeldprojektionen bis zum Jahr 2030 unter Berücksichtigung von Lohnentwicklungen und beruflicher Flexibilität. BIBB Report Heft 23 (8. Jg.), Bonn 2014

MINKS, Karl-Heinz: Lebenslanges Lernen und Durchlässigkeit – demografische und sozioökonomische Herausforderungen. In: FREITAG, Walburga K. u. a.: Gestaltungsfeld Anrechnung. Hochschulische und berufliche Bildung im Wandel. Münster 2011, S. 21–34

NICKEL, Sigrun; LEUSING, Britta: Studieren ohne Abitur: Entwicklungspotenziale in Bund und Ländern. Eine empirische Analyse. CHE Arbeitspapier Nr. 123. Gütersloh 2009

RAUHVARGERS, Andrejs; DEANE, Cynthia; PAUWELS, Wilfried: Bologna Process Stocktaking Report 2009. Report from working groups appointed by the Bologna Follow-up Group to the Ministerial Conference in Leuven/Louvain-la-Neuve. 28-29 April 2009 – URL: http://www.ond.vlaanderen.be/hogeronderwijs/bologna/conference/documents/Stocktaking_report_2009_FINAL.pdf (Stand: 10.02.2015)

STAMM-RIEMER, Ida; LOROFF, Claudia; HARTMANN, Ernst A.: Anrechnungsmodelle: Generalisierte Ergebnisse der ANKOM-Initiative. Hannover 2011

WEISS, Reinhold: Zusammenarbeit auf Augenhöhe. In: bwp 44 (2015) 3, S. 3

WIESNER, Kim-Maureen: Information und Beratung für beruflich Qualifizierte am Übergang zur Hochschule – Ergebnisse aus einer ANKOM-Begleitstudie. In: bwp 44 (2015) 3, S. 19–22

WISSENSCHAFTSRAT: Empfehlungen zur Gestaltung des Verhältnisses von beruflicher und akademischer Bildung. Drs. 3818-14. Darmstadt 2014

Karl Wilbers

Beschreibung von Lernergebniseinheiten aus Bildungsbereichen mit unterschiedlichen Handlungsregimen

Die berufliche Bildung und die hochschulische Bildung folgen unterschiedlichen Handlungsregimen. Zur Stärkung der Durchlässigkeit und der Integration von Bildungsbereichen mit unterschiedlichen Handlungsregimen sind übergreifende Standards zur Beschreibung einer Lernergebniseinheit (unit of learning outcomes) notwendig. National und international wurden verschiedene Systeme zur Beschreibung von Lernergebniseinheiten vorgelegt, die vor allem auf die Beschreibung von Lernergebnissen (learning outcomes) abheben. Der Beitrag entwickelt Möglichkeiten einer erweiterten Beschreibung von Lernergebniseinheiten.

Schlagworte: Lernergebniseinheit, Kompetenzorientierung, Referenzsystem, Beschreibungsstandard, DQR

1. Standards zur Beschreibung von Lernergebniseinheiten als koordinative Standards in der Perspektive der Educational Governance

In der hochschulischen Bildung und der beruflichen Bildung ticken die Uhren anders – um es sprichwörtlich zu formulieren. In der Perspektive der Educational Governance erscheinen Hochschulen, Unternehmen, Schulen und Weiterbildungsträger als relativ eigenständige Systeme, die durch autonome Eigenlogiken und Eigendynamiken bestimmt sind, die vergleichsweise viele Steuerungsakteure mit multiplen Interessen haben und nur durch ‚aktive Übersetzungsvorgänge' indirekt steuerbar sind (ALTRICHTER/MAAG MERKI 2010). Governance wird bei BENZ und DOSE (2010) als Steuern und Koordinieren von kollektiven Akteuren verstanden. Governance zielt besonders auf das Management von Interdependenzen. Die Koordination sieht mehrere Governance-Mechanismen vor. Diese sind zum Beispiel „Markt", „Hierarchie" oder „Netzwerke". Mehrere Governance-Mechanismen werden zu Governance- oder Handlungsregimen kombiniert. Mit anderen Worten: Die Bildungsbereiche „Hochschule" und „Berufsbildung" folgen unterschiedlichen Handlungsregimen.

Der Bildungsbereich „Berufsbildung" hat kein einheitliches Handlungsregime. Das deutsche Berufsbildungssystem kann verstanden werden als „ein komplexes Gefüge aus Teilsegmenten (Berufsausbildungsvorbereitung, Berufsausbildung gemäß BBG bzw. HwO, Berufsausbildung nach Länderrecht, berufliche Fortbildung). Diese sind voneinander abgegrenzt, wodurch Übergänge von einem Teilsegment zu einem anderen mit Friktionen verbunden sind" (FROMM-BERGER/REINISCH 2013, S. 6). Gerade der Bereich der beruflichen Weiterbildung erweist sich als in mehrfacher Hinsicht schwer abzugrenzender Bereich (DOBISCHAT/DÜSSELDORFF/DIKAU 2006). Ein Teil der beruflichen Weiterbildung wird als „geregelte Weiterbildung" betrachtet (HIPPACH-SCHNEIDER/KRAUSE/WOLL 2007). Zu diesem Bereich zählt der durch Fortbildungsordnungen und Fortbildungsprüfungsregelungen regulierte Bereich (TUTSCHNER 2013). Nach § 53 BBiG bzw. § 42 HwO kann das Bundesministerium für Bildung und Forschung als Grundlage für eine einheitliche berufliche Fortbildung durch Rechtsverordnung Fortbildungsabschlüsse anerkennen und hierfür Prüfungsregelungen erlassen (Fortbildungsordnung). Nach § 54 BBiG bzw. § 42a HwO kann die zuständige Stelle Fortbildungsprüfungsregelungen erlassen. Angesichts der Multifunktionalität von Berufsbildung, die mit der Ausdifferenzierung der Segmente verbunden ist, kann nicht davon ausgegangen werden, dass sich die Handlungsregime der Segmente der Berufsbildung angleichen.

Für Hochschulen hat SCHIMANK (2007) eine fünfdimensionale Charakterisierung der Handlungsregime entwickelt, die sowohl das traditionelle Governanceregime deutscher Hochschulen als auch das ‚neue', auf den Grundprinzipien des New Public Management beruhende Handlungsregime abbildet. ‚Das' Hochschulsystem ist jedoch selbst differenziert. Es ließe sich grob nach Hochschultypen und Trägern unterscheiden (WR 2014, S. 46 ff.). Darüber hinausgehend lässt sich eine Fülle von Merkmalen zur Differenzierung von Hochschulen anführen (WR 2010). Selbst innerhalb einer Hochschule kann das Handlungsregime differenzieren. Dies lässt sich am Beispiel der Finanzierung illustrieren. Grundständige Studiengänge und konsekutive Masterangebote sind an staatlichen Hochschulen derzeit beitragsfrei, für weiterbildende Masterprogramme sind hingegen kostendeckende Gebühren zu erheben. Der Wissenschaftsrat hat mehrfach eine weitere Differenzierung der Hochschulen empfohlen (WR 2010).

Die hochschulische Bildung als auch die Berufsbildung erscheinen als Systeme, die unterschiedliche Handlungsregime aufweisen und die sich selbst wieder in Teilsysteme mit abweichenden Handlungsregimen aufgliedern. Damit wird die Frage aufgeworfen, wie diese (Teil-) Systeme trotzdem zusammen wirken können. Um die Interoperationalität von (Teil-)Systemen zu gewährleisten, spielen Standards eine zentrale Rolle. Dabei werden verschiedene Typen von Standards unterschieden. Regulative Standards sind Teil der Koordinationsform „Hierarchie" und müssen hierarchisch implementiert werden. Dazu zählen beispielsweise Richtlinien, Verordnungen oder Entscheidungen in der europäischen Union (EU): „Regulative Standards sind spätestens nach der Revitalisierung des Binnenmarktprojektes Mitte der 1980er-Jahre die vorherrschenden Policy-Outputs der EU" (EISING/LENSCHOW 2007, S. 322). Davon zu unterscheiden sind koordinative Standards. Koordinative Standards sind mit verschiedenen Koordinationsformen verträglich, d. h. diese Standards können sich hierarchisch (de jure), kooperativ oder auf einem Markt entwickeln. Koordinative Standards sind vor allem dort wichtig, wo sich die Systeme der direkten Steuerung – etwa durch regulative Standards – entziehen, etwa an einer Stelle, an der beispielsweise die Zusammenarbeit nicht ‚von oben diktiert' werden kann.

Ein wichtiges bildungspolitisches Ziel ist die Stärkung der Durchlässigkeit, d. h. die Anerkennung und Anrechnung nachgewiesener Lernleistungen sowie die Integration von Bildungsbereichen, etwa bei der Entwicklung bildungsbereichsübergreifender Qualifizierungsmaßnahmen (WILBERS 2014a). In diesem Zusammenhang ist die Rolle koordinativer Standards zu beleuchten. Dazu gehören Beschreibungsstandards: Zum Beispiel müssen die in einem System erworbenen Lernleistungen für die Anrechnung in einem anderen System so beschrieben werden, dass das andere System diese ‚versteht'. Im Zentrum derartiger Beschreibungsstandards stehen Referenzsysteme für learning outcomes (WILBERS 2014b). Diese müssen jedoch zu umfassenderen Beschreibungsstandards ergänzt werden. So sind im Falle der Anrechnung auch Aussagen über den Umfang einer Lernergebniseinheit und der Bewertung (Note bzw. Bestehensvermerk) notwendig. In den unterschiedlichen Bildungsbereichen haben sich verschiedene Standards herausgebildet. Bezugspunkt sind dabei sogenannte Lernergebniseinheiten.

2. Unterschiedlichkeit von Beschreibungsstandards für Lernergebniseinheiten in verschiedenen Bereichen

2.1 Zum Begriff der Lernergebniseinheit (unit of learning outcomes)

Lernergebniseinheiten sind im Sinne des Deutschen Qualifikationsrahmens (DQR) Teile von Qualifikationen. Der DQR bestimmt eine Qualifikation als „das formale Ergebnis eines Beurteilungs- und Validierungsprozesses, bei dem eine dafür zuständige Institution festgestellt hat, dass die individuellen Lernergebnisse vorgegebenen Standards entsprechen" (AK-DQR 2011, S. 9). Der DQR unterscheidet verschiedene Qualifikationstypen wie z. B. „Duale Berufsausbildung (3 und 3 ½-jährige Ausbildungen)", „Servicetechniker/-in (Geprüfte/r)" oder „Bachelor und gleichgestellte Abschlüsse". Für die Qualifikationstypen werden einzelne Qualifikationen aufgeführt, zum Beispiel „Kfz-Mechatroniker/-in SP Karosserietechnik", „Kraftfahrzeug-Servicetechniker/-in (Geprüfte/r)" oder „Bachelor of Engineering (B. Eng.)". Lernergebniseinheiten sind Teile solcher Qualifikationen. Der Begriff „Lernergebniseinheit" ist bildungsbereichsübergreifend zu verstehen (WILBERS 2014a).

In der Empfehlung zur Einrichtung eines Europäischen Leistungspunktesystems für die Berufsbildung (ECVET) wird eine Einheit von Lernergebnissen (unit of learning outcomes) verstanden als „Teil einer Qualifikation, bestehend aus einem kohärenten Satz von Kenntnissen, Fertigkeiten und Kompetenzen, der bewertet und validiert werden kann" (EP 2008). Eine Qualifikation (qualification) wird entsprechend der Vorstellung im DQR verstanden als „das formale Ergebnis eines Beurteilungs- oder Validierungsprozesses, nachdem eine dafür zuständige Stelle festgestellt hat, dass die Lernergebnisse einer Einzelperson den vorgegebenen Standards entsprechen" (EP & ER 2008).

2.2 Internationale Standards zur Beschreibung von Lernergebniseinheiten

Für die Beschreibung von learning outcomes hat sich international noch kein einheitlicher Standard herausgebildet. So verweist die CEDEFOP-Veröffentlichung „The shift to learning outcomes" (2008) auf folgende Referenzsysteme für die Beschreibung von learning outcomes: Die Taxonomie von BLOOM (ANDERSON et al. 2001; BLOOM 1976), das Projekt „Definition and Selection of Competencies (DeSeCo)" der OECD (RYCHEN/SALGANIK 2003), das Modell der Funktionalanalyse, das Tuning Projekt (siehe unten), das EU-Projekt „Key competences" (EC 2005) sowie der EQF. Auch in den nationalen Bildungsrahmen werden unterschiedliche Deskriptorentypen verwendet (BOHLINGER 2013).

2.3 Standards zur Beschreibung von Lernergebniseinheiten in Hochschulen

Der europäische Hochschulraum ist durch internationale regulative Standards, vor allem durch die ESG, die Standards and Guidelines for Quality Assurance in the European Higher Education Area (ENQA 2009), geprägt. Die ESG sehen unter anderem eine „publication of explicit intended learning outcomes" (ESG 1.2) vor. Für die Präzisierung von learning outcomes sind die Ergebnisse des Tuning-Projekts zentral. Das Tuning (Tuning Educational Structures in Europe)-Projekt (GONZÁLEZ/WAGENAAR 2008) startete im Jahr 2000 als Teil des Bologna-Prozesses. Es definiert den Begriff der Kompetenz und unterteilt die überfachlichen Kompetenzen in instrumentelle Kompetenzen, interpersonelle Kompetenzen und systemische Kompetenzen.

Die Qualifikationsrahmen für den europäischen Hochschulraum beruhen auf den sogenannten Dublin Deskriptoren der Joint Quality Initiative, die 2005 in den Qualifikationsrahmen für den europäischen Hochschulraum (Qualifications framework for the European Higher Education Area, QF-EHEA) als Anlage zum Bergen-Kommuniqué überführt worden sind (KOHLER 2009).

Der deutsche Hochschulbereich ist neben den Standards des europäischen Hochschulraums durch die regulativen Standards der Kultusministerkonferenz (KMK), des Akkreditierungsrates (AR) sowie durch länderspezifische Regelungen geprägt.

Für Lernergebniseinheiten wird im Hochschulbereich der Begriff des Moduls verwendet. Seit den 1990er-Jahren greift im deutschen Hochschulsystem das Prinzip der Modularisierung (HOFMANN, 2004). Die Modularisierung ist eine Vorbedingung für die Einführung eines Kreditpunktesystems. Im Berlin-Kommuniqué „Realising the European Higher Education Area" vom 19. September 2003 wird im Rahmen des Bologna-Prozesses das European Credit Transfer and Accumulation System (ECTS) als das einzuführende System beschlossen (GEHMLICH 2009).

Heute haben deutsche Hochschulen gemäß der ländergemeinsamen Strukturvorgaben für die Akkreditierung von Bachelor- und Masterstudiengängen (Beschluss der Kultusministerkonferenz vom 10.10.2003 i. d. F. vom 04.02.2010) bei der Akkreditierung eines Bachelor- oder Masterstudiengangs nachzuweisen, dass der Studiengang modularisiert und mit einem Leistungspunktesystem ausgestattet ist. Die regulativen Standards der Kultusministerkonferenz legen auch fest, was die Beschreibung von Modulen enthalten soll. Diese Vorgabe ist für die Beschreibung von Lernergebniseinheiten in der Praxis deutscher Hochschulen von großer Bedeutung.

2.4 Standards zur Beschreibung von Lernergebniseinheiten in der Berufsbildung

In der Berufsbildung konnte sich kein Standard zur Beschreibung von Lernergebniseinheiten durchsetzen. Weit fortgeschritten ist das System zur Beschreibung von Lernergebniseinheiten (mobility units) in ECVET (European Credit System for Vocational Education and Training). Hier liefern die Arbeiten und Projekte auf der Grundlage der Beschreibung der Grundsätze und der technischen Spezifikation für ECVET gemäß der Empfehlung des europäischen Parlaments und des Rates zur Einrichtung von ECVET wichtige Impulse. Die Empfehlung zur Einführung von ECVET sieht eine Spezifizierung der Einheiten von Lernergebnissen vor (EP & ER 2008). Im deutschen ECVET-Projekt wird eine leicht davon abweichende Beschreibung vorgeschlagen. Eine Reihe von europäischen Projekten haben darüber hinaus alternative Beschreibungsmöglichkeiten vorgeschlagen, zum Beispiel SME MASTER Plus (BORN/SPERLE 2011), CREDCHEM (EBERHARDT/SCHLEGEL 2011) oder ZOOM (GRÜN/TRITSCHER-ARCHAN/WEISS 2009).

Für die deutsche Berufsbildung wurden im Projekt DECVET (FROMMBERGER/REINISCH 2013; BMBF 2012) wichtige Grundlagen für Lernergebniseinheiten in der Berufsbildung gelegt. So wurden in DECVET eine Reihe von Feldern zur Beschreibung der Lernergebniseinheiten in DECVET (FROMMBERGER/HELD/MILOLAZA/REINISCH/STEIB 2012, S. 142) erarbeitet.

Eine einheitliche Strategie der Konstruktion von Lernergebniseinheiten zeichnet sich in der deutschen Berufsbildung zurzeit nicht ab. Die Abgrenzung von Lernergebniseinheiten ist – unter dem Stichwort „Modularisierung" – seit Jahren Gegenstand hitziger Debatten in der Berufsbildung, die hier nicht nachgezeichnet werden kann (LINTEN/PRÜSTEL 2014). In den verschiedenen Segmenten der Berufsbildung werden Lernergebniseinheiten bislang nicht formal einheitlich abgegrenzt. Ob beispielsweise Ausbildungsbausteine, Zusatzqualifikationen, inhaltliche Differenzierungen oder Handlungsfelder in Ausbildungsordnungen, Lernfelder in der Berufsausbildung bzw. Berufsausbildungsvorbereitung oder aber Handlungsfelder bzw. Qualifikationsschwerpunkte in der beruflichen Weiterbildung als Lernergebniseinheiten zu verstehen sind, ist strittig (WILBERS 2014a, S. 17 ff.).

Für die Beschreibung von Lernergebniseinheiten in der handwerklichen Berufsbildung sind die Ergebnisse des Projekts „InnoQua – Entwicklungskonzept für innovative Qualifizierungsmaßnahmen" zu berücksichtigen. In diesem Projekt wurden Hilfen für die Lehrgangsentwicklung vorgelegt. Das InnoQua-Modell ist in einem Leitfaden (ZDH 2010a) und einer ergänzenden Sammlung als Werkzeugkoffer (ZDH 2010b) auf der Webseite www.innoqua-handwerk.de verfügbar und keineswegs nur für Lehrgangsentwicklungen im handwerklichen Bildungsbereich hilfreich. Besondere Bedeutung für die Beschreibung der Lernergebniseinheiten hat die Lehrgangsskizze (Werkzeug 1/9 im Werkzeugkoffer) sowie das Lehrgangskonzept/Grobkonzept (Werkzeug 2/6 im Werkzeugkasten).

3. Methode

Der im folgenden Abschnitt vorgelegte Standard zur Beschreibung von Lernergebniseinheiten sowie die ihm zugrunde liegenden Gestaltungsprinzipien wurden unter Berücksichtigung eines spezifischen Kontextes und der relevanten Ziele auf der Basis des wissenschaftlichen Diskussionsstandes in Zusammenarbeit mit der Praxis iterativ entwickelt. Das paradigmatisch-methodische Vorgehen orientiert sich an den Vorstellungen der Design-based Research (ANDERSON/SHATTUCK 2012; PLOMP 2010).

Hintergrund der Entwicklung ist das mit Mitteln des Bundesministeriums für Bildung und Forschung finanzierte Projekt „DQR bridge 5". In diesem Projekt werden bildungsbereichsübergreifende Bildungsmaßnahmen bzw. Lernergebniseinheiten in der hochschulischen und beruflichen Bildung auf dem Niveau 5 des deutschen Qualifikationsrahmens (DQR) zur Förderung der Durchlässigkeit entwickelt. Das Projekt hat zwei Teilprojekte. Im ersten Teilprojekt werden im IT-Bereich (Qualifikation „IT-Spezialist") und im zweiten Teilprojekt im Handwerksbereich (Qualifikation „Kfz-Servicetechniker") bildungsbereichsübergreifende Lernergebniseinheiten entwickelt. Das Projekt wird durch die Universität Erlangen-Nürnberg zusammen mit dem Bundesinstitut für Berufsbildung wissenschaftlich begleitet.

4. Ein Raster zur Beschreibung von Lernergebniseinheiten als koordinativer Standard

4.1 Zielsetzung des Beschreibungsstandards

Ein bildungsbereichsübergreifender Beschreibungsstandard für Lernergebniseinheiten ist ein orientierendes Transparenzinstrument, d. h. die Entwicklung des Standards zielt darauf, das Verständnis im jeweils anderen Bildungsbereich zu fördern. Der Standard soll die kooperative Entwicklung, Erprobung und Evaluation von Lernergebniseinheiten bzw. von bildungsbereichsübergreifenden Qualifizierungsmaßnahmen unterstützen. Weiterhin soll der Standard die Durchlässigkeit stärken, d. h. notwendige Informationen für Prozesse der Anrechnung und Anerkennung (WILBERS 2014a) bereitstellen. Der Standard ist multifunktional und dient der bildungsbereichsübergreifenden Kommunikation über die Lernergebniseinheiten.

Die Entwicklung des Standards muss verschiedenen Gestaltungsprinzipien gerecht werden. Er muss die Standards in einzelnen Bildungsbereichen als Untermenge enthalten bzw. auf einen anderen Standard eindeutig abbildbar sein. Der Standard muss die lokalen Bezeichnungen aufnehmen und ökonomisch anwendbar sein.

4.2 Detaillierung des Beschreibungsstandards

Die folgende Übersicht zeigt den Standard in Form eines Rasters zur bildungsbereichsübergreifenden Beschreibung von Lernergebniseinheiten.

Tabelle 1: Raster zur bildungsbereichsübergreifenden Beschreibung von Lernergebniseinheiten

Nr.	Feld	Inhalt	
1	Titel bzw. Aufgaben- und Problemstellung	Kurzname der Lernergebniseinheit	Langname (Beschreibung) der Lernergebniseinheit
2	Qualifikationen	Ausbildungsberuf, Fortbildungsberuf, Studiengang, …; Bezeichnung des Abschlusses	
3	Rechtsnormen, die der/den Qualifikation(en) zugrunde liegen	Ausbildungsordnung, Fortbildungsordnung, Studienordnung, …	
4	Zuständige Einrichtung	Hochschule, IHK, HWK, …	
5	DQR-Niveau		EQF-Niveau
6	Einordnung in die Qualifikation	Einordnung in den Aufbau der relevanten Qualifikation, z. B. Grundlagen	
7	Umfang in Std. (Präsenz und Selbstlernen)	Z. B. 60h + 90h	
8	Dauer/zeitlicher Horizont	Umfang, z. B. SWS bei Hochschulen	
9	Häufigkeit	Turnus des Angebots der Lernergebniseinheit	
10	Voraussetzungen	Voraussetzungen für Teilnahme an der Lernergebniseinheit	
11	Skizze der Lernergebnisse	Grobbeschreibung, beispielsweise durch Beschreibung einer Arbeitshandlung	
12	Lernergebnisse	Detaillierte Beschreibung der Kompetenzen als learning outcomes	
13	Inhalte	Lehr- bzw. Lerninhalte	
14	Grundlegendes methodisches Vorgehen		
15	Bewertung	Bewertungs-/Prüfungsbereiche & Bewertungs-/Prüfungsinstrumente	
16	Der Prüfung zugrundeliegende Rechtsnormen	Prüfungsordnung, Ausbildungsordnung, …	
17	Bewertungssysteme	Z. B. „sehr gut (1,0; 1,3), gut (1,7; 2,0; 2,3), befriedigend (2,7; 3,0; 3,3), ausreichend (3,7; 4,0), nicht ausreichend (4,3; 4,7; 5,0)"	
18	Rahmenbedingungen		
19	Sonstiges		

Die einzelnen Felder des Rasters werden kurz beschrieben.
- Titel bzw. Aufgaben- und Problemstellung (Nr. 1)
  An dieser Stelle werden der Kurzname für die Lernergebniseinheit und ein Langname eingetragen. Der Titel dient der präzisen Kommunikation unter Bildungsfachleuten, wird aber auch für die Kommunikation mit der Zielgruppe benötigt. In Klammern kann eine englischsprachige Bezeichnung ergänzt werden. Sie ist in vielen Hochschulen inzwischen verpflichtend.

In der beruflichen Weiterbildung werden die verschiedenen Fortbildungsebenen über betriebliche Aufgaben- bzw. Problemstellungen abgegrenzt (BIBB 2014). Es bietet sich daher an, in der Langbeschreibung die Aufgaben- bzw. Problemstellung zu beschreiben. Dabei empfiehlt sich eine Formulierung unter Zuhilfenahme von Handlungsgegenständen und Handlungsprozessen, die an den Handlungen vollzogen werden (WILBERS 2014b, S. 622 ff.).

▶ Qualifikation(en) (Nr. 2)

Eine „Qualifikation" im Sinne von ECVET und DQR ist „das formale Ergebnis eines Beurteilungs- oder Validierungsprozesses, nachdem eine dafür zuständige Stelle festgestellt hat, dass die Lernergebnisse einer Einzelperson den vorgegebenen Standards entsprechen" (AK-DQR 2011, S. 11). Entsprechend sind hier Ausbildungsberufe, Fortbildungsberufe, Studiengänge oder Ähnliches vorgesehen. Ergänzend ist die – für Studiengänge und Fortbildungsordnungen/-reglungen vorgeschriebene – Abschlussbezeichnung zu vermerken. Für bildungsbereichsübergreifende Lernergebniseinheiten können mehrere Qualifikationen angeführt werden.

▶ Rechtsnormen, die der/den Qualifikation(en) zugrunde liegen (Nr. 3)

An diesen Stellen werden die den Qualifikationen zugrunde liegenden Rechtsnormen eingetragen. Im Fall bildungsbereichsübergreifender Lernergebniseinheiten werden mehrere Rechtsnormen aufgeführt. Die zugrunde liegende Rechtsnorm richtet sich nach der Art der Qualifikation, zum Beispiel eine Fortbildungsordnung bei Fortbildungsberufen. Die Rechtsnorm kann bereits existieren oder geplant sein, zum Beispiel eine Zertifikatsordnung einer Hochschule.

▶ Zuständige Einrichtung (Nr. 4)

Eine „Zuständige Einrichtung" ist im Sinne von ECVET und DQR „eine Einrichtung, die nach den Vorschriften und Gepflogenheiten der teilnehmenden Staaten für die Gestaltung und Verleihung von Qualifikationen, für die Anerkennung von Einheiten oder für andere mit dem ECVET zusammenhängende Funktionen zuständig ist, etwa die Zuteilung von ECVET-Punkten für Qualifikationen und Einheiten oder die Bewertung, Validierung und Anerkennung von Lernergebnissen" (EP & ER 2008, S. 14).

▶ DQR-Niveau und EQF-Niveau (Nr. 5)

Hier wird das DQR-Niveau vermerkt. Es entspricht dem EQF-Niveau. Das DQR-Niveau muss sich in den Lernergebnissen (Nr. 12) widerspiegeln bzw. umgekehrt: Aufgrund der Beschreibung der Lernergebnisse (Nr. 12) muss sich das DQR-Niveau identifizieren lassen.

▶ Einordnung in die Qualifikation (Nr. 6)

Eine Lernergebniseinheit ist Teil einer Qualifikation. Jede Qualifikation hat einen spezifischen Aufbau. Zum Beispiel werden in Hochschulen oft Grundlagen- und Vertiefungsmodule oder Pflicht- und Wahlmodule unterschieden. In der Berufsbildung werden beispielsweise Handlungsfelder, Handlungsbereiche oder Qualifikationsschwerpunkte unterschieden. In der Beschreibung wird vermerkt, welchem Teil der Untergliederung der Qualifikation die Lernergebniseinheit zuzuordnen ist.

▶ Umfang in Std. (Präsenz und Selbstlernen) (Nr. 7)

Eine wichtige Beschreibungsgröße einer Lernergebniseinheit ist der zeitliche Umfang, der für den Erwerb der Kompetenzen geplant wird. Mit Blick auf die Kombination von Präsenzlernphasen und Selbstlernphasen ist es nicht ausreichend, die reine Präsenzzeit als Maßstab für den Umfang der Lernergebniseinheit festzusetzen. Daher wird hier vereinfachend der Arbeits- bzw. Lernaufwand der Lernenden zur Grundlage der Umfangsbestimmung herangezogen.

In den Hochschulen werden Leistungspunkte nach dem Europäischen Systems zur Übertragung und Akkumulierung von Studienleistungen (ECTS) berechnet. Der ECTS-Leitfaden erläutert: „60 ECTS-Credits werden für den Arbeitsaufwand eines Jahres formalen Vollzeitlernens (akademisches Jahr) der zugehörigen Lernergebnisse vergeben. Meistens beträgt der Arbeitsaufwand der Studierenden in einem akademischen Jahr 1.500 bis 1.800 Stunden, so dass ein Credit 25 bis 30 Arbeitsstunden entspricht" (EC 2009, S. 11). Wenn also eine hochschulische Lernergebniseinheit (Modul) 5 ECTS-Punkte hat, entspricht diese einem Arbeitsaufwand (workload) von 125 bis 150 Arbeitsstunden, die durchschnittliche Studierende aus Sicht der Planenden ansetzen müssen, um die angestrebten Lernergebnisse zu erreichen. Dabei ist es unerheblich, ob dies Präsenzzeit ist, zum Beispiel in einem Seminar, oder aber Zeit, die für das Selbstlernen verwendet wird. Insbesondere ist auch die Prüfungsvorbereitung Teil des studentischen Arbeitsaufwandes.

In der Berufsbildung ist die Berechnung von Leistungspunkten bislang wenig üblich. Für die Berufsbildung ist als Gegenstück zum ECTS-System das ECVET-System (European Credit System for Vocational Education and Training) vorgesehen. Das ECVET-System ist komplex. Hier wird lediglich der Aspekt der standardisierten Beschreibung des Umfangs eines Moduls genutzt.

Die technische Spezifikation für ECVET gemäß der Empfehlung des europäischen Parlaments und des Rates zur Einrichtung eines Europäischen Leistungspunktesystems für die Berufsbildung (ECVET) erläutert: „Um zu einem gemeinsamen Konzept für die Verwendung von ECVET-Punkten zu gelangen, gilt die Vereinbarung, dass für die erwarteten Lernergebnisse eines Jahres formaler Vollzeit-Berufsbildung 60 Punkte vergeben werden" (EP & ER 2008, S. 17).

ECVET hat jedoch weitreichende – bildungspolitische wie bildungspraktische – Implikationen, die Fragen der Akzeptanz aufwerfen, obwohl es hier ‚nur' um die Bestimmung des zeitlichen Umfangs geht. Es wird daher hier nicht auf das ECVET- und ECTS-System zurückgegriffen.

▶ Dauer und Häufigkeit (Nr. 8 und Nr. 9)

Hier wird der Umfang der Lernergebniseinheit in Stunden (Berufsbildung) bzw. in Semesterwochenstunden (Hochschulen) eingetragen. Hier wird nur die Präsenzzeit abgetragen. Eigentlich geht dies aus der Berechnung der ECTS- bzw. ECVET-Punkte hervor. Aus organisatorischer Sicht ist es jedoch einfacher, direkt die Dauer zu vermerken. Aufgeführt wird außerdem der Turnus des Angebots. Der Turnus wird in der Berufsbildung in Jahren, in den Hochschulen in Semestern abgetragen.

- Voraussetzungen (Nr. 10)

Hier werden die Voraussetzungen für die Teilnahme eingetragen. Dabei können zwei Typen von Voraussetzungen unterschieden werden:

Formale Voraussetzungen: Die Lernergebniseinheit kann formal beschriebene Lernergebnisse als Voraussetzungen vorsehen, zum Beispiel einen beruflichen Abschluss.

Kompetenzorientierte Voraussetzungen: Die Voraussetzungen können auch in Form von Lernergebnissen einer vorausgesetzten Qualifikation bzw. Lernergebniseinheit beschrieben werden.

- Lernergebnisse (Nr. 11 und Nr. 12)

Die – angestrebten – Lernergebnisse sind der zentrale Orientierungspunkt für die Gestaltung einer Lernergebniseinheit. Diese Lernergebnisse sind gleichzeitig der zentrale Orientierungspunkt für den Vergleich von Lernergebniseinheiten. „Lernergebnisse" sind im Sinne von ECVET und DQR „Aussagen darüber, was ein Lernender nach Abschluss eines Lernprozesses weiß, versteht und vermag; diese werden als Kenntnisse, Fertigkeiten und Kompetenzen definiert" (AK-DQR 2011, S. 9).

In Feld Nr. 11 wird kurz das Lernergebnis der Lernergebniseinheit festgehalten. An dieser Stelle kann beispielsweise auf einen Geschäfts- oder Arbeitsprozess abgehoben werden. In Feld Nr. 12 werden die Lernergebnisse detailliert aufgeführt. Dabei werden im Sinne des DQR die Fachkompetenz und die personale Kompetenz aufgeschlüsselt.

- Inhalte (Nr. 13)

Neben den Lernergebnissen in Form von Kompetenzen werden hier die Inhalte und ihre Struktur beschrieben. Üblich ist hier die Formulierung von Listen, die die Lernergebniseinheit beschreiben.

- Grundlegendes methodisches Vorgehen (Nr. 14)

In Hochschulen ist es eher unüblich, das grundlegende methodische Vorgehen zu beschreiben. Dies dürfte vor allem daran liegen, dass sich in Hochschulen typische Methoden etabliert haben, zum Beispiel die Vorlesung oder das Seminar. In der Berufsbildung findet sich oft eine große methodische Vielfalt, so dass es hier üblich ist, die grundlegende methodische Anlage zu charakterisieren.

Hier wird davon ausgegangen, dass zum Verständnis einer Lernergebniseinheit die Angabe des grundlegenden methodischen Vorgehens sinnvoll ist. Didaktisch betrachtet sind damit die zentralen Parameter (Zielgruppe und Bedingungen, Ziele und Inhalte sowie Methoden) einer didaktischen Situation (WILBERS 2014b) vollständig beschrieben.

Die Beschreibung des grundlegenden methodischen Vorgehens sollte so angelegt sein, dass auch die Förderung der personalen Kompetenz im Sinne des DQR (Sozialkompetenz, Selbstständigkeit) deutlich wird.

▶ Bewertung der Lernergebnisse (Nr. 15, Nr. 16, Nr. 17)
„Bewertung der Lernergebnisse" bezeichnet im Sinne von ECVET und DQR die „Methoden und Verfahren, die angewandt werden, um festzustellen, inwieweit ein Lernender bestimmte Kenntnisse, Fertigkeiten und Kompetenzen tatsächlich erworben hat" (EP & ER 2008, S. 14). An dieser Stelle werden daher die Bewertungs- bzw. Prüfungsbereiche und -instrumente (Nr. 15) angeführt. Dabei wird auch die Rechtsnorm, die der Prüfung zugrunde liegt, vermerkt (Nr. 16). Weiterhin wird die Bewertungsskala festgehalten, die in der relevanten Rechtsnorm verankert ist. Dazu werden sowohl die Prädikate (z. B. „gut") und die Noten ggf. einschließlich der möglichen Zwischenstufen aufgelistet (Nr. 17).

▶ Rahmenbedingungen (Nr. 18)
Bei den Rahmenbedingungen sollten vor allem Angaben zu den Dozentinnen und Dozenten erfolgen, die für die Lernergebniseinheit verantwortlich zeichnen, und zwar deren fachliche und pädagogisch-didaktische Voraussetzungen. Die Angabe solcher Rahmenbedingungen ist in der Berufsbildung üblich. In den Hochschulen ist das eher unüblich, weil der Personenkreis stärker reguliert ist.

▶ Sonstiges (Nr. 19)
Hier kann alles vermerkt werden, was für die Beschreibung der Lernergebniseinheit noch als relevant erachtet wird.

5. Ausblick

Der präsentierte Standard zur Beschreibung von Lernergebniseinheiten ist das Ergebnis einer mehrfachen Iteration. Aufgrund der zukünftigen Erfahrungen bei der Beschreibung von Lernergebniseinheiten erscheint eine weitere Fortentwicklung wahrscheinlich. Außerdem führt eine Fortentwicklung von Beschreibungsstandards im Hochschulbereich und in der Berufsbildung zu einer erneuten Überarbeitung des Standards. Koordinative Standards sind nicht in Stein gemeißelt, sondern müssen ständig weiterentwickelt werden.

Literatur

AK-DQR (Arbeitskreis Deutscher Qualifikationsrahmen): Deutscher Qualifikationsrahmen für lebenslanges Lernen. Verabschiedet vom Arbeitskreis Deutscher Qualifikationsrahmen am 22. März 2011

ALTRICHTER, H.; MAAG MERKI, K.: Steuerung der Entwicklung des Schulwesens. In: ALTRICHTER, H.; MAAG MERKI, K. (Hrsg.): Handbuch neue Steuerung im Schulsystem. Wiesbaden 2010, S. 15–39

ANDERSON, L. W. u. a.: A Taxonomy for Learning, Teaching, and Assessing. A Revision of Blooms Taxonomy of Educational Objectives. New York u. a. 2001

ANDERSON, T.; SHATTUCK, J.: Design-Based Research: A Decade of Progress in Education Research? In: Educational Researcher 41 (2012), S. 16–25

BENZ, A.; DOSE, N.: Governance – Modebegriff oder nützliches sozialwissenschaftliches Konzept? In: BENZ, A.; DOSE, N. (Hrsg.): Governance – Regieren in komplexen Regelsystemen. Eine Einführung. Wiesbaden 2010, S. 13–35

BIBB (Bundesinstitut für Berufsbildung – Hauptausschuss): Empfehlung des Hauptausschusses des Bundesinstituts für Berufsbildung vom 12. März 2014 für Eckpunkte zur Struktur und Qualitätssicherung der beruflichen Fortbildung nach Berufsbildungsgesetz (BBiG) und Handwerksordnung (HwO). Verzeichnis Empfehlungen zur beruflichen Bildung: Nr. 159. Bonn 2014

Bloom, B. S.: Taxonomie von Lernzielen im kognitiven Bereich (5. Aufl.). Weinheim 1976

BMBF (Bundesministerium für Bildung und Forschung) (Hrsg.): Durchlässigkeit und Transparenz fördern. DECVET – Ein Reformansatz in der beruflichen Bildung. Bonn 2012

Bohlinger, S.: Eine Landkarte der Qualifikationsrahmen und eine kurze Geschichte ihrer globalen Entwicklung. In: Berufsbildung in Wissenschaft und Praxis 42 (2013), S. 38–41

Born, V.; Sperle, C.: Möglichkeiten und Grenzen einer Anwendung von ECVET im Rahmen der Meisterqualifikation im Handwerk. Ergebnisse des europäischen Pilotprojekts SME MASTER Plus. In: Eberhardt, C. (Hrsg.): Mit ECVET zu besserer Mobilität? Von der europäischen Empfehlung zur Erprobung in der Praxis. Bonn 2011, S. 7–19

CEDEFOP (European Centre for the Development of Vocational Training): The shift to learning outcomes. Conceptual, political and practical developments in Europe. Luxembourg 2008

Dobischat, R.; Düsseldorff, K.; Dikau, J.: Rechtliche und organisatorische Bedingungen der beruflichen Weiterbildung. In: Arnold, R.; Lipsmeier, A. (Hrsg.): Handbuch der Berufsbildung (2. Aufl.). Wiesbaden 2006, S. 531–546

Eberhardt, C.; Schlegel, B.: Fördert ECVET den Aufbau eines europäischen Mobilitätsverbunds? Das Beispiel CREDCHEM. In: Eberhardt, C. (Hrsg.): Mit ECVET zu besserer Mobilität? Von der europäischen Empfehlung zur Erprobung in der Praxis. Bonn 2011, S. 30–41

EC (European Commission): Proposal for a Recommendation of the European Parliament and of the Council on key competences for lifelong learning. COM (2005) 548 final. Brussels 2005

EC (European Commission): ECTS-Leitfaden. Luxembourg 2009

Eising, R.; Lenschow, A.: Europäische Union. In: Benz, A. u. a. (Hrsg.): Handbuch Governance. Theoretische Grundlagen und empirische Anwendungsfelder. Wiesbaden 2007, S. 325–338

ENQA (European Network for Quality Assurance in Higher Education): Standards and Guidelines for Quality Assurance in the European Higher Education Area (3. Aufl.). Helsinki 2009

EP (Europäisches Parlament); ER (Europäischer Rat): Empfehlung des Europäischen Parlaments und des Rates vom 18. Juni 2009 zur Einrichtung eines Europäischen Leistungspunktesystems für die Berufsbildung (ECVET). 2009/C155/02. Brüssel 2008

Frommberger, D. u. a.: Zusammenfassung und Diskussion der didaktisch-curricularen Ansätze der DECVET-Projekte zur Förderung der Durchlässigkeit im Berufsbildungssystem. In: BMBF (Bundesministerium für Bildung und Forschung) (Hrsg.): Durchlässigkeit und Transparenz fördern. DECVET – Ein Reformansatz in der beruflichen Bildung). Bonn 2012, S. 137–153

Frommberger, D.; Reinisch, H.: Zur Weiterentwicklung der Durchlässigkeit in der beruflichen Bildung in Deutschland zwischen den Impulsen einer Europäischen Berufsbildungspolitik und nationalen Traditionen. Überlegungen und Befunde am Beispiel der DECVET-Pilotinitiative. In: bwp@ (Berufs- und Wirtschaftspädagogik – online) 25 (2013), S. 1–25

GEHMLICH, V.: European Credit Transfer System (ECTS). In: BENZ, W.; KOHLER, J.; LANDFRIED, K. (Hrsg.): Handbuch Qualität in Studium und Lehre. Evaluation nutzen – Akkreditierung sichern – Profil schärfen (2. Aufl., D.3.2). Stuttgart 2009, S. 1–32

GONZÁLEZ, J.; WAGENAAR, R.: Der Beitrag der Hochschulen zum Bologna-Prozess. Eine Einführung. Bilbao 2008

GRÜN, G.; TRITSCHER-ARCHAN, S.; WEISS, S.: Leitfaden zur Beschreibung von Lernergebnissen. Wien 2009

HIPPACH-SCHNEIDER, U.; KRAUSE, M.; WOLL, C.: Berufsbildung in Deutschland. Kurzbeschreibung. Luxemburg 2007

HOFMANN, S.: Modularisierung. Konzept und Leistungsmerkmale. In: BENZ, W.; KOHLER, J.; LANDFRIED, K. (Hrsg.): Handbuch Qualität in Studium und Lehre. Evaluation nutzen – Akkreditierung sichern – Profil schärfen (D 3.1). Stuttgart 2004, S. 1–18

KOHLER, J.: Europäische Qualifikationsrahmen und ihre Bedeutung für die einzelstaatlichen Studiensysteme. European Qualifications Framework for Lifelong Learning (EQF-LLL) Qualifications Framework for the European Higher Education Area (QF-EHEA). In: BENZ, W.; KOHLER, J.; LANDFRIED, K. (Hrsg.): Handbuch Qualität in Studium und Lehre. Evaluation nutzen – Akkreditierung sichern – Profil schärfen (2. Aufl., S. D.1.4). Stuttgart 2009, S. 1–38

LINTEN, M.; PRÜSTEL, S.: Auswahlbibliografie: Modelle, Konzepte und Perspektiven für das Duale System. Stand: September 2014 (Version 4.0). Bonn 2014

PLOMP, T.: Educational Design Research: an Introduction. In: PLOMP, T.; NIEVEEN, N. (Hrsg.): An Introduction to Educational Design Research (3. Aufl.). Enschede 2009, S. 9–35

RYCHEN, D. S.; SALGANIK, L. H. (Hrsg.): Key Competencies for a Successful Life and a Well-Functioning Society. Göttingen 2003

SCHIMANK, U.: Die Governance-Perspektive: Analytisches Potenzial und anstehende konzeptionelle Fragen. In: ALTRICHTER, H.; BRÜSEMEISTER, T.; WISSINGER, J. (Hrsg.): Educational governance. Handlungskoordination und Steuerung im Bildungssystem. Wiesbaden VS 2007, S. 231–260

TUTSCHNER, H.: Fortbildungsordnungen und wie sie entstehen. Bonn 2013

WILBERS, K.: Das Niveau 5 des Deutschen Qualifikationsrahmens (DQR) als Plattform für die Gestaltung bildungsübergreifender Arrangements. Nürnberg 2014a

WILBERS, K.: Wirtschaftsunterricht gestalten. Lehrbuch. Eine traditionelle und handlungsorientierte Didaktik für kaufmännische Bildungsgänge (2. Aufl.). Berlin 2014b

WR (Wissenschaftsrat): Empfehlungen zur Differenzierung der Hochschulen. Drs. 10387-10. Lübeck 2010

WR (Wissenschaftsrat): Empfehlungen zur Gestaltung des Verhältnisses von beruflicher und akademischer Bildung. Drs. 3818-14. Darmstadt 2014

ZDH (Zentralverband des Deutschen Handwerks): Leitfaden für die Umsetzung eines qualitätsorientierten, ganzheitlichen und trägerunabhängigen Konzeptes für die Lehrgangsentwicklung. InnoQua-Leitfaden. Berlin 2010a

ZDH (Zentralverband des Deutschen Handwerks): Werkzeugkoffer zum Leitfaden für die Umsetzung eines qualitätsorientierten, ganzheitlichen und trägerunabhängigen Konzeptes für die Lehrgangsentwicklung. InnoQua-Leitfaden. Berlin 2010b

Norbert Lachmayr

Reflexion neuer hochschulischer Anrechnungspotenziale durch österreichische Bildungsstandards an Berufsbildenden Höheren Schulen

Inwieweit können die kompetenzbasierten österreichischen Bildungsstandards (BIST) bei der Identifikation bzw. Anrechnung von entwickelten Kompetenzen aus dem Besuch der „Berufsbildender Höherer Schulen" (BHS) auf ein facheinschlägiges Hochschulstudium genützt werden? Resümierend wird im Beitrag gezeigt, dass – trotz kritischer Anmerkungen und nicht optimaler Rahmenbedingungen – in den Deskriptoren der BISTs durchaus Potenzial gesehen wird, vor allem, wenn ein stärkerer Bezug zu ECVET (European Credit System for Vocational Education and Training) und der dortigen Partnerschaftsvereinbarungen (Memorandum of Understanding) als möglichen „Andockpunkt" gelingt.

Schlagworte: Österreich, Bildungsstandards, Anrechnung, Hochschule, BHS, Berufsbildende Höhere Schule, ECVET

Vielschichtige individuelle, mitunter nicht immer transparent dargelegte Anrechnungsmöglichkeiten früherer Lernleistungen prägen das Bild beim österreichischen Hochschulzugang (vgl. LACHMAYR/MAYERL/HÄNTSCHEL 2013). So werden etwa bei fachhochschulischen Studienprogrammen „einschlägige berufliche Qualifikationen" sowie „sonstige" Qualifikationen, welche individuell von der Studiengangleitung bewertet werden, als Zugangsvoraussetzungen genannt. Gleichzeitig finden vereinzelt auch formale Abschlüsse Berufsbildender Höherer Schulen (BHS) in Form pauschaler Anrechnungen ihren Niederschlag (vgl. LACHMAYR/MOGG 2012). Die Prinzipien der Würdigung von Lernergebnissen folgen zudem in den verschiedenen Bildungssektoren unterschiedlichen Logiken (European Credit Transfer and Accumulation System (ECTS) in den Hochschulen, European Credit System for Vocational Education and Training (ECVET) in der beruflichen Bildung) und weisen unterschiedliche Grade der Verbindlichkeit auf.

Der Beitrag baut auf einer Reihe aktueller Studien auf (SCHMID/GRUBER/NOWAK 2014a; LACHMAYR/MAYERL 2014; HEFFETER/BURMANN 2014) und reflektiert neu entstandene Anrechnungspotenziale für BHS-Absolventen/Absolventinnen bei facheinschlägiger Fortsetzung der Ausbildung auf tertiärer Ebene: Inwieweit könnten die kompetenzbasierten österreichischen Bildungsstandards (BIST) bei der Identifikation bzw. Anrechnung von entwickelten Kompetenzen aus dem Besuch der BHS auf ein facheinschlägiges Hochschulstudium genutzt werden?

Resümierend wird im Beitrag gezeigt, dass in den österreichischen Bildungsstandards dazu durchaus Potenzial gesehen wird, wenn v. a. eine Anknüpfung an ECVET gelingt. Gleichzeitig werden kritische BIST-Anmerkungen (vgl. z. B. Aff 2006, S. 12; Gruschka 2010; Neuweg 2008, S. 7; Schlögl 2012, S. 326 f.; Schneider 2011; Specht 2006, S. 16) reflektiert, die Bildungsstandards als kein „Allheilmittel" (vgl. Slepcevic-Zach/Stock 2014, S. 272) sehen.

1. Zur Begrifflichkeit und rechtlichen Situation der Anrechnung

In dem Beitrag ist die „Anrechnung" von erworbenen Kompetenzen, Fähigkeiten und Fertigkeiten aus dem Besuch der BHS auf ein Hochschulstudium ein wesentlicher Begriff. Anrechnung umfasst nicht nur eine Bestätigung des Wertes erbrachter Leistungen (= Anerkennung), sondern geht über die Erteilung der bloßen Zugangs- bzw. Zulassungsberechtigung hinaus und beinhaltet einen Transfer bereits erbrachter (gleichartiger und/oder gleichwertiger) Leistung und die Verrechnung dieser mit weiteren, noch zu erbringenden Leistungen (vgl. Frommberger/Held/Milolaza/Reinisch/Steib 2012, S. 123). Auf Begriffe wie Anerkennung (Prozess der formellen Anerkennung des Wertes von Kompetenzen, entweder durch das Verleihen von Qualifikationen [Befähigungsnachweise, Bescheinigungen, Diplome, Zertifikate, Zeugnisse] oder durch das Verleihen von Entsprechungen, Anrechnungspunkten oder Urkunden, die Validierung vorhandener Kompetenzen und/oder gesellschaftliche Anerkennung [Cedefop 2008, S. 153]), Validierung (Cedefop 2008, S. 200) sowie Nostrifizierung von Lernergebnissen (vgl. www.nostrifizierung.at) wird nicht näher eingegangen.

Für eine ausführliche Darstellung der rechtlichen Bedingungen zur hochschulischen Anrechnung wird auf die Studie zur Anrechnungspraxis von BHS-Abschlüssen im hochschulischen Sektor (vgl. Lachmayr u. a. 2013, S. 13–20) verwiesen. Eine entsprechende Anrechnung ist bislang in der Regel auf individuelle Bemühungen beschränkt und muss nach Universität und Fachhochschule differenziert betrachtet werden. Bereits bei der Zulassung der Studienrichtung im Akkreditierungsverfahren müssen beispielsweise Fachhochschulen (FH) die konkreten Anerkennungsmodalitäten benennen und auch begründen. Folglich kann an der FH das Prinzip der lehrveranstaltungsbezogenen Anerkennung von nachgewiesenen Kenntnissen durch die Studiengangsleitung (nach Antrag der Studierenden) zu einer Verkürzung der Studienzeit führen. Anders ist die Situation bezüglich der universitären Anerkennung. Dort sind positiv beurteilte Prüfungen (z. B. an einer BHS) auf Antrag der Studierenden bescheidmäßig anzuerkennen, soweit sie den im Curriculum vorgeschriebenen Prüfungen gleichwertig sind bzw. die ECTS-Anrechnungspunkte gleich sind oder nur geringfügig abweichen.

Neben den rechtlichen Rahmenbedingungen sind zudem auch die inhaltlichen Voraussetzung für eine breitere Praxis von Anrechnungen gegeben: Unidirektionale im Sinne von „nur in eine Richtung" gehende Bildungswege, d. h. Überschneidungen zwischen BHS-Fachrichtungen und einschlägigen Studien, wurden aus den Hochschulstatistiken abgeleitet (vgl. Lachmayr u. a. 2013, S. 10–12). Gleiches gilt im Übrigen auch für eine selten angewandte, aber mögliche

Anrechnung von Berufspraxis, dazu sei auf typische Erwerbswege und Höherqualifizierungen von BHS-Absolventen/-innen (vgl. Lachmayr/Löffler 2012) verwiesen. Auch internationale Ansätze rund um den Bologna-Prozess fordern die Steigerung der Durchlässigkeit. So wird z. B. im Bukarest Communiqué 2012 (EHEA 2012) explizit „recognition of prior learning" als ein wesentlicher Weg für Hochschulen genannt.

2. ECVET als Anknüpfpunkt für Bildungsstandards

ECVET ist ein europäisches Leistungspunktesystem für die Berufsbildung zur Vergleichbarkeit der Lernergebnisse: Transparenz, Vergleichbarkeit, Transferierbarkeit und wechselseitige Anerkennung von beruflichen Qualifikationen und Kompetenzen auf verschiedenen Niveaus sollen so gefördert werden. Die technischen Spezifikationen von ECVET finden sich in den Anhängen der Empfehlung des Europäischen Parlaments und des Rates vom 18. Juni 2009 (ABl. C 155 vom 8.7.2009, S. 11). ECVET ist (im Gegensatz zum Europäischen und Nationalen Qualifikationsrahmen) von der Konzeption her personenzentriert, d. h. es beruht auf der Validierung und Akkumulierung von Lernergebnissen einzelner Lernender. Basis dafür ist eine bilaterale Übereinkunft zwischen zwei (Aus-)Bildungseinrichtungen, auch als Memorandum of Understanding bezeichnet. Ein Europäisches Gesamtkonzept der Durchreglementierung ist hier nicht vorgesehen. Qualifikationen sollen dabei – anders als im ECTS-Modell der Hochschulen – nicht durch den für ihren Erwerb notwendigen Aufwand (workload), sondern durch die erzielten Kompetenzen beschrieben werden.

Eines der fünf genannten bildungspolitischen Ziele in einem aktuellen Grundlagenpapier zur Anwendung von ECVET in Österreich (vgl. BMUKK 2013a, S. 2) betrifft die Optimierung von Lernwegen vor bzw. nach dem Schulbesuch:

> „Im Sinne einer erhöhten vertikalen und horizontalen Durchlässigkeit innerhalb des nationalen Bildungssystems soll der Transfer von Lernergebnissen an den wesentlichen Schnittstellen der österreichischen Bildungslandschaft erleichtert werden (Schule-Schule, Schule – Lehre, Lehre – Schule, Schule – Hochschule, Erwachsenenbildung – Hochschule, etc.)."

Auch werden dort Durchlässigkeit, Leistungspunkte (vgl. BMUKK 2013a, S. 8) sowie die Wichtigkeit der Partnerschaftsvereinbarungen hervorgehoben:

> „Ein Anwendungsbereich von ECVET-Punkten soll sich insbesondere auf die Berufsbildenden Höheren Schulen beziehen, da hier eine direkte Schnittstelle zu den Fachhoch- bzw. Hochschulen erkennbar ist. Hier sollen dieselben Maßstäbe wie für ECTS gelten und ein besonderer Fokus auf potentiell vergleichbaren Lernergebnissen weiterführender Ausbildungen liegen. Das ECVET Modell soll besonders durch Partnerschaftsvereinbarungen in diesem Bereich gestärkt werden. Dieses ‚Memorandum of Understanding' soll die Basis der Zusammenarbeit beim Vergleich von Lernergebnissen sein, und soll relevante Bereiche der Zusammenarbeit festlegen."

In obigem Zitat fällt fünfmal der Begriff „soll", d. h. es wird von Absichtserklärungen berichtet. Wie nun konkret die Möglichkeit einer Anerkennung von schulischen Lernergebnissen möglich werden kann bzw. wie dazu die Bildungsstandards mit dem Grundgedanken von ECVET kompatibel sind, zeigt das nächste Kapitel.

3. Grundidee und Aufbau der Bildungsstandards

Laut Leitbild von österreichischen Berufsbildenden Höheren Schulen (vgl. http://www.berufsbildendeschulen.at/fileadmin/content/QIBB/Dokumente/Leitbilder/Leitbild_II2.pdf, Stand 3.5.2016) sollen die „transparente Darstellung der Ausbildungslehrgänge, die Integration von Credit-Transfer-Modellen und die Beachtung der europäischen Rahmenbedingungen" die Anerkennung der Bildungsabschlüsse sichern. Ein Instrument dazu sind die Bildungsstandards, sie dienen nicht nur der Qualitätssicherung, sondern haben eine Orientierungsfunktion für den Unterricht und ermöglichen Vergleiche zwischen unterschiedlichen Bildungsinstitutionen (vgl. BMUKK 2012, S. 3). Gerade die letztgenannte Intention ist von größter Bedeutung, es werden damit Hinweise auf Anrechnungspotenziale bzw. Lerneinheiten intendiert.

Die Grundidee der BISTs ist, fachliche und fachübergreifende Kenntnisse und Fertigkeiten, die für die weitere Ausbildung von Bedeutung sind, zu formulieren:

> „Sie [die Bildungsstandards] bestehen aus einem Kompetenzmodell für die jeweiligen Unterrichtsgegenstände bzw. Fachbereiche. Diese werden durch zwei Dimensionen – die Handlungs- und die Inhaltsdimension – verdeutlicht. An den Schnittpunkten, die sich aus den Verbindungen dieser Achsen ergeben, werden Deskriptoren formuliert, die durch Unterrichtsbeispiele konkretisiert werden" (vgl. BMUKK 2013b, S. 17).

Die Darstellung der Inhalts- und Handlungsdimensionen orientiert sich dabei an ANDERSON und KRATHWOHL (2001). Die Handlungsdimension selbst besteht aus mehreren Abstufungen (Kenntnisse: Wiedergeben, Verstehen; Fertigkeiten: Anwenden, Analysieren, Entwickeln) und soll eine Orientierung an den Europäischen Qualifikationsrahmen (EQR) bzw. Nationalen Qualifikationsrahmen (NQR) darstellen.

Kritisch ist dabei anzumerken, dass es bislang in Österreich noch keine Gesamtbetrachtung (quasi eine Metaanalyse) oder Anleitung bzgl. der einheitlichen Vorgehensweise bei der inhaltlichen Ausarbeitung der Handlungsdimension bei anderen Fachrichtungen gibt. Hier sei beispielsweise auf einen Leitfaden verwiesen, der studierendenzentrierte und kompetenzorientierte Formulierung von Lernergebnissen unterstützt (GRÖBLINGHOFF 2013) und auch einen Schwerpunkt auf die Taxonometrie der Verben, relevant für die BIST-Handlungsdimension, legt. Es kann daher nur eine Intention unterstellt werden, dass versucht wird, dem Inklusionsprinzip bei Formulierungen der Deskriptoren Rechnung zu tragen: Jedes NQR-Niveau schließt dabei die Aussagen vorhergehender Niveaus ein, auch wenn diese – um Wiederholungen zu vermeiden – in den Beschreibungen nicht explizit angeführt sind (vgl. NKS 2011, S. 14). Eine konkrete „Übersetzung" der einzelnen Handlungsdimension für den Bereich der Informatik findet sich beispielsweise bei DORNINGER (2012, S. 229), die jedoch die erste Kategorie „Wiedergeben" in Hinblick auf den konzeptuellen Charakter der Bildungsstandards für angewandte Informatik generell als nicht sinnvoll einstuft: Sachverhalte, die nur reproduziert werden müssen, wurden in die anderen Bereiche wie „Anwenden" oder „Analysieren" integriert.

Die BISTs weisen eine weitere Besonderheit im Vergleich zu anderen EQR-Deskriptorenbeschreibungen (wie z. B. NKS 2011, S. 14) auf: Die Dimension, welche im EQR-Sinne als Übernahme von Verantwortung und Selbstständigkeit beschrieben wird, erscheint im BIST-Ansatz losgelöst von den Dimensionen „Kenntnisse" und „Fertigkeiten" und wird anscheinend nicht mit gleicher Priorität weiterverfolgt wie die Handlungs- und Inhaltsdimensionen. Jedenfalls ist in der Darstellung der Bezug der Deskriptoren auf alle drei EQR-Dimensionen nicht klar erkennbar. Einzig in einem älteren Dokument vermerkt ist, dass die Handlungsdimension sehr wohl die zu erbringende kognitive Leistung unter Berücksichtigung sozialer und personaler Kompetenzen beschreibt (vgl. FRITZ 2007, S. 18). An anderer Stelle wird dazu jedoch relativierend angemerkt, dass die sozialen und personalen Kompetenzen von den Absolventen/-innen in der Schule erst ihren Ausgangspunkt erhalten, weitere Modifizierungen durch berufliche Erfahrung oder fortschreitende Persönlichkeitsentwicklung erfolgen werden (vgl. BMUKK 2011, S. 13). Jedenfalls liefern die aktuellen BISTs somit kein Anrechnungspotenzial bzgl. der sozialen und personalen Kompetenzen.

Neben der Handlungsdimension ist als zweiter grundlegender Bestandteil der BISTs die Inhaltsdimension zu nennen. In Österreich werden dabei schulartenspezifische und schulartenübergreifende Inhalte unterschieden. Nachdem technische, wirtschaftliche und humanberufliche berufsbildende höhere Schulen per Definition differenzierte berufsspezifische Schwerpunkte aufweisen, muss dies in der BIST-Beschreibung berücksichtigt werden. Um dieser Heterogenität gerecht werden zu können, wurde der allen berufsbildenden Schulen gemeinsame, also schulartenübergreifende Kern herausgearbeitet. Zusätzlich definieren sich schulartenspezifische Ausprägungen aus speziellen berufsfeldbezogenen Kontexten (vgl. BMUKK 2009, S. 9). So habe beispielsweise die wirtschaftliche Ausbildung in der BHS „generell" einen sehr hohen Stellenwert, um für alle gehobenen Tätigkeiten in Wirtschaft und Verwaltung die Voraussetzungen zu schaffen; entsprechend sind die Bildungsstandards „Wirtschaft und Recht" (vgl. BMUKK 2013c, S. 9) auf alle BHS-Formen ausgerichtet und umfassen den „gemeinsamen Nenner der wirtschaftlichen und rechtlichen Ausbildung" der verschiedenen Schularten. Jedoch wird diese „generelle" Gültigkeit auch wieder eingeschränkt. So wird angemerkt, dass in den verschiedenen BHSen die Inhalte der Bildungsstandards „Wirtschaft und Recht" in unterschiedlichen Unterrichtsgegenständen und Jahrgangsstufen unterrichtet werden und in der jeweiligen Schulart auch einen unterschiedlichen Stellenwert haben. Beispielsweise decken sie für die wirtschaftlichen Schulen rund 35 Prozent der Lehrplaninhalte ab (vgl. BMUKK 2013c, S. 14 f.), in der HTL hingegen „könnte man die wirtschaftliche und rechtliche Ausbildung als Supportprozess zur technischen Ausbildung verstehen" und wird nur für drei HTL-Fachrichtungen als gegeben beschrieben. Für die Reflexion bzw. vertiefende Erläuterung des schulartenübergreifenden BIST „Wirtschaft und Recht" siehe SLEPCEVIC-ZACH/STOCK (2014, S. 269 ff.).

Die BISTs werden nun als Matrix verstanden: Eine Achse stellen die Handlungsdimensionen mit deren fünf Abstufungen (Wiedergeben bis Entwickeln) dar, d. h. beinhalten eine steigende Komplexität. Die zweite Achse stellt die Inhaltsdimension dar, wo abgrenzbare Inhalte in einer frei gewählten Reihenfolge dargestellt werden. Jeder Inhalt wurde in zahlreichen Arbeitsgruppen (vgl. BMUKK 2013b, S. 12 f.) von schulischen Experten/Expertinnen jeweils eine Handlungsdimension zugeordnet. Es entstehen dadurch Schnittpunkte von Inhalts- und Handlungsdimension, die als Deskriptoren bezeichnet werden.

An sich sollten nun durch diese Deskriptoren mögliche Überschneidungen zu (bestehenden oder künftigen) hochschulischen Angeboten leicht erkennbar werden: Es sollen somit Anrechnungspotenziale, die auf Gleichwertigkeit (nicht Gleichartigkeit) abzielen, identifizierbar werden. Es sind nämlich keine Studien bekannt, die gleichwertige Niveaus in Lehrveranstaltungen des ersten Semesters an Hochschulen und in Lernergebnissen aus den letzten BHS-Schulstufen, d. h. eine überwiegende Niveaugleichheit bzw. Überlappung per se ausschließen. Im Gegenteil: Beispielsweise zeigen Studien rund um die Äquivalenzvergleiche des Oldenburger Modell (für Details siehe z. B. MÜSKENS/GIERKE 2009), dass gerade bei Einführungsmodulen auf hochschulischer Seite ein geringeres NQR-Niveau möglich und wahrscheinlich ist (vgl. MÜSKENS/TUTSCHNER 2011, S. 5–12). Nachdem hier hochschulische Module (und nicht die gesamte Ausbildung!) bewertet werden, kann umgekehrt ein „schulisches" Modul auf einem höheren NQR-Niveau stattfinden. Hinderlich erweist sich hier für Österreich bislang der Umstand, dass die endgültige Verortung der BHS (und damit auch eine Zuordnung der BISTs) im nationalen Qualifikationsrahmen noch nicht erfolgt ist. Dies habe jedoch laut dem (seit März 2016 in Kraft getretenen) „Bundesgesetz über den nationalen Qualifikationsrahmen" bis Ende 2018 zu erfolgen (vgl. https://www.bmf.gv.at/schulen/recht/erk/bg_nqr.at, Stand 3.5.2016). Auf Ebene der Identifikation niveaugleicher Lernergebnisse im Sinne einer universitären Anrechnung gem. § 78 UG können BISTs wenig Unterstützung bieten, allerdings würden sie die Identifikation jener Bildungsangebote, für die so ein Abgleich überhaupt in Betracht gezogen werden kann, wesentlich vereinfachen. Dazu sei auf ein aktuelles Projekt unter Federführung der Universität Innsbruck verwiesen, wo mit einem Mix an Unterlagen (z. B. Lehrplan bzw. Curriculum, Lehrbücher, Maturaaufgaben) Vorleistungen von BHS-Absolventen/Absolventinnen identifiziert werden (vgl. https://www.uibk.ac.at/studium/anerkennungen, Stand 3.5.2016). Unter der Annahme, dass die Hochschulen dort einen „Berührungs- oder eventuell Überlappungspunkt" mit dem BHS-NQR-Level haben werden, erscheinen jene schulischen Deskriptoren mit der höchsten intendierten Handlungsebene (der Bereich „Entwickeln") für eine hochschulische Anrechnung am stärksten naheliegend. Ohne in die fachliche Diskussion der BIST-Inhalte abzudriften, sind hier jedoch weitere qualitative Unschärfen in der Erstellung der Deskriptoren zu erkennen. Dort finden sich konkrete Deskriptoren (wie „Aufgabenbereiche in einem betrieblichen Prozess eigenverantwortlich übernehmen" oder „Konfliktsituationen analysieren und dazu beitragen, Lösungsstrategien zu finden"), aber auch sehr offen formulierte Deskriptoren (z. B. „Themenvorgaben kreativ umsetzen" oder „Ideen formulieren, argumentieren und weiterentwickeln"). Im Bereich der Berufsbildenden Höheren Schulen für Mode fällt z. B. weiter auf, dass die Entwicklung entsprechender Schnitte für Revers/Ärmel/Raffungen/Rockmodelle als vier voneinander getrennte Deskriptoren aufscheinen, die sich (zumindest in den Deskriptoren) nur durch den betroffenen Kleidungsteil unterscheiden. Bei den BISTs im Bereich Tourismus und Wirtschaftliche Berufe scheinen hingegen keine derartigen Auflistungen auf.

Hinsichtlich der Identifizierungen weiterer Herausforderungen der BISTs ist anzumerken, dass zahlreiche zusätzliche Kritikpunkte existieren, die im Folgekapitel analysiert werden.

4. Herausforderungen in der Umsetzung

Bezüglich des Begriffs der „Lernergebnisse" und deren Bezug zu den Bildungsstandards stellt Schlögl (2014, S. 32) fest:

> „Einem nationalen und europäisch nahezu schon inflationären Gebrauch scheinen hierzulande eher bescheidene konzeptionelle Grundlagen gegenüber zu stehen, versucht man zumindest in den relevanten Dokumenten Bezüge zu entsprechenden Entwicklungsprojekten, reflektierter Praxis oder wissenschaftlichen Diskursen aufzuspüren. Und auch die nationalen Entwicklungen rund um Kompetenzorientierung und Bildungsstandards werden wiederholt mit einer Lernergebnisorientierung eng geführt, wenn nicht sogar gleich gesetzt.
>
> So spricht etwa die Verordnung über Bildungsstandards im Schulwesen (BGBl. II Nr. 1/2009) im §2, der sich den Begriffsbestimmungen widmet, von Bildungsstandards als konkret formulierte Lernergebnisse und von Kompetenzen als längerfristig verfügbare kognitive Fähigkeiten und Fertigkeiten, die von Lernenden entwickelt werden."

Aus Sicht von Schlögl (2014, S. 32) fehlt letztendlich in Österreich für die Bildungsstandards die Deklaration, dass Standards normative Setzungen sind, genannte Ziele, genau betrachtet, Ziele der Schule sind und dass Kompetenzmodelle der Sichtbarmachung von Entwicklungsprozessen zu dienen hätten. Dieser Umstand wurde im deutschen Bildungsstandard-Gutachten (vgl. Klieme/Hartig 2007, S. 21) klar ausgesprochen:

> „Bildungsstandards konkretisieren die Ziele in Form von Kompetenzanforderungen. Sie legen fest, über welche Kompetenzen ein Schüler, eine Schülerin verfügen muss, wenn wichtige Ziele der Schule als erreicht gelten sollen. Systematisch geordnet werden diese Anforderungen in Kompetenzmodellen, die Aspekte, Abstufungen und Entwicklungsverläufe von Kompetenzen darstellen."

Eine grundsätzliche Wirksamkeit hinsichtlich kompetenzorientierten Unterrichts kann von Lernergebnissen und Bildungsstandards nicht abgeleitet werden (vgl. Schlögl 2012, S. 328), Bildungsstandards sind kein „Allheilmittel" (vgl. Slepcevic-Zach/Stock 2014, S. 272). Vielmehr bedürfe es einer „Kombination bzw. sinnvollen Abstimmung von Lehrplan, Bildungsstandards und Leistungsbeurteilungsverordnung, wobei zentrales Element immer wieder die konkrete Unterrichtsgestaltung ist", so der Autor und die Autorin (2014, S. 272) resümierend. Schott/Ghanbari (2012, S. 181) formulieren diese „Unterrichtskompetenz" wie folgt:

> „Lehrkräfte sollten in der Lage sein, ihre Schülerinnen und Schüler so zu unterrichten, dass diese eine gute Chance haben, während des Unterrichts das zu lernen, was sie anschließend können sollen."

Bei der Evaluierung nach Einführung der Bildungsstandards (vgl. Hauer/Schneider/Vsetecka 2007, S. 7) war beispielsweise eine inhaltliche Analyse der Validität bzw. Qualität der erstellten Bildungsstandards kein Bestandteil der Untersuchung, Gleiches gilt für die Usabilityanalyse der einschlägigen Website „www.bildungsstandards.at" (vgl. Lachmayr 2011).

Relativierend auf den „work in progress"-Status sowie „schwierige Rahmenbedingungen" kritisiert beispielsweise Neuweg (2008, S. 7) die Entwicklung der Deskriptoren als „mehr oder weniger informationsreiche Richt- oder Grobziele in bisweilen beliebig wirkender Auswahl und Anordnung". In ähnliche Richtung geht auch die von Specht als „Beamtenmodell" kritisierte Anfangsphase der Bildungsstandardentwicklung (vgl. Specht 2006, S. 16) aufgrund ausschließlicher Bearbeitung durch Experten/Expertinnen aus der Schulpraxis. Aff (2006, S. 12) monierte ebenfalls einen hohe Grad an „Vagheit und Beliebigkeit" am Beispiel der Operationalisierung der Mathematikstandards, „ganz abgesehen von teilweise unklaren Abgrenzungen zu den Komplexitätsniveaus".

Schlögl (2012, S. 326 f.) benennt weitere Gründe, warum die Bildungsstandards aufgrund der bewusst nicht gewollten Verwendung als Implementierungs- oder Prozessstandards, als Ergebnisstandards umstritten sind (Wahl der Begrifflichkeiten, die valide standardbezogene Messung liefert keine Hinweise auf Ursachen der gemessenen Werte sowie die unklare Tragweite des Reformansatzes) und verweist auf entsprechende Autoren/Autorinnen (vgl. Aff, 2006; Gruschka 2010; Neuweg 2008; Schneider 2011). Selbst führt er an, dass wesentliche Potenziale eines Kompetenzansatzes nicht angesprochen werden, da sich die BISTs zu strikt an traditionell oder fachsystematisch begründete Unterrichtsgegenstände binden. Zudem wurden die Bildungsstandards, anders als es etwa die Zukunftskommission (vgl. Haider/Eder/Specht/Spiel/Wimmer 2005) vorgeschlagen hatte, nicht als Mindeststandards, sondern als Regelstandards verankert. Wenn die Studierfähigkeit Bildungs- und Kompetenzziel bei der Entwicklung der BISTs für die BHS war (vgl. Fritz/Paechter/Slepcevic-Zach/Stock 2012, S. 295), und zwar auf einem mittleren Niveau, das sowohl unter- als auch überschritten werden kann, ist nicht geklärt, wie mit Unterschreitungen des „mittleren Niveaus" gerade in den anzurechnenden Bereichen umzugehen ist. Im schlimmsten Fall könnte die Legitimität der Anrechnungen in Frage gestellt werden, wenngleich bei Anrechnungen keine Tests vorgesehen sind. Eine ungelöste Herausforderung liegt nämlich darin, schulische Lernleistungen zwecks hochschulischer Anrechnung möglichst angemessen und unter Berücksichtigung testtheoretischer Gütekriterien sowie abgestimmter Qualitätsstandards zu erfassen. Eine stillschweigende Annahme, dass das positive Reifeprüfungszeugnis als pauschaler Nachweis der individuellen Erfüllung aller Bildungsstandards verstanden wird, greift zu kurz: Eine Testung der Absolventen/-innen (z. B. auf das Erreichen einzelner Indikatoren der Bildungsstandards) ist zudem nicht vorgesehen und auch methodisch nicht trivial:

> „Bei den Standards geht es nicht um die Überprüfung einzelner Inhalte, sondern um die kumulierte Bildungswirkung des Unterrichtsgegenstandes/der Fachbereiche. Deshalb beziehen sich Bildungsstandards auf die Abschlussqualifikation und sind demnach auch ein Bildungsnachweis (Leistungsportfolio) einer Absolventin/eines Absolventen an der Nahtstelle in das Berufsleben oder in eine weiterführende (tertiäre) Bildungseinrichtung" (BMUKK, 2013b, S. 17).

Der Vollständigkeit halber soll an dieser Stelle darauf hingewiesen werden, dass die neue kompetenzorientierte und teilstandardisierte Reife- und Diplomprüfung an berufsbildenden höheren Schulen mit Haupttermin 2015/16 in Kraft getreten ist, zudem sind Schulversuche im Laufen. Die gesetzlichen Grundlagen sind die Novelle zum Schulunterrichtsgesetz BGBl. Nr. 52/2010 und die Verordnung über die abschließenden Prüfungen (BGBl. Nr. 177/2012).

5. Empirische Erhebung aktueller Anrechnungspraxis

Nach Darlegung der BISTs und deren struktureller Stärken und Schwächen interessiert nun, wie direkt betroffene Schulen, konkret humanberufliche höhere Schulen mit bereits vorliegenden Bildungsstandards (wirtschaftliche Berufe, Tourismus sowie Mode und Bekleidungstechnik) die Anrechnungspotenziale aufgrund der BISTs erleben. Von diesen Schultypen dominiert lt. BMBF (2014, S. 11) hinsichtlich Zahl der Standorte sowie Schüler und Schülerinnen der wirtschaftliche Zweig (rund 28.111 Schüler und Schülerinnen). Die anderen relevanten Schularten betreffen Tourismus (7.791 Schüler und Schülerinnen) sowie Mode (2.539 Schüler und Schülerinnen). Dazu werden ausgewählte Ergebnisse einer Online-Erhebung an 70 Schulstandorten mit 76 Schwerpunkten (vgl. LACHMAYR/MAYERL 2014, S. 15 f.) beschrieben.

Eine oder mehrere laufende Kooperation(en) nennen 20 Standorte. Im Vergleich zu technischen BHSen ist der Anteil als gering einzustufen (vgl. SCHMID/GRUBER/NOWAK 2014b). Es zeigt sich dabei eine sehr große Spannweite hinsichtlich der Anzahl der genannten Anrechnungskooperationen. Im Schnitt sind es knapp über drei Kooperationen pro aktivem Standort. Während im Bereich der Fachhochschulen die nationalen und internationalen Kooperationen annähernd ausgeglichen sind, dominieren bei den Universitäten die ausländischen Universitäten ganz deutlich als Anrechnungskooperationspartner.

Die Basis der Anrechnung ist vielfältig: Der konkrete inhaltliche Abgleich der Lerninhalte, automatische Anrechnungen aufgrund der persönlichen Kontakte und Erfahrungen mit der Schule sowie die Angaben auf dem Zeugnis zur Reife- und Diplomprüfung waren (in fallender Häufigkeit) genannte Wege der Schulen. Aufgrund der genannten Vertrauensbasis erscheint es nicht verwunderlich, dass gelegentlich auch nur mündliche bzw. lose Vereinbarungen der beteiligten Einrichtungen existieren.

Die konkreten Anrechnungen betreffen ganze Semester, Gegenstände oder einzelne Lehrveranstaltungen, aber auch vereinfachte Zulassungsbedingungen zur Hochschule.

Die Gründe für keine Kooperation wurden überwiegend bei der Hochschule verankert gesehen, z. B. wird mangelnde Offenheit und Bereitschaft der Hochschule moniert. Aus Sicht jener Standorte ohne aktueller Anrechnungskooperation sind mehrere Aspekte denkbar, damit der Standort an einer entsprechenden Kooperation teilnimmt: Neben mehr Informationen bzw. ministerieller Unterstützung sowie einem konkreten hochschulischen Angebot sind auch ein nachweisbarer Nutzen für Absolventen/Absolventinnen sowie automatische Anrechnungen für BHS-Absolventen und Absolventinnen genannt.

Es zeigen sich hohe Erwartungshaltungen der Schulen hinsichtlich der Eignung der BISTs als Basis für einen Abgleich der Lernergebnisse von Schule und Hochschule. Auch wenn bei den BISTs die Studierfähigkeit als Bildungs- und Kompetenzziel auf einem mittleren Niveau, das sowohl unter- als auch überschritten werden kann (Regelstandards), gesehen wird, halten dennoch drei Viertel der befragten Vertreter/-innen der Schulen die Bildungsstandards als Gesprächsgrundlage für Anerkennungen und zur Erweiterung der bestehenden individuellen Anrechnungsmöglichkeiten als durchaus geeignet. Als Kritikpunkte wurden die als zu unspezifisch wahrgenommenen Formulierungen der BISTs genannt sowie schlichtweg noch fehlende BISTs für spezifische Fachbereiche.

Für die schulartenübergreifenden sowie sozialen/personalen BISTs wurde von den Direktoren/Direktorinnen festgehalten, dass eine Identifikation identer Lernergebnisse aufgrund der Heterogenität der BHS (vgl. BMUKK 2013b, S. 9) als nicht praxisnahe erscheint. Schulartenübergreifende BISTs stünden letztendlich auch im Widerspruch zur anrechnungsrelevanten Facheinschlägigkeit. Daher wird schulartenspezifischen BISTs das größte Potenzial zugeschrieben, um für einzelne BHS-Richtungen anrechenbare Lernergebnisse zu identifizieren. Dies kann nach einer BHS-übergreifenden und akkordierten Vorgehensweise erfolgen, wie z. B. einem Grundsatzübereinkommen (Memorandum of Understanding) sowie eine stärkeren Berücksichtigung der einschlägigen BHS-Lernergebnisse in Akkreditierungsverfahren bei Fachhochschulen beinhalten. Dies darf jedoch nicht mit einer auf einer gesetzlichen Basis fußenden Anrechnungspflicht gleichgesetzt werden. Generell wird auf die Wichtigkeit der persönlichen Vertrauens- und Entwicklungsbasis hingewiesen.

Zudem ist erkennbar, dass die derzeitigen Möglichkeiten bezüglich Anrechnungskooperationen als nicht immer ausreichend eingestuft werden, überproportional von jenen, die aktuell keine Anrechnungskooperationen nennen. Folgerichtig wird bei Schulen ohne Kooperationsvereinbarungen ein starker Bedarf an Informationsmaterialien ersichtlich, v. a. Vorlagen und Checklisten für die praktische Umsetzung von Kooperationen werden gewünscht.

6. Fazit: Entwicklung eines Memorandum of Understanding unter Verwendung valider BIST als neue Chance

Diese im vorigen Kapitel gewünschten Vorlagen und Checklisten können mit einem Memorandum of Understanding abgedeckt werden: Durch diese Formalisierung von Anrechnungskooperationen könnte dem Wunsch der BHSen nach unterstützenden Unterlagen (unter Wahrung standortspezifischer Besonderheiten) gefolgt werden. Auch wird die Transparenz und Sicherheit bzw. das Vertrauen zwischen den Partnereinrichtungen erhöht, da verfahrenskritische Punkte im Vorfeld erkannt werden können, und auch der individuelle Aufwand bei neuen Vereinbarungen wird durch eine Vorlage (quasi als „Speisekarte" eventueller Vereinbarungsaspekte) reduziert. Das Memorandum of Understanding (MoU) soll jedenfalls Partnereinrichtungen ergebnisoffen und doch zielorientiert unterstützen, d. h. als optionales Unterstützungsinstrument für Anerkennungskooperationen verstanden werden. Nicht intendiert ist eine Vorwegnahme von inhaltlichen Ergebnissen oder gar „Verbürokratisierung" des Prozesses. Gleiches gilt für eine Verlagerung der Entscheidungskompetenz weg von den Partnern oder gar einer Verbindlichkeit bezüglich der NQR-Zuordnung. Im Idealfall erfolgt mit ein und demselben MoU ein Prozess von einer Absichtsbekundung (ergebnisoffenes Commitment für Initiierung eines Abstimmungsprozess) hin zu einer Anerkennungsvereinbarung als Ergebnis. Und dabei wird in den BIST ein Instrument gesehen zur Darstellung bzw. Identifikation von anrechenbaren Lernergebnissen. Um diese Potenziale zu steigern, wird jedoch eine inhaltliche Prüfung auf Sicherstellung eines einheitlichen Erstellungsprozesses benötigt. Dies nicht nur, um ein BHS-gemeinsames Verständnis der eingesetzten Instrumente, Deskriptoren und Dimensionen zu erwirken, sondern auch, um BHS-spartenübergreifend mit den Hochschulen einheitlich kommunizieren zu können und so der bisherigen Kritik entgegenzutreten. Wird die bestehende Interpretationsmöglichkeit bei der Erstellung der Handlungsdimensionen reduziert sowie die Positionierung der Sozialen und Personalen Dimension in den Deskriptoren konkretisiert, ist dies auch hinsichtlich einer intendierten Verknüpfung mit dem geplanten Nationalen Qualifikationsrahmen förderlich.

Literatur

AFF, Josef: Bildungsstandards versus Leistungsstandards in der beruflichen Bildung. In: wissenplus, 5 (2006) 2005/06, S. 9–18

BMBF: Zahlenspiegel 2013. Statistiken im Bereich Schule und Erwachsenenbildung in Österreich. Wien 2014. – URL: http://www.bmukk.gv.at/medienpool/27012/zahlenspiegel

BMUKK: Angewandte Mathematik BHS. Wien 2009. – URL: http://www.bildungsstandards.berufsbildendeschulen.at/fileadmin/content/bbs/AGBroschueren/AngewMathe-jan09.pdf (Stand: 29.09.2015)

BMUKK: Broschüre Bildungsstandards: soziale und personale Kompetenzen, 9.–13. Schulstufe. Wien 2011. – URL: http://www.bildungsstandards.berufsbildendeschulen.at/fileadmin/content/bbs/AGBroschueren/SozialePersonaleKompetenzen_Broschuere_Oktober2011.pdf (Stand: 29.09.2015)

BMUKK: Schulartenspezifischer Bildungsstandard in der Berufsbildung Höhere Lehranstalten für Tourismus (HLT). Kompetenzmodell, Deskriptoren und ausgewählte Unterrichtsbeispiele. Wien 2012. – URL: http://www.bildungsstandards.berufsbildendeschulen.at/fileadmin/content/bbs/AGBroschueren/Tourismus_HL.pdf (Stand: 29.09.2015)

BMUKK: ECVET: Grundkonzept und Anwendung in Österreich Nationales Konsultationsdokument. Wien 2013a. – URL: http://www.oead.at/fileadmin/oead_zentrale/events/2013-pdf/ecvet_Konsultationspapier2013-10-07.pdf (Stand: 29.09.2015)

BMUKK: Bildungsstandards in der Berufsbildung. Projekthandbuch. Wien 2013b. – URL: http://www.berufsbildendeschulen.at/fileadmin/content/bbs/Handbuch_BIST_25.03.2013.pdf (Stand: 29.09.2015)

BMUKK: Wirtschaft und Recht. 13. Schulstufe. Bildungsstandards in der Berufsbildung für Handelsakademien, Humanberufliche Schulen, Höhere Land- und Forstwirtschaftliche Lehranstalten, Höhere Technische Lehranstalten. Kompetenzmodell, Deskriptoren und ausgewählte Unterrichtsbeispiele. Wien 2013c. – URL: http://www.bildungsstandards.berufsbildendeschulen.at/fileadmin/content/bbs/AGBroschueren/Pilotbroschuere_Wirtschaft_und_Recht_September2013.pdf (Stand: 29.09.2015)

Cedefop: Terminology of European education and training policy: a selection of 100 key terms. Luxemburg 2008. – URL: http://www.cedefop.europa.eu/EN/Files/4064_en.pdf (Stand: 29.09.2015)

Dorninger, Christian: Kompetenzorientiertes Unterrichten in angewandter Informatik. In: Paechter, Manuela; Stock, Michaela; Schmölzer-Eibinger, Sabine; Slepcevic-Zach, Peter; Weirer, Wolfgang (Hrsg.): Handbuch Kompetenzorientierter Unterricht. Weinheim-Basel 2012, S. 221–240

EHEA: Bucharest Communiqué 2012. Making the Most of Our Potential: Consolidating the European Higher Education Area 2012. – URL: http://www.ehea.info/Uploads/%281%29/Bucharest%20Communique%202012%281%29.pdf (Stand: 29.09.2015)

Fritz, Ursula: Bildungsstandards in der Berufsbildung. Tagungsbericht zur Jahrestagung der Landesinstitute 2007, Bereich Berufsbildende Schulen. Bad Kreuznach 2007

Fritz, Ursula; Paechter, Manuela; Slepcevic-Zach, Peter; Stock, Michaela: Bildungsstandards in der Berufsbildung und kompetenzorientiertes Unterrichten. In: Paechter, Manuela; Stock, Michaela; Schmölzer-Eibinger, Sabine; Slepcevic-Zach, Peter; Weirer, Wolfgang (Hrsg.): Handbuch Kompetenzorientierter Unterricht. Weinheim-Basel 2012, S. 288–303

Frommberger, Dietmar; Held, Georg; Milolaza, Anita; Reinisch, Holger; Steib, Christian: Zusammenfassung und Diskussion der Möglichkeiten und Grenzen der Förderung von Übergängen im Berufsbildungssystem an den vier Schnittstellen der DECVET-Initiative. In: BMBF (Hrsg.): Durchlässigkeit und Transparenz fördern. DECVET – Ein Reformansatz in der beruflichen Bildung. Bonn 2012, S. 123–136. URL: https://www.bibb.de/dokumente/pdf/Abschlussbericht_DECVET_Durchlaessigkeit_und_Transparenz_foerdern_barrierefrei.pdf

Gröblinghoff, Florian: Lernergebnisse praktisch formulieren. Bonn 2013. – URL: http://www.hrk-nexus.de/fileadmin/redaktion/hrk-nexus/07-Downloads/07-02-Publikationen/nexus-Impuls-2-Lernergebnisse.pdf (Stand: 29.09.2015)

GRUSCHKA, Andreas: Warum Bildungskonzepte wären, was Bildungsstandards verfehlen müssen. In: Vierteljahresschrift für wissenschaftliche Pädagogik, 86 (2010) 3, S. 283–295

HAIDER, Günter; EDER, Ferdinand; SPECHT, Werner; SPIEL, Christiane; WIMMER, Manfred: Abschlussbericht der Zukunftskommission an Frau Bundesministerin Elisabeth Gehrer. Wien 2005

HAUER, Erich; SCHNEIDER, Anna; VSETECKA, Manuela: Evaluierung der Einführung eines Bildungsstandardmodells. In: wissenplus (2007), 4-06/07-V-VI, S. 5–6

HEFFETER, Brigitte; BURMANN, Christoph: Erleichtern ECVET und Bildungsstandards in der Berufsbildung die Durchlässigkeit an der Schnittstelle HAK – weiterführende Ausbildung, insbesondere im tertiären Sektor? Salzburg 2014. – URL: https://www.hak.cc/files/attachments/service_attachments/Endbericht%20DLP_HAK.pdf (Stand: 29.09.2015)

KLIEME, Eckhard; HARTIG, Johannes: Kompetenzkonzepte in den Sozialwissenschaften und im erziehungswissenschaftlichen Diskurs. In: PRENZEL, Martin; GOGOLIN, Ingrid; KRÜGER, Heinz-Hermann (Hrsg.): Kompetenzdiagnostik. Zeitschrift für Erziehungswissenschaft, Sonderheft 8. Wiesbaden 2007, S. 11–32

LACHMAYR, Norbert: Usability-Erhebung zu www.bildungsstandards.berufsbildendeschulen.at – Eine quantitative Erhebung aus Sicht der Zielgruppen. ÖIBF, Wien 2011

LACHMAYR, Norbert; MAYERL, Martin: Anrechnungspraxis und -potenziale von Lernergebnissen aus humanberuflichen höheren Schulen im hochschulischen Sektor (Projektabschlussbericht). ÖIBF, Wien 2014

LACHMAYR, Norbert; MAYERL, Martin; HÄNTSCHEL, Gregor: Anrechnungspraxis von technischen, kaufmännischen und humanberuflichen BHS-Abschlüssen im hochschulischen Sektor. ÖIBF, Wien 2013

LACHMAYR, Norbert; MOGG, Christina: Höhere Bildung – Aktuelle Ausgangslage und Handlungsoptionen für die ArbeitnehmerInneninteressenpolitik. Erster Teilbericht: Empirische Daten. ÖIBF, Wien 2012

MÜSKENS, Wolfgang; GIERKE, Willie: Gleichwertigkeit von beruflicher und hochschulischer Bildung? Ergebnisse aus Äquivalenzvergleichen nach dem „Oldenburger Anrechnungsmodell". In: REPORT Zeitschrift für Weiterbildungsforschung, 32 (2009) 3, S. 46–54

MÜSKENS, Wolfgang; TUTSCHNER, Roland: Äquivalenzvergleiche zur Überprüfung der Anrechenbarkeit beruflicher Lernergebnisse auf Hochschulstudiengänge – ein Beispiel aus dem Bereich Konstruktion/Maschinenbau, bwp@ Spezial 5 – Hochschultage Berufliche Bildung 2011, Workshop 28, 2011. – URL: http://www.bwpat.de/ht2011/ws28/mueskens_tutschner_ws28-ht2011.pdf (Stand: 29.09.2015)

NEUWEG, Georg Hans: Bildungsstandards. Diskussionsebenen – Chancen – Gefahren. In: wissenplus – Österreichische Zeitschrift für Berufsbildung (2008) 5-07/08, S. 6–10

NKS (Nationale Koordinierungsstelle für den NQR in Österreich): Handbuch für die Zuordnung von formalen Qualifikationen zum Nationalen Qualifikationsrahmen (NQR). Kriterien und Verfahren. Wien 2011

SCHLÖGL, Peter: Kompetenzorientiertes Unterrichten, Bildungsstandards und Europäischer Qualifikationsrahmen. In: PAECHTER, Manuela; STOCK, Michaela; SCHMÖLZER-EIBINGER, Sabine; SLEPCEVIC-ZACH, Peter; WEIRER, Wolfgang (Hrsg.): Handbuch Kompetenzorientierter Unterricht. Weinheim-Basel 2012, S. 319–332

SCHLÖGL, Peter: Lernergebnisse und Kompetenzen. Angenommene Gleichheit und bekannte Differenz. In: MOSER, Daniela; PICHLER, Ernst (Hrsg.): Kompetenzen in der Berufspädagogik. Graz 2014, S. 31–51

SCHMID, Kurt; GRUBER, Benjamin; NOWAK, Sabine: Anerkennung an der Schnittstelle HTL/HLFS – tertiärer Sektor (No. 87). Wien 2014a. – URL: http://www.ibw.at/de/ibw-research-brief/2-ibw-research-brief/rb087/P640-anerkennung-an-der-schnittstelle-htl--hlfs--tertiaerer-sektor-2014 (Stand: 29.09.2015)

SCHMID, Kurt; GRUBER, Benjamin; NOWAK, Sabine: Anerkennung an der Schnittstelle HTL/HLFS – tertiärer Sektor (No. 181). Wien (2014b. – URL: http://www.ibw.at/de/ibw-studien/1-studien/fb181/P639-anerkennung-an-der-schnittstelle-htl--hlfs--tertiaerer-sektor-2014 (Stand: 29.09.2015)

SCHNEIDER, Wilfried: Paradigmenwechsel oder alter Wein in neuen Schläuchen? In: wissenplus (2011), 2-10/11-I-VIII

SCHOTT, Franz; GHANBARI, Shahram Azizi: Bildungsstandards, Kompetenzdiagnostik und kompetenzorientierter Unterricht zur Qualitätssicherung des Bildungswesens. Eine problemorientierte Einführung in die theoretischen Grundlagen. Münster 2012

SLEPCEVIC-ZACH, Peter; STOCK, Michaela: Handlungskompetenz im wirtschaftlichen Kontext. Bildungsstandards als zentrales Instrument in der Berufsbildung. In: MOSER, Daniela; PICHLER, Ernst (Hrsg.): Kompetenzen in der Berufspädagogik. Graz 2014, S. 260–277

SPECHT, Werner: Von den Mühen der Ebene. Entwicklung und Implementation von Bildungsstandards in Österreich. In: EDER, Ferdinand; GASTAGER, Angela; HOFMANN, Franz (Hrsg.): Qualität durch Standards? Beiträge zum Schwerpunktthema der 67. Tagung der AEPF. Münster 2006, S. 13–37

Autorinnen und Autoren

Aff, Prof. Dr. Josef (Institut für Wirtschaftspädagogik an der Wirtschaftsuniversität Wien)

Brandt, Steffen (Art of Reduction)

Dietzen, Dr. Agnes (Bundesinstitut für Berufsbildung, Bonn)

Döring, Dr. Ottmar (Forschungsinstitut Betriebliche Bildung, Nürnberg [f-bb])

Eigenmann, Rebecca (Universität Mannheim, Lehrstuhl für Wirtschaftspädagogik II)

Egloffstein, Marc (Universität Mannheim, Lehrstuhl für Wirtschaftspädagogik II)

Geissler, Dr. Gerhard (Institut für Wirtschaftspädagogik an der Wirtschaftsuniversität Wien)

Hartig, Prof. Dr. Johannes (Deutsches Institut für Internationale Pädagogische Forschung, Frankfurt [DIPF])

Helm, Mag. Dr. Christoph (Johannes Kepler Universität Linz, Institut für Pädagogik und Psychologie)

Kaspar, Dr. Roman (Deutsches Institut für Internationale Pädagogische Forschung, Frankfurt [DIPF])

Kleinhans, Janne (Georg-August-Universität Göttingen, Wissenschaftliche Fakultät Wirtschaftsinformatik)

Klotz, Viola Katharina (Deutsches Institut für Erwachsenenbildung, Bonn [DIE])

Kögler, Kristina (Goethe Universität Frankfurt, Wirtschaftswissenschaften – Fachbereich 02)

Kraus, Kristina (Forschungsinstitut Betriebliche Bildung, Nürnberg [f-bb])

Küster, Jan (Universität Bremen, Fachbereich 12 – Erziehungswissenschaften)

Lachmayr, Norbert (Österreichisches Institut für Berufsbildungsforschung)

Maehler, Débora B. (GESIS – Leibniz-Institut für Sozialwissenschaften)

Maier, Annette (Universität Stuttgart, Institut für Erziehungswissenschaft, Abteilung Berufs-, Wirtschafts- und Technikpädagogik)

Martens, Thomas (Deutsches Institut für Internationale Pädagogische Forschung, Frankfurt [DIPF])

Möllers, Dr. Michaela (Forschungsinstitut Betriebliche Bildung, Nürnberg [f-bb])

Monnier, Moana (Bundesinstitut für Berufsbildung, Bonn)

Naeve-Stoß, Prof. Dr. Nicole (Universität Siegen, Professur für Erziehungswissenschaft mit dem Schwerpunkt Schul- und Unterrichtsentwicklung an Berufskollegs)

Nauerth, Prof. Dr. med. Annette (Fachhochschule Bielefeld, Fachbereich Wirtschaft und Gesundheit, Professur Biomedizinische Grundlagen der Gesundheitsberufe)

Nickolaus, Prof. Dr. Reinhold (Universität Stuttgart, Institut für Erziehungswissenschaft, Abteilung Berufs-, Wirtschafts- und Technikpädagogik)

Nitzschke, Alexander (Universität Stuttgart, Institut für Erziehungswissenschaft, Abteilung Berufs-, Wirtschafts- und Technikpädagogik)

Perry, Anja (GESIS – Leibniz-Institut für Sozialwissenschaften, Mannheim)

Rammstedt, Prof. Dr. Beatrice (GESIS – Leibniz-Institut für Sozialwissenschaften, Mannheim)

Rausch, Dr. Andreas (Otto-Friedrich-Universität Bamberg, Lehrstuhl für Wirtschaftspädagogik)

Rechenbach, Simone (Fachhochschule Bielefeld, Fachbereich Wirtschaft und Gesundheit)

Remmele, Prof. Dr. Bernd (Pädagogische Hochschule Freiburg, Institut für Berufs- und Wirtschaftspädagogik)

Retzmann, Univ.-Prof. Dr. rer. pol. (habil.) Dipl.-Hdl. Thomas (Universität Duisburg-Essen, Campus Essen, Lehrstuhl für Wirtschaftswissenschaften und Didaktik der Wirtschaftslehre)

Schley, Thomas (Otto-Friedrich-Universität Bamberg, Lehrstuhl für Wirtschaftspädagogik)

Schnitzler, Annalisa (Bundesinstitut für Berufsbildung, Bonn)

Seeber, Prof. Dr. Günther (Universität Koblenz-Landau, Campus Landau, Institut für Sozialwissenschaften/Abteilung Wirtschaftswissenschaft)

Seifried, Prof. Dr. Jürgen (Universität Mannheim, Lehrstuhl für Wirtschaftspädagogik, Berufliches Lehren und Lernen)

Sembill, Prof. Dr. Detlef (Otto-Friedrich-Universität Bamberg, Lehrstuhl für Wirtschaftspädagogik)

Siegfried, Christin (Goethe Universität Frankfurt, Fachbereich 02 – Wirtschaftswissenschaften)

Simon, Julia (Otto-Friedrich-Universität Bamberg, Lehrstuhl für Wirtschaftspädagogik)

Srbeny, Christian (Bundesinstitut für Berufsbildung, Bonn)

Tramm, Prof. Dr. Tade (Universität Hamburg, Fakultät für Erziehungswissenschaft, Wirtschaftspädagogik, Fachbereich Berufliche Bildung und Lebenslanges Lernen)

Tschöpe, Tanja (Bundesinstitut für Berufsbildung, Bonn)

Velten, Stefanie (Bundesinstitut für Berufsbildung, Bonn)

Walker, Dr. Felix (Universität Stuttgart Institut für Erziehungswissenschaft, Abteilung Berufs-, Wirtschafts- und Technikpädagogik)

Warwas, Dr. Julia (Otto-Friedrich-Universität Bamberg, Lehrstuhl für Wirtschaftspädagogik)

Weyland, Prof. Dr. phil. Ulrike (Fachhochschule Bielefeld, Fachbereich Wirtschaft und Gesundheit, Professur für Berufspädagogik für Gesundheitsberufe)

Wiesner, Kim-Maureen (Bundesinstitut für Berufsbildung, Bonn)

Wilbers, Prof. Dr. Karl (Friedrich-Alexander-Universität Erlangen-Nürnberg, Lehrstuhl für Wirtschaftspädagogik und Personalentwicklung [FAU])

Winther, Prof. Dr. Esther (Deutsches Institut für Erwachsenenbildung, Bonn)

Wittmann, Prof. Dr. Eveline (Otto-Friedrich-Universität Bamberg, Professur für Wirtschaftspädagogik)

Wolf, Prof. Dr. Karsten (Universität Bremen, Fachbereich 12 – Erziehungs- und Bildungswissenschaften)

Worofka, Iberé (Otto-Friedrich-Universität Bamberg, Lehrstuhl für Wirtschaftspädagogik)

Wuttke, Prof. Dr. Eveline (Universität Frankfurt, Fachbereich 01 – Wirtschaftswissenschaften)

Coupled with the introduction of competence orientation is the hope that education processes and results in the various segments of the education system will become more transparent and the permeability within the education system will be enhanced. Learning achievements from various education pathways as well as from vocational activities and gainful employment are expected to become more closely related to one another and to be mutually recognisable thanks to the orientation towards competences. What experience has been drawn from the development of competence-oriented curricula in initial vocational education and training? How are competence models being developed on the basis of empirical analysis? How can vocational competences be validly measured? What difficulties stand in the way of the description, recognition and accreditation of competences across the boundaries of educational areas?

Heterogenität als Chance zur Fachkräftesicherung

Neue Wege in der dualen Ausbildung

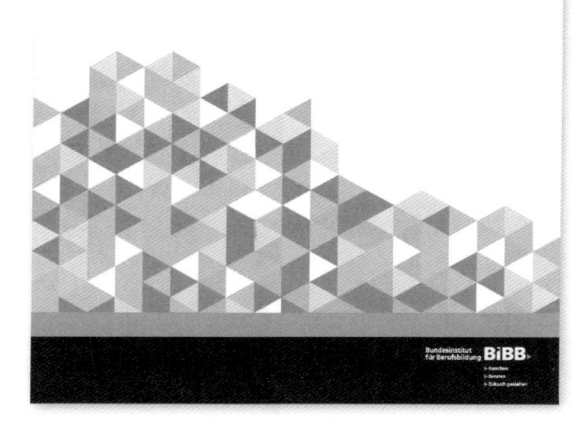

- Neue Impulse für die duale Ausbildung
- Bundesweiter Modellversuch

Die Zusammenfassung eines breit angelegten Modellversuchsprogramms mit bundesweit 17 Projekten zeigt, was die zunehmende Heterogenität der Jugendlichen für das duale Ausbildungssystem bedeutet.

Gisela Westhoff, Helmut Ernst (Hrsg.)
Heterogenität und Vielfalt in der beruflichen Bildung

Konzepte, Handlungsansätze und Instrumente aus der Modellversuchsforschung

Berichte zur beruflichen Bildung

2016, 376 S., 34,90 € (D)
ISBN 978-3-7639-1179-0
Als E-Book bei wbv.de

W. Bertelsmann Verlag 0521 91101-0 wbv.de

wbv

Befragung zu Ausbildungskosten und -nutzen

Analyse der Ausbildungsentscheidung von Betrieben

- Repräsentative Zahlen für ganz Deutschland
- Vergleich der letzten drei Erhebungen

Was geben Betriebe für Ausbildung aus und welchen Nutzen ziehen sie daraus?

Zum fünften Mal befragte das Bundesinstitut für Berufsbildung über 3.000 Ausbildungs- und 900 Nicht-Ausbildungsbetriebe zu Ausbildungskosten und -nutzen.

Gudrun Schönfeld, Anika Jansen, Felix Wenzelmann, Harald Pfeifer.)
Kosten und Nutzen der dualen Ausbildung aus Sicht der Betriebe

Ergebnisse der fünften BIBB-Kosten-Nutzen-Erhebung

Berichte zur beruflichen Bildung

2016, 228 S., 31,90 € (D)
ISBN 978-3-7639-1186-8
Als E-Book bei wbv.de

W. Bertelsmann Verlag 0521 91101-0 wbv.de

wbv